本书出版受汕头大学"潮汕研究专项"和"汕头大学出版资助基金"的支持和资助

陈占山◎著

宋元潮州研究

海滨『邹鲁』的崛起

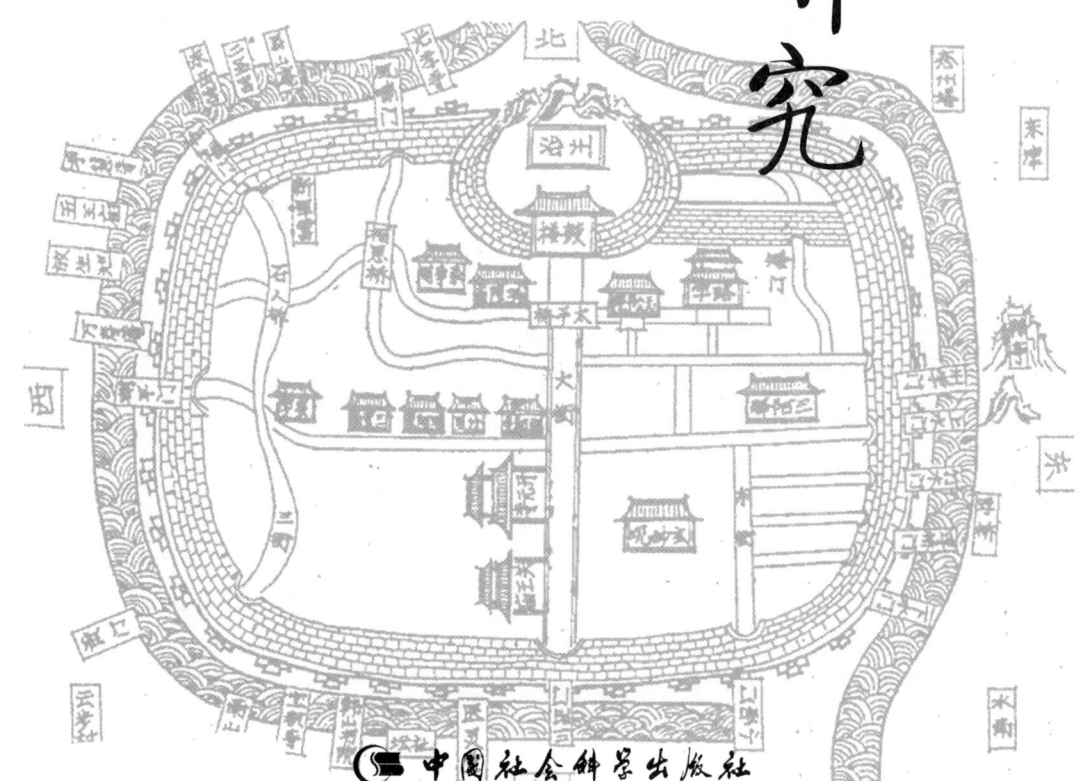

中国社会科学出版社

图书在版编目（CIP）数据

海滨"邹鲁"的崛起：宋元潮州研究/陈占山著. —北京：中国社会科学出版社，2015.7
　ISBN 978–7–5161–6482–2

Ⅰ.①海… Ⅱ.①陈… Ⅲ.①潮州市—地方史—研究—宋元时期　Ⅳ.①K296.53

中国版本图书馆CIP数据核字（2015）第152613号

出 版 人	赵剑英
责任编辑	宋燕鹏
责任校对	周　昊
责任印制	李寡寡

出　　版	中国社会科学出版社
社　　址	北京鼓楼西大街甲158号
邮　　编	100720
网　　址	http://www.csspw.cn
发 行 部	010–84083685
门 市 部	010–84029450
经　　销	新华书店及其他书店
印刷装订	三河市君旺印务有限公司
版　　次	2015年7月第1版
印　　次	2015年7月第1次印刷
开　　本	710×1000　1/16
印　　张	20.25
插　　页	2
字　　数	345千字
定　　价	75.00元

凡购买中国社会科学出版社图书，如有质量问题请与本社营销中心联系调换
电话：010–84083683
版权所有　侵权必究

序

宋元时期是潮州全面开发的历史起点，也是潮州历史发展进程中所出现的第一个高峰，在本地历史上具有异乎寻常的地位和影响。由此，关注这一时期，进行这种断代的研究，是潮汕整个历史研究中十分重要的组成部分，自有不可或缺的学术意义。应是基于这一认识，此前，学者对这一时段的潮州已有研究，且已取得不少成果。在此谨以从事过相关研究的学者为中心，略作梳理。

饶宗颐先生是潮学研究的倡导者和开拓者，他在这个领域的成果十分丰厚。直接关乎宋元时期的有《潮州宋瓷小记》（按，为节约篇幅，《序》文所提到的文章暂一律不具刊载书刊，有关信息请见书后附录一《参考文献》和附录二《相关论文目录》）《〈三阳志〉小考》《宋代潮州的韩学》和《宋代涖潮官师与蜀学及闽学——韩公在潮州受高度崇敬的原因》等文，先生的这些文章高屋建瓴，极具开拓和指导意义。庄义青先生对本时段有持续的投入和成果产出，系列论文《宋代潮州的户口增长及经济发展》《宋代潮州的文化教育》《宋代潮州古城的城市建设》《也谈宋代潮州的社会风俗问题》《宋代潮州陶瓷生产及外销问题综述》《宋代潮州官民尊韩活动及其深远影响》《宋末潮州人民的抗元斗争》等，已大体涵盖两宋潮州社会的一些主要方面。所以，他后来将这组文章结集出版，书名即为《宋代的潮州》。此后，他对这一时期的研究仍在进行，继续发表《苏轼与潮州高士吴子野》《苏轼与潮州的古迹和民俗》等重要文章。庄先生的上述成果，对宋代潮州的研究有导夫先路的作用。黄挺先生是目前潮学领域里建树最多的学者，与本时段相关的成果当首推他与马明达先生合作完成的《潮汕金石文征》（宋元卷）一书。研究宋元时期的潮州，存在资料不足之瓶颈，《文征》搜集整理有关金石碑刻，其重要性不言而喻。除此之外，他与李裕民先生撰写《两宋潮州知州考》，与杜经国先生联名发表《潮州古代商贸港口研究》《潮汕地区古代海上贸易》《潮汕地区古代水利建设》《潮汕地区人口的发展（唐—元）》《潮汕地区元明清时期粮食产量探估》《宋至清闽粤赣边的交通及其经济联系》等文，尽管内容大部分都不局限于宋元，但在更长历史时期讨论包括本时段在内的相关问题，对于宋元断代研究的重要性也显而易见。特别是这组文章，选题关涉核心问题，资料充实，论述缜密，目前仍然是研究此时段潮州相关问题中最重要的一组论文。曾楚楠先生也是位潮学的潜心探究者，成果丰富，其中他于20世纪90年代以来发表的《"元祐党人"郑侠与潮州》《北宋潮州士风述论》《杨万里与潮州》《〈永乐大典〉本杨万里入潮诗辨析》《士林仪表王大宝》《宋代潮州城规模考析》《潮州书院浅议》等论文，都直接关乎本时段人物史事，现收入先生《拙庵论潮丛稿》一书。曾先生的文章，往往从大处着眼，自小处入手，资料充实，见解出人意表。

陈春声先生对潮汕民间信仰问题的研究，成果颇丰，其中专研三山国王和双忠公信仰的《正统性、地方化与文化创制——潮汕民间神信仰的象征与历史意义》和《"正统"神明地方化与地域社会建构——潮州地区双忠公崇拜的研究》等文，都关乎本时段。陈先生之文视野开阔，理据充分，论述缜密，富有思辨。

对于两宋潮州问题的研究，自20世纪90年代以来，还有一批年纪较轻的学者加盟，其中郑群辉先生有《北宋潮州二高僧——华严道盛和报本慧元》《宋代潮州的佛教》等文，吴榕青先生有《宋代潮州的盐业》《宋元潮州的书院》以及《〈三阳志〉〈三阳图志〉考辩》等专书和文章，周修东先生有《宋代潮州七贤年谱丛编》一书，黄桂博士有《潮州金城稻考》《试论唐至清初潮州的海外贸易与海上走私》等文，对有关方面的人物、史事等作了较为深入的探讨，都是关乎这一时段的重要研究成果。

与宋代潮州研究成果较多不同，直接以元代潮州史事为题的相关成果较为少见。马明达先生于此独得先机，除完成《潮汕金石文征》的元代部分外，他还撰有《元朝初期的潮州路》《元末潮州路总管那木翰事迹考述》《元朝潮州路总管王玄恭事略——兼论元修潮州方志》《元修〈三阳图志〉和〈三阳志〉》《元代潮州史事零拾》等文。这组论文对于元代潮州的研究，具有拓荒和奠基的意义。

还有一些学者如谢重光先生，他的《畲族在宋代的形成及其分布区域》《福佬人论略》以及《三山国王信仰考略》等文，虽从地域到时段都不以宋元时期的潮州为主，但确实与之相关，对于探讨宋元潮州相关问题具有重要参考价值。

另外，值得注意还有，近十年来不少高校硕士、博士学位论文选择以潮学、潮汕为题的，其中也有关乎宋元时段的，如华东师范大学2004届许丽莉硕士论文《〈后村先生大全集〉所见仕潮官吏考——兼论南宋潮州文化教育》即是。

以上所列，可以认为是目前已取得的最重要的，或在某方面具有一定代表性的成果，但还不是有关研究的全部成果。这些成果，再加上未列出的其他一些成果（并见书后《参考文献与相关论文目录》），都说明宋元潮州的研究确已取得骄人的成绩。那么，在上述境况之下，笔者为什么还要撰写这样一本书？主要是出于以下两个原因：

一是笔者认为，潮汕历史文化的研究，目前已经可以在一些研究成果较多、相对较成熟的时段，率先撰写断代史著作，这样有利于更好地推进、开展相关研究工作。就以宋元潮州历史文化的研究为例，正如上面所列举和书后附录所呈现，一方面相关成果已较为丰富，对某些问题的研究也有一定的深度。可是，另一方面由于论题不是出于某个总体计划，而基本上是文章作者个人的选择。因此，研究成果在总体上明显存在不平衡；在具体问题的探讨上，不少成果尚停留在就事论事，只见树木不见森林的水平上，缺乏全局性、系统性。而上述缺陷和问题，在一定程度上可以通过断代史著作的体例加以弥补：这种著作有较大的容量，可以纵深探究史事的来龙去脉，横向兼顾地域文化的方方面面，从而全面、系统、有效地展示一定时期地域社会历史之全豹。

二是完成笔者多年的一桩心愿。其实，近十余年来笔者也是潮汕历史文化研究，特别是宋元潮州研究的关注者和参与者，尽管由于工作需要或学术兴趣而多有旁骛。笔者20世纪90年代最后几年承担过由黄挺先生主持的国家"九五"社科规划项目《潮汕史》宋元部分书稿的撰写，但因笔者当时初涉潮学领域，有关学术积累还不够，加之受原书体例、篇幅所限，对于相关问题的探究、论述，留下许许多多可以进一步拓展、深入的空间。时过境迁，上述遗憾却一直没能释怀，这也成为今日有此一举的原因。

本书是一部宋元潮州的断代史著作，因而有着特定的论述范围：从时间上来看，宋元时期的潮州，开始于开宝四年（971）。这年年初，宋大将潘美克广州，俘刘鋹，广南平，潮州并入宋版图。到南宋祥兴元年，也即元朝至元十五年（1278），元军攻下州城，潮州进入元版图。至顺帝至正二十八年（1368）春季明军廖永忠部由福建进入潮州，元朝统治结束。宋元时期的潮州将近400年，其中两宋时期为308年，元代为90年。自地域空间来说，此时期潮州大体与现代潮汕相同。北宋的大部分时间下辖海阳、潮阳二县，南宋绍兴八年（1138）恢复北宋宣和六年（1124）后一度设置的揭阳县而下辖三县。进入元代后于至元二十二年（1285）又设录事司，划割州城附近的某些区域为其辖区，是元代潮州路下辖三县一司。

上述时空所发生的史事，就是本书关注和论述的范围。不过，为能够把本时期潮州放在本地历史演进的长河中，置于本地和周边地区的较大地域空间中，进行动态观察和横向比较，本书的撰写在内容上又不局限于宋元和潮州，而是有一定的"瞻前顾后"和"左顾右盼"，以期通过这样的努力，能为有关问题的论述拓展更广的空间，同时也为宋元潮州的研究提供一些新的视角。

综合来看，与十多年前《潮汕史》的宋元部分比较起来，窃以为目前这部书稿主要有下列特点：一，是潮州宋元时段的第一部断代史；二，因是断代史，结构上作了明显调整；三，内容上有大幅度的拓展和增加，如仅从文字数量上来说，就增加了三分之二以上；四，更重要的是对相关问题（包括原已涉及和新纳入研究范围的），都尽可能做了较为深入、细致的论述。或许，上说难免敝帚自珍，但笔者确实无意于王婆卖瓜，只是出于责任和义务来说明有关情况。而这部小书究竟如何，读者自有慧眼裁量。

通过认真阅读各种文献，仔细梳理有关资料，笔者孜孜以求的目标是合理建构框架，缜密深入论述有关问题，争取拿出一部观点稳妥、资料翔实、具有较高学术含量的著作。可是，因自身水平所限，书中一定存在种种不足，诚请专家、学人不吝赐教、批评。

作　者
2014 年 4 月 8 日

目　　录

第一章　宋元潮州的历史起点
——隋唐南汉时期潮州的历史面貌 …………………………（1）
第一节　自然条件、人口状况及经济发展情形 ……………………（1）
　　一　自然地理条件和交通条件 ………………………………（1）
　　二　人口及经济发展情形 ……………………………………（5）
第二节　移民与原住民、地方势力与国家的关系 …………………（8）
　　一　秦汉六朝时期情形 ………………………………………（8）
　　二　隋唐南汉时期现状 ………………………………………（10）
第三节　儒、佛文化传播与社会文明程度评估 ……………………（12）
　　一　儒、佛文化的传播 ………………………………………（12）
　　二　隋唐南汉时期潮州社会的文明程度 ……………………（20）

第二章　宋元潮州的政事与军事 ……………………………（23）
第一节　宋元潮州政区沿革与职官群体 ……………………………（23）
　　一　宋元潮州的政区沿革 ……………………………………（23）
　　二　宋元潮州的职官群体 ……………………………………（24）
第二节　宋元潮州的驻军与军事 ……………………………………（30）
　　一　宋元潮州的驻军 …………………………………………（30）
　　二　宋代闽粤赣边的寇乱 ……………………………………（33）
　　三　元代潮州的战事 …………………………………………（50）

第三章　宋元潮州的经济开发和交通建设 ………………（62）
第一节　人口的增长 …………………………………………………（62）

一　人口的增长及其变化 ·· (62)
　　　二　移民 ·· (66)
　第二节　经济发展 ·· (71)
　　　一　水利与农业 ·· (71)
　　　二　工商业 ·· (77)
　第三节　潮州州城的兴修与交通建设 ······································ (86)
　　　一　城市建设 ·· (86)
　　　二　交通建设 ·· (100)

第四章　宋元潮州的教育与学术 ·· (118)
　第一节　学校教育 ·· (118)
　　　一　学校教育的兴办 ··· (119)
　　　二　官师的贡献 ·· (134)
　第二节　科举人才 ·· (139)
　　　一　宋代潮州科举取士之盛及其原因 ······························· (139)
　　　二　宋代潮州进士的行迹与品格 ······································ (145)
　　　三　宋代潮州进士的历史影响 ··· (162)
　　　四　宋季进士处变及元代的潮州人才 ································ (167)
　第三节　尊崇韩愈和绍述闽学 ··· (171)
　　　一　尊崇韩愈 ·· (172)
　　　二　绍述闽学 ·· (175)
　第四节　宋元时期的潮州文献 ··· (179)
　　　一　经部 ·· (179)
　　　二　史部 ·· (186)
　　　三　子部 ·· (196)
　　　四　集部 ·· (198)
　　　五　图书的刊刻与庋藏 ·· (202)

第五章　宋元潮州的居民、信仰和风俗 ··································· (206)
　第一节　居民及其分布 ·· (206)
　　　一　居民 ·· (206)
　　　二　乡村聚落 ·· (220)

第二节　宗教信仰 …………………………………………… (223)
　　　一　兴盛的佛教 ………………………………………… (223)
　　　二　其他信仰 …………………………………………… (242)
　　第三节　社会风俗 …………………………………………… (254)
　　　一　"潮人虽小民,亦知礼仪" ………………………… (254)
　　　二　"家贫子读书" ……………………………………… (256)
　　　三　原住民之流风余韵 ………………………………… (258)
　　　四　近闽 ………………………………………………… (260)

第六章　宋元潮州的历史地位和影响 ………………………… (262)
　　第一节　在同时期广南东路州郡中的地位 ………………… (262)
　　　一　宋元时期的广东州郡 ……………………………… (262)
　　　二　各州郡的人口变化和密度 ………………………… (263)
　　　三　经济开发 …………………………………………… (268)
　　　四　学校建设和科举人才 ……………………………… (274)
　　第二节　与福建近邻漳、汀的比较 ………………………… (280)
　　　一　漳、汀二州概况 …………………………………… (280)
　　　二　人口与经济开发 …………………………………… (281)
　　　三　学校建设与科举人才 ……………………………… (285)
　　第三节　宋元潮州在本地历史上的地位和影响 …………… (288)
　　　一　宋元潮州在本地历史上的地位 …………………… (289)
　　　二　宋元潮州在本地历史上的影响 …………………… (291)

附录一　参考文献 ……………………………………………… (295)

附录二　相关论文目录 ………………………………………… (302)

后记 ……………………………………………………………… (308)

Contents

Chapter One   Beginning of Chaozhou before the Song and Yuan dynasties: A historical outlook of Chaozhou in the Dynasties of Sui, Tang and Southern Han ……………………………… (1)

1. Natural environment, population, and economic development …… (1)
   (1) Natural geographical conditions and traffic ……………… (1)
   (2) Population and economic development …………………… (5)
2. The connection between migrants and aborigines and the relationship between the local forces and the state authority …… (8)
   (1) The situation in the Qin, Han, and other six Dynasties …… (8)
   (2) The state in the dynasties of Sui, Tang, and Southern Han ……………………………………………… (10)
3. The spread of Confucianism and Buddhist culture, and the level of civilization of Chaozhou ………………………………… (12)
   (1) The spread of Confucianism and Buddhist culture ……… (12)
   (2) The level of civilization of Chaozhou society from Sui-Tang to Southern Han Dynasties …………………… (20)

Chapter Two   The government and military affairs of Chaozhou in the Song and Yuan Dynasties …………………… (23)

1. The government affairs of Chaozhou in the Song and Yuan Dynasties ……………………………………………………………… (23)
   (1) The change and development of administrative divisions in the Song and Yuan Dynasties ………………… (23)

　　　　(2) The organizations of civil staffs and officials in the Song
　　　　　　and Yuan Dynasties ………………………………………… (24)
　　2. The military affairs of Chaozhou in the Song and Yuan
　　　　Dynasties ………………………………………………………… (30)
　　　　(1) The troops in Chaozhou in the Song and Yuan
　　　　　　Dynasties …………………………………………………… (30)
　　　　(2) The internal unrests and external pirates of Chaozhou and
　　　　　　the Fujian-Guangdong-Jiangxi border areas in the
　　　　　　Song Dynasty ……………………………………………… (33)
　　　　(3) The military conflicts of Chaozhou in the Yuan
　　　　　　Dynasties …………………………………………………… (50)

**Chapter Three　Economic development and traffic construction
　　　　　　　　of Chaozhou in the Song and Yuan Dynasties** …… (62)
　　1. Population growth ……………………………………………… (62)
　　　　(1) Population growth and change ……………………………… (62)
　　　　(2) Immigration ………………………………………………… (66)
　　2. Economic development ………………………………………… (71)
　　　　(1) Irrigation works and agriculture …………………………… (71)
　　　　(2) Industry and commerce …………………………………… (77)
　　3. Municipal and traffic construction ……………………………… (86)
　　　　(1) Urban construction ………………………………………… (86)
　　　　(2) Traffic construction ………………………………………… (100)

**Chapter Four　Education and learning of Chaozhou in the Song
　　　　　　　　and Yuan Dynasties** ……………………………… (118)
　　1. Schooling ………………………………………………………… (118)
　　　　(1) The initiation of schooling ………………………………… (119)
　　　　(2) Contributions of officials and teachers …………………… (134)
　　2. Talents in imperial examinations ……………………………… (139)
　　　　(1) The reasons for the prevailing imperial examinations of
　　　　　　Chaozhou in the Song Dynasty ……………………………… (139)

Contents

  (2) The Conduct and character of the successful

    candidates of Chaozhou in the Song Dynasty ············· (145)

  (3) The historical impact of the successful candidates

    of Chaozhou in the Song Dynasty ························· (162)

  (4) Scholars' response to the changes in the late Song

    Dynasty and the Talent of Chaozhou in the

    Yuan Dynasty ·· (167)

3. The worship of Han Yu and the introduction to Fujian

 Confucianism ··· (171)

  (1) The worship of Han Yu ·································· (172)

  (2) The introduction of Fujian Confucianism ················ (175)

4. Literature of Chaozhou in the Song and Yuan Dynasties ········ (179)

  (1) Confucian classics ·· (179)

  (2) Historical records ·· (186)

  (3) Philosophy and technology ······························· (196)

  (4) Literary works ·· (198)

  (5) The collection and publication of the literature ············ (202)

Chapter Five The inhabitants, religious belief, and customs

      of Chaozhou in the Song and Yuan Dynasties ······ (206)

1. Residents and their distribution ································· (206)

  (1) Residents ··· (206)

  (2) Rural settlements ·· (220)

2. Religious belief ··· (223)

  (1) Prosperous Buddhism ···································· (223)

  (2) Others ··· (242)

3. Social customs ··· (254)

  (1) Humble but cultivated ···································· (254)

  (2) Poor but well-educated ···································· (256)

  (3) Virtues and traditions of aborigines ····················· (258)

  (4) Customs similar to Fujian ································ (260)

Chapter Six Historical status and influence of Chaozhou in the Song and Yuan Dynasties ……………………… (262)

  1. The status of Chaozhou in the prefectures of Guangdong ……… (262)

    (1) The prefectures of Guangdong in the Song and Yuan Dynasties ……………………………………………… (262)

    (2) The density of population in Chaozhou compared with other prefectures in Guangdong ……………………… (263)

    (3) Economic development of Chaozhou compared with other prefectures in Guangdong ……………………………… (268)

    (4) Schools and talents from imperial examinations of Chaozhou compared with other prefectures in Guangdong ……………………………………………………… (274)

  2. A comparison between Chaozhou and the adjacent prefectures Zhangzhou and Tingzhou in Fujian ………………………… (280)

    (1) The general conditions of Zhangzhou and Tingzhou …… (280)

    (2) Population and economic development of Chaozhou compared with Zhangzhou and Tingzhou ………………… (281)

    (3) Schools construction and talents from imperial examinations of Chaozhou ……………………………………… (285)

  3. Status and influence of Chaozhou in the local history ………… (288)

    (1) The status of Chaozhou in the local history ……………… (289)

    (2) The influence of Chaozhou in the local history ………… (291)

Appendix 1: References ……………………………………………… (295)

Appendix 2: A list of relevant papers ……………………………… (302)

Afterword ……………………………………………………………… (308)

插图目录

图 1-1	潮阳铜盂大颠墓塔(在灵山禅院内)	(19)
图 3-1	潮州的三利(溪)门	(73)
图 3-2	潮州笔架山窑10号窑址	(82)
图 3-3	笔架山窑出土人、物造像	(83)
图 3-4	郑伸《筑成记》摩崖石刻	(87)
图 3-5	《永乐大典》所附元代潮州城图	(92)
图 3-6	潮州西湖	(95)
图 3-7	许骞《重辟西湖记》石刻	(97)
图 3-8	潮州韩文公祠	(99)
图 3-9	潮阳白牛岩	(100)
图 3-10	潮州广济桥	(108)
图 3-11	潮州广济桥亭	(109)
图 3-12	潮阳和平镇和平桥	(110)
图 4-1	吴澄撰《潮州路韩山书院记》	(127)
图 4-2	潮安归湖王大宝墓园	(147)
图 4-3	刘允画像	(162)
图 5-1	潮州《桃坑刘氏族谱》书影	(215)
图 5-2	潮州开元寺大雄宝殿	(227)
图 5-3	潮阳和平镇报德堂	(247)
图 5-4	潮阳双忠行祠	(253)

第一章

宋元潮州的历史起点
——隋唐南汉时期潮州的历史面貌

宋元潮州的历史和文化，是直接上承隋唐南汉本地的历史和文化而来的。由此，隋唐南汉时期潮州的历史面貌即为本章探讨的内容。通过这一部分文字，笔者试图追溯宋元潮州的历史起点，意在考察和审视潮州究竟是背负着怎样的历史传统，是在一种什么样的经济、文化现实基点上向着本书所关注的时段进发的。

隋开皇十一年（591），改原义安郡为潮州，以本地濒临大海，取潮水往复之意，此乃本地潮州州名使用的开始。隋唐时期潮州所辖县级政区屡有变更，但大体上今潮汕三市所辖范围一直都是其核心地域；州属上级政区也有变化，但除有过几个较短时段隶属福建外，绝大多数时间或隶属广州，或隶属岭南道、岭南东道。唐末与后梁交替之际，虔州的卢氏集团与广州的刘隐集团交相占领、控制潮州，至911年刘䶮最终夺得潮州。后梁贞明三年，也即南汉乾亨元年（917）十一月刘䶮在广州称帝，国号大越。第二年十一月又改国号为汉，史称南汉。潮州的历史也同时进入南汉时期。

隋唐南汉时期的潮州究竟是幅什么样的历史图景？在仔细梳理有关资料的基础上，笔者拟通过以下几节文字尽可能地作些揭示和勾勒。

第一节 自然条件、人口状况及经济发展情形

一 自然地理条件和交通条件

关于此时期潮州的自然地理环境，向来以元和间韩愈的记载和描述较

多且影响也较大。韩愈的载述即见于他撰写的有关潮州诗文,其中最有代表性的是《泷吏》和《潮州刺史谢上表》。在前一篇中他说:

> 潮州底处所?有罪乃窜流。……恶溪瘴毒聚,雷电常汹汹。鳄鱼大于船,牙眼怖杀侬。州南数十里,有海无天地。飓风有时作,掀簸真差事①。

引文中韩愈主要写到恶溪(亦即后来的韩江)聚集的瘴毒和大可拟船的鳄鱼,以及州南数十里涨海连天的境况,还有时时都可能暴发的飓风。后一篇中他写道:

> 臣所领州,在广府极东界上,去广府虽云才二千里,然来往动皆经月,过海口,下恶水,涛泷壮猛,难计程期。飓风鳄鱼,患祸不测;州南近界,涨海连天;毒雾瘴气,日夕发作②。

即主要描述和强调潮州地理位置的偏远及交通条件的险恶。可是,距韩愈仅二三百年之后,宋代的文人对于同一个地域却有很不相同的描述:所谓"潮阳山水东南奇,鱼盐城郭民熙熙"③;又所谓"地平如掌树成行,野有邮亭浦有梁。旧日潮州底处所?如今风物冠南方"④。不只是诗文,本地早期方志还有直接针对韩氏的上述说法提出异议的。如《永乐大典》卷5343《潮州府一·至到》引《三阳志》说,"若夫,由惠至广不过五日,舟行亦止三四日,通二十有一程";同处又引《(三阳)图志》说:"公之《泷吏》诗,至韶阳作也,乃曰'下此三千里,有州始名潮',恐亦不至若是其远者!其诗又曰'州南十数里,有海无天地',今自南达于海,

---

① 王伯大:《别本韩文考异》卷6,文渊阁《四库全书》本。按,为节约篇幅和力求简洁,本书对引用材料和观点出处的注释方法是:凡第一次出现的引用文献,则尽可能详具有关信息;若后重复引用则省去版本信息。所有引用书目或论文相关信息,并见书后所附《参考文献》和《相关论文目录》。

② 刘真伦、岳珍校注:《韩愈文集汇校笺注》,中华书局2010年版,第2921—2922页。

③ 陈尧佐:《陈文惠公送潮阳李孜主簿》,王象之《舆地纪胜》卷100《潮州·诗》,中华书局1992年版,第3120页。

④ 杨万里:《揭阳道中》,辛更儒笺校《杨万里集笺校》,中华书局2007年版,第891页。

其地曰鲶浦，去州八十里。由东而进，其地曰小江，亦将五十里，盖不止于韩公所云也。"① 显然，它们对韩愈的两个说法提出质疑：一是潮之距广州或距韶州极为偏远的说法；二是州城南距大海之里数。对于后者，今天我们看到韩愈的诗句均作"州南数十里"。但当年《（三阳）图志》的编者看到的似为"十数里"。那么，韩氏原说究竟是哪种？这样的疑问似早在宋元时期就已经存在。《永乐大典》在紧接上述引文之后称："《图志》云韩诗云，然盖未可晓。无乃'十数'为'数十'耶？姑记之以待知者。"② 无论如何，对于本地环境的描述，韩愈和宋人之说存在显而易见的差异。对于这种差异，不仅宋元时期，即使在今天，也有学者认为韩愈言过其实。如曾楚楠先生就说："作为'认罪书'式的《谢上表》，自然就充斥着哀求的语气，难免把贬所说得十分荒凉可怖，以期皇帝老子能动恻隐之心，早日予以宽赦。所以说，《谢上表》中对潮州的描写，只能说是带有浓烈感情色彩、高度夸张渲染的文学语言，而不能无分析地当作潮州历史的实录资料。"③

其实，韩愈对唐中期本地自然地理条件和交通条件的描述，应该认为是基本可信的。潮州距广府之遥远的印象，对韩愈来说刻骨铭心。长庆三年（823），韩氏已回京任职，应无须夸大事实以博取同情、怜悯，而他在为即将南下任职的刑部尚书郑权介绍岭南的情况时依然说："隶府之州离府远者至三千里，悬隔山海，使必数月而后能至。"④ 又，此时期同样遭贬岭南（包括潮州）的其他唐朝官宦，也大体上与韩愈有相同的描述，从而基本上可以印证韩愈的说法。如早于韩愈百余年，时在神龙元年（705）贬为泷州（今广东罗定市）参军的宋之问就有"处处山川同瘴疠，自怜能得几人归"的诗句⑤；于韩愈赴潮28年之后，即宣宗大中元年（847）由宰相贬为潮州司马的李德裕也有"风雨瘴昏蛮日月，烟波魂断

---

① 《永乐大典》（潮字号），潮州市地方志办公室、韩山师范学院图书馆2000年编印，第20页。
② 《永乐大典》（潮字号），第20页。
③ 曾楚楠：《韩愈在潮州》，文物出版社1993年版，第4页。
④ 刘真伦、岳珍校注：《韩愈文集汇校笺注》，第1205页。
⑤ 宋之问：《至端州驿见杜五审言沈三佺期阎五朝隐王二无竞题壁慨然成咏》，《全唐诗》卷51，中华书局1960年版，第626页。

恶溪时"的说法①。

诚然，文学语言存在一定程度的夸张渲染确实在所难免，相形之下，成书于五代时期、题为刘恂所撰的《岭表录异》，对唐代岭南事物的描述向以平实可靠称，而此书的有关记载，恰恰可以补充和证实韩愈的说法。如载鳄鱼说：

> 鳄鱼，其身土黄色。有四足，修尾。形状如鼍，而举止趫疾。口森锯齿，往往害人。南中鹿多，最惧此物。鹿走崖岸之上，群鳄噂叫其下，鹿怖惧落崖，多为鳄鱼所得，亦物之相摄伏也。故李太尉德裕贬官潮州，经鳄鱼滩，损坏舟船，平生宝玩，古书图画，一时沉失。遂召舶上昆仑取之，但见鳄鱼极多，不敢辄近，乃是鳄鱼窟宅也②。

又载飓风，实即当今所说的台风说：

> 南中夏秋多恶风，彼人谓之飓。坏屋折树，不足喻也。甚则吹屋瓦如飞蝶。或二三年不一风，或一年两三风，亦系连帅政德之否臧者③。

而在"沓潮"一条中，虽明确说是广州沿海景象，其实以现况推之，当也符合粤东情形：

> 沓潮者，广州去大海不远二百里，每年八月，潮水最大。秋中复多飓风。当潮水未尽退之间，飓风作而潮又至，遂至波涛溢岸，淹没人庐舍，荡失苗稼，沉溺舟船，南中谓之沓潮④。

关于瘴气，传世文献的记载就更为丰富，如《隋书》卷31《地理志下》说：

---

① 李德裕：《到鳄溪夜泊芦岛》，《全唐诗》卷475，第5397页。
② 刘恂：《岭表录异》卷下，鲁迅、杨伟群点校《岭南文库·岭南笔记八种》，广东人民出版社2011年版，第70页。
③ 《岭表录异》卷上，第47页。
④ 同上书，第48页。

>   自岭已南二十余郡，大率土地下湿，皆多瘴疠，人尤夭折①。

又，刘恂描述道：

>   岭表山川，盘郁结聚，不易疏泄，故多岚雾作瘴。人感之多病，腹胪胀成蛊②。

显然，上引记载，即使未直接点名潮州，但"南中""岭已南二十余郡""岭表山川"等，都应是包括潮州的。其实，不论鳄鱼之如何威猛凶狠，飓风破坏力之如何不可比拟以及瘴气袭人之难以预防，它们都只是唐朝岭南，包括潮州自然环境险恶的某些表征。参之以其他相关史籍来看，当时经常威胁本地居民生命财产的灾害还有猛虎、象群以及旱灾、水灾、冰雹、地震等。而在人口还相当稀少、生产力颇为低下、政府作用疲软无力的情况下，上述诸害错综交织，从而构成此时期本地居民生存之严重危机应是不争之事实。

关于隋唐南汉潮州交通的落后和不便，韩愈所说也基本可信。本来一地的交通条件在强大的人文因素介入之后，可以较大的改善空间。可是，从现掌握的文献资料来看，唐南汉时期并无本地政府进行交通建设的记载，甚至进入北宋时期也是如此。由此大体可以做出如下判断，唐南汉时期潮州的交通基本上停留在利用现有自然条件的水平上，缺乏有效的开辟和整修。而有充分的证据可以说明本地道路之开辟、驿馆之建造及交通条件的根本好转应是自南宋绍兴年间之后才陆续得以实现的。

二 人口及经济发展情形

那么，此时期潮州的人口状况及经济发展情形又是如何呢？由于有大量逃户、浮寄户以及与官府对抗的非在编土著户的存在，唐五代时期本地之人口资料，存在着编户和实际户数的较大差异及各种不同统计口径数字

---

① 《隋书》卷31《地理志下》，中华书局1973年版，第887页。
② 《岭表录异》卷上，第47页。

的纷繁杂陈①。相形之下，取材下限为贞元十七年（801）的《通典》及完成于元和八年（813）前的《元和郡县图志》的有关统计数字较为可信。前者称潮阳郡户有一万三百二十四，口五万一千六百七十四。后者说开元户九千三百三十七，乡一十六。再参照韩愈《潮州请置乡校牒》"今此州户万有余"之说，经黄挺、杜经国等先生的研究推算，唐开元间（713—741）本区实有人口数为37000人，贞元十七年（801）为40800人，唐末天复元年（901），人口总数接近80000人，每平方公里约5.5人。而据《通典》所载本区户、口数据1∶5的比例，则天复元年每平方公里约1.1户②。又据梁方仲先生推算，唐代潮州每平方公里人口数，在广东全省27州郡中，排第23位③，是本区在唐代仍为岭南人口最稀少的州郡之一。

有关唐南汉时期潮州的经济资料，文献记载十分少见，由此以下只能做一些粗线条的列举：此时期潮州的农业，当有一定的规模。居民在境内韩江、榕江两岸及下游三角洲平原上种植水稻，为保护农田，可能已有修堤凿渠之举。林大钦说"韩愈修潮堤，于今颂焉"④，《海阳县志》引陈珏《修堤策》说北门"堤筑自唐韩公"⑤。一些赴本地任职的郡守们已较重视农业的丰歉，并采取他们认为是有效的措施加以敦促和保障。如贞元十二年（796）刺史李宿在州城西葫芦山上建观稼亭⑥；元和十四年（819）刺潮的韩愈眼见淫雨连绵，担心影响收成，撰写专文，且祭祀大湖神。祷文中说：

> 稻既穟矣而雨，不得熟以获也；蚕起且眠矣而雨，不得老以簇也。岁且尽矣，稻不可以复种，而蚕不可以复育也。农夫桑妇将无以

---

① 黄桂有不同解释，见氏《韩愈与潮州若干史实辨析》一文，《汕头大学学报》1999年第3期。

② 黄挺、杜经国：《潮汕地区人口的发展》（唐—元），《韩山师专学报》1995年第1期。

③ 梁方仲：《中国历代户口、田地、田赋统计》，上海人民出版社1980年版，第461页。

④ 林大钦：《失时不修堤防》，黄挺校注《林大钦集》，广东人民出版社1995年版，第59页。

⑤ 卢蔚猷纂修：（光绪）《海阳县志》卷21《建置略五·堤防》，潮州市地方志办公室、潮州市档案馆2001年编印。

⑥ （光绪）《海阳县志》卷30《金石略·李公亭记》。

应赋税继衣食也①。

当云收雨歇，韩愈又派人向界石神致意：

> 淫雨既霁，蚕谷以成。织妇耕男，忻忻衎衎。是神之麻庇于人也，敢不明受其赐②。

又，韩愈在潮州所写《祭城隍文》中也说："粪除天地山川，清风时兴，白日显行，蚕谷以登。人不咨嗟，惟神之恩夙夜不敢忘息。"③ 在短暂的8个月任期中，在所写的5篇祭文里，有3篇都与祈求农业的丰收有关，这是值得注意的。

男耕女织历来是中国传统农业社会最典型的经济生活模式，由上引韩愈的祭文中，似不难看到这种模式在唐代潮州的存在："织妇耕男"并举，"蚕谷以登"共祈，说明即使地处东南沿海，潮州也大体上与中原接近。不过，主要由于人口过少这一瓶颈，对于南汉以前潮州农业所达到的水平，似不宜过高估计。

除稻谷、蚕织生产外，煮海为盐在唐代本地的沿海居民生活中也应是一项基本的产业。有载说海阳"盐亭驿，近海，百姓煮海水为盐，远近取给"④，但更详细的情况，文献无载。

从各种迹象来看，唐南汉时期潮州的瓷业已经兴起。20世纪，考古工作者发现潮州城西北的北关窑上埔到城南洪厝埔、竹园墩等地集中了成片的瓷窑群，主要生产半陶瓷器如碗、碟、壶、杯、罐、盆、枕等生活用具，装烧碗、碟、壶类的匣钵等窑具以及砖、瓦当、板瓦、筒瓦等建筑材料⑤。这些器物可能主要用来满足本地需求，但也有一部分用以外销。

除蚕织、海盐、瓷业外，唐代本地的手工业还包括一些土产的加工，如据《元和郡县图志》卷35载："贡赋：开元贡甲香、蚦蛇胆、鲛鱼皮、灵龟散；元和贡细蕉布、水马。"还有一些巧用本地材料制作的用物也颇

---

① 韩愈：《又祭止雨文》，刘真伦、岳珍校注《韩愈文集汇校笺注》，第1381页。
② 同上书，第1382页。
③ 韩愈：《祭城隍文》，刘真伦、岳珍校注《韩愈文集汇校笺注》，第1381页。
④ 李吉甫：《元和郡县图志》卷35"海阳县"条，中华书局1985年版。
⑤ 陈历明主编：《潮汕文物志》，汕头文物管理委员会办公室1985年编印，第68—70页。

有名气，如枹履。据刘恂《岭表录异》记载，这是用一种生长于江溪之中名为枹木的植物的根部加工制作的：

> 今潮、循人多用其根，刳而为履。当未干时，刻削易如割瓜；既干之后，柔韧不可理也。或油画或漆，其轻如通草。暑月著之，隔卑湿地气，有力如杉木。今广州宾从诸郡牧守，初到任，下檐皆有油画枹木履也①。

可见，由于材质特别，做工精致，美观适用，这种木履是广州驿舍迎送宾客的用品。

第二节　移民与原住民、地方势力与国家的关系

一　秦汉六朝时期情形

在北方汉民进入前，本地原住民是所谓的百越族。而据现有文献记载，前者的进入最早可以追溯到秦朝：秦始皇二十九年（前218），秦王朝发50万大军征讨岭南。此举及此后秦朝在岭南的一些举措，被一些撰述说成中原移民大量进入本地，潮汕正式接触，甚至接受中原文化的开始。可是，上述说法存在较大疑点：秦伐岭南，粤东并非正面战场；此后秦成五岭究竟是否包括揭阳岭，以及揭阳岭的地理位置究竟在何处都难以确定。由此，秦代已有大量中原移民进入本区的说法，应该说证据不足。

本地县级行政区始设于南越国时期。南越国晚期的揭阳令名叫史定，据《史记·建元以来侯者年表第八》载，史定于武帝元鼎间汉军压境之际选择降汉，所谓"以南越揭阳令，闻汉兵至，自定降，侯"，又《汉书》卷95《南越传》亦称："粤揭阳令史定降汉，为安道侯。"可见，南越国时期已有揭阳县之设。武帝元鼎六年（前111）重设南海郡，共领6县，揭阳为其中之一。至此，本地进入中原大一统王朝版图。此后，估计当有较多中原汉人迁入，本地与中原政治、经济和文化方面的联系也逐渐增多。不过，这应是一个颇为漫长的过程。从种种迹象来看，笔者认为黄挺先生的如下判断可能更切合历史实际：

---

① 刘恂：《岭表录异》卷中，第60—61页。

即使到汉平南越之后，进入本区的汉族人仍然不多，他们与本地的越人杂处，虽有部分越人逐渐汉化，但本区文化的汉化程度，远远不及珠江流域，特别是西江地区①。

三国战乱，特别是西晋末年的八王之乱，又续之以永嘉之乱，中原战祸连年，导致大批移民南迁，他们中不少人在之后的漫长岁月里，辗转进入本区，致使本区人口有了大幅度的增加。义熙九年（413），东晋政权在揭阳县治设立义安郡，这是本地建立郡级政区之始。从义安郡下设海阳（治今潮安县东北）、潮阳（治今潮阳县西北）、义招（治今大埔县）、海宁（治今惠来县西）、绥安（治今福建漳浦县西南）5县所辖地域来看，此举实际上是将汉揭阳县辖区升格为郡，并以5县治之。这种变动的契机应该以移民迁入、人口剧增为重要因素，如王象之《舆地纪胜》引《南越志》说："义安郡有义招县，昔流人营也。义熙元年立为县。"② 流人营即中原移民营地，移民聚集到一定数量，为实施有效控制和征收赋税之便，就需要增加新的政区以加强管理。

随着移民人数的增加，政区的升级和县级政区的增置不断增加。进入魏晋以后，国家对本区的控制逐渐加强，本地土著理应在这种国家化和中原文化传播的夹击中迈上同化进程，但种种迹象表明，这个进程同样十分缓慢。《三国志》卷60《吴书·钟离牧传》注引《会稽典录》，载有这样一件事情：赤乌五年（242）钟离牧任南海太守时，"揭阳县贼率曾夏等众数千人，历十余年，以侯爵杂缯千匹，下书购募，绝不可得。牧遣使慰譬，登（曾）皆首服，自改为良民"。审视这一事件，可以窥知土著势力之强大，政府齐民之艰难。还有，这段资料说曾夏所率领的数千土著，最终接受钟离牧之慰譬"皆首服，自改为良民"，可是由于没有后续记载，上述说法未必就是最终结局。笔者要指出的是，即使曾夏等的"皆首服，自改为良民"，确实就是这件事情的最终结果，那也是最理想的一种，因为从后来本地土著的表现来看，叛附无定才是其恒情常态。

---

① 黄挺：《潮汕文化源流》，广东高等教育出版社1997年版，第49—50页。
② 王象之：《舆地纪胜》卷100《潮州·古迹》"义招县"条，中华书局1992年版，第3112页。

二 隋唐南汉时期现状

对于岭南土著的漫长汉化过程及其生存状态,《隋书》有如下记载:

> 南蛮杂类,与华人错居,曰蜒,曰獽,曰俚,曰獠,曰㐌,俱无君长,随山洞而居,古先所谓百越是也。其俗断发文身,好相攻讨,浸以微弱,稍属于中国,皆列为郡县,同之齐人,不复详载。①

上述记载和描述,就潮州一带的具体情况来看,说其"浸以微弱""同之齐人(民)",似并不符合历史实际:此时期本地土著民势力依然不容小觑,这从相关文献的记载可以看到。如韩愈认为潮州"居蛮夷之地,与魑魅为群②";《白石丁氏古谱懿迹纪》述及六朝至唐前期粤东、闽南一带土著活动情形也说:

> 泉潮之间故绥安县地也,负山阻海,林泽荒僻,为獠蛮之薮,互相引援,出没无常,岁为闽广患。且凶顽杂处,势最猖獗,守戍难之。自六朝以来,戍闽者屯兵于泉郡之西,九龙江之首,阻江为险,插柳为营。江当溪海之交,两山夹峙,波涛激涌,与贼势相持者久之。③

而一直到中唐时期的长庆三年(823)韩愈向郑权介绍当地情况时仍说:

> 蛮夷悍轻,易怨以变,其南州皆岸大海,多洲岛,帆风一日踔数千里,漫澜不见踪迹。控御失所,依险阻,结党仇,机毒矢以待将

---

① 《隋书》卷82《南蛮传》,第1831页。
② 《潮州刺史谢上表》,《韩愈文集汇校笺注》,第2921—2922页。
③ 这段材料转引自谢重光先生《陈元光与漳州早期开发史研究》(台北文史哲出版社,1994年版)一书。《白石丁氏古谱懿迹纪》,为福建龙海人丁世㒿于顺治十三年续修完成,古谱追述丁氏入闽始祖丁儒曾佐陈政父子平蛮开漳事。谢先生认为由于该古谱历来为治地方史志者所重,黄仲昭《八闽通志》和明清时代漳州府县志多引其文,则古谱必有较可靠的史实基础,因而在相当程度上可以反映开漳初期史事(见原书第185页)。

吏，撞搪呼号，以相和应，蜂屯蚁杂，不可爬梳。好则人，怒则兽，故常薄其征入，简节而疏目，时有所遗漏，不究切之①。

可见，隋唐时期仍有相当数量的本地土著民并未被同化而成为中原王朝的齐民。他们的势力依旧很大，可以与移民，特别是与代表国家的本地政府相抗衡。在有关文献中，他们一般被称为"俚""僚"。隋唐间及唐中前期，他们在本区及相邻地区曾经制造过一些大的事端，如《旧唐书》卷109《冯盎传》载：

> 仁寿初，潮、成等五州僚叛，盎驰至京，请讨之。……即令盎发江、岭兵击之。贼平。

又，顺治《潮州府志》载说：

> 隋大业末……岭南俚帅杨世略起兵据循州并有潮州。唐武德五年，李靖平岭南，檄庞孝恭招慰世略，乃以二州来降。更名。略除循州刺史。②

此时期本地声势最大的土著民起事，发生在高宗总章到玄宗开元间。此即所谓的"泉潮间蛮僚啸乱"。总章二年（669）居住在粤东、闽南间的僚民起来与官府对抗。朝廷借助在此落籍已久的陈政、陈元光、陈珦祖孙三代组织兵力进行镇压③。战事漫长，前后持续近半个世纪；也异常艰辛，大小经过百余战，且夹杂着后方一些僚人部族的呼应和配合：平叛期间，潮州蛮僚苗自成、雷万兴有攻陷潮阳、数次作乱之事。但这场战事最终还

---

① 《送郑尚书序》，《韩愈文集汇校笺注》，第1205页。
② 吴颖纂修：（顺治）《潮州府志》卷7《兵事部》，《古瀛志乘丛编》，潮州地方志办公室2003年编印。
③ 关于陈政、陈元光父子的籍贯身世，明清以来文献杂陈，载述纷繁，然可凭信者不多。谢重光先生曾撰《陈元光文献资料辑校与疏证》一文（收入谢氏撰《陈元光与漳州早期开发史研究》一书），对有关资料精心辑录、评介。如关于陈氏家族的由来，认为黄佐（嘉靖）《广东通志》卷55《陈元光传》所说陈政父洪，为义安丞，后落籍本地的记载真实可信，笔者认同谢先生这种看法。

是以中原移民及政府的胜利宣告结束。为加强镇守和管理，战争期间，因陈元光奏请，朝廷增设漳州，陈元光遂成为漳州历史上第一位刺史。但也由于陈氏家族在平蛮开漳中的特殊贡献，这个介于粤东闽南的新设州郡，很长一段时间又处在陈氏家族的控制之下。

唐末与后梁交替之际，一些地方势力又再度乘机而起，先是虔州的卢氏集团，后是广州的刘隐集团占领、控制潮州。至911年之后，潮州最终成为南汉国的一部分。

那么，究竟是什么原因造成隋代以来本地土著接二连三的"叛乱"？由于文献记载的缺失已难以深入追究，但大体上还可以做出一些推断：那就是西晋末年永嘉战乱之后，中原扰攘不断，大量移民南迁，虽说他们中只有很小的一部分辗转进入本区，但对于一直以来地广人稀、生存空间较为开阔的本地土著来说，日益造成某种程度上的威胁、挤压，再加上中央王朝通过本地政府总想把这些自由散漫的土著收编为齐民，这就势必引起他们的反抗。而一些地方势力也乘乱而起，建立割据政权，从而生发出上述土著和移民、地方势力与国家的长期对抗和较量。

第三节 儒、佛文化传播与社会文明程度评估

一 儒、佛文化的传播

这一时期，以儒家思想、理念为代表的中原先进文化在本区通过学校教育得以进一步的传播。在这一过程中，赴本地任职的贬官发挥了重要作用。根据文献记载，这个群体有以下十数位，见表1-1。

表1-1　　　　　　　　　唐代赴潮贬官

姓名	原任官职	赴潮年月	贬任官职	资料出处
张玄素	东宫少詹事	贞观十八年（644）	潮州刺史	《旧唐书》卷75本传
唐临	吏部尚书	显庆四年（659）	潮州刺史	《旧唐书》卷85本传
卢怡		玄宗开元间	潮州司马	民国《潮州志·职官志一》
常衮	宰相	大历十四年（779）	潮州刺史	《旧唐书》卷119本传
严佚名	国子司业	建中末年	潮州司户	民国《潮州志·职官志一》
洪圭	工部尚书	贞元十二年（793）	潮州刺史	民国《潮州志·职官志一》
郑余庆	宰相	贞元末	潮州司马	《明一统志》卷80《潮州府·名宦》

续表

姓名	原任官职	赴潮年月	贬任官职	资料出处
韩愈	刑部侍郎	元和十四年（819）	潮州刺史	《旧唐书》卷160本传
李宗闵	宰相	太和九年（835）	潮州司户	《旧唐书》卷176本传
杨嗣复	宰相	会昌元年（841）	潮州刺史	《旧唐书》卷176本传
李德裕	宰相	大中元年（847）	潮州司马	《旧唐书》卷174本传

明初诗人高启曾有这样的诗句："自古南荒窜逐过，佞臣元少直臣多！官来泷吏休相诮，天要潮人识孟轲。"① 确实，贬官南来对于他们自身是磨难、不幸，而对于潮州无疑是一桩好事：贬官是儒家文化打造的产品，多是饱学之士，从文化心理上说，他们来到潮州这样一个在当时文化教育依然十分落后的偏远之区，不满现状，进而要求改变并付诸自己的施政是可以预料的。不过，文献中只对张玄素、常衮和韩愈三人才有相应的记载。为便于展示有关史事，现录主要相关资料于下：

（玄素）历太子少詹事，迁右庶子。时太子承乾事游畋，不悦学，玄素累谏不纳。太子怒遣刺客伺之。会被废，玄素坐除名为民。顷之，召授潮州刺史。玄素不鄙夷远民，闻命即就道履任。抚摩困穷，兴建学校，悉心以勤民事。既而徙邓州。②

（潮州）龙虎成名，功实归于常衮。③

衮，京兆人，德宗初以宰相贬潮州刺史，兴学教士。④

始潮人未知学，公（韩愈）命进士赵德为之师，自是潮之士，皆笃于文行，延及齐民，至于今，号称易治。⑤

此州学废日久。……赵德秀才，沈雅专静，颇通经，有文章，能知先王之道，论说且排异端而宗孔氏，可以为师矣。请摄海阳县尉，

---

① 高启：《咏韩子》，（乾隆）《潮州府志》卷42，潮州地方志办公室、潮州市档案馆2001编印。
② 郭棐：（万历）《粤大记》，中山大学出版社1998年版，第295页。
③ 王十朋：《答曾知郡汪》，《梅溪王先生文集后集》卷22，《四部丛刊初编》本。
④ 郭春震纂修：（嘉靖）《潮州府志》卷7《人物志》。
⑤ 苏轼著，傅成、穆俦标点：《苏轼全集·文集》卷17，上海古籍出版社2000年版，第988页。

为衙推官，专勾当州学，以督生徒，兴恺悌之风。①

需要指出的是，上述贬官在潮州推行文教，除出于他们的素养，或他们个人的执政理念外，同样也是职责所在，是对唐中央政府有关政令的贯彻执行：唐王朝重视发展地方教育，早在开国之初的武德七年（624）二月就下诏"州县及乡，并令置学"②。此后，开元间政令再颁，对地方兴学予以更为明确的指示：

> 二十六年正月十九日敕，古者乡有序，党有塾，将以弘长儒教，诱进学徒化人成俗，率由于是。其天下州县每乡之内里别各置一学，仍择师资，令其教授。③

唐政府还明令支持私人办学："诸百姓任立私学，其欲寄州县受业者亦听。"同时，对地方社会中学业有成的学子采取奖掖、鼓励政策：

> 玄宗开元二十一年，敕诸州县学生年二十五以下，八品九品子若庶人并年二十一已下，通一经以上、未及通经、精神聪悟有文词史学者，每年铨量举送，所司简试，听入四门学充俊士；即诸州人省试不第，情愿入学者听。④

唐朝政府不仅下令地方兴学，且对学校招收生徒的数量也有明确的规定：

> 唐制：京都学生八十人，大都督、中都督府、上州各六十人，下都督府、中州各五十人，下州四十人，京县五十人，上县四十人，中县、中下县各三十五人，下县二十人⑤。

不过，尽管唐中央政府对发展地方教育三令五申，且有较为得力的措施，

---

① 韩愈：《潮州请置乡校牒》，《韩愈文集汇校笺注》第3214页。
② 《旧唐书》卷24《礼仪四》，中华书局1975年版。
③ 《唐会要》卷35《学校》，中华书局1955年版。
④ 《唐会要》卷35《学校》。
⑤ 同上。

但地处偏远的潮州究竟有无响应以及最终落实到何种程度，由于文献记载的缺失已无从追究。如武德七年（624）之后到贞观十八年（644）张玄素到来之前潮州是否建学？韩愈命赵德勾当州学，此后潮州地方学校的兴废情况又是如何等。但综合各方面的情况来看，似可做出一个基本的判断：唐代潮州地方学校教育从总体上来说，应是废时多而兴时少。唯其如此，才会有张玄素、常衮和韩愈之接二连三的"兴学"举措；特别是从常衮兴学到韩愈刺潮不过40年，韩愈却说"此州学废日久"，这些都说明潮州地方教育缺乏持久性和一贯性。

的确，在本地历史上，"韩愈刺潮"一直被视为划时代的事件。如南宋乾道间出任州学教授的陈庆余就说"潮之为郡……文物之富，始于唐而盛于我宋。爰自昌黎文公以儒学兴化，故其风声气习，传之益久而益光大"[①]，而明代状元、本地人士林大钦则强调说："侍郎未刺之前，不过山海波涛耳，江山名韩，何由得哉！"[②] 显而易见，潮人视韩愈为本地文化起始之导师。可是，即使在韩愈刺潮之后，潮州的教育也未见得从此就风生水起蓬勃开展起来。尽管因受到吴子野的质疑，苏轼改口说"潮州自文公未到，则已有文行之士如赵德者，盖风俗之美，久矣"[③]，但至少有一个不争的事实是：韩愈所说他到潮州前"进士明经，百十年间，不闻有业成贡于王庭、试于有司者"的状况，在其兴学之后一直到北宋初期的近二百年间依然没有得到任何改变[④]。直到太平兴国间，才有谢言"草泽应诏"，潮州历史上有了第一个进士，但文化教育在总体上仍无大的进展，以至于到咸平以后的若干年，当一位本地的"王生"参加科举中第以后，他仍然唉声叹气，称自己的故乡潮州是未开化的"天荒"[⑤]。教育是一项成本高、见效慢的大工程，必须要有持续不断的投入和经营，如果它仅仅只是互不连接的几任官员的个人行为，则其无果而终也就不可

[①]《重修州学记》，黄挺、马明达：《潮汕金石文征》（宋元卷），广东人民出版社1999年版，第103页。

[②] 林大钦：《体国经野》，黄挺校注《林大钦集》，第37页。

[③] 苏轼：《答吴子野》第7首，《苏轼全集·文集》卷57，1876页。

[④] 这里不能不提到赵德，他是否是一位进士？答案应该是否定的。不过，对之尚存有争议。如曾楚楠先生《赵德科名辨析》（载《韩山师专学报》1990年1期）及汕头市潮汕历史文化研究中心《通讯》2、3辑等所刊陈历明、张树人等先生有关文章就认为其人是进士。

[⑤] 陈尧佐：《送王生及第归潮阳诗》有"休嗟城邑住天荒"句，王象之《舆地纪胜》，第3120页。

避免。

除儒家文化的传播外，唐五代时期佛教文化在本区也已发展起来。

佛教文化向中国的传播，一直存在海路通道，广东以其所处地理位置遂成为海路入华之初地。自汉末至南朝，佛教在粤中和粤北地区曾有过较大规模的传播和不小的影响①。可是，隋代以前其在粤东潮州究竟有无传播，文献没有明确、可信的记载。近年，郑群辉先生根据有关出土文物之莲花雕饰，认为佛教传入本区可以追溯到南朝刘宋年间②。此说似还有进一步研究、论证的空间。

佛教在本区的活动，有明确记载最早可追溯到唐朝代宗大历年间（766—779）。关于这一点暂且按下，后面再来讨论。这里先来陈述唐中前期，佛教有可能在本地传播、活动的一些迹象。

一是高宗显庆四年（659）礼部尚书唐临被贬为潮州刺史。唐临本佛教信徒，且曾撰有证明佛教因果报应之必有的《冥报记》一书。唐氏在潮数年，直到60岁时卒于任上③。黄挺先生曾撰专文，细考唐氏的身世、信仰、作为，推断佛教当借着唐临之赴本地任职及其《冥报记》一书的流传必在潮州地域传播开来④。

二是《唐会要》卷50《杂记》载，开元二十六年（738），玄宗有令：每州各以郭下定形胜观、寺，改以"开元"为额；宋《佛祖统纪》卷40所载稍异，说开元二十六年敕天下诸郡立"龙兴""开元"二寺。同书卷还载开元二十七年"敕天下僧道遇国忌就龙兴寺行道散斋，千秋节祝寿就开元寺"。有鉴于此，潮州或有同名佛教寺院。宋代以后潮州首屈一指的著名寺院为开元寺，或与玄宗之令有关，其始建年代或即在当时，或是当时某座寺院的改名。但由于缺少文献根据，目前还只能是一种推测。

还有，据元释大䜣《南山寺记》，"（南山）寺建成于唐初……开元二十二年，有揭阳冯氏女，以父母卒无他昆季，终丧。持田券归于寺，得租

---

① 具体情形可参考雷雨田等《广东宗教简史》第一章《佛教传入广东及其初步发展》，百家出版社2007年版。

② 郑群辉：《佛教何时初传潮汕》，《韩山师范学院学报》2011年第2期。

③ 《旧唐书》卷85《唐临传》载："显庆四年坐事，贬为潮州刺史，卒官，年六十。所撰《冥报记》二卷，大行于世。"

④ 黄挺：《唐临与佛教思想在潮州的传播》，《韩山师专学报》1994年第1期。

千二百石有畸"①。如这一记载可信，则早在开元时期，潮州的某些寺院就已经拥有较为可观的寺院田产。

另外，（乾隆）《潮州府志·寺观》饶平县下录"隆福寺"，注"在信宁都黄芒山，晋时建"。而潮阳县下"莲花院"下注云"在竹山岭，唐正观六年建"②。前一条记载如确有所本，也只能是五代时期的"后晋"，而"正观"或为"贞观"之讳改（为避清世宗胤禛名讳）。无论如何，由于这些记载过于晚近，究竟有多大的可信度，还需要研究。

综上所述，唐中前期佛教有可能传入潮州，且已有一定规模的法事活动和影响。

如前面所说，佛教在本区活动有明确文献记载，可以追溯到大历初年。此与几位后来在本区，乃至于全国都十分著名的僧人有关。他们是西山惠照、药山惟俨和宝通大颠。记载以《（隆庆）潮阳县志》为详，现录资料于下：

> 惠照者，本邑人。高僧大颠之师而曹溪之脉也。旧亡里氏。唐大历初归自曹溪，深契南宗之旨。常栖止西山，精持戒律。有诗名，士林重焉。
>
> 其时，又有澧州药山释曰惟俨者，亦以童年妙悟，度岭入潮，与大颠共受心印于惠照，俨后遍走江湖间，数十余岁，方归药山。李翱刺朗州时，每从之游。今世所传其《复性三书》，人谓多其宗旨，盖即惠照所授也。
>
> 大颠，俗姓陈氏（一曰姓杨），世为颖川人。开元末产于潮，生而灵异，龆岁即遁栖云林，超然物外。大历中，与药山惟俨并事惠照禅师于西山之阳，已复与之同游南岳，参石头希迁和尚，得大无畏法……贞元初，入龙川罗浮瀑布岩居之，有暴客欲手刃其胸者，绝不为动，客因惶愧而去。五年归潮阳，六年开辟牛岩，立庵以居，蛇豕皆遁。七年又于县西幽岭下置立禅院，名曰灵山，出入猛虎随之。是时已大悟禅宗，真得曹溪之绪。门人传法者众至千余人，因自号为大颠和尚。元和十四年，刺史韩愈召至州郭，与语异之。其年，愈以祈

---

① 释大䜣：《南山寺记》，见载《潮汕金石文征》，第292—293页。
② 周硕勋纂修：（乾隆）《潮州府志》卷15《寺观》。

神至海上，因造访焉。久之，会移袁州，复留衣为别。其见重如此。长庆四年一日，告辞大众而逝，年九十有三。所著有《般若婆罗蜜多心经》及《金刚经释义》。又尝自写《金刚经》千五百卷。《法华》《维摩经》各三十部，藏之山中。①

上述文字，已基本上把代宗大历初年之后一直到穆宗长庆间近60年潮州地区佛教重要人物及其活动交代清楚了。由此可知此时期本地传承的是佛教慧能一派的南宗禅。南宗崛起意味着中国佛教彻底变革、走向新生的历程，佛教向本区开始实质性传播又恰逢其时。更有趣的是因排佛、谏阻宪宗迎奉佛骨舍利而被贬为潮州刺史的韩愈，由此得与南宗直系法脉大颠交往，遂有了函邀、造庐、留衣等佳话。对于二人的交接，当时及其以后的千余年间，一直到今天，质疑、争议不断。而韩愈在《与孟简尚书书》一文中，自己也有一番说解和表白，他说：

> 来示云：有人传愈近少信奉释氏者，此传之者妄也！潮州时，有一老僧号大颠，颇聪明，识道理。远地无可与语者，故自山召至州郭，留十数日。实能外形骸，以理自胜，不为事物侵乱。与之语，虽不尽解，要且自胸中无滞碍，以为难得，因与来往。及祭神至海上，遂造其庐。及来袁州，留衣服为别。乃人之情，非崇信其法，求福田利益也②。

饶有趣味的是，大颠的乡里人士如何来看上述事情？这里仅举明代潮籍状元林大钦的看法，大体上他认为，"知道贵明，守道贵笃"，韩愈辟佛功不可没，甚至可与孟子距杨墨相提并论，所谓"夫孟子距杨墨而正道显，韩氏辟佛老而唐室兴"，但以为其人与大颠的交往是难以掩盖的污点："独惜乎知之有足与，而其守未笃也。识之有足言，而其立未固也。"③ 其实，如果摒弃正统立场，理性地来看韩愈和大颠的交往，则其所反映的正

---

① 黄一龙纂修：(隆庆)《潮阳县志》卷14《大颠传》，《天一阁藏明代方志选刊》本，上海古籍出版社1963年版。
② 《韩愈文集汇校笺注》，第886页。
③ 林大钦撰、黄挺校注：《林大钦集》，第29页。

图1-1 潮阳铜盂大颠墓塔（在灵山禅院内）

是唐代儒、佛在潮州地域的一种交流和融合。众所周知，正是有了儒学与佛道的融汇，才会有宋代以后的理学。在这种融合的过程中，有相当一批人士，明排斥而暗吸收佛教的理论，这其中就有韩愈。而从上引《与孟简尚书书》来看，如果说"颇聪明，识道理"是韩愈对大颠懂得儒家学说的赞扬的话，则接下来说"实能外形骸以理自胜，不为事物侵乱"及"胸中无滞碍"等，似可理解为韩愈对大颠所持佛理、佛教素养的某种认同。如此，则韩愈和大颠的交往，实际上也是儒佛在中唐潮州地域上的一次有深度和成效的对话。

无论如何，仅就有明确文献记载的佛教在唐代潮州的活动情况来看，虽起步不早，但起点却很高。一开始所传播的居然是当时独领宇内佛教新潮流的南宗禅，传法者也是南宗的嫡系高僧。从其传教活动来看，大颠"门人传法者众至千余人"，他们中理应有不少会就近在潮州传教，如此规模已不可谓小。由此看来，地处偏远、经济文化总体落后的唐代潮州，在佛教文化方面，却可以说是一点也不显得落后。

饶宗颐先生认为，潮人文化源头存在着一种儒佛交辉的态势①。确实，对于唐代来说，这种态势显然存在。五代宋初，佛教在本区活动情形，文献记载较为缺乏，但自北宋中期以后本地文化发展的总体态势观之，仍然是儒佛交辉，这俨然成为潮人文化的一种历史传统。

二 隋唐南汉时期潮州社会的文明程度

考察儒佛文化在本地的传播之后，下面再来探讨这样一个话题，即究竟如何来看隋唐南汉时期潮州社会的文明开化程度？

此话题由唐代潮州为贬官之区所引出。如韩愈就说"潮州底处所，有罪乃窜流"。而一般说来，贬官处所多是距京城遥远、自然环境恶劣，同时也是文明开化程度较低的地区。而挑选这样的地方以处贬官，是由于"贬"本就含惩罚意，为达惩戒之目的，自然"不宜与善地"。如刘禹锡曾有这样的说法："世称张曲江为相，建言放臣不宜与善地，多徙五溪不毛之乡。"② 那么，是否由此可以推断，唐代的潮州就是文化落后、文明开化程度较低的地区？有学者就否认这一点，如曾楚楠先生就指出：

> 古代地方官员升迁、贬谪的标准，除职务高低外，很重要的一条，就是看未来的任职处所，与作为政治、经济、文化中心的京都的地域距离。也就是说，罪越大，贬得越远，而贬地的具体境况倒是次要的因素。唐代的潮州距长安近八千里，它成为安置罪臣的地方，主要是地理位置使然，不能以此而视为"未开化地区"。比方说，袁州和潮州同属下州，同辖有三县，但因为它离京师只有三千五百八十里，所以韩愈后来量移袁州，同样是当刺史，却意味着，他已经得到皇帝的宽宥③。

引文中，曾先生强调与京城地域距离的遥远，才是潮州成为贬所最重要的

---

① 饶宗颐：《第五届国际潮团联谊年会专题讲座：潮人文化传统和发扬》，黄挺主编《饶宗颐潮汕地方史论集》，汕头大学出版社1996年版。
② 刘禹锡：《读张曲江集作并引》，《刘宾客文集》卷21，中华书局1985年版。
③ 曾楚楠：《韩愈在潮州》，第4页。

原因，而反对视潮州为未开化地区。这里可以暂时放下上述争论。当我们去研读有关文献，从较为有限的唐代潮州或岭南的记载中，看到此时期尚存在许多极为落后的社会现象和习俗。韩愈门生皇甫湜说韩愈在潮州"掠卖之口，计庸免之。未相计直，辄与钱赎。及还，著之赦令。转刺史袁州，治袁州如潮"①。杜佑说："五岭之南，人杂夷獠，不知教义，以富为雄。……大抵南方遐阻，人强吏懦，豪富兼并，役属贫弱。俘掠不忌，古今是同。"②而张鷟称岭南习俗多崇鬼神，大量存在有病不求医药的陋习③；还有，唐岭南节度使卢钧在开成五年奏折中有如下说法：

> 臣当管一十五州，唯韶广两州寮每年吏部选授。道途遥远，瘴疠交侵，选人若家事任持，身名真实，孰不自负，无由肯来；更以俸入单微，每岁号为比远，若非下司贫弱令史，即是远处无能之流。比及到官，皆有积债，十中无一肯识廉耻。臣到任四年，备知情状。其潮州官吏伏望持循往例，不令吏部注拟，且委本道求才④。

除皇甫、卢氏二人所谈明确关涉潮州外，以唐代情势度之，杜佑、张鷟所载述岭南情事，潮州当也不能例外；再考虑到前述潮州文化教育的落后、经济的不发达等情形，由此综合来看，说唐代潮州属"未开化地区"，即使存在某种程度的贬低，但其文明开化程度不高当是不争之事实。

以上几节所写，就是本书为宋元时期潮州所做的"瞻前"，前面已经说过，意在审视宋元，特别是宋代潮州究竟是自什么样的历史基点上出发的。因文献记载严重不足，这样一个粗线条的扫描，的确让人不能满意。还有，从历史进程来看，南汉时期才最靠近本书所关注的宋元潮州。可令人遗憾的是，无论是新旧《五代史》、清代吴任臣《十国春秋》和梁廷枏《南汉书》等古代文献，还是今人的专门学术著作，都很少记载或论及此

---

① 皇甫湜：《韩文公神道碑》，《皇甫持正集》卷6，《四部丛刊初编》本。
② 杜佑：《通典》卷184，中华书局1984年版。
③ 张鷟：《朝野佥载》卷5载曰："岭南风俗，家有人病，先杀鸡鹅等以祀之，将为修福。若不差，即次杀猪狗以祈之。不差，即次杀太牢以祷之。更不差，即是命，不复更祈。"中华书局1979年版，第114—115页。
④ 《唐会要》卷75"开成五年十一月"条。

时期的潮州史事。如陈欣博士长达 30 余万字的《南汉国史》① 就基本上没有直接写到潮州。原因实际上也不难推断：无论是隋唐隶属岭南道或岭南东道，还是作为南汉国的一个州，潮州始终都处在边缘地位。这种边缘性，首先是其地理位置不在岭南道或南汉国的核心区域，甚至也不在其次要的区域；其次，也正是基于前一点，潮州地域也就没能发展起来；开发程度太低，自然也就制约了本地与其他发达地区与中央政府的交往。上述种种因素反过来也就决定了这一时期的潮州没有多少事情可以成为史家关注的话题。

---

① 陈欣：《南汉国史》，广东出版集团，广东人民出版社 2010 年版。

第二章

宋元潮州的政事与军事

与唐、南汉以前有所不同，入宋以后国家对潮州的控制明显加强。其主要标志就是制度化行政管理的正常实施和多维军事镇压体系的建立。历史地来看这种控制，它对宋元时期潮州的开发和进步极具重要性：有效控制就意味着秩序的建立，战乱、纷争的结束，人口的增加以及和平开发条件的具备。古代中原王朝及所统辖的核心地区是中国文明发达之区和政治经济文化的中心，潮州进一步向前者靠拢、回归，是其于宋元时期迈上历史快车道，赢得迅猛发展的基本原因。

第一节 宋元潮州政区沿革与职官群体

一 宋元潮州的政区沿革

宋代州级政区有4种类型，府、州、军、监。按照宋代对州级政区等级的划分，也即辅、雄、望、紧、上、中、下等的分类，潮州除有别于"同上州"的广州外，与广南东路的其他州同为下州。入元，潮州改州为路，政区级别虽有上升，但按照"十万户之上者为上路，十万户之下者为下路"的标准以及地理位置上又非"冲要"等因素①，属于下路。

宋元潮州政区沿革问题，还有以下三点需要说明。

一是近邻五代时期的敬州，也就是入宋以后的梅州，曾有三个短暂时段隶属潮州或潮州路。具体情形是：熙宁六年至元丰五年（1073—1082），梅州降为程乡县隶属潮州；绍兴六年至十四年（1136—

---

① 宋濂等：《元史》卷91《百官志七·诸路总管府》，中华书局1976年版，第2316页。

1144），再次废州为县划归潮州；元贞元年至延祐四年（1295—1317），以梅州（辖程乡一县）一州并隶潮州路。三段时间加起来约40年。因其隶属潮州时间较短，所以在本书有关论述中，一般不涉及梅州史事。

二是辖区内县级政区存在增并与等级的变化。北宋大部分时间，潮州只领海阳、潮阳二县，直到宣和间（1119—1125）本州发生刘花三叛乱，宣和六年（1124）中央政府命割海阳县光德、太平、怀德三乡新设揭阳县，县治始设于刘黄村（今丰顺留隍镇）。但为时不久，南宋绍兴二年（1132）即废入海阳，同年，潮阳也并入海阳，潮州仅领一县。绍兴八年（1138），原潮、揭又得以恢复建置，但揭阳只是沿袭旧名，县治及所辖地域与此前并不相关。此后一直到宋朝结束，潮州领有海阳、揭阳和潮阳三县的基本格局没有变化。元初潮州路仍领三县，至元二十二年（1285），元政府始于州城设置录事司，割海阳县郭外的四团、六保作为辖区，是元代潮州路统领三县一司。由于绍兴八年后，潮州一直统领海阳、揭阳和潮阳三县，于是，潮州有"三阳"的别称。宋元县级政区有等级划分，潮州所统三县，除倚郭的海阳在宋代划为望县外，潮阳和揭阳都为中下县（据《元丰九域志》潮阳也曾为"紧县"）或下县。海阳在元代也成为下县。

三是上隶政区有沿有革。北宋前期，潮州属于广南路（治今广州）。至道三年（997）后，广南分成东、西两路，潮州一直隶属广南东路（治今广州）。元至元十五年（1278），元军攻取潮州，以地方土豪暂管州事。次年，州改为潮州路总管府，省称潮州路，统于广东道宣慰使司都元帅府，而上隶于江西行省。

二　宋元潮州的职官群体

地方职官是中央政府在区域社会的代理人和实际统治者，同时也是地方经济和文化开发的组织者和主持者。根据现有资料记载，宋元特别是宋代潮州职官在本地经济开发和文化教育事业的起步、拓展中发挥过十分重要的作用，本时期潮州社会的全面进步，仕潮职官群体功不可没。

宋代州级政区一般设有知州、通判以及幕职官（包括签书判官、推官、书记）、诸曹官（录事、户曹、司法、司理参军等）、教授等职位，元代路级政区则有达鲁花赤、路总管、同知、判官、经历、知事、照磨和教授等职官①。对照本地志书可知，宋元国家于地方政区职官设置之一般情形在潮州不存在例外，而仔细查考此时期本地的开发和社会运作，可以认为出仕潮州的官员，大多都能贯彻朝廷的意图，恪尽职守。权衡各种职官对这一时期潮州社会开发所发挥作用的重要程度以及本地方志对他们的载述情况，下面，拟对宋代的知州、通判、元代的路总管和宋元出任本地的教官等群体，做些概要的评介。

首先，来看宋代的知州和元代的路总管。本地志书及广东省志所载两宋时期潮州知州名单不全，任职年月及事迹的记载更多不备。若仅从名单而论，现存本地最早志书（嘉靖）《潮州府志》卷5《官师志》载128人；《（顺治）潮州府志》卷4《官师部》和（康熙）《潮州府志》卷6《职官》均载136人；（乾隆）《潮州府志》卷31《职官表上》载140人。1995年李裕民、黄挺先生对之开展专题研究，经仔细考索，北宋得60人，南宋得96人，两宋共得156人②。据他们估计，这份名单"还约缺二三十人"，如此两宋潮州知州应在180人左右③。诚然，对两宋潮州知州的研究，名单的确定和追补并不是最重要的，宋中央政府所赋予职责及他们在本地的所作所为及其作用、影响的研究才应是最核心的问题。《宋史》对知州有如下载述：

  宋初……分命朝臣出守列郡，号权知军州事，军谓兵，州谓民政焉。其后，文武官参为知州军事，二品以上及带中书、枢密院、宣徽使职事，称判某府、州、军、监。诸府置知府事一人，州、军、监亦如之。掌总理郡政，宣布条教，导民以善而纠其奸慝；岁时劝课农桑，旌别孝悌；其赋役、钱谷、狱讼之事，兵民之政皆总焉。凡法令条制，悉意奉行，以率所属；有赦宥则以时宣读，而班告于治境；举

---

① 《宋史》卷167《职官七》，中华书局1985年版，第3972—3976页；《元史》卷91《百官七》，第2316页。
② 李裕民、黄挺：《两宋潮州知州考》，《潮学研究》第4集。
③ 近年笔者在他们成果的基础上进一步搜集资料，尝试对缺略人员进行补充。大概情况是仁宗朝可补出王綦和王汝砺，徽宗朝可补李南仲，高宗朝可补侯延庆和苏文瓘，孝宗朝可补王巩、黄昭祖，光宗、宁宗朝可补鲍瀣、许成和高煦绩，度宗以后可补李梦昌。对于追补这些人员的证据及对两宋潮州知州的其他一些相关问题，笔者拟另撰专文讨论。

行祀典；察郡吏德义材能而保任之，若疲软不任事，或奸贪冒法，则按劾以闻；遇水旱，以法振济，安集流亡，无使失所。……凡属县之事皆统焉。①

元泰定间范梈撰《（潮州路）总管府忠爱堂壁记》，其中有这样几句，将古代地方长官的重要性说得较为透彻：

> 天以天下付一人，不能遍履而周治，于是剖千里之地与其民，简其人使分牧之，所以重所付也。太守受地与民，拥朱幡，绾三品章绶，官有承贰佐吏，奔走者自邑令长、群执事，咸下风听命焉，亦崇且华矣。得人则一方受其安，不得人则一方蒙其残②。

据上所载，核验其于本地的实际作为，可以认为两宋时期的潮州知州们，较出色地履行了中央政府赋予的使命，因而在本地开发过程中发挥了应有的作用。综合各方面的记载，有如下群体性特征。

1. 从籍贯看，以来自福建占大多数。此所谓"潮居广府之极东，与闽岭比壤，凡游官于广者，闽士居十八九"③。"闽士居十八九"的状况确实与潮州的比邻闽地有关：尽管宋朝以后，潮州似乎已从"瘴疠之区"中除名④，可是一般士人，特别是北方人仍抱持潮州为瘴疠苦恶之地的成见，规避入潮做官，这样在地域上与潮州比邻的闽籍人士即被认为是最能适应潮州和广南的自然地理条件；又由于宋代实行官员任职回避原籍制度及两宋福建教育发达、科举得人极多等因素，致使福建籍人士成为潮州官师群体的主要来源⑤。

---

① 《宋史》卷167《职官七》，第3972—3973页。
② 《潮汕金石文征》（宋元卷），第268页。
③ 傅自修：《凤水驿记》，《潮汕金石文征》（宋元卷），第110页。
④ 《宋会要辑稿》"职官"47之3"判知府府军监"下载曰："真宗咸平元年二月，广南东路转运使康戬言新、恩、循、梅四州瘴有毒，请于江南州县中就选知州。诏流内铨选荆湖、福建人注本州官，令知州事。"可知潮州已不在瘴毒之域。
⑤ 关于这一点，李裕民、黄挺《两宋潮州知州考》（《潮学研究》第4集）及谢重光《宋代潮州主要从福建接受外来文化说》（《潮学研究》第6集）有较多考证、论述。

2. 有较高的文化素养。他们中绝大多数为进士出身，其中的一些人有浓烈的文人积习和学者气质。就前者而言，无须多说，只要就李裕民、黄挺《两宋潮州知州考》一文所列潮州知州有关内容做简单统计就可以证实这一点。而所谓文人积习和学者气质，这里可稍作列举。如流传至今的宋元潮州金石文字，有不少出于他们的手笔[①]；一些人还有著作传世，如周明辨（太平兴国间任）有《五经评判》6卷、《文选汇聚》10卷，另有《五经手判》6卷（疑为第一种之异写）[②] 等著作。徐泌（咸平间任）"有文集，藏史馆，子庸直集贤院，尝表上《周易意学蕴》"[③]。徐定（淳熙十五、十六年任）有《徐潮州春秋解》12卷[④]，危稹（嘉定十三年奉命）有《巽斋集》《诸经讲义集解》《史编》和《玉府药山集》等。[⑤] 许应龙（绍定、端平间任）有《东涧集》14卷[⑥]。林光世（宝祐、开庆间在任）有《水村易镜》1卷[⑦]等。薛季良（宝祐四年至五年在任），著有《千林漫稿》[⑧]。曾噩（嘉定十四、十五年间任）"学问淹贯，文章简古"[⑨]，认为宋淳熙间成都所刻郭知达《杜工部诗集注》"纸恶字缺，不满人意"，遂"集诸僚友，精其校雠"，由广东漕司出资重刻，是为《新刊校定集注杜诗》，共计36卷。是刻乃现存最早的广东刻本，陈振孙说，"福清曾噩子肃刻版五羊漕司，最为善本"[⑩]，此后为《四库全书》著录。

3. 宋代潮州知州普遍热心教育，建学兴校，积极推行儒家文化；关心堤防等水利的兴修和维护；重视并积极投身于交通驿站建设。对于他们任上的卓越表现，我们将尽可能在本书的有关章节中予以展示。

---

① 可通过黄挺、马明达《潮汕金石文征》（宋元卷）一书所载相关资料看到。
② 《宋史》卷206《艺文志五》、卷209《艺文志八》。
③ 嵇曾筠等监修：（乾隆）《浙江通志》卷181《徐泌传》，影印文渊阁《四库全书》本。
④ 马端临《文献通考》和朱彝尊《经义考》均予著录。
⑤ 陈思编、陈世隆补：《两宋名贤小集》卷265"巽斋小集"条，影印文渊阁《四库全书》本。
⑥ 永瑢等：《四库全书总目》，中华书局1965年版，第1394页。
⑦ 同上书，第49页。
⑧ 刘克庄：《薛潮州》，《后村先生大全集》卷159《墓志铭》，《四部丛刊初编》本。
⑨ 凌迪知：《万姓统谱》卷57，影印文渊阁《四库全书》本。
⑩ 陈振孙：《直斋书录解题》卷19，上海古籍出版社1987年版，第559页。

说到元代潮州路总管，与宋代知州比较起来，文献记载的缺失更为突出。如（嘉靖）《潮州府志》卷5《官师志》仅载丁聚以下至王翰8人，（顺治）《潮州府志》载同。虽据流传元代金石文字及其他相关文献还可做少量追补，但终究难见全豹①。而就有文字记载者来看，唯至元间的丁聚、至顺间的王元恭和至正末期的王翰，文献中对其事迹才有较多记载。对上述三任路总管，马明达先生曾有出色的研究②。总的看来，他们在潮政绩不在宋代本地最优秀的州守之下；而元代潮州社会远不及宋代安宁祥和，特别是在其开始和末期的前后数十年，战乱频仍、政局动荡，在这样的境况之下，一些路总管仍能顾念民生，积极有为，尤属难能可贵。

其次，关于宋代潮州的通判。

依据《宋史》卷167《职官七》的记载，通判一职始设于太祖乾德（963—968）初年，作为府州长吏的佐贰，是宋代地方官职中很重要的官职："诏知府公事并须长吏、通判签议连书，方许行下。……职掌倅贰郡政，凡兵民、钱谷、户口、赋役、狱讼听断之事，可否裁决，与守臣通签书施行。"且明确具有监督职能，"所部官有善否及职事修废，得刺举以闻"③。而"南渡后，设官如旧，入则贰政，出则按县；有军旅之事，则专任钱粮之责，经制、总制钱额，与本郡协力拘催，以入于户部"④。正因其所负重要使命，与知州相仿，两宋仕潮通判在本地政治、经济、文化的发展中，同样扮演过引人注目的角色。但与知州比起来，本地方志对之著录情况更差：（嘉靖）《潮州府志》仅载79人，其中北宋仅录陈尧佐、张齐、麦致远和曾芯4人。（顺治）《潮州府志》共录两宋通判81人。（乾隆）《潮州府志》也只载84人，其中北宋7人。经笔者进一步查阅考

---

① 饶宗颐总纂：《潮州志·职官志一》追补至17人，但所缺仍然很多。
② 马明达：《元朝初期的潮州路》《元代潮州路总管王元恭事略》《元代潮州史事零拾》和《元末潮州路总管那木翰事迹考述》等文，分别见载《潮学研究》第1、2、3集及《潮汕文化论丛初集》（广东高等教育出版社1992年版）。
③ 《宋史》卷167《职官七》，第3974页。
④ 《宋史》卷167《职官七》，第3974—3975页。

实得98位，其中北宋可补4人，南宋可补11人①，略有增加而已。从这近百位判官的情况来看，他们在许多方面与本地知州有惊人的相似：籍贯仍以福建占绝大多数；在潮仕迹主要也是推行教化，热心参与本地水利、交通建设等。这说明宋封建国家设置此职，作为府州长官佐贰的意图，在潮州还是较为充分地实现了预期的功能。在通判群体中，也不乏十分杰出之人物，如北宋的陈尧佐、南宋的王正功、廖德明等，笔者将在本书的有关方面述及他们的不凡业绩。

下面，再来看宋、元时期出任州、路学的教授。

据载，州学有教授一职，始设于庆历四年（1044）以后："庆历四年，诏诸路州、军、监各令立学，学者二百人以上，许更置县学。自是州郡无不有学。始置教授，以经术行义训导诸生，掌其课试之事，而纠正不如规者。"② 对于这一教职的选举和任命，最初是中央政府授权地方，所谓"委运司及长史于幕职、州县内荐，或本处举人有德艺者充"，可后来此权收归中央："熙宁六年，诏诸路学官委中书门下选差，至是，始命于朝廷。"③ 自种种迹象来看，教授在宋、元地方文化教育事业中有突出的贡献，而处在起步、创始阶段的潮州更是如此。惜本地文献对之的记载比前述知州、通判更差，（嘉靖）《潮州府志》卷5《官师志》，仅录宋代教授11人，（顺治）《潮州府志》以下录同，经笔者进一步查阅考实共得29人④。（嘉靖）《潮州府志》录元代路学教授15人，顺治《志》录同。从现掌握资料来看，此群体中绝大部分成员也是福建人，且不乏出类拔萃者，如宋代的林霆、赵崇郛、吕大圭等人及元代的虞士龙、朱深道、何民先、李复等人，本地志书简要地记载了他们对本地教育的建树，在后面的

---

① 北宋可补4人：至和间陈应，元丰间夏眄，大观间吴与，宣和间王炳。占山按：《揭阳地名志·文化地名篇》第454页说："陈泰初，名诰，字元美，原籍福建兴化府莆田县涵头村，宋绍圣年间（1094—1097）授潮州通判。"南宋可补11人：嘉泰间曾忿，方元吉，开禧间顾安，绍定间俞林，端平间赵汝嫣，景定间陈应斗，咸淳间林式之，景炎、祥兴间柴某、戚继祖。暂不能确定年代者魏廷璧，陈介。而原为《潮州府志》所录、绍定二年被任命为潮州通判的著名诗人刘克庄并未赴任，故实得98人。

② 《宋史》卷167《职官七·教授》，第3976页。

③ 《宋史》，第3976页。

④ 依次可补18人，均为南宋人：陈庆余、郑公显、李泳、陈憎、王宗烈、陈登凤、丘迪哲、郑璜、张渭叟、陈宣子、陈桂芳、黄子懋、林经德、许梦炎、丁南一、黄岩孙、赵良硁、薛横飞。

有关章节中笔者也会论及他们的主要贡献。

总之，宋元特别是两宋时期是潮州的全面开发时期，站在主持、管理第一线的职官群体在其中担当了重要角色，发挥了十分关键的作用。同时，宋元是潮汕民系和潮汕文化初步形成的时期，上述职官多闽籍值得特别注意：潮汕文化所带有的浓厚闽文化色彩，也当与之有深切的关联。

第二节　宋元潮州的驻军与军事

一　宋元潮州的驻军

军队作为国家对地方实施控制的一种主要手段和地方社会安定的重要保障，其重要性显而易见。从有关记载来看，宋中央政府在本地的军事布防，是中央和地方多兵种相结合的多维防御、镇压体系。具体情形，请看下列材料：

> 州兵有四，曰禁兵，曰厢兵，曰铺兵，曰土兵。禁兵四营，总而曰澄海，内有第六、第七、第十九、第二十五指挥之别。今千有二百人。厢兵之名有四，曰清化，曰牢城，曰城面，曰作院。各为一营，计三百八十有四人。铺兵无别营，随地散处，止百五十有三人。土兵之名有五，曰同巡，曰潮梅，曰小江，曰赤砂，曰鼓楼冈。分为五营，计五百人。总而言之，二千一百三十有七人。①

上即宋代本地所驻常规兵种、组织形式和人数。所谓"州所以自备者，盖如此"②。据《宋史》记载："宋之兵制，大概有三：天子之卫兵，以守京师，备征戍，曰禁军；诸州之镇兵，以分给役使，曰厢军；选于户籍、或应募，使之团结训练，以为所在防守，则曰乡兵。"③ 本地兵种称号，与《宋史》所载不尽一致。本地"土兵"，或相当于《宋史》所说之"乡兵"；至于"铺兵"，从"无别营，随地散处"情形看，当是邮驿

---

① 《永乐大典》（潮字号），第30—31页。
② 同上书，第31页。
③ 《宋史》卷187《兵志一》，第4569页。

系统"递铺"所用铺兵。各兵种之人数，不同时期，多寡也不同①。上所载述反映的大约是乾道末年淳熙初年的情况②。又，本地所驻禁兵的来由，文献载称："宋初，诏诸州长吏选所部兵送都下，以补禁旅之阙。又选其精壮者为兵式，分遣诸州如式教练，俟精熟送隶三衙，谓之禁兵。……其留者为厢兵，无教阅，但以分给官府牧畜、缮修之役。"③ 此段记载，将禁、厢兵的来由说得较为清楚。"澄海"即是两广建置较早的厢兵，后经陆续扩充，分驻岭南各地④，仁宗庆历中有"招收广南巡海水军，忠敢、澄海虽曰厢军，皆予旗鼓训练，备战守之役"之举措⑤，遂使这部分厢军，具有了禁兵性质。

又，宋代各县有称号为"弓手"的兵士，属乡兵中土兵系统。其职责是由县尉和巡检率领，在城乡捕盗，或把守境内的水陆要隘，维持治安。这种弓手，初由乡村人户出壮丁充当，后行雇役或招募。据《三阳志》载，本地也有设置："海阳县弓手额管五十人，潮阳县弓手额管五十人，揭阳县弓手额管五十人。"还有一种乡兵，称"枪手"，属民兵，据《宋史》记载潮州亦置⑥，但尚未得到本地资料印证。

除此，南宋绍兴初年因黎盛等寇乱，朝廷分派四统制兵入潮镇压、防御，稍后朝命四统制之一韩京部长期留驻循阳，分守循、潮等州郡，是谓后来著名的摧锋军。分戍潮州摧锋军之兵员将领，迄无定数。然淳熙以前，要不少于200名。⑦

上述兵种在潮并无长久固定的驻防地，但某一时期驻地还是较稳定的。如约淳祐年间驻扎情况是：禁兵、厢兵"在城（按，指州城）西之

---

① 《永乐大典》（潮字号）载上述兵种驻扎地时提到其"元（原）额管""军额元管"等与上引不同，见第32页。
② 之所以说是"乾道末、淳熙初年"，是因《三阳志》载摧锋军缘起时称"惟摧锋一军，自四十年以前未之有"，又提到摧锋军的由来，最早与绍兴三、四年间黎盛寇乱平定后乘势而起的其他众多寇乱有关。由此可知《三阳志》所载部分材料，应出自乾道末淳熙初年某种本地志书的改编。
③ 郭棐：《粤大记》卷27《政事类·军制》，第780页。
④ 方志钦、蒋祖缘主编：《广东通史》（古代上册），广东高等教育出版社1996年版，第696—698页。
⑤ 《宋史》卷189《兵三》，第4642页。
⑥ 《宋史》卷191《兵志五》"广南东路枪手"条，第4745页。
⑦ 《永乐大典》（潮字号），第31页。

威武坊，南北布列"；土兵潮梅巡检司"在光孝寺之侧，近归汤田元寨"，同巡检司"在金山之阴，元寨在潭口"，小江场巡检寨，"去城五十里"，赤砂巡检寨，"去潮阳县十里"，鼓楼冈巡检寨，"在揭阳县之侧，近归赤阚新寨"。而潮摧锋军驻地在州郭之北①。

元朝在潮州路的驻军情况，本地志书记载颇为简略，根据现所掌握，主要是《永乐大典》所引有关资料，如《大典》卷5343《营寨》引《三阳图志》有以下记载：

> 元革命，制度一新，镇守一路，设万户府及镇府千户百户以统兵。有事则战，无事则守，二年一迁调，盖防其久则与寇驯熟也。然此邦荒远，去大都万里，军官得人则民间无骚扰之忧，不得人则民被其害。如守城门则往来负贩者受祸，巡哨则乡村间井被苦，守桥则船筏上下者有碍。军之衣食既出于民，民之防卫必赖于军，其可以卫民者而残民乎？在上者盍思所以惩之也。万户府、千户、镇抚、百户衙，皆在子城之西，军营列布焉。

按，关于兵额，"府牢弓手"四字下无数字；下面唯有三县等5处弓手数额：

> 潮阳县弓手六十名；海阳县弓手六十名。揭阳县弓手六十名；录事司弓手十名，各处巡检司弓手三十名。②

其次，郭棐《粤大记》述及元代设置"弓手"的始末、意图及人数：

> 元世祖中统五年，验郡邑民众寡，置马、步弓手，夜游逻，禁人出，违者有罪，皆以防盗，每路置兵马司。至元十七年平厓山后，令广南东路录事司及县各置弓手，千人以下郡邑，相拒村落有邸舍可居停者，亦置之。每百户取中产者一人以充。山海要害处各置巡检③。

---

① 以上见《永乐大典》（潮字号），第31—32页。
② 《永乐大典》（潮字号），第34页。
③ （万历）《粤大记》卷28，第803页。

那么，上述兵种，在宋元国家对潮州进行军事控制和维护本地社会治安中，是否切实有效地发挥了应有的作用？要回答这一点，就必须首先考察另一个与之紧密相关的问题：宋元时期本地与国家的关系是否融洽？而这一点实际上最终落在本地的生民是否遵守国家的法令，是否拥有良好的社会秩序等。可是，和平时期军队的作用，文献上记载不多；而动乱年代军人的表现恰可说明这方面的问题。不过，下面对此时期本地社会动乱的考究，主旨并不在此，我们只在相关论述中捎带讨论而已。

二 宋代闽粤赣边的寇乱

1. 寇乱的社会背景和原因

两宋时期，潮州社会大体安定，人民安居乐业。这是当时本地经济开发、文化发展能够取得一系列成就的重要原因。不过，在某些时段，由于某些原因，本地也遭受过较为严重的民变和寇乱的干扰。就动乱类型言，大致可分为以下两种：一是山贼海寇之乱，二是改朝换代如宋元之际军事力量在本区的交战。可见两种性质完全不同。本节先来考察宋代本区及闽粤赣边的寇乱问题。

仔细阅读文献不难看到，两宋特别是南宋时期，潮州地区存在过的民变、寇乱，其绝大部分发生在闽粤赣边界的赣、汀两州。之所以如此，大体上可以认为是，潮州是宋代重要盐产区，在地理位置上又与闽粤赣边这个在宋代，特别是在南宋全国著名的"寇盗之区"相连接，故而后一地区发生的一系列动乱，遂得波及潮州地域。而赣、汀之所以成为当时的"寇盗之区"，总的来看，是与中国经济文化重心的南移及南宋后国家政治中心滞留南方，从而对原统治较薄弱的闽粤赣边加强控制和国家化的过程紧密相关。具体而言，似主要可归纳为以下一些原因：

食盐走私。宋代盐业是官方管制最严的产业之一，朝廷财政收入的很大一部分都来自食盐专卖。而食盐走私正是两宋闽粤赣边寇乱连绵的一个基本成因。且看下面几段材料：

> 初，江湖漕盐既杂恶，又官估高，故百姓利食私盐。而并海民以鱼盐为业，用工省而得利厚，由是盗贩者众。又，贩者皆不逞无赖，捕之急则起而为盗贼。而江湖间虽衣冠士人，狃于厚利，或以贩盐为

>事。江西则虔州,地连广南,而福建之汀州亦与虔接,(虔)盐既弗善,汀故不产盐,二州民多盗贩广南盐以射利。每岁秋冬,田事既毕,往往数十百为群,持甲兵旗鼓,往来虔、汀、漳、潮、循、梅、惠、广八州之地。所至劫人谷帛,掠人妇女,与巡捕吏卒斗格。至杀伤吏卒,则起而为盗,依阻险要,捕不能得,或赦其罪招之,岁月浸淫滋多。①

这是李焘就北宋中期以前虔、汀两州与盐贩所到州县整个形势的记载。

>盐法乃致寇之源。缘福盐溯流至南剑,又自邵武溯流而上汀州,其般运甚难,故盐到汀州,不胜其淆杂,不胜其贵,所以汀人只便于食私盐。自循、梅、潮、漳来颇近,又洁白,价又廉,故汀人每至冬春间,千百为群兴贩,因而行劫。官司一遣人追捕,便至拒捍杀人。此盐贼所从起也。②

这是嘉定十二、十三年(1219—1220),也即南宋后期真德秀应宁宗询问福建盐法事所上奏折中语。而熙宁三年江西提点刑狱张颉奏折,则具体列举了当时虔州官盐与岭南私盐的质量差价:"虔州官盐卤湿杂恶,轻不及斤,而价至四十七钱。岭南盗贩入虔,以斤半当一斤,纯白不杂,卖钱二十,以故虔人尽食岭南盐。"③ 此正可补充真德秀之说。

>循阳风俗,亦颇淳朴,而独苦于剽盗,皆出于章贡贩醝之徒。盖江西之盐仰给予通泰,地邈而价穹,由惠州私贩以往,地近而价廉。乃奸猾失业之民,逃亡配隶之卒,急于射利,法禁难施。赣与循为邻壤,私贩往来,十百为群,取道境内,吏不敢呵,小失其意,则弛担剽掠,已而遁入于赣④。

---

① 李焘:《续资治通鉴长编》卷196"嘉祐七年二月辛巳"条,中华书局2004年版。
② 真德秀:《得圣语申省状》,《西山先生真文忠公文集》卷13,《四部丛刊初编》本。
③ 《宋史》卷182《食货志下四》,第4443页。
④ 《宋会要辑稿》"兵"13之48,第6991页。

这是嘉定十三年，循州知州牛斗南就赣州（绍兴二十三年由虔州改名）盐贩骚扰过境地循州而言的。

上述资料基本把宋代闽粤赣边因食盐走私致寇盗生发的历史成因、表现形式及盐贩子对过境地的骚扰情况全面呈现出来了。所需强调的是就李焘记载八州郡中的四个盐产地漳、潮、惠、广言，对虔、汀（实际上还有梅、循）的私盐供应，潮州最为重要：地近且有便捷的韩江水道。这些都是其他三产盐地，特别是惠、广两州所不全具备的。还有，私盐自惠、广两州经东江、大庾岭入虔，从一些文献记载看，较早就得到官方有效的控制：太平兴国中，杨允恭以殿直掌广州市舶，"以海盐盗入岭北，民贩者众，请建大庾县为军，官榷盐市之。诏建为南安军。自是冒禁者少"①。而相形之下，私盐经韩江进入虔、汀，却不见政府出台得力的防范措施。故而潮州与虔、汀、梅、循的食盐走私在宋代始终是被勾连在一起的，前引李焘、真德秀等人的记载，就足以说明这一问题。而这种走私所带来的纷争搅扰，在整个宋代潮州都难以止息。所谓"潮与漳、汀接壤，盐寇畲民，群聚剽劫，累政以州兵单弱，山径多蹊，不能讨"②。引文中未提及赣，当然有失全面。综上所述，宋代出入潮州兴风作浪的盐贩之中，赣籍人士不少。

盐法既为致寇之因，其不合理性显而易见。那么，宋王朝为什么坚持不允广南盐进入虔、汀？以前许怀林先生专就广南盐不许进入江西事有所论述：江西人多、米多、茶多，但是缺盐；而沿淮之地，斥卤弥望，可以供煎烹，芦苇阜繁，可以备燔燎。所以，宋王朝规定漕船每运江西大米、茶叶至淮南，必须装回淮盐贩卖。如果改食广盐或通商，则很大一部分利权转入商贾，且导致淮盐滞销，漕粮也将受损。③ 这种分析也适合汀州。

官府科扰与赋税不均。这方面的问题于宋代各地普遍存在，但在赣、汀似表现得尤为突出。如绍兴初年翰林学士朱震在论及"虔民弄兵"的原因时称：

---

① 《宋史》卷309《杨允恭传》，第10160页。
② 文天祥：《知潮州寺丞东岩先生洪公行状》，《文山先生文集》卷11，《四部丛刊初编》本。
③ 许怀林：《试论宋代江西经济文化的大发展》，载《宋史研究论文集》，上海古籍出版社1982年版，第641—676页。

> 自军兴以来，守令多非其人，政令苛虐，科敛无度，小民无告，横遭荼毒，互相扇动，遂萌奸心，徒党浸多，乃成巨盗。①

淳熙间先后出任江西路判和福建路安抚使的赵汝愚也曾指出：

> 臣（赵汝愚）伏见比岁州县盗贼滋多，其间类多汀、赣之人者，非惟两州山川气习固然，亦由居官者扰之特甚。故百姓弗安其居，强者四出为盗。……臣昨任江西路运判时，见江西十一州内，赣州地最险，俗最悍，而官吏科扰为最盛。臣今任本路（福建），八州内汀州与赣州为邻，亦地最险，俗最悍，而官吏科扰为最甚②。

而对于科扰太甚及赋税不均的问题，赵氏真切陈述了汀州的情形：

> 至今有税者，未必有田，而有田者，未必有税。比岁诸县逃亡者众，有司窘于调度，不肯为之从实倚阁，遂及逃亡税赋，均及现有邻保，邻保又去，则展转及之，贫弱之民横被追扰。其间却有豪猾之家，不纳租赋。一强者为之倡首，则穷弱者从而附之，至有一乡一村，公然不肯纳常赋者③。

对之，官府的措置是知难而退，转移矛盾，赵氏接着说：

> 县道无如之何，遂将上项最难催理去处，径拨与诸寨，以为寨兵衣粮，令自催纳。其寨兵催官物者至，皆被甲持刃，遍下乡村。此既饥寒切身，彼方固拒不纳，互相仇怨。

结果是寨兵与百姓相互为敌，"动相仇杀"。

不仅如此，官府科扰及赋役的不均，还反映在官盐的强行抑配上：作

---

① 《建炎以来系年要录》卷102，中华书局1988年版，第1675页。
② 赵汝愚：《弭盗》，黄淮、杨士奇编：《历代名臣奏议》卷319，上海古籍出版社1989年版。
③ 同上。

为地方政府财政收入的基本来源，官盐的配额在宋代，特别是南宋，实际上是官府强加于民众身上的一项沉重的赋税。赵汝愚在他的论政奏折中，详细地披露了汀州的情形：

> 本州地势最高，去海绝远，祖宗旧法，系以运盐了办岁计。近岁诸县阙少本钱，官吏苟简，所运盐纲，尽不及祖额。其运盐船户，复大为奸弊，多以灰土杂之，其盐已甚恶矣。却有奸民，就近私贩广盐入界，比之官盐，不致杂恶，其价复贱，常差数倍，致官盐发泄不行，遂有配抑之患，上下减刻，其弊尤多。故强悍者皆拒而不受，其贫弱易制者，则抑配无时。又每盐纲内例有转运司增盐、通判厅经总制盐。诸县已难敷卖，而本州复有自运岁额盐，又分命诸县变卖，故有转运司盐，有本州盐，有通判厅盐，有本县盐。或以委令丞，或以委巡尉，文书旁午，杂然并出，其民诚不胜其扰矣。闻每有欠户入县，则诸厅吏卒，擒捕纷然，致百姓有终身不敢望县门者，故宁以死抗拒官司，而官亦无之何也。①

其中，"近岁"二字并不符合实际情况：赣、汀两州的食盐官卖中存在的问题，在宋代的绝大多数时候都是存在的。这从前述"食盐走私"一节所引材料不难看出。

兵士的劫掠。此主要是就两宋交替之际虔州所在的江西而言的，时金兵大举南下，宋军望风败逃，金军兵锋直指长江中下游及其以南的两浙，江南东、西与湖南一带。一时上述地区连续遭受宋败兵溃卒、金兵及宋未溃散部队的轮番骚扰、劫掠，其中江西和湖南是重灾区。绍兴元年（1131）监察御史韩璜向宋高宗报告他从江西到湖南一路的见闻时说：

> 自江西至湖南，无问郡县与村落，极目灰烬，所至残破，十室九空。询其所以，皆缘金人未到，而溃散之兵先入，金人既去，而袭逐之师继至。官兵盗贼劫掠一同，城市乡村搜索殆遍。盗贼既退，疮痍未苏，官吏不务安集，而更加刻剥。兵将所过纵暴，而唯事诛求。嗷

---

① 赵汝愚：《弭盗》，黄淮、杨士奇编《历代名臣奏议》卷319。

嗷之声，比比皆是，民心散畔，不绝如丝①。

军事布防薄弱。这一点无须多说，由于众所周知的原因，有宋一代疲于应付北边战事，南方军事力量的部署十分有限。故而不具备应有的威慑力，特别是一旦有事，无法迅速有效地控制局势，致祸乱蔓延，短时不可收拾。

另外，还有一原因，闽粤赣边自古以来即是中央王朝控制的一个边沿区，在那里积聚了一批不服从政府管辖或从来就不曾编户的人口。如居住在那里的畲民就是如此。而当中原移民及国家势力到达之后，畲民的利益受到了侵害，故起而反抗。刘克庄《漳州谕畲》，即述说了漳州畲民的遭遇：

> 畲民不役（原为"悦"），畲田不税，其来久矣。厥后贵家辟产，稍侵其疆；豪干逐货，稍笼其利；官吏又征求土物蜜蜡、虎草、猿皮之类。畲人不堪，诉于郡，弗省。遂怙众据险，剽略省地②。

刘氏所说，同样适合居住在赣汀的畲民及其他民众。

综上所述，赣、汀之所以成为宋代，特别是南宋的"寇盗"中心，是有深刻的社会历史背景的。就后来在这一地区发生而波及潮州的若干次战乱来说，文献上很少具体记载它们的起因，但大体上可以断定，主要原因应不出于上述诸方面。

2. 寇乱及潮州驻军的表现与对策

宋代潮州何时始有寇乱问题，本地方志不能明确回答。而据李焘记载："（开宝六年）岭南群盗未息，九月壬子，以唐州刺史曹光实为诸州都巡检使。光实既至，捕斩之，海隅悉平。"③ 这条记载中只笼称"岭南"，不知"未息"的"群盗"是否在潮州也有？时岭南归入宋版图仅有两年，"群盗"的性质不好判定，是否有可能是不愿归附宋中央王朝的原刘汉残兵败将，尚待进一步研究。而仁宗末英宗初，"江西、广东、福建

---

① 李心传：《建炎以来系年要录》卷41。
② 刘克庄：《漳州谕畲》，《后村先生大全集》卷93。
③ 《续资治通鉴长编》卷14"开宝元年九月"。《宋史》卷272本传同。

路盗贼稍起,至千百为群,公然持铠甲,拥旗鼓,肆为剽掠,吏莫能擒",①同样没有资料说明潮州地域也有发生。不过,有载说"自治平间于广东潮、梅、循、惠等州专置枪手,熙宁间又于诸州阙兵处增置保丁,每农隙轮赴州县教阅防守"②,或据此可以大体断定,上一条引述所说寇乱地也包括潮州。时朝廷于包括潮州在内的州郡专置枪手,增置保丁,应是对付这种寇乱的。如果这种推测不误,也就是说较大规模的寇乱在仁宗末英宗初就已开始在潮州出现。无论如何,就整个北宋言,给潮州地方造成较大影响的,应是宣和初年的刘花三之乱。

刘氏起事当在宣和元年(1119)七月前,三年七月前被平定。刘氏之籍贯、身份均无载,起事地不详,或说其"起于闽广"③,或说"自虔、吉入寇广东"④,是其活动范围包括江西、广东、福建三路。就广东言,乱事波及潮、梅、循、惠四州。造成的轰动非小:史书上有称刘为"剧贼"⑤,朝廷为此专门做了人员调配:宣和元年七月徙淮西提点刑狱俞向于福建路,专督捕盗事⑥;二年四月,"诏江西、广东路权置武臣提点刑狱、路分都监各一员,候刘花三贼党净尽日罢"⑦。朝廷所悬赏格也颇惊人,"钱至万三千缗,官至武翼郎"⑧,徽宗并有督三路捕盗的"御笔"⑨。另有记载说宣和中割海阳县置揭阳,就与刘花三作乱有关⑩。刘氏"寇乱"具体有怎样的活动,文献不见记载,唯李纲说"不过劫掠村落,未尝敢与官兵敌"⑪。恐不止此,若仅限于这样,朝廷倒有些张皇过剩了。

---

① 张方平:《蔡公(挺)墓志铭》,《乐全集》卷40,影印文渊阁《四库全书》本。
② 《建炎以来系年要录》卷53"绍兴二年夏四月",第938页。
③ 李纲:《与郑少傅(居中)书》,《梁溪集》卷109,影印文渊阁《四库全书》本。
④ 陆心源:《李拱传》,《宋史翼》卷30,《宋史资料萃编》第1辑,台北文海出版社1980年版。
⑤ 陆心源:《李拱传》,《宋史翼》卷30。
⑥ 李埴:《皇宋十朝纲要》卷18《徽宗纪》,《宋史资料萃编》第1辑。
⑦ 同上。
⑧ 李纲:《与郑少傅(居中)书》。
⑨ 《皇宋十朝纲要》卷18《徽宗纪》。
⑩ 王象之:《舆地纪胜》卷100《潮州·县沿革》:"揭阳县县海阳地也。宣和中以刘花三作乱析置。"第3104页。
⑪ 《与郑少傅(居中)书》,《梁溪集》卷109。

乱事最后的平定被分别归功于潮州通判王炳等人①、广东提刑陈中复②、武将李琪③。引得朝野大动干戈的一场寇乱，最后的平定当然不可能只凭一批提名受奖的官员就能办到。值得注意的是陈中复和李琪，都不在宣和三年七月四日广东经略司专门呈奏的立功受奖名单中④。

进入南宋，由于"山贼海寇"的入境，潮州地区的动乱变得频繁起来。首先引人注目的即是绍兴初年陈颙、周十隆、黎盛、朱聪等几起乱事。

陈颙，身世不明，起事原因也不清楚。文献上称之为"虔贼"或"虔州盗"，当为虔人。但也有"广州盗"的说法⑤。约起于绍兴元年，声势颇大："聚乡丁数千"，或说"率众三千人"。一时成为赣南地方多股寇盗的代表。绍兴一、二年间，焚掠雩都、信丰诸县，又围循州，焚龙川，破福建武平。三年正月癸亥"围潮州，不能下。是夜，拔栅遁去，复还江西"⑥。同年四、五月间，在雩都固石洞兵败，被岳飞擒杀⑦。周十隆，又称"世隆"，也"虔贼"，起事时间不明，自绍兴三年（1133）二月至五年前季，曾三次南下，攻掠邻近闽粤州县，但似只有第三次，即绍兴五年正月兵进潮州地界⑧。而（顺治）《潮州府志》载其人曾于绍兴三年"寇广、潮、梅、循、惠五州"，但目前尚未找到其他记载印证。周氏屡附屡叛，绍兴七、八年间最后降服于江西制置大使李纲和虔州知州张渊⑨。黎盛，史称为"海寇"，绍兴三年犯潮州，焚民居，毁其城而去⑩。

---

① 《宋会要辑稿》"兵"12之26，第6965页。
② 郝玉麟等监修：（乾隆）《福建通志》卷44《陈中复传》，影印文渊阁《四库全书》本。
③ 《宋史翼》卷30《李琪传》。
④ 《宋会要辑稿》"兵"12之26，第6965页。
⑤ 如（顺治）《潮州府志》载："绍兴三年冬十一月，广州盗陈颙犯梅循二州，三年正月围潮州。"
⑥ 以上史实见《建炎以来系年要录》卷46"绍兴元年七月癸卯"条，卷53"二年四月乙丑"条，及"十一月辛酉"条，卷62"三年正月癸亥"条。
⑦ 岳珂编著：《虔贼捷报申省状》，王曾瑜校注，《鄂国金佗稡编》卷19《家集》卷10，第972页，中华书局1989年版。
⑧ 以上见《建炎以来系年要录》卷63"绍兴三年丁未"条，卷84"绍兴五年正月庚午"条。
⑨ 《建炎以来系年要录》卷120"绍兴八年六月庚午"条。
⑩ 《建炎以来系年要录》卷71"绍兴三年十二月"条。

第二章 宋元潮州的政事与军事

此次战祸,来势迅猛,潮人猝不及防,印象颇为深刻:"绍兴初,黎寇掩至城下,是时承平日久,兵不素练,莫敢谁何,所幸土豪率民兵曰召募者相与守御,阅月乃却。"① 据各种迹象看,两宋时期兵乱,对潮州城破坏最大的也属这一次。朱聪,亦为"海贼",有称其为"福建海贼"②,朱氏可能为闽人。为乱起始不详,势力不小,"聚集船三十余只,约二百余人"③,绍兴五年正月,"以舟师自潮州入广东,焚掠诸县"④。五年八月被招服⑤,十月以保义郎"充都督府水军统领"⑥。朱聪寇潮,向不见本地方志记载。现特补出,以引起注意。

值得注意的是,南宋初年的寇乱,远不止潮州及周边地区,南方的许多州县都未能幸免。对之,绍兴五年侍御史张致远有如下描述:

> 洞庭阻固累年,于兹招安之人屡遣,而大半不还;水陆之师每进,而无敢深入。……盖其巢穴绵亘甚广,军民啸聚甚众,抄掠储积甚富。……至如郴、虔、广东乍起乍息,略无宁岁。韶连南雄,近为郴寇所扰,虽韩京屡小捷而军威不振,循、梅、潮、惠又苦虔寇出没,重以土豪残暴,人不聊生。广东州府十四,惟西江四郡粗得安堵,其它盖无日不闻贼报⑦。

相形之下,绍兴八年(1138)右谏议大夫李谊说得更为具体:

> 今盗贼之处,在江西则虔、吉、筠、安南;在广东则潮、梅、循、惠、南雄;在闽则汀;在湖则郴。⑧

从文献记载来看,对于当时严峻的寇乱形势,南宋朝廷采取的总体策略是

---

① 《永乐大典》(潮字号),第31页。
② 《宋会要辑稿》"兵"13之18,第6976页。
③ 同上。
④ 《建炎以来系年要录》卷84"绍兴五年正月己巳"条。
⑤ 《宋会要辑稿》"兵"13之18,第6976页。
⑥ 《建炎以来系年要录》卷94"绍兴五年十月癸丑"条。
⑦ 《建炎以来系年要录》卷85"绍兴五年二月壬辰"条,第1404页。
⑧ 《建炎以来系年要录》卷122"绍兴八年九月辛未"条,第1793页。

政治诱降（招安）和武力消灭相结合的两手。这些策略对潮州及其周边短时间内似乎还是奏效的，所以，前述闽粤赣边寇乱被平定后，潮州有约20余年相对安定的时期。不过，隆兴、乾道年间，寇盗对本地的纷扰再起。主要是常有海盗出没，其中以乾道三年（1167）的一次声势较大，史称"海寇暴作，剽略民居，漫不可迹"①。其次陆上劫匪也时有发作：乾道四年曾造提议在潮惠和潮漳交界地区分别布防巡检官兵②，正是为对付这种剽掠者的。

此区新一轮寇乱发生于淳熙六年至八年（1179—1181），即沈师之乱。沈师，史称为"潮州贼"或"汀州贼"。③ 其为乱事，本地方志系于淳熙七年，《宋史》卷35《孝宗纪》为八年。实则其人至迟于六年就已率徒党聚集在闽粤赣边的众山谷中。时潮州知州朱江以之"稍侵郡境，郡人震恐"，组织剿捕，有杀死及生擒其徒党近百名的战绩④。但虽经此创，其势力不倒，攻潮围汀，闽广震动。攻潮州时，正值摄郡王正功罢职将归，"民走依官寺，君（指王）开门纳之，力赞郡将修战守具甚悉，贼知有备而退"⑤；围汀州之日，"官军合闽广之人不能捕"⑥，戍将萧统领战死⑦。八年十二月，广东安抚巩湘，提举杨万里，摧锋军统制官张喜等人所率官军，在土豪吴亮帮助下，诱沈师出降杀之，乱平⑧。

沈师为乱前后，潮州沿海"盗贼出没不常，民旅被害"，知州黄定"遣统辖黄德，准备将林神烈深入海洋，擒获贼首陈聪、林益等五十八名，斩首四级，自是盗贼远遁，海道肃清"⑨。之后，本地有过四五十年较为安宁的日子。可约自理宗绍定元年（1228）起，潮州又笼罩在新一轮寇盗骚扰的阴云之中。寇盗仍源自赣南，首领是"赣州剧盗"或"凶贼"的陈三枪。三枪之乱是南宋后期闽粤赣边声势最大的一次军事动乱，

---

① 《永乐大典》（潮字号）第31页。
② 《宋会要辑稿》"兵"5之23，第6851页。
③ 黄仲昭修纂：（弘治）《八闽通志》卷37《程大昌传》（福建人民出版社2006年版，第1087页）更称为"江州贼"。江州疑为"汀州"之误。
④ 蔡戡：《中大夫致仕朱公墓志铭》，《定斋集》卷15，影印文渊阁《四库全书》本。
⑤ 楼钥：《朝请大夫致仕王君墓志铭》，《攻媿集》卷100《志铭》，《四部丛刊初编》本。
⑥ 叶适：《徐德操墓志铭》，《水心集》卷14，《四部丛刊初编》本。
⑦ 《宋史》卷433《程大昌传》，第12858页。
⑧ 《宋会要辑稿》"兵"19之28，第7094页；叶适：《徐德操（定）墓志铭》。
⑨ 蔡戡：《臧否守臣奏状》，《定斋集》卷2。

其出没赣、闽、广间，势盛时"贼跨三路数州六十寨"，"江广群盗皆听命于三枪，服饰僭拟，蹂践十余郡，数千里无炊烟"①。而绍定二年（1229）十二月，"盗发于汀、剑、邵，群盗蜂起，残建宁、宁化、清流、泰宁、将乐诸邑，闽中危急"②，看起来也是乘三枪之乱而起的。面对如此严峻的形势，宋朝廷起用侯官陈韡知南剑州，兼任福建路兵马钤辖。后升任路提刑，兼招捕使，于绍定四年二月首先平定了闽中的寇乱。绍定六年，朝廷又改陈韡知隆兴府（今南昌市），节制江西、广东、福建三路军马，着手镇压陈三枪之乱，端平元年（1234）三月，政府军占领并焚烧了陈三枪苦心经营六七年的根据地松梓山，三枪仅以数十人遁，至广东兴宁就擒，斩于隆兴③。

三枪作乱，广东的重灾区主要是在循、梅、潮三州，特别是循、梅正当其锋，受侵扰最多。如陈三枪围梅州竟长达四十二日。④ 三枪及徒党对潮州具体有怎样的骚扰，地方志一无记载，仅知为防寇，知州王元应从邦人请，有筑州城之举，后"许应龙复筑之"。从种种迹象看，对潮州有骚扰之实，并对其社会稳定构成较大威胁者为钟全："兴宁勇丁钟全之徒，趁衅起（指陈三枪乱），且逼（潮州）境上"，时任知州许应龙遂切实有效地组织了本地的防务：

> 公亟调水军禁卒，鼓楼、赤砂两寨土兵，三县弓级，分扼要害，明间谍，守关隘，断桥开堑，斩木塞涂。点集民兵，激劝隅总，谕以保乡井，守室庐，全妻子，搜补亲兵，日加训阅。时外邑警报狎至，人心大恐，郡僚欲张皇陈利害，公不为动。继而，横冈、桂屿相继以捷闻。招捕司遣统领官齐敏率师由漳趋潮，截赣余党。公呼敏谕之曰："兵法攻瑕，今钟寇将穷，陈寇猖獗，若先破钟，则陈不战擒矣。"敏惟命。公调民兵为先导，敏以部军踵进，捣其巢穴，歼渠魁，宥支党，三枪旋亦授首，江西余丑荡平。⑤

---

① 刘克庄：《忠肃陈观文神道碑》，《后村先生大全集》卷146。
② 同上。
③ 同上。
④ （弘治）《八闽通志》卷67《颜楫传》，第819页。
⑤ 赵汝腾：《资政许枢密（应龙）神道碑》，《庸斋集》卷6，影印文渊阁《四库全书》本。

陈三枪主力部队被镇压后，一些余部似未尽灭，如据刘克庄记载，淳熙间"剧贼陈淮西、罗洞天聚众出没赣、汀、潮、梅数州"①，其中"罗洞天"者，应是绍定间陈三枪同伙"罗动天"的异写，陈、罗曾兵下循州，杀害兴宁令颜襄和主簿徐千能②。

除盐贩子剽劫外，上述即两宋时期潮州地区所遭受的主要寇乱。而关于盐贩子的剽劫，前面在讨论虔汀两州成为宋代闽粤赣边社会动乱中心的背景时，已根据文献和地理交通条件，对潮州所遭受的这种骚扰加以强调。但由于潮外文献记载不详，本地方志不作记载，所以，我们根本无法复原盐贩子在潮州活动之具体情形。

接下来让我们看看本地驻军的表现与对策。南宋初以前，本地驻军战斗力如何？从所掌握的文献记载来看，虽有宣和三年（1121）"潮州通判王炳监督应干巡尉等官，收捉刘花三一百余人"③ 的特例，但总的说来作战能力不强。所以"绍兴初，黎寇掩之城下，是时承平日久，兵不素练，莫敢谁何。所幸土豪率民兵与曰召募者，相与守御，阅月乃却。黎寇既灭，它寇猬起，布满山谷，为害益淫。潮梅循惠实均之"④。正是在此种情况下，宋朝廷不得不加强在广东地区的军事部署，摧锋军由此而生：

> 朝廷始命四统制兵曰申、曰赵、曰单、曰韩者，控扼要害，荡涤无余。且虑后患之叵测也，乃留韩侯京一军，驻于循阳。邻郡各分若干人，以备不虞，遇有警急，参错为用。前此者州有千二百人，继复起发，仅存七百人。自后分戍不常，或五百、或三百、或止二百，迄无定数。统以一将，或二将，盖精兵已。韩之后，张侯宁继之，犹治于循；张继罢，上命统治一员，总于绍，余州悉听其节制。本州于屯驻人外，在循州诸军，且给其饷，既无虑于山寇已⑤。

可是新部署的摧锋军战斗力似并不佳。如文献载：

---

① 《英德赵使君（必健）墓志铭》，《后村先生大全集》卷160。
② 陆心源：《颜公襄传》《徐千能传》，《宋史翼》卷31。
③ 《宋会要辑稿》"兵"12之26，第6965页。
④ 《永乐大典》（潮字号），第31页。
⑤ 同上。

乾道元年四月四日，知德庆府莫秀廷言，二广诸州多与江西接境。江西之民以兴贩私茶、盐为业，劫杀平民。而二广诸州军兵孱弱，惟赖土豪号曰统率者，聚其保伍，以遏绝之①。

而前述乾道初年，山贼海寇对本地的新一轮骚扰，似也说明同样的问题。鉴于这种形势，傅自修有创水军寨之举：

乾道三年间，海寇暴作，剽掠民居，漫不可迹，太守傅公自修既檄谕以利害。旧知光州熊飞者，时为鼓楼冈巡检。傅公命飞躬往开譬。贼留飞为质，遣偏裨五七人先诣公庭，受傅公所以约束者。约数日，党类八十人悉投戈弃舟，徒手而造郡治下。其故为农商者，公令复业，百不问。有逃卒之无归者，请于朝，得旨，创水军一寨，以收其众。且抚且招，今百七十有六人。苾以统辖一员，本路帅司是隶。②

四年，知州曾造复提议在潮惠和潮漳交界地区分别布防巡检官兵③。进入绍兴以后，闽粤沿海海寇势力兴起，黎盛、朱聪均为"海寇"，傅自修所抚平和改编的也是"海寇"。为防御山贼海寇的侵扰，南宋后期又有黄冈寨军的设置，此举于淳祐初年完成：

黄冈寨前此未有。因汀、赣、梅寇张思明、卜益，冲突饶源、北溪、湖潦等处，居民被害。淳祐壬寅（1242），刘侯克逊请于朝，欲置寨屯兵其地。……癸卯（1243）间郑侯良臣准朝旨，相度地势，移就黄冈，创立城寨……屯兵以百人为额，新招军伍拾名，外伍拾名，拨鮀浦水军寨正额兵，更番驻扎。④

总的来看，原常驻军及新设置的三个特种兵在多数时候战斗力不强：南宋

---

① 《宋会要辑稿》"兵"1之22，第6764页。
② 《永乐大典》（潮字号），第31—32页。
③ 《宋会要辑稿》"兵"5之23，第6851页。
④ 《永乐大典》（潮字号），第34页。

初年以来本地寇乱连绵,尽管如前所指出的那样,他们多来自州境之外,但从一些寇乱长驱直入,如入无人之区的情形来看,驻军没有起到应有的防御作用则可以肯定。而对这些寇乱的最后平定,也主要是靠外援。这样就有一个问题:究竟是什么因素影响了驻军作战能力的发挥?仔细阅读文献,大概可以归纳这样几点:其一,驻军平素训练少,劳役重。如说"本州禁军,自春秋大阅之外,散在诸厅,分局执役。每遇日教,视为文具"①。其二,管教不严,军纪松懈。如载傅自修所创水军,由原驻地揭阳迁往鮀浦后之情形说:"水军填补,多刑余之人,面已涅矣,无复顾惜。向寨邻于县,犹有所惮。及迁鮀浦,旁若无人,主将专恣容纵出海,弊端百出,将以防遏,反为民害。权郡吕兴稔恶有违纪律。孙侯白于帅,斥逐之,见议审请复旧。"②其三,军士处于饥饿状态。如有载:"兵卒月粮一石五斗,旧例和籴三分之一。"③针对上述问题,南宋后期的一些郡守采取果断措施,加强对驻军的训练、管理,保证兵粮的供应,注意其生活环境的改善。如庆元间林嶂、嘉泰开禧间赵师岊及宝庆、绍定间孙叔谨等就曾对驻军大加整顿:

> 郡国养兵以卫民,若毋存虚籍,毋给他役,训练有素,缓急可倚为用。自林公嶂整造戎器,每遇双日,亲引厢禁兵阅习之。后赵公师岊益加教阅,具有常程,武备稍修。继是者常令精练,随阙随补,庶不虚耗养兵之费。

> 宝庆丁亥,孙侯叔谨始至,谓郡将于尺籍伍符,寄委不轻,倡率当自州家始。应寨座占名禁旅如宅库虞兵之属,尽令赴教。戎装一色,其甲精明。又招刺骁勇之率,令为一队,教以击刺长技,号"帐前亲兵",军容为之改观。农隙点集四隅民兵,部曲整肃,纪律严明,不扰而办④。

陈圭则纠正了以往克扣兵士口粮的做法,"(黄冈寨)兵卒月粮一石五斗,

---

① 《永乐大典》(潮字号),第33页。
② 水军寨迁鮀浦的缘起是:"嘉定间曾侯噩上便民五事,乞移于鮀浦场,以扼海道之冲。"载《永乐大典》(潮字号),第33页。
③ 《永乐大典》(潮字号),第34页。
④ 以上两段材料均见《永乐大典》(潮字号),第32—33页。

旧例和籴三分之一。陈侯圭悯其劳瘁，尽数给之，一饱之余，然后绳以纪律"①，同时全面开展了驻军营地的建设：

> 州之厢、禁军、摧锋军，各有营寨，岁久颓圮。淳祐丙午，陈侯圭拨钱鼎创诸营外门凡七：牢城、清化、作院及四澄海指挥是也。更造营之神堂凡二，第二、第七指挥是也。军房、葵屋百间，易以瓦屋，为巷者四，摧锋寨是也。以至清化之厢房，牢城摧锋之土牢，所以处罪隶者，一皆撤旧而新。自是营垒严肃，而兵卒无逾关犯夜之虞；牢栅周致，而囚徒无燥湿疫疠之患矣。②

可能正是这样的一些措施发挥了某些积极效果，故而本地于绍定间才有效地抵御了陈三枪及其余党的入境；南宋末年马发率摧锋军的潮州城守之战，也表现出较强的战斗力。

3. 寇乱的性质及对潮州社会的影响

此时期于闽粤赣边，包括潮境所生发的一系列寇乱，性质如何界定，以往基本上以"农民起义"目之。的确，正如前述，这些被称为"寇""盗""贼"的起因，大多数应与宋统治者所推行的不合理的盐法、税法等制度密切相关，因而他们起而反抗，是对这些制度的批判，确实带有一定的反抗封建压迫和封建剥削的色彩。不过，若仅停留在这样的结论上，似把问题过于简单化了。

从根本上说来，两宋闽赣边连绵不绝的寇乱问题，实际上是中国封建王朝国家化过程向东南沿海地区推进的产物，而国家化的过程，就意味着编户齐民，纳税服役，接受"秩序"和儒家文化。而重点和难度则主要在第二和第三点上。自文献记载来看，此时期这一地区起而为乱的农民固然许多是因赋税不均，可我们注意到这方面的初因是"有田者未必有税"；"豪猾之家不纳租赋，一强者为之昌首，则穷弱者从而附之。至有一乡一村，公然不肯纳常赋者"。显而易见，其中具有地方豪强公然对抗国家的性质。又，宋统治者在赣、汀所行盐政，固然坑害了广大民众，但另一方面其维护的却是国家利益。而利用不同盐产地、公私盐差价及质、

---

① 《永乐大典》（潮字号），第34页。
② 同上书，第33页。

量差距等,"千百为群,争相贩卖"的盐贩子,虽绝大多数是"田事才毕"的农民,但从其兴贩"以射重利"之目的,"所至劫人谷帛,掠人妇女""行劫""驰担剽掠"的行为,再到因官方追捕,"与巡捕吏卒斗格,至杀伤吏卒,则起而为盗"等情节观之,也很难说是"起义"。其实,一些人分明就是不折不扣的强盗。如开庆间汀州知州胡太初在其《奏请经界保伍及移兵官一员置司城外三事》的奏折中称:

> 本州南接潮、梅,西连盱、赣,寇攘间作,渊薮实繁。昨者捕到贼徒,鞫之囹圄,多是邻郡奸民来此告说某处某家富有财物,此邦之奸民,籍其向导,聚众而行。其始集也,持挟刀杖,止以贩盐为名;其既集也,置立部伍,公以劫屋为事。既行劫掠,岂免杀伤?民志惊惶,率多逃匿。①

此时期寇乱中,那些被称为"海寇""海盗"的,他们起事的性质更为复杂。在缺乏其人原有身份的情况下,可以推断,他们中肯定有迫于各种原因下海的农民,但会不会也有长期从事海上贸易的海商,后演变为海盗?或本身即为职业海盗?无论如何,从其具有"海寇""海盗"的称谓,因而很有可能名副其实,再观其上岸后攻城略地、焚毁民居、大肆剽劫等情来判断,这些人的兴风作浪,就更难定性为"农民起义"了。实际上他们很可能是宋元中国东南沿海一直存在着的海上力量,亦商亦盗;因长时期称霸近海兼剽掠沿岸,结果与宋王朝艰难推进中的东南沿海地区的国家化运动正面交锋了。就潮州而言,从宋元之交的陈五虎兄弟到明中叶以后肆虐沿岸的海寇身上,都仿佛可以看到黎盛、朱聪等人的影子,他们理应是一脉相承的。

那么上述寇乱究竟给两宋时期的潮州社会带来了什么影响,这本是我们讨论此时期寇乱主要想予以说明的问题,惜文献对之记载太少,根本无法如愿。而根据十分有限的记载,大略可就上述问题,作如下归纳:

(1)不同程度地威胁侵犯了本地区人民的生命财产安全。两宋本区的寇扰,盐贩子的剽掠是一个值得注意的问题,所谓"所至劫人谷帛,

---

① 胡太初:《临汀志》,《〈永乐大典〉方志辑佚》,第1462—1463页。

第二章　宋元潮州的政事与军事　　49

掠人妇女"①，所谓"群聚剽劫"②等，虽不是专就入潮和在潮的盐贩子而言，但其在潮也同样有上述行为则可肯定。而盐寇之外的其他"山贼""海寇"对本地人民的生命财产的威胁和侵犯也照例不能避免，如刘花三所过，"劫掠村落"，朱聪"以舟师自潮州入广东，焚掠诸县"，绍兴初，黎盛攻下潮州外城，"焚民居，毁城，去"，乾道三年（1167）"海寇暴作，剽掠民居"等。

（2）对文化设施的蹂躏、破坏。且看下面几段材料：

> 试进士以来，辟贡院于城北之五里。建炎间，火为草寇③。
> 绍兴二年学火④。
> 乐器不幸，一经黎寇，再经郁攸。考诸刘昉、秦唐辅《修学记》，绍兴二年，黎寇猖獗，学当其冲，焚荡殆尽，八年举火，相望六、七年间，学舍荒陋，乐器沦胥。……潮之《大成乐》，政和间颁降也。绍兴兵火，乐器散缺。……⑤
> （开元）寺始甚雄，中有子院三十六。绍兴毁于虔寇。⑥

上列材料，都表明南宋初年寇乱，对本地贡院、学校和寺院等文化设施有较大的破坏。值得注意的是，这些设施的破坏，各记载多指向黎盛。黎盛攻潮州因州城外郭"故以土为之，久且夷"，所以棋布于子城与外郭之间的诸多文化设施因无应有的防御而被破坏。

（3）客观上促进了州城城防建设和朝廷对本地军事力量配备。这方面的事例上文实已多有涉及，故此处不赘。要之，防御寇盗的侵袭，是此时期内外城垣建设的永恒动力。而军事力量的配备，从摧锋军、水军、黄冈寨军等的设置，都着眼于对付寇盗。而也正是在城防建设和其他军事布防不断加强的过程中，在寇盗扰攘和军事镇压的反复较量中，国家对潮州的控制得以明显加强。

---

① 李焘：《续资治通鉴长编》卷196"嘉祐二年二月辛巳纪事"条。
② 文天祥：《知潮州寺丞东岩先生洪公行状》，《文山先生文集》卷11。
③ 《永乐大典》（潮字号），第83页。
④ 同上书，第73页。
⑤ 同上书，第69—70页。
⑥ 林希逸：《潮州开元寺法堂记》，《潮汕金石文征》（宋元卷），第204页。

总之，两宋潮州的寇乱较为频繁。从其来源看，主要是从赣、汀等邻区或自福建沿海进入本区的。这一点与明清以后潮州的寇乱主要起于本区相比，有很大的不同。由于源于境外，寇乱打击和破坏的中心地带也不在本区。所以，相对而言，两宋时期潮州社会大体上稳定，寇乱对本区的影响，除个别时期（如绍兴初年），总的说来不大。

此时期进入潮州的寇盗，从种类而言，主要为"山贼"而非"海寇"，这一点与明清，特别是明中后期的寇乱主要为海寇，又有明显的差别。山贼剽掠成为此时期闽、粤、赣边的一大祸端，其主要在于宋政府不合理的盐法、繁重的赋税负担和败兵溃卒的扰攘，而从根本上说来，反映的正是宋封建政权对原南方边鄙之地彻底的国家化的推进，这种推进大体说来在南宋结束前，南线尚未真正到达潮州。而对于后者，政府的控制仍处于"文而化之"的阶段：此时期本地官师致力于推行儒家文化和学校教育，正是这种控制方针的体现。由于统治手段比较宽松，所以，民与官及民与民的关系，比较和谐，各种矛盾没有激化，社会也就比较稳定。而这种和谐稳定也就成为两宋潮州开发并取得重大成就的关键所在。

三 元代潮州的战事

主要包括宋元之交南宋余部在本区对元军的抵抗和元末本区的战乱。

（一）南宋余部在本区对元军的抵抗

至元十一年（1274）九月，忽必烈正式发动灭宋战争。十三年正月，宋恭帝上表降元，宋亡。至元十三年底，追击南宋残存势力的元军到达闽粤，战火随之蔓延到潮境。主要是原摧锋寨正将、后权州事马发在州城一带对元军的阻击。同时，文天祥率残部转战潮阳等地，地方武装畲大娘、陈吊眼等部在包括本区的粤东闽南一带与元军也有过一些战斗。现依次分述于下。

1. 马发抗元

《永乐大典》卷5343《潮州府一·归附始末》转引《三阳图志》有《元平潮州始末》一文，文称：

> 至元十三年丙子（宋德祐元年也），宋知州叶侯得驿报，大兵已下临安府，又闻江西、湖南皆降，时元帅易正大统兵来潮。叶侯惊惧，以印授通判柴某自逃去。宋主益王、广王船泊广之崖山（在广

第二章 宋元潮州的政事与军事

州新会县八十里），遣安抚使方兴来潮慰谕。易正大兵走梅州，四郊多垒。郡人马发为摧锋寨正将，与权州黎季远不睦，黎退去。发乃推州人称为安抚使。十四年丁丑正月十七夜，安抚使大设宴，俄而省镇抚忽鲁浑统兵到潮阳县，先驱一人，乙夜入城谕降。十八夜，发率兵遁去于州后鸡笼潭。大兵驱至，与之接战。未几，大兵不利，弃去①。

上述文字已较为详尽地记载了自元军逼近到进入本区，潮州政局变化及马发与元军初次交战的情形：驿报元军南下，引起潮州上层领导人物迭更，抗战人士马发走到前台，率领军民与元军初步交战，并赢得胜利。从这段材料出发，结合其他记载，可进一步补充一些细节：首先，引文中称"发乃推州人称为安抚使"，根据上下文及基本的历史事实，应是"州人乃推发称为安抚使"之讹。如此，马发之出任是应州人之推举。但一些文献说其人的出任是出于残宋皇室的任命，如说"大兵且压境，守令弃印绶，窜山泽，郡人马侯发承宗室之命，由寨将摄州事"②。这种不一致，现已很难明断是非。不论如何，马发是在大敌当前、潮中郡守缺席的情况下，勇敢担负起保卫桑梓重任的。其次，忽鲁浑派人入州城劝降，可能是出于战术的考虑，马发有受降情节，如载"至元十四年正月，大军破汀关。……戊申，知潮州马发及其通判戚继祖降，癸丑复来归"③，说的就是这一情况。最后，元军与马发一战不利，退去。除因马发出色而坚决的抗击外，还因"唆都恐失富场之期"。从文献记载来看，当时，元军主持江西、广东方面军事的是参知政事、江西都元帅塔出，受其节制，统兵由福建泉、漳一线向潮州方向进兵的是名将唆都及其子百家奴等人。至元十四年，塔出命新任福建宣慰使唆都"取道泉州，泛海会于广州之富场"④。但从史实来看，唆都后来没有走水路，而是由陆路西进，先攻下福州、漳州，再攻潮州。为不失塔出之约，故在攻打潮州失利的情况下，不敢恋战，匆匆而去。接上引文：

---

① 《永乐大典》（潮字号），第21—22页。
② 周伯琦：《马发祠记》，《潮汕金石文征》，第306页。
③ 《宋史》卷47《瀛国公·二王附》，第942页。
④ 《元史》卷129《唆都传》，第3151页。

十五年戊寅正月二十七日，唆都、蒙古歹又统大兵，并郡豪陈五虎兄弟陈懿等围城。马发勒兵闭守城中，军民乘城诟骂，大兵不甚其忿。至二月二十九日，守南门巡检黄虎子，系书矢上射出，与陈五虎等通谋，约潜开城门纳大兵。已而黄虎子从城东偏缒出城，门不守。大兵鼓噪突入，城遂陷。焚民室庐，火焰亘天，城中居民无噍类。已而，黄虎子亦为陈五虎所屠。马发遂收残卒百余人入子城拒守。势穷力弹，至三月初一日，其妻妾皆缢死，发亦自鸩。子城寻亦破矣。

此乃马发与元军交战的第二个回合。十四年八月，在退居崖山的宋宗室一时还不能消灭的情况下，塔出奉命再度平定沿海未降州县，是为唆都十五年率军重来的背景。根据上引文字，时元军方面有一个明显的变化：与本地豪强陈五虎勾结起来。这一细节不可忽视，"五虎"是本地人，谙熟州城一带的军事地理形势；又，他们拥有强大的武装力量。有记载说十四年十月，"宋都统陈懿等兄弟五人以畲兵七千人降"元①，兵进潮阳。由此，五虎投入元军一方，无疑进一步改变了交战双方的力量对比。不过，守军一方似并不见怯懦，所谓"勒兵闭守""乘城诟骂"，显示出惊人的气魄和旺盛的斗志。有迹象表明，上一年与元军交战后，马发进一步加固了城池，采取了更为有效的城防措施：有记载说，当唆都还潮，"发城守益备"②。此应当是在元军强势攻击下，马发仍能率军民顽强抵抗一个月的重要原因。城陷，黄虎子的叛卖起了关键作用。上引材料可以说明这一点，其他一些记载也可以印证这一点。如洪必先有诗云："小卒窃开关，大兵遂靡垒。满城血为池，全家脑涂地。"③ 不过，也有把城陷主要归于元军之英勇的，如说："塔出令（唆都）还攻潮。发城守益备，唆都塞堑填濠，造云梯、鹅车，日夜急攻，发潜遣人焚之。二十余日不能下，唆都令于众曰：'有能先登者，拜爵；已仕者，增秩。'总管兀良哈耳先登，诸将继之，战至夕，宋兵溃，潮州平。"④

马发抗元，是元军进入岭南后宋朝残存势力所举行的最惨烈的州城保

---

① 《元史》卷132《哈剌䚟传》，第3216页。
② 《元史》卷129《唆都传》，第3152页。
③ 洪必先：《省官命诸生为守城马发挽诗，欲为申奏立庙》，《永乐大典》（潮字号），第193页。
④ 《元史》卷129《唆都传》，第3152页。

卫战之一。这种顽强的阻击、抵抗，延缓了元军攻占、控制岭南的进程，同时也成就了民族英雄马发。他奋不顾身，舍生取义，为潮人树立起不朽的精神丰碑。至正六年（1346）广东廉访金事周伯琦行部至潮，因潮人之请，为马发建祠并撰《马发祠记》。文中有这样的话语：

> 方炎赵讫命，四海之人莫不顺时变以为已计，马侯独以孤屏之余，抗骁鸷之众，非有所挟而气益厉，非有所冀而志益坚。其所成就，真足以暴于天下，所谓舍生取义者，于是乎见之。

这样的说法是符合实际的。

2. 文天祥转战潮阳和地方武装对元军的作战

有关情形，《宋史》卷418《文天祥传》载述已比较清楚。

> （至元十五年）十一月，（天祥）进屯潮阳县。潮州盗陈懿、刘兴数叛附，为潮人害。天祥攻走懿，执兴诛之。十二月，趋南岭，邹洬、刘子俊又自江西起兵来，再攻懿党。懿乃潜道元帅张弘范兵济潮阳。天祥方饭五坡岭，张弘范兵突至，众不及战，皆顿首伏草莽。天祥仓皇出走，千户王惟义前执之。

而《元史》卷10《世祖纪七》下面的一条记载不仅可以印证上述说法，且恰好能弥补某些细节。载称："（十五年闰十一月甲子）发蒙古、汉军都元帅张弘范攻漳州，得山寨百五十，户百万一。是日，谍报文天祥见屯潮阳港，亟遣先锋张弘正、总管囊加带率轻骑五百人，追及于五坡岭麓中，大败之，斩首七千余，执文天祥及其将校四人赴都。"① 由此可知，文天祥屯兵潮阳时，张弘范兵尚在漳州，元兵之所以能如此成功地实施对文天祥的偷袭，陈懿的"潜道"（"谍报"即是），还有"具舟海岸济轻骑"② 之举是起了关键作用的。

地方武装与元军的交战的具体材料很少，只能通过一些零碎的记载，

---

① 《元史》第206页。
② 吴颖纂修：《潮州府志》卷7《兵事部》，第252页。

作些粗线条的勾勒。前引《始末》一段文字记载,至元十三年(1276)元军压境之际,潮守逃离,州城"四郊多垒"。所谓"多垒",说的应是地方武装的设险自固。而上述唆都攻城,曾造云梯、鹅车,有"(马)发潜遣人焚之"的情况。这些勇敢去焚梯、车的人,即是分布于州城四郊、设险自保的地方武装。光绪《海阳县志》卷 35《马发传》载说,当唆都使尽解数仍不能陷城时,有位名叫乌古孙泽的人对其进言道:"潮人所以城守不下者,以外多壁垒为之援应也。第翦其外应,潮必覆矣。"唆都以计行之,"乃分兵攻其一大垒,破之,余垒尽走"。会黄虎子与陈懿潜通,兀良哈耳方捷足先登,才有城破之事。要之,当时那些地方武装民兵是站在马发一边,并与守城军民相互配合的。马发能在元军日夜急攻之下,坚守 20 余日,当有他们一份功劳。

此时期在抗元活动的地方武装中,最有名的是被称为"畲大娘"的许夫人和"剧盗"陈吊眼。前者,《元史》卷 10《世祖纪七》有所记载:

> (十一月)辛丑,建宁政和县人黄华,集盐夫,联络建宁、括仓及畲民妇妇自称许夫人为乱,诏调兵讨之。①

而在晚近温廷敬先生《广东大埔志》卷 30 对许夫人的身世及事迹有如下描述:

> 许夫人者,潮州畲妇也。吾埔妇女,相传受帝昺封,世代为孺人,得加银笄,盖由夫人之故。景炎元年,帝昰(端宗)趋潮州,张世杰遣人招义军,夫人倡率诸峒畲户应命。二年六月乙巳,世杰自将淮军讨蒲寿庚于泉州,夫人遂与剧盗陈吊眼各率所部往会,兵势稍振。会世杰将谢洪永攻南门不利,畲军中复有受寿庚略者,攻不力。……元将唆都来援寿庚,世杰乃解兵还帝所泊之浅湾,夫人复率兵海上援之。至百丈埔,遇元兵与战,死焉。土人义而祀之。

比之许夫人,陈吊眼在宋元之交的知名度要高得多,他是漳州人,名大

---

① 《元史》卷 10《世祖纪七》,第 206 页。

举。文献称其为"畲寇"。①约起事于南宋咸淳八年（1272年），打击过风雨飘摇中的南宋度宗政权。以是之故，前曾被目为"农民起义领袖"；宋亡后，又继起抗元，势力一度很盛。如载："时诸郡盗起，其最盛者陈吊眼，拥众五万，陷漳州。"②至元十九年（1282）四月被平定③。其主要活动在福建地区，但势力也波及潮州地域。史称"（十五年）五月漳寇陈吊眼复来潮，民杀掠殆尽。与陈五虎兄弟交战，不日败去"④。时管理和拥有潮州者是五虎兄弟，陈吊眼的到来，自然是想从五虎手中夺走潮州，客观上有利于抗元。但"民杀掠殆尽"，使刚从血泊中爬起的幸存者再遭劫难。有学者认为其人同当时闽粤赣等地的许多抗元人物一样，实带有扼险自固、剽掠无定的土豪属性⑤。这种看法很有见地。

（二）陈五虎的畲族武装与元初的潮州形势

至元十五年（1278）三月初，元军攻取潮州后随即撤兵，潮州地方事务则交由破城有功的陈五虎兄弟主持⑥。这种状况大约一直持续到至元二十一年（1284）十一月广东宣慰使月的迷失及路总管丁聚着手治潮为止。尽管这期间元最高权力中枢对潮州地方行政管理有所调整，但五虎主潮这种状况一直没有多大改变。那么，陈五虎究竟为何样人物？先厘清这一点，有助于了解和认识附元初期本地的政治生态及军事形势。

从多种记载综合来看，"陈五虎"是时人对海阳人陈懿及其弟忠、义、勇、昱的合称⑦。最初应是一诨号，后约定俗成，遂成为陈氏五兄弟之名号。关于五虎的身世，多种文献径称为"盗""剧盗"，或"海

---

① 郑思肖：《心史》卷上《元鞑攻日本败北歌》；(乾隆)《龙溪县志》卷24《艺文志·旌表烈妇王氏祠记》。
② 《元史》卷135《塔里赤传》，第3276页。
③ 《元史》卷12《世祖纪九》，第241页。
④ 《三阳图志·元平潮州始末》，《永乐大典》（潮字号），第21页。
⑤ 马明达：《元朝初期的潮州路》，《潮学研究》第1集。
⑥ 《三阳图志·元平潮州始末》有"大兵北归，乃遣陈五虎兄弟权知州事"的记载。见《永乐大典》（潮字号），第22页。
⑦ 据《元史》卷10《世祖纪七》：至元十六年二月，张弘范表奏为陈氏兄弟加官，提到昱之外四人名；《永乐大典》（潮字号）第71页载：至元二十九年潮州路同知王宏买陈五虎昱宅为文庙殿，五虎名由此全可考见。又，吴颖《潮州府志》卷7《兵事部》"文天祥移屯之败"条后按语（见第252页），对五虎兄弟名及事迹也有概要列举。

盗"①，而自下文述及其人拥有庞大武装力量和船队的情形来看，陈氏兄弟是当时最富实力的本地豪强。唯其如此，至元十四年（1277）四月，文天祥在收复梅州前后，有"乞将懿除右卫将军、知潮州、兼管内安抚使"之请求。显然，文天祥欲借此对这支不可忽视的地方武装力量予以笼络和利用。但陈氏五虎并不容易控制，同年十月前后，当元沿海招讨使哈剌䚟率军趋广州，路经潮阳时遂有前述"宋都统陈懿兄弟五人以畲兵七千人降"之事②。所谓"宋都统"，当是文天祥四月表奏后，宋宗室任命五虎陈懿之确切职务。其实，这条记载最使人惊异之处，还是五虎竟然统有七千人的畲兵。五虎若非畲酋，何能如此？有学者如此发问③，的确不无道理。附元后，五虎所为除前文已述助元攻城、拒陈吊眼和潜导元兵偷袭五坡岭三事外，文献所见，还有两端：一是从张弘范兵讨崖山。据《元史》卷10载，至元十五年后季江东宣慰使张弘范奉命自海道讨宋余众，而陈懿兄弟出战舰百艘从征。十六年宋流亡政府最后一个据点崖山水师全军覆没。元军北来不习水战，而出身海盗的五虎海军在此役中的特殊作用可以想见。二是资阿塔海征日本。据《元史》载：

（至元二十年十一月）癸丑，总管陈义愿自备海船三十艘以备征进。诏授义万户，佩虎符。④

"愿自备"的记载，说明五虎兄弟为邀宠固信，在向蒙古统治者献媚卖乖。

综上所述，正是由于陈氏兄弟为蒙古统治者尽心竭力、屡建奇勋及拥有十分雄厚的军事实力，故而在江南初下，各地群盗不息，新统治者四处征讨，穷于应付的境况下，遂安排陈氏主潮，意也无非利用、笼络耳。而文献记载表明，元最高领导层并未放手让陈氏兄弟主理潮务。至元十六年

---

① 《宋史》卷418《文天祥传》；吴颖《潮州府志》卷7"文天祥移屯之败"条；《元史》卷12说："（陈）义初名五虎，起自海盗。"
② 《元史》卷132《哈剌䚟传》，第3215—3217页。
③ 马明达：《元朝初期的潮州路》，《潮学研究》第1集。
④ 《元史》卷12《世祖十二》，第258页。值得注意的是，《元史》卷131《忙兀台传》（第3189页）载陈义备船数为"三千艘"，是与上引"备海船三十艘"不合。但以情理度之，"三千"当为"三十"之讹。

（1279）元调整潮州行政建制为潮州路总管府，属广东道宣慰使司，隶江西行省。张弘范正式表奏："以降臣陈懿兄弟破贼有功，且出战船百艘从征宋二王，请授懿招讨使兼潮州路军民总管，及其弟忠、义、勇三人为管军总管。"① 元权力中枢虽"并从之"，但却特意另外安置一名招讨"镇守"：《元史》卷62《地理志五》"潮州路"载，"……十六年，改为总管府，以孟招讨镇守"。这位孟招讨，有学者指认为元将孟德之子孟义，② 可从。此事可作为蒙古人对五虎存有戒心之一端。后来只是由于漳州陈吊眼搅扰不宁，孟义才又移镇漳州。③ 又，一向以为丁聚是至元二十一年（1284）十一月随月的迷失前来的路总管，但据郭子章记载，早在十七年丁聚就有潮州路总管的头衔，并在此地有切实的活动。④ 如记载确凿，则与陈懿同时，潮州路还有另外一个总管丁聚。不过，即便如此，仍可以断定，至元二十一年前，潮中事务主要由陈五虎兄弟掌管。因从文献记载来看，丁聚在潮中的活动基本上都在二十一年以后。

元领导层对陈氏兄弟心怀戒备，还可明确地见于下面的记载：

> （至元）二十一年，（忙兀台）拜江淮行省平章政事。初，宋降将五虎陈义尝助张弘范擒文天祥，助完者都讨陈大举，又资阿塔海征日本战舰三千艘。福建省臣言其有反侧意，请除之。帝使忙兀台察之。至是忙兀台携义入朝，保其无事，且乞宠以官爵，丞相伯颜亦以为言。乃授义同知广东道宣慰司事，授明珠虎符，其从林雄等十人并上百户⑤。

---

① 《元史》卷10《世祖纪七》，第209页。
② 马明达：《元朝初期的潮州路》。
③ 《元史》卷62《地理志五》，第1516页。
④ 《潮中杂纪》卷8《艺文志下·碑目》载元总管丁聚撰《南澳山青径口（陆秀夫墓）碑》；卷9《郡邑志补》下著录郭子章《陆丞相墓辩》称"至元十七年三月潮州路总管丁聚立碑于青径口"云云。按，丁聚以潮州路总管府的身份进入潮州究竟始于何时，是一个需要认真研究的问题。马明达教授在《陆秀夫亲族墓碑记残文》跋语展示有关记载的抵牾。大体上郭子章《潮中杂纪·陆丞相墓辩》载为十七年三月，又，其《元代潮州史事零拾》一文所论述第一个问题《丁聚事迹补遗》（《潮学研究》第3期），对之也坚信不疑，但《永乐大典》所引潮州本地方志则称为至元二十一年；而《元史·地理志》则说至元十六年设潮州总管府（《潮汕金石文征》，第242页）。
⑤ 《元史》卷131《忙兀台传》，第3188—3189页。

由此看来,尽管五虎竭力讨好、献媚蒙古统治者,对于蒙古统治者来说,其人也可称得上功勋卓著,但因"数叛附"所表现出来的变色龙本性,又拥有强大的军事力量,故而不被信任是必然的。而正是由于不被信任,其日后的败亡也就不可避免。据(顺治)《潮州府志》卷七《兵事部》"文天祥移屯之败"条按语载:

> (州城攻破后)元授懿为广东道都元帅,其弟义临江总管,昱江州同知,勇道州总管,忠岳州治中。后懿为其子所杀,义谋不轨,词连昱、勇,皆弃市,忠死岳州,其家为盗所灭。

这段文字的可信性究竟如何?从所载元授五虎官职看,与《元史》所载颇不合。但前者未载任官时间,或是至元二十一年(1284)后之情形。若此推断可从,则表明元权力中枢于至元二十一年以后对五虎集团采取分而治之的策略。另(嘉靖)《潮州府志》卷6《选举志》"元荐辟"条载:"陈义,嘉议大夫,临江路总管",核之上引顺治《志》所载陈义的官职,颇为吻合。由此看来,吴颖的记载确有一定的可信性。

现在,回过头来看看陈氏兄弟统治潮州六七年间的政治效果。上引《元史·地理志》"潮州路"条载孟招讨移镇漳州后,潮地的形势是"土豪各据其地"。是说除五虎兄弟这一强大的土豪集团外,潮地还同时并存着各据险要的其他土豪,那些土豪即使陈五虎也无法控制和剿并。这种说法,可以得到印证:五六年以后,月的迷失入潮,仍不得不以平定这些土豪(盗)为首务:

> (二十二年二月)辛亥,广东宣慰使月的迷失讨潮、惠二州盗郭逢贵等四十五寨,皆平,降民万余户,军二千六百一十人[①]。

又同年七月,月的迷失奉旨回京述职称:

> 塔术兵后未尝抚治其民,州县官复无至者,故盗贼各据土地,互

---

① 《元史》卷13《世祖纪十》,第274页。

相攻杀，人民渐耗，今宜择良吏往治之。①

的确，月的迷失所言，并非专指潮州一地，但却无疑包括了潮地。需要指出的是，时在潮州据山为寨，拥险自固的并不全是本地的土豪或"盗"，还有外来者，如至元十五年（1278）自漳州前来、试图乘虚占有潮州的陈吊眼部，虽被陈五虎打败，但其势力并未全部退出本区，有学者指称，后分布于潮地的许多山寨，如潮州的凤凰山寨、饶平小尾山寨、四百岭山寨。澄海临江山寨，石龙寨等都是陈吊眼当年所建据点。② 这些山寨据点不仅元初，似乎有元一代也没能全部平定。

总之，陈五虎是宋元之交本地一个十分强大的土豪集团，他们拥有雄厚的军事力量和庞大的海上船队。其人应该就是畲酋，在他们的心目中，没有国家认同，没有正统观念，所以可以"数叛附"，甚至助纣为虐，做出导异族蹂躏乡邦的勾当，其行为的出发点大概只有自身的利害。由于陈五虎的投靠及其在取潮、灭宋余部等战役中的特殊贡献，元权力中枢将归附初期的潮州交其主理，但从治理效果看并不理想：六七年间的时间里，土豪各据其地，互相攻掠，民生备受煎熬、涂炭。而这种状况的结束，要等到至元二十一年月的迷失和丁聚的到来。

（三）元朝末年本区的兵祸

元世祖至元二十一年之后潮州政局渐趋安定，经过六七十年的和平发展，进入顺帝至正中期，又陷入新一轮的动荡，其主要表现就是兵祸再起。对之，有关文献有如下记载：

> 潮自至正壬辰下岭南海寇起，与山峒徭僚相扇攻破潮、揭二县。人民依险防守自保，豪强各据其县十有余年。后有江西、福建两陈氏攻杀不一。③

"至正壬辰"，即至正十二年（1352）。这种说法还可印证于金石资料，如林仕猷《"三阳兵乱"摩崖石刻》说："三阳兵乱，十有三载，乙巳岁夏五月，省

---

① 《元史》卷13《世祖纪十》，第274页。
② 陈历明主编：《潮汕文物志》上册，第56—61页。
③ 《永乐大典》（潮字号），第21页。

左丞陈公以师克平之。"① "乙巳岁"是至正二十五年,回推十三年,正是至正十二年。可是,实际上元末本区的兵祸还要比这早上两年就已发生:

> 顺帝至正十年（1350）,揭阳棉湖寨陈君宝等作乱,海阳采塘叛贼吴子安等应之,合攻潮阳。邑人赵光国严督守御,自给犒劳,军气大振,贼夜遁。②

一年之后,也即至正十一年（1351）本地又有招讨使陈梅平定"畲寇陈满"之事:"梅州畲贼陈满等啸聚梅塘,攻陷城池,几二十年,招讨使陈梅至,克之。"③仔细审视这一记载,之所以将其系于至正十一年,是指陈梅平定时间④,至于陈满等的啸聚为乱则为时已久:"几二十年。"若这一记载可靠,则元朝末年本区动乱开始的年月还要前推。

陈满等被平定之后,"至正十六年（1356）陈遂据有揭阳,分将筑城隍,至洪武初归附"⑤。饶宗颐先生曾据此并引有关记载指出"当日陈遂为祸,几及三阳,不仅一揭阳也"⑥。两年之后本区又发生了元将朵里不花驻师揭阳,并被土豪杀害事:

> 陈友谅陷江西,诏拜（朵里不花）江西行省平章政事,与平章政事阿尔浑沙等,分道进讨。遂泛海南下,趋广东,驻师揭阳,降土寇金元祐,招复循、梅、惠三州之寇。承制官其酋长,俾治贼以给兵食。又别规粟四千石,输送京师。自是英、肇、钦、连诸郡皆附,且治兵由梅岭以图江西。而元祐有异志,托以镇服其土,遮道固留。先是,制书命刘巨海佥广东元帅府事,未发,元祐窃取,易其名,私畀徭贼刘文远,诱与乱,事觉,文远伏诛,而元祐及其弟元泰、子荣,窜匿不获。俄荣率外贼突入,夺符信,杀官吏,变起仓卒,众莫能支。朵里不花与参政杨泰元等,勒兵拒战,而贼来益众,朵里不花为

---

① 《潮汕金石文征》（宋元卷）,第317页。
② 吴颖修纂:（顺治）《潮州府志》,第252页。
③ 同上。
④ （乾隆）《潮州府志》卷38《征抚》载为十二年。
⑤ （顺治）《潮州府志》,第252页。
⑥ 《潮州志·大事志》,第642页,《潮州志汇编》本,香港龙门书店1965年版。

枪所中，创甚。……朵里不花遂被执……遂为贼杀。①

从上列这段记载来看，金元祐这位土寇不仅拥有较强实力，且富谋略。唯其如此，才能使元镇抚大军损兵折将，主帅亦且不能幸免。几年以后，复有罗良追杀陈世民至潮州之事：

是年（至正二十一年），西林贼陈世民入寇漳州，总管罗良攻之，陈世民奔潮，良追杀世民以降②。

接下来，二十五年（1365）夏五月，陈友定克潮州。二十六年十一月，元政府最后一任路总管王翰入主潮州③。二十七年（1367）冬朱元璋的明军攻下福建，二十八年初，为免生灵再遭涂炭，王翰不备战守，默然弃官浮海而去④。之后，明征南将军廖永忠率水师由福建进入潮州，这年三月，本区和平完成新旧政权的更替。

与两宋时期相比，元代潮州的战事，从时间上说基本集中在元初和元末两个时段，中间的60多年境内比较安定，这说明元政府对本区的控制和管理还是较为有效的；从战乱的挑起者，或参与者来看，两宋时期主要是本地（或邻区）的汉民，而进入元代土著民即所谓的畲民似扮演了更为重要的角色。元初有陈五虎兄弟、陈吊眼、许夫人等人的畲族武装，元末则有所谓"山峒徭獠"，文献上明确记载有所谓"畲寇陈满"是也。战乱挑起者和参与者，特别是其领袖人物民族属性的变化，很可能是本地国家化程度加深的产物，即土著的生存空间和利益受到更大程度的挤压。上述情形表明，在经历两宋300余年之后，本地土著仍在，且势力不小。由于他们眼中只有自身的利害而少有国家认同，所以每当中央王朝出现危机、官府控制力下降之时，便顺势而起，兴风作浪。这种情形即使到了明代，仍然没有得到最终解决，似乎成为本地的一种传统。

---

① 《元史》卷195《朵里不花传》，第4422页。
② 《潮州志·大事志》注引《漳浦志·兵防》。
③ 林仕猷：《三阳兵乱石刻》载："三阳兵乱十有三载，乙巳岁夏五月，省左丞陈公以师克平之。明冬十一月，江西省郎中王公用文来摄郡守事。"《潮汕金石文征》，第317页。
④ 王翰在潮州路总管任上仅一年余。江山易代后，翰"隐居永福县东之观猎山，屏踪为黄冠服十年"。洪武十一年（1378）二月，明朝廷征辟令到闽，翰誓不从，引刃自决。

第三章

宋元潮州的经济开发和交通建设

宋元是潮州的全面开发时期，其中经济开发和交通建设是其他开发的基础。在经济开发和交通建设的带动之下，作为此时期粤东政治、经济、文化的中心，潮州州城也得以建设和经营。而上述活动的顺利展开又以人口的增长为必要条件和前提。

第一节 人口的增长

人口数量是衡量古代经济发达程度的重要尺度，唯有具备一定数量的人口，才能有效地实施一系列开发；也只有经济，特别是农业生产发展到一定程度，方可供养一定数量的人口。而就宋元，特别是两宋时期的潮州来说，人口增长最基本的原因则是大量接纳移民。

一 人口的增长及其变化

对于宋元时期本地人口，主要有以下一些记载：

乐史《太平寰宇记》：

> 户：唐开元一千八百，皇朝户主客都共五千八百三十一[1]。

王存等《元丰九域志》：

> 户：主五万六千九百一十二，客一万七千七百七十。土贡蕉布五

---

[1] 乐史：《太平寰宇记》卷158《岭南道二》，中华书局1985年版。

第三章　宋元潮州的经济开发和交通建设

疋，甲香一斤，鲛鱼皮一张。县二：望，海阳，七乡；紧，潮阳，州南一百三十里，四乡①。

《永乐大典》卷5343《潮州府·户口》引《三阳志》：

> 生齿之数，盖视时以为多寡。……宋朝开宝初，有户三万余。迨元丰间《九域志》成，主客户计七万四千六百八十二，比于唐时七倍其数。比岁以来，总税客户与蜑户而言之，以户计者，一十三万五千九百九十八；以口计者，一十四万五千七百三十二。较之于古，不啻百倍。自今以往，不其愈盛哉。本州三县主客户，总一十一万六千七百四十三户，总一十四万七千五百七十口②。

《永乐大典》又引《三阳图志》说：

> 本路三县一司，民户总七万七十户。南人六万八千七百七十三户，北人一百五十四户。录事司总三千三百五十八户③。

《元史》卷62《地理志》载：

> 元至元十五年归附。……二十三年，复为江西等处行枢密院副使兼广东道宣慰使以镇之，始定。户六万三千六百五十，口四十四万五千五百五十④。

上列一些文献的成书年代较为明确，其提供的数据也大体可由此确定，如《太平寰宇记》撰写及成书的过程，四库馆臣说"宋太宗时始平闽越并北汉，（乐）史因合舆图所隶，考寻始末，条分件系，以成此书"⑤。宋太宗"始平闽越并北汉"事结束于太平兴国四年（979）五月，是乐史当在此

---

① 王存等：《元丰九域志》卷9，"下潮州潮阳郡军事"条，中华书局1984年版。
② 《永乐大典》（潮字号），第41—42页。
③ 同上书，第42页。
④ 宋濂等：《元史》，第1516页。
⑤ 永瑢等：《四库全书总目》卷68，第595页。

后数年成书。又《元丰九域志》的成书年代，四库馆臣明确指出："迄元丰三年闰九月书成。"① 如《永乐大典》抄存《三阳志》所载户口数据中，宋朝开宝初的一条，因开宝四年南汉降宋，是系于开宝四年为宜；称转述《九域志》的一条，正是原书主、客户数之和，无须赘言。而一些文献的成书时间不明，不过仍可以为有关数据划定一个时间范围。如"比岁以来"的一组和"本州三县主客户"的一组没有明确的时间范围。综合此前有关学者对《大典》所引以"三阳"为名的《志》《图志》和《图经志》的编纂情形的研究以及黄挺、杜经国二位先生专文对这些数据的考释②，将其分系于淳祐六年（1246）和咸淳三年（1267），可以信据。而《三阳图志》大约成书于王元恭任路总管的至顺年间（1330—1332），③ 是所载户口可系于斯时。至于《元史·地理志》所载全国户口数，截至至元二十七年（1290），《大典》所引《三阳图志》记元代潮州户口也称"至元二十七年朝廷籍江南户口，方见其数"，由此上列《元史》所载正是至元二十七年前数年的本地户口数。如果把上述户口资料中的"口数"暂时搁置，则可以将宋元时期本地的户数资料整理成下表：

表 3-1　　　　　　　　　　宋元潮州户数资料

年代	户数	文献出处
开宝四年（971）	30000 余	《永乐大典》卷 5343《潮州府·户口》
太平兴国四年（979）	5831	《太平寰宇记》卷 158《岭南道二》
元丰三年（1080）	74682	《元丰九域志》卷 9《潮州潮阳郡军事》
淳祐六年（1246）	135998	《永乐大典》卷 5343《潮州府·户口》
咸淳三年（1267）	116743	《永乐大典》卷 5343《潮州府·户口》
至元二十七年（1290）	63650	《元史》卷 90《地理志》
至顺三年（1332）	70070	《永乐大典》卷 5343《潮州府·户口》

---

① 永瑢等：《四库全书总目》卷 68，第 596 页。
② 黄挺、杜经国：《潮汕地区人口发展》（唐—元），《韩山师专学报》1995 年第 1 期。
③ 马明达：《元代潮州路总管王玄恭事略》，《潮学研究》第 2 集。

第三章 宋元潮州的经济开发和交通建设

仔细审视上表所列七个年份的户数，太平兴国四年和咸淳三年的数据令人费解。前者由开宝初的 30000 余户，在不到 10 年的时间锐减至 5831 户；后者 20 年间则速去 20000 多户。因这些年份潮州地区并不存在影响人口正常发展的大的战事或其他天灾人祸，由此这两个数据之不可凭信显而易见。

关于宋代家庭的平均人口，历来存在很大争议。分歧的根源就在于现存户口数据中的"口数"过小，如上举《三阳志》"生齿之数"的一段中所显示的户口比，几近 1∶1。当然，如果仅局限于这段材料，自然代表性和说服力不足。吴松弟先生在研究宋代户口数据资料后，有如下概括："传世的宋代户口数据，主要有保存在《宋会要辑稿》《续资治通鉴长编》和《文献通考》等书中的全国及路级户口数，保存在《太平寰宇记》《元丰九域志》《宋史·地理志》以及宋元地方志中的分府州户口数。统计对象一般都是主客户的户数和口数，每户平均口数大都在 2 上下，甚至不到 2。"[①] 可见此种问题在宋代户口数据中的确普遍存在。针对这样的问题，学术界主要有三种看法：一是仍然坚信为全部人口数；二是男丁数；三是男口数。就本书而言，这里无须讨论这些问题，笔者注意到吴松弟先生如下说法："南宋的平均家庭规模，最保守的估计也应在 5 口以上，或许 5.2 比较合理一些。"[②] 吴氏所评估虽是南宋的家庭口数，但就潮州情况而言，北宋时期境内战乱较南宋为少，社会更为平稳安定。如果南宋时期潮州可以每户 5.2 口计，则北宋也一定可以满足这样的户口比例。如此，将宋代本地家庭口数按照每户 5.2 口计算，元代就按《元史·地理志》所载本地户口恰为 1∶7，即每户 7 口计算，并删除前面我们已经指出的两个不足凭信的数据，则可将宋元时期潮州户数表转化为口数表，见表 3-2：

[①] 吴松弟：《中国人口史》（第三卷，辽宋金元时期），复旦大学出版社 2000 年版，第 2 页。

[②] 吴松弟：《南宋人口史》，上海古籍出版社 2008 年版，第 114 页。

表 3-2　　　　　　　　　　宋元潮州口数

年代	口数
开宝四年（971）	156000
元丰三年（1080）前	388346
淳祐六年（1246）	707189
至元二十七年（1290）	445550
至顺三年（1332）前	490490

观察换算后的数据，宋元数百年间潮州人口的发展轨迹清晰可见：北宋的增长明显快于南宋；宋元之交本地人口经历一次大的跳水，有数十万人的损耗；至元末以后又再度进入增长时期。诚然，这是根据现有户口资料所做的一个非常粗略的推算，其不足显而易见：最重要的问题是一些户口资料之外的人口没有计入，如《元史·地理志》载至元二十七年大籍户的范围说："而山泽溪洞之民不与也"①，就潮州言，主要是自元初到明初一直存在的以陈吊眼为首的反元力量，有学者估计约有 6 万人②。除此而外，驱口、僧道等也不在官方的大籍户之内。还有，上述估算不能解释此时期人口资料所呈现的一些怪异问题：如从种种迹象来看，南宋时期的潮州，政通民和，经济繁荣，也不存在明显影响人口快速发展的天灾人祸，可是其人口增长速度却大大低于北宋，这究竟是为什么？至今尚未找到令人信服的答案。

无论如何，就总体而言，两宋时期以及元初本地战乱结束之后，潮州人口都有过较为明显的，甚至大幅度的增长，且这种增长并不主要是由于本地人口的自身繁衍，而是缘于境外移民的大量迁入。这种情形，尤以两宋时期最为明显。

二　移民

移民问题可以说是潮汕历史研究的永恒话题，它包括移民的迁入和本区人口的迁出。就宋元时期而言，是移民自境外的大量迁入。有两个问题，需要在下面讨论。

---

① 《元史》卷 58，第 1346 页。
② 黄挺、杜经国：《潮汕地区人口的发展》（唐—元），《韩山师专学报》1995 年第 1 期。

（一）移民迁入的原因与迁入的时间

首先，迁入的原因。笔者以为大体上有以下一些方面：

人口密度小。由于远离中原政治经济文化发达区，潮州自古以来就是一个人口密度很低的地区，直到唐代，也正如本书第一章已指出的那样，仍然是岭南人口最稀少的州郡之一。不过，大体自中唐以后，始有较多移民自境外陆续迁入。安史之乱以后，同为全国人口密度较低的福建、江西地区因大量接纳移民，人口数量急剧增长。如福建，太平兴国年间（976—984），人口密度已达每平方公里4.1户，百年以后的元丰间（1078—1085）增加到9.2户①。如按每户4.5—5人计，则太平兴国间人口密度为每平方公里18.45—20.5人，元丰间为41.4—46人。人口的迅速增加，致人类出现人稠地狭、耕地缺少的现象。北宋后期福建八州普遍耕地不足，如"泉州人稠山谷瘠，虽欲就耕无地力"②；福州"生齿繁多，其养不足"③。总之，"七闽地狭人稠，为生艰难，非他处比"④。南宋以后，情况更趋严重，凡是可耕之地，已开辟殆尽。时人指出："今闽中深山穷谷，人迹所不到，往往有民居，田园水竹，鸡犬之音相闻。"⑤ 江西情形与福建颇类，仅就人口密度言，绍兴三十二年（1162）和嘉定十六年（1223）其人口密度分别是每平方公里68.35人和81.95人，已高过福建每平方公里的59.5人和67.90人⑥。潮州虽自晚唐五代以来同样大量接纳移民，但直到南宋绍兴年间曹勋还说："窃以广南两路，自潮州而南，居民鲜少，山荒甚多。"⑦ 甚至绍定、端平间知州许应龙（1232—1234年在任）仍然说潮州"土旷人稀，地有遗利"⑧。至南宋末（1274），人口密度已达每平方公里50.6人⑨，但与南宋初年的福建、江西相比，仍有

---

① 吴松弟：《宋代福建人口研究》，《中国史研究》1995年第2期。
② 祝穆：《方舆胜览》卷12引谢履《泉南歌》，《北京图书馆古籍珍本丛刊》（22），书目文献出版社1994年版。
③ 刘邠：《知润州朱服可知福州制》，《彭城集》卷21，《丛书集成初编》本。
④ 廖刚：《投省论和买银札子》，《高峰集》卷1，影印文渊阁《四库全书》本。
⑤ 李纲：《桃源行并记》，《梁溪集》卷12。
⑥ 葛剑雄：《中国人口发展史》，福建人民出版社1991年版，第346页。
⑦ 曹勋：《上皇帝书十四事》，《松隐文集》卷23，影印文渊阁《四库全书》本。
⑧ 许应龙：《初至潮州劝农文》，《东涧集》卷13，影印文渊阁《四库全书》本。
⑨ 黄挺、杜经国：《潮汕地区人口的发展》（唐—元），《韩山师专学报》1995年第1期。

差距，而仅略高于福建北宋元丰间的人口密度。上述本地人口状况，对于人满为患的周边地区的民众，显然有一定的吸引力。

开发潜力大。此与上一点密切关联。因人口稀少，本地的开发进程一向缓慢。不过，中晚唐以后，潮州的开发已逐渐拉开序幕，其声望、地位因而有所提高：唐文宗开成五年（840）诏谕中称，"潮州岭南大郡，与韶州略同"①，从本书第一章所作考察来看，"与韶州略同"的说法一定存在拔高、夸大的成分，但也说明潮州的历史面貌正在发生着变化。不过，其开发进程依旧缓慢。由于水利设施基本未修，不仅韩江中下游平原，每逢雨季，江水横溢，一片汪洋，即使北部原已开垦的山间盆地、河谷坡地也不能很好地耕种和利用。由此，潮州农业的开发，须以大规模的水利兴修作为前提，而水利建设即需要大批劳动力的投入；瓷、盐等手工业的进一步发展及由此连带发展起来的商贸航运业，也需要大量人力的投入；宋以后，特别是南宋国家出于加强地方控制的需要，驿道建设势必提上议事日程。所有这些都成为吸附境外人口大量迁入本区的重要动因。

随着开发步伐的加快，本地自然条件的优越性逐渐显现出来。唐南汉时期，由于本区开发程度低，生态环境不佳。随着人口的大幅度增加，入宋以后本区的开发全面展开，林莽丘壑得以开辟，江河堤防渐已修筑，原对居民生命构成严重威胁的鳄鱼瘴气等不利因素也逐渐消减隐去。南宋初年王安中《潮阳道中》就有"岭茅已远无深瘴，溪鳄方逃畏旧文"的诗句②。其实，早在北宋嘉祐间（1056—1062）王安石《送潮州吕使君》一诗就说："韩君揭阳去，戚嗟于死邻。吕君揭阳去，笑谈面生春。"③韩、吕二人心境的截然不同，除他们前往的背景有异外，当与本地自然地理条件及人文环境的显著改善有关。且不止此，本地自然条件中固有的一些优越性，随着开发程度的提高而日益显露出来。如气候温暖，雨量充沛，利于作物的生长；依山傍海，物产富饶，求生的门路宽广等等。北宋皇祐间占籍揭阳浦口村的前知州彭延年，就因居家滨海，容易猎取生活必需品，志得意满地吟唱道："浦口村居好，盘飧动辄成。苏肥真水

---

① 《唐会要》卷75"开成五年七月"条。
② 《永乐大典》（潮字号），第187页。
③ 同上书，第183页。

宝，鲦滑是泥精，午困虾堪鲙，朝醒蚬可羹。终年无一费，贫话足安生。"① 官宦之家尚且如此看重这种"终年无一费"的生活，对于时有温饱之虞的一般民众，这种优越的自然条件对其吸引力之大，是可想而知的。

远离王朝控制的中心区域，战事较少。这一点对于饱受唐末五代以来战乱之苦的北方移民来说，尤为重要。欧阳修就曾写道："（唐末）天下已乱，中朝人士以岭外最远，可以避地，多游焉。唐世名臣谪死南方者往往有子孙，或当时仕宦遭乱不得还者，皆客岭表。"② 庄绰也有同样的说法："自中原遭胡虏之祸，民人死于兵革水火疾饥坠压寒暑力役者，盖已不可胜计，而避地二广者，幸获安居。"③

还有一点，北宋初年，中央政府对广南的一些优待政策，也应该对移民有较大吸引力。这些政策原本是想通过解除南汉后期之苛政以安抚本地民众归附之心的，但一经推行，很长一个时期就得以保持下来，从而造成广南赋税偏低之状况。史载"刘𬬮私制大量，重敛于民，凡输一石，乃为一石八斗"，开宝四年（971）七月诏："广南诸州受民租皆用省斗，每一石外别输二升，为鼠雀耗。"④ 又，南汉原每石税粮加征钱一百六十文，开宝六年（973）七月诏，"但取其十"⑤。仅上述两项，就明显减轻了本地民众的负担。

关于移民迁入的时间，大体上涵盖了整个宋元时期，但相形之下，两宋时期，特别是南宋时期，应是移民迁入的高潮期。关于这一点，笔者不打算再做赘论，仅引此前学者的专门研究成果为凭。黄挺、杜经国两位先生曾据民国《潮州志·民族志》和《澄海百家姓》，对唐至元时期迁潮氏族进行统计，并编有表3-3⑥。

---

① 见作者《浦口庄舍五首》之四。载《永乐大典》（潮字号）第191页。浦口村，在今榕城区梅云镇厚洋村（《揭阳地名志》，第87页）。彭延年，江西庐陵（今吉安市）人，是北宋著名文学家欧阳修的表弟，皇祐四年至五年（1052—1053）知潮。
② 欧阳修：《新五代史》卷65《南汉世家》，中华书局1974年版，第810页。
③ 庄绰撰，萧鲁阳点校：《鸡肋编》卷中，中华书局1983年版，第64页。
④ 《续资治通鉴长编》卷12，"开宝四年七月丙申"条。
⑤ 《续资治通鉴长编》卷14，"开宝六年七月丙辰"条。
⑥ 黄挺、杜经国：《潮汕地区人口的发展》（唐—元），《韩山师专学报》1995年第1期。

表 3-3　　　　　　　唐至元代迁潮氏族统计

迁入时代	唐五代	宋	北宋	南宋	宋元间	元	合计
数量单位	3	2	13	28	10	11	67
占总数（%）	4.5	3	19.4	41.8	14.9	16.4	100

由此，也可见此时期移民进入本区在时段上所显示的特点。

（二）移民的来源

宋元时期，本区接纳移民主要来自福建。上引黄、杜两位先生的成果就指出"这些迁移入潮的氏族大多数来自福建"[①]。宋元移民主要来自福建确实是一个不争的事实，如潮州前七贤之一的王大宝，其先由温陵徙潮州[②]。明代著名学者薛侃先祖薛兰，原是闽之"廉村人"，南宋淳熙年间（1174—1189）始迁居海阳龙溪之凤陇[③]。至于这一时期秩满占籍潮州的闽籍官员为数更多，具体情形可参考饶宗颐教授《福老》一文[④]。又，笔者曾经翻阅过 20 世纪 90 年代以来潮汕市、县所编《地名志》，看到 90 年代之前潮汕许多村镇的创建者，是宋元自闽迁入的移民。而实际上能说明宋元，特别是两宋迁潮人口主要来自福建这一事实的，还有这一时期移民大量进入所带来的一种直接后果，即潮州的福老化。关于福老化问题，这里暂且按下不表，拟在第 5 章再行探讨。

除了福建，通过潮州北方的韩梅赣南水上、陆路通道等，也有来自粤北、江西以及其他地区的移民，可惜，有关这方面的具体记载更为少见，但通过一些非闽籍官宦的落籍本地，亦可窥视一斑。如前面刚提及的彭延年原为江西庐陵人。而袁琛、余叔英、孙乙、丁允元、吴丙等则来自浙江、江苏、江西及粤北的韶州等地。

值得注意的是，此时期人口的增长，除移民大量迁入及本区人口的自然繁衍之外，当还有原住民自境外的回迁。对于这一点，欧阳修曾提供过相关线索，在他为大中祥符间出任海阳县令的钱冶所撰《尚书屯田员外

[①] 黄挺、杜经国：《潮汕地区人口的发展》（唐—元），《韩山师专学报》1995 年第 1 期。
[②] 《宋史》卷 386《王大宝传》，第 11856 页。
[③] 黄挺：《16 世纪韩江三角洲的经济、社会和宗族——〈读薛氏族谱〉札记》，《第三届潮学国际研讨会论文集》，花城出版社 2000 年版。
[④] 黄挺主编：《饶宗颐潮汕地方史论集》，汕头大学出版社 1996 年版，第 144 页。

第三章　宋元潮州的经济开发和交通建设　　71

郎赠兵部员外郎钱君墓表》中称："潮州自五代时，刘氏暴残其民，君为海阳经年，民归业者千余户，由是海阳升为大县。"① 细味其言，似说南汉时期，本地一些民众因无法忍受刘氏的残暴统治有迁出境外的情形，入宋以后，随着有关暴政的废止及调整，原迁出的民众得以回归复业。

第二节　经济发展

人口增长所带来的巨大社会需求，必然促使潮州经济的全面开发。宋元是潮州历史上经济全面发展的时期。水利工程的兴修，促进北部山区和南部三角洲平原的垦殖。耕作技术的革新，作物品种的引进，使得粮食生产除满足本地区人口的消费外还有盈余。与此同时，工商业在唐代以来的基础上更趋兴盛：笔架山瓷器制作已具有很大规模，产品远销海外；濒海海盐产量巨大，除供应本地外，还销往循、梅、虔、汀等邻区。

一　水利与农业

（一）水利

就宋元时期潮州看，由于境外人口大量迁入，既为北部丘陵和南部三角洲的开发提出了需求，也使这种开发成为可能。可是，由于本区年降雨量及月降水量所具有的特点，农田容易受到洪涝和干旱的双重威胁。由此，兴修水利是宋代本区农业发展必须要解决的首要课题。这主要包括山地丘陵地带需要修筑陂塘，以蓄水抗旱；三角洲平原地区则需要兴建堤围并辅以关涵水闸和堤内沟渠，以供灌溉和排涝等。据现掌握的资料情况来看，宋代本地政府组织民众初步解决了这些课题，因而大大促进了耕地的开垦，并为元明以后本区的水利建设和农业发展打下较好的基础。

1. 堤防与韩榕平原的开发

堤防的兴修对于韩、榕三角洲开发和建设的重要性，林大钦曾有较为透彻的揭示："以利言之，御防河水，保障田庐，负载便于往来，舆蹄便于驰逐，潮之利，莫大于堤也。"② 也就是说，这种设施实际上有两大功能，即保障田庐和用于交通。关于后一种功能，留待后面讨论本区交通时

---

① 欧阳修：《欧阳文忠公文集·居士集》卷25《墓表》，《四部丛刊初编》本。
② 林大钦：《失时不修堤防》，黄挺校注《林大钦集》，第59页。

再说。而事实上，后一种功能应该是辅助性的，属于延伸出来的一种功能。显然，堤防之保障田庐的功能才是修筑这类设施的原动力，也同时是南部三角洲平原，特别是韩江三角洲平原开发的先决条件。所谓"惟潮居循、梅、汀、赣之下流。每一潦至，则四州之水汇于潮之溪，以注于海。溪旁皆平地也，堤之以捍驭流，而后民得以耕于斯，家于斯"[1]。从现有的记载来看，韩、榕两岸的堤防建设始于北宋初年，而与整个宋代相始终。对此，有关文献有个概括的介绍："宋知州事周明辨、毕朝奉、王涤、张思永、曾汪、宋敦书、林嶪、赵师岊、林珪、林光世、樊应亨，通判袁嘉猷、谢桂，知县王衡翁、兼金胡似翁、刘国器……或改筑，或增修，民咸德之。"[2] 惜他们中一些人具体的筑堤活动，并无记载。

据陈憺《海阳筑堤记》、吕大圭《新堤记》及（嘉靖）《潮州府志》卷一《地理志》等记载，北宋元祐五年（1090），南宋绍兴间（1131—1162），乾道八年（1172），绍熙二、三年（1191—1192），绍定间（1228—1233），淳祐末宝、祐初年（1252—1253），宝祐六年（1258）先后由知州王涤、赵思睿、宋敦书、张用成、赵善连、黄申孙、王衡翁（海阳县令，新修南桂堤）、陈天骥、林光世主持过具体的创筑、补筑、更筑、重修堤防的活动。而今北门堤、东厢堤、江东堤和上中下外莆堤在宋代都已筑成。凭借这些堤防的修建，韩江三角洲西部龙溪堡以北、江东洲和东部第二列岛丘横山、圆山以北地区的农田得以全面开发[3]。

元代本地同类水利建设，仅有至治间（1321—1323）路主簿张明德"委修梅溪堤"的记载[4]，黄挺、杜经国先生指出具体是指为南门堤龙溪堡的一段。该段堤防原由北宋元祐五年（1090）王涤创筑，所以张明德是重修[5]。文献上的少载，可以理解为此时期这方面进展不大，但同时也说明宋代水利设施的坚固耐用及良好的工作状态。

2. 排灌工程

辅以关涵水闸，堤围同时兼有排灌功能，因而也是一种排灌工程。除

---

[1] 吕大圭：《新堤记》，《潮汕金石文征》（宋元卷），第182页。
[2] 郭春震纂修：（嘉靖）《潮州府志》卷1《地理志》，第59页。
[3] 黄挺、杜经国：《潮汕地区古代的水利建设》，《潮学研究》第2集。
[4] （嘉靖）《潮州府志》卷5《官师志》"主簿"。
[5] 黄挺、杜经国：《潮汕地区古代的水利建设》，《潮学研究》第2集。

此而外，宋代潮州专修的排水工程主要是两项：

一是"三利溪"。

嘉靖《潮州府志》卷1《地理志》有"三利溪"条，称"元祐间王涤始浚之"。值得注意的是此工程常被后人视为王涤所修"芹菜沟"的另一个名称。这应该是个误会。元祐四、五年（1089—1090）间知潮的王涤撰有《拙亭记》一文，在《记》中王氏述自己在潮政绩之一是"浚芹菜沟以疏水患"。沟名今已不可考见，后人遂以三利溪等同芹菜沟。黄挺先生认为王涤《记》文所云芹菜沟的功能仅止于通淤塞、导积潦，与三利溪历海、揭、潮三邑利之，或农、商、漕运者三利之说不同；且据当时潮州人口数量，以三利溪百十五里之长的河渠开凿也势必难能于王涤任职的短时间内就能完成。

图3-1　潮州的三利（溪）门

由此，王涤所浚芹菜沟，大体上是潮州附郭西湖与竹竿山之间古潮州溪旧河道的一段，因于北宋湮废，王涤浚之，以导积水西泻入海[①]。而无

[①]　《潮汕金石文征》（宋元卷）"拙亭记"条跋有专门考证，第59—60页。

论是利三邑,还是"耕者沾灌溉,商者、行者免蹈溺"①,都说明三利溪的确是宋代本地一项非常重要的排灌与航运工程。而正如上文已经指出的,文献中将其"始浚"归于王涤,而工程的续建及最终完成情形,在明代弘治间潮州知府周鹏复浚后,李东阳所撰写的《三利溪记》中也不曾提及。

此时期专门修建的第二项排灌工程,是潮阳"河溪十八古井"。陈历明先生主编《潮汕文物志》对其情况,有大概描述。其在今潮阳棉城东北面十一公里处,为引河溪水灌田,人们在山坡上挖渠盖板覆土;为方便清理淤泥杂物进出,留十八竖井作为通口②。其创修具体年代现还不能确知。

另外,宋哲宗时盐场官李前《题狮子山诗》有"筑堤凿井又通津"的句子,述及自己曾经主持过多种水利工程建设事,但与农业生产关系较为密切的筑堤、凿井二项,传世文献都不能求证,唯通津一事,(嘉靖)《广东通志稿》卷2《山川》有相应记载:"山尾溪,宋以前未有,哲宗时,场官李子参始凿程洋冈北畔为溪,通上流,至神山前会水寨溪入于海。"

有关文献不载宋代潮州已有陂塘之建,但当时本地农田有不少处山地丘陵地段。要保证其稳产高产,则这类水利设施不应缺少。前述宋代迁潮移民,有不少来自福建莆田。北宋莆田已建有著名的木兰陂,移民将这方面的技术加以引进,应为顺理成章的事。又,嘉靖《潮州府志》卷7《人物志》载宋名贤张夔在新州知州任上,有"筑陂潴水灌田千余顷,民称张侯陂"之事,则50岁以后出仕的张氏,在主要凭借陂塘以取水利的家乡饶平,或早有筑陂见闻或亲身经历。

(二) 农业生产

宋元时期本地的粮食生产,最主要的是稻米生产。《永乐大典》卷5343《潮州府一·土产》引《三阳志》载:"州地居东南而暖,谷尝再熟。其熟于夏五、六月者曰早禾,冬十月曰晚禾,曰稳禾。类是赤糙米,贩而之他州曰金城米。若粳与秫即一熟,非膏腴地不可种,独糙赤米为不择。秋成之后为园,若田半植大小麦,逾岁而后熟。"这段资料透露出宋

---

① 郭春震纂修:(嘉靖)《潮州府志》卷1《地理志》"三利溪"条引李东阳《记》。
② 陈历明主编:《潮汕文物志》上册,第157页。

代本地粮食生产的很多重要信息。

首先，依据"谷尝再熟""早禾""晚禾""稳禾"的记载，庄义青先生认为宋代潮州实行耕作模式的改革，已"创造出双季水稻，实现了一年二熟"。并指出潮州这种"熟于冬十月"，名曰"晚禾"或"稳禾"的再熟之稻，与当时许多地方已有的"春夏收讫，其株有苗生，至秋薄熟"的再生稻，绝对不同①。这种说法还可以讨论。如能成立，则说明本地农业生产技术在当时确已达到较高水平。

其次是有关"金城米"的问题。据上引《三阳志》所载，潮州当时所播种之"早禾""晚禾""稳禾"，"类是赤糙米，贩而之他州曰金城米"。"金城米"之名显然是因宋代潮州有"金城"之别称的缘故。而这个别称则因州城有"金城山"而得名。如王象之《舆地纪胜》载："一潮州耳，或曰金城者，以是山旧属金氏；曰凤水者，以凤凰山一水缘溪而出；曰鳄溪者，以韩公驱鳄之旧；曰揭阳者盖有取于古之旧县；曰潮阳，盖有取于今之郡名。"而祝穆《方舆胜览》及《三阳志》对之有较为一致的记载。这里需要追问的是这种对土壤肥瘠不择的"金城米"，是否存在潮州之外的原产地？因没有直接的材料，很难有明确的结论。但种种迹象表明，这种稻米很可能有原产地，那就是占城。这一推测主要是缘于以下一些理由。

据《宋会要辑稿》的记载，大中祥符五年（1012）五月，遣使福建，取占城稻三万斛，分给江、淮、两浙三路转运使，并出种法。而《宋史》卷173《食货》也有大致相同的记载，且说这种稻可以"择民田之高仰者莳之，盖旱稻也"，有"不择地而生"的特性。这些正与《三阳志》所载"类赤糙米"的金城米相合；而宋代潮州水稻品种本来就与占城有很深的联系：如顺治《潮州府志》卷1《物产考》载："谷之属为赤早，为白早，为乌种，为早秋，为尖秋，为白占，为黄占，为赤脚占。其云占者，盖宋时分种自占城也。"又，乾隆《潮州府志》卷39《物产·谷》引黄佐《粤会赋》也称："禾稻绮错粤东。春种夏收者，谓之早稻；再下种而十月获者，谓之晚稻。有赤、白二种。又有占稻，俗名黄占，白占，赤占，埔占。考宋真宗时，以福建田多高仰，闻占城国之稻耐旱，遗（应为"遣"）使求其种，得十石，使民莳之。潮界于闽，故得其种云。"以

---

① 见庄义青《宋代的潮州》，第13—14页。

上记载都可以给我们的猜测提供支持。无论如何，可以肯定的是：宋代潮州的稻米有很多品种，其中应有不少是自占城引进的；稻谷的播种面积很大①，产量不低，除供给本州人口消费外，还有大量盈余，可以贩之他郡。关于后一点，下面有关章节还会有相应论述。

关于二年三熟耕作制及北方麦豆的种植。前引《三阳志》称"秋成之后为园，若田半植大小麦，逾岁而后熟"，说的就是这一情况。值得注意的是作物的种类，有所谓的"大、小麦"。据《宋史》卷173《食货志上一》载，宋太宗曾下令："江南、两浙、荆湖、岭南、福建诸州长吏，劝民益种诸谷，民乏粟、麦、黍、豆种者，于淮北州郡给之。江北诸州，亦令就水广种粳稻，并免其租。"② 显然，对于包括潮州在内的岭南等地种植麦、豆等原属北方的农作物，应是政府积极倡导、推行的结果。上引《三阳志》没有说明潮州从什么时候起将太宗的这一诏令予以落实，但有迹象表明，应该在此后不久：据宋代郑侠《西塘先生文集》卷3《惠州太守陈文惠公祠堂记》称，咸平间曾出任潮州通判的陈尧佐曾于惠州"教民种麦，是岁大获，于是惠民种麦者众矣"。而绍圣年间贬到惠州的苏轼看到博罗一带"三山犬牙，夹道皆美田，麦禾甚茂"，于是作诗记之："二年流落蛙鱼乡，朝来喜见麦吐芒。霏霏落雪看收麨，隐隐迭鼓闻舂糠。"③ 作为潮州通判的陈尧佐能教惠州州民种麦，其在潮州是否有同样的作为尚未可知。只是有记载显示，当时的潮州居民还不把它们作为食物，所谓"麦与菽豆，惟给他用，不杂以食"④。

畜力的使用，也是此时期本地农业开发过程中值得注意的一个现象。宋哲宗间（1086—1100）政府在本地征购牛皮。潮阳令郑敦义上奏说，"黄牛善耕，农以子视之。今吏急征皮，窃恐为害不止一牛，小民将无所恃以为命"，哲宗遂下令免征⑤。农视牛如子，说明其对畜力的高度重视，

---

① 彭延年：《浦口庄舍五首》中有"浦口村居好，凭高望处赊。稻田千万顷，农舍两三家"句，《永乐大典》（潮字号），第191页。
② 《宋史》卷173《食货志上一》，第4159页。
③ 苏轼撰，孔凡礼点校：《苏轼诗集》卷39《游博罗香积寺并序》，中华书局1982年版，第2111—2112页。
④ 《永乐大典》（潮字号），第52页。
⑤ （隆庆）《潮阳县志》卷11《名宦列传》。

同时，也反映了随着本地农业开发进程的加快，耕牛不足。

还需要注意的是，宋元本地农业已呈现出以粮食生产为主的多种经营态势。如水果栽培除本地原有的丰富种类外，还引进了葡萄、木瓜等（《三阳志》载称"惜无而今有者，曰蒲萄，曰木瓜"）；又栽桑养蚕，有"蚕亦五收"[1] 的说法。

由于人口的增加，水利的兴修，作物品种的引进，耕作技术的变革以及畜力的使用等，本地的农业生产水平有了较大的提高。黄挺、杜经国根据文献所记载的此时期的一些田租资料，使用租税比例法，对此时期本地的粮食产量作出估测，认为宋代本地年产量较高者已超过 600 斤/亩，元代则本地平均亩产为 377 斤，已接近吴慧估测的宋元水稻一般亩产 381 斤的水平。[2]

二　工商业

工商业的崛起，是宋元潮州社会经济发展中最突出的现象。其中主要是盐业、瓷业及与之连带发展起来的商业贸易。下面，笔者将对这些方面进行论述。

（一）海盐的生产与贩运

潮州濒海，有很长的海岸线及沿海滩涂，适宜煮海为盐。由此，潮盐生产历史悠久，至唐代已是岭南著名盐产地。《元和郡县图志》载潮州海阳县"盐亭驿，近海，百姓煮海水为盐，远近取给"[3]。进入宋元，潮盐生产更趋兴盛。元《三阳图志》说："潮之为郡，海濒广斥，俗富鱼盐。宋设盐场凡三所。"[4] 从《宋会要》"食货" 23 之 16 绍兴三十二年（1162）盐额中，最早可以看到三所盐场的具体名称是小江、招收和隆井。《永乐大典》卷 5343《潮州府》附有宋代潮州总图，在图右下方韩、榕、练三角洲濒海一带，分别标识着三盐场名称。同卷《土产·盐》引《元一统志》对三盐场的位置及所辖盐栅则有更为明确的记载。吴榕青先

---

[1]　《永乐大典》卷 5343《潮州府·风俗形胜》引《潮阳图经》，《大典》（潮字号），第 25 页。

[2]　黄挺、杜经国：《潮汕地区元明清时期粮食产量探估》，《潮学研究》第 3 集。

[3]　《元和郡县图志》卷 34 "岭南道一·潮州"，中华书局 1983 年版。

[4]　《永乐大典》（潮字号），第 50 页。

生依之，对三处盐场场址今所在位置等作了考释①。据之，小江场在今澄海市溪南镇仙市村附近，辖今饶平、南澳、澄海至汕头鮀浦沿海诸栅；招收场在今汕头市达濠区濠江沿岸，辖今汕头达濠、河浦区（今此两区于 2003 年合并为濠江区）至潮阳海门沿海诸盐栅；隆井场在今潮阳区南练江北岸，辖今练江口以西的潮阳区至惠来县沿海诸盐栅。以上三盐场及所属盐栅，处政府严格控制之下。

除此，沿海居民还有若干私行煎煮的小盐灶。官场私灶，星罗棋布。南北宋之际，翰林学士、中书舍人王安中路过本区，见此情景，咏出"万灶晨烟熬白雪"②的诗句，正是对当时繁忙的海盐劳动场景的真实描写。

那么，两宋时期，潮盐生产情况如何呢？《宋会要辑稿》"食货"23 之 22 有这样一则记载：

> （雍熙）四年正月二十五日，潮州上言，有盐六十四万余石，岁又纳三万三千石，所支不过数百石。徒劳修仓盖覆，仅同无用之物。帝以所奏下三司，言广南诸州凡有积盐二百三十余万石，约三十年支费方尽。又岁纳十万石。其广州等处煎盐，望权罢数年。从之。

这段材料提供了很多重要信息。就北宋初年潮盐生产来说，仅岁纳盐额一项已达 3.3 万石。而种种迹象表明，盐场、栅官纳之外的"浮盐"及沿海民灶生产的私盐，一定也是个不小的数字。又从上引材料可知，当时整个广南路岁纳盐额共计不过 10 万石，潮盐竟占了其中的 1/3。可见北宋前期潮盐在岭南盐业生产中占有相当重要的地位。至于上举材料所说"权罢数年"事，实际上没有持续多久，最迟在真宗天禧初年前，官方对潮盐的生产和管理已经恢复，且须纳一定量的盐额：多个文献同载"天禧元年（1017）三月二十一日，免潮州盐三百七十三万斤"③，即可证实这一点。潮盐在岭南盐业中的重要地位，就官纳比例言，至南宋已有下

---

① 吴榕青：《宋代潮州的盐业》，《韩山师范学院学报》1997 年第 3 期。
② 《永乐大典》（潮字号），第 187 页。
③ 《续资治通鉴长编》卷 97，《宋史》卷 8《真宗纪三》，《宋会要辑稿》"食货"23 之 30，第 5189 页。

降。上引《宋会要》记载绍兴末年潮州三盐场各自的盐额及当时广南东、西路的岁纳量："广东路三十三万一千六十石三斤四升。……潮州六万六千六百石：小江场二万二千石，招收场一万八千石，隆井场二万一千六百石……广西路二十三万一千六百八十九石。"依据这些数据略作推算，即知潮盐占当时广东盐额的20%强，占整个广南路的11.8%。与北宋相比，南宋初潮盐的官纳额在广南盐岁纳量中的比例明显下降。但这体现的很可能是宋封建国家对整个岭南盐业销售政策的调整，而不能真实反映潮盐本身的生产和销售情形。

为垄断盐利，宋政府对盐的供应、运销多方面进行干预。根据盐的产地和产量，严格划分了各自的供应、运销范围。这个特定的范围，时称为"地分"。据《文献通考》卷15"征榷二·盐铁"载，"旧潮州有松口等四场，岁煮以给本州及梅、循二州"。此即潮盐法定的供应、运销地分，事实上也是两宋潮盐最稳定的销售区。至于说"松口等四场"或《元丰九域志》载潮州有"净口、松口、三河口三盐务"，均是官方为潮盐运销专设的税务管理机构。

除合法供应本州及梅循外，潮盐在太平兴国二年（977）后的数年内和南宋绍定五年（1232）以后，被批准销往汀州。前者见《宋会要辑稿》"食货"23之21载："太平兴国二年二月十八日三司言准，诏……虔、汀二州接近广南界，斤为钱五十，汀州于潮州般请，虔州于南雄州般请。"八年（983）随闽盐开禁通商，潮盐行汀遂止。后者据胡太初《临汀志·盐课》："绍定五年，准尚书省札，从本路郑转运之请，许本州及诸县艰于运福盐者，改运潮盐。……其盐经由潮州潭口场纳税，过上杭县，从官检秤核实，方到本州交卸。"①

根据现掌握的材料看，在特定供应、运销区，潮盐的销售主要是通过官卖和商贩两种途径实现的。但不论是哪一种形式，由于官收购价（盐本，乃至于低于盐本）和卖出价悬殊太大，盐食本身又不可替代，民众拒官盐而喜食私盐，这些就成为两宋时期包括潮盐在内整个盐业领域私盐广泛存在并造成严重社会问题的根源所在。而就潮盐的供应、销售言，在其所及地区，可以归纳为以下两种情况：一是在潮盐法定销售区内，私盐占主导地位。据《宋会辑要稿》"食货"23之19载：

---

① 《〈永乐大典〉方志辑佚》，第1232页。

> （开宝）四年四月广南转运使王明言，本道无盐禁……望行条约。诏自今诸州并禁之。其岭北近荆湖，桂管州府即依荆湖诸州例，每斤六十足。近广南诸州，即依广州新定例，每斤四十足。潮、恩州百姓煎盐纳官，不给盐本，自今与免役或折税。

是知宋初广东官方盐价为每斤 40 文，而《辑稿》"食货" 23 之 18 载官给盐本为 1.8 文。即使如此微薄，最后也没能落到盐户手中，而是以免役、折税的形式被官府克扣下来了。在这样的境况下，本州居民包括盐户，抵制官盐，而主要从盐贩手中购得所需大部分盐食。前引雍熙四年（987）潮盐的大量库存积压应该就是在这样的境况下造成的。对此，吴榕青曾做过一些出色的核算：如他据上引雍熙四年资料中所说潮盐年支量"不过数百石"，核以当时潮州的人口，估算当时人均年食官盐不及 0.7 斤；又如通过熙宁、元丰间本州的户数、盐课额，推算出时州人户均盐课不过 170 文，估以宋初官价每斤 40 文计，即每户年购食官盐仅 4.25 斤。按每户 5 口人计，即人均不及 1 斤[①]。这些估算的确是州人以食私盐为主的铁证。这种情形又可从吴榕青的另一项推算中得到说明：据其推算，两宋时期潮盐的实际供应、销售区潮、梅、循的官私销售，再兼顾向汀、虔二州的私运私销，南宋中后期潮盐的实际年需要量在 693 万斤以上，其中潮、梅、循当在 380 万斤以上。而上述区域当时官府承办的钞盐额及官卖盐额仅在 70 万—90 万斤[②]。可见，即使在潮盐销售地分，官府控制的盐量也十分有限。这就是第二个表现，即包括梅、循在内的潮盐运销区，居民在完纳一定数额的盐税后，官府事实上默许民众自由购食私盐。

潮盐走私并由此带来严重社会问题。这主要表现在虔、汀两州。同梅、循情况相类，虔、汀地近潮州，以食潮盐为便。但终宋一代，除南北宋之交极短暂的几年，虔州一直是潮盐的非法销售区，而按规定该州需搬食地远价高质次的淮盐。汀州则如前述，只有很短的两个时期内准搬潮盐。但为利益之所驱动，潮盐在上述两州的走私最为严重，而在官府的高压下，走私者不惜铤而走险，结伙为盗，成为宋政府在闽粤赣边最大的不

[①] 吴榕青：《宋代潮州的盐业》，《韩山师范学院学报》1997 年第 3 期。
[②] 同上。

安定因素之一。对之，笔者在第 2 章有关部分已有论述，这里不再重复。

由于"盐之为利，既可以给民食，又可以供国用矣"，元代本地的盐业依旧兴旺。如有记载说："宋设盐场凡三所，元因之。散工本钞以助亭户，立管勾职以督课程。"① 显然，经历改朝换代之后，官方对潮州海盐生产的控制也一如从前，而小江、招收、隆井三盐场，岁办盐额分别为 7824 引、2086 引、1686 引，合计 11596 引，"三县一司岁散民盐总 8486 引"②，由此看来，三盐场的岁办盐主要供应本地。除此，剩余不多。

（二）瓷器的生产与外销

本区瓷器的生产始于唐而盛于宋。宋代潮州瓷器生产与煮盐业一样，在本地经济发展中占有十分重要的地位。从考古发掘情况看，窑灶主要分布于州城西北关窑上埔一带，包括田东园、瓮片山、北堤头、象鼻山、竹竿山等窑区；南关洪厝埔一带，包括竹园墩（又称竹园内）窑区；还有今澄海莲下程洋冈营盘山，包括窑东、窑西、管陇等地的古窑区③。除此而外，以州城东郊的笔架山窑区最为重要，在北自虎头山、印仔山向南延伸至磷溪钵仔山长达三四公里的山坡上，窑场密集，素有"百窑村"之称。

《三阳志》记载说："郡以东，其地曰白瓷窑，曰水南，去城不五、七里……"④ 又，政和四年（1114）《潮州开元寺藏铜钟铭文》⑤ 载施钱助造人中有"白瓷窑住弟子"某某等，另，20 世纪 20 年代以来于不同地点发掘的六尊释迦牟尼白瓷造像（造于治平三年至熙宁二年）均载有"潮州水东中窑甲""匠人周明"⑥。学者们一致认为，所谓"白瓷窑""水东中窑甲"，均是笔架山窑场名。有关文献对宋代本地瓷业的记载十分罕见，今人对之的了解、认识和研究，基本依据考古资料。自 50 年代以来，对笔架山窑区所进行的一系列考古发掘，最终整理形成《潮州笔架山宋代窑址发掘报告》一书⑦，另谢逸主编《潮州文物志》及陈历明主

---

① 《永乐大典》（潮字号），第 50 页。
② 同上。
③ 陈历明主编：《潮汕文物志》上册，第 68—74 页。
④ 《永乐大典》（潮字号），第 24 页。
⑤ 黄挺、马明达：《潮汕金石文征》（宋元卷），第 73 页。
⑥ 同上书，第 73 页。
⑦ 广东省博物馆编：《潮州笔架山宋代窑址发掘报告》，文物出版社 1981 年版。

图 3-2 潮州笔架山窑 10 号窑址（李炳炎先生拍摄）

编《潮汕文物志》等都有载述宋代本地区瓷业资料的专章。据数十年来的考古资料，冯先铭《中国古代外销瓷的问题》①，曾广亿《略论广东发现的古外销瓷》②，赵海《潮汕历史文物与海上丝绸之路》③，庄义青《宋代潮州陶瓷生产及外销问题综述》④ 等文对此问题作了研究。

有关笔架山瓷器生产的情况，可大体归纳于下。从窑形及生产规模言，多采用斜坡龙窑。也有说"已经出现并普遍使用了阶梯窑"。笔架山 1 号窑是一中等窑灶，窑床长 24.71 米，宽 2.59—2.89 米，高约 2 米。估计一次可装烧 70000—78000 只中型碗。至于大型窑如 10 号窑，其残存就长达 79.5 米，其装烧量必定更为可观。

笔架山产品类型主要是生活用品，有碗、盏、茶托、盆、碟、杯、灯、炉、瓶、壶、罐、盂、水注、粉盒等；其次是工艺品，有人像、佛像、莲花碗、西洋狗等。从瓷胎观之，纯净细密，胎薄质坚（说明制坯前，瓷泥经过淘洗、锤炼）。釉色有影青釉、黑釉、酱褐釉、黄褐釉、绿釉等。装饰采用划花、印花、点彩、雕刻、镂空等不同形式。对之作过专门研究的学

---

① 《海交史研究》1981 年第 2 期。
② 《古陶瓷研究》1981 年第 1 期。
③ 汕头大学潮汕文化研究中心、汕头市潮汕历史文化研究中心编：《潮汕文化论丛初集》，广东高等教育出版社 1992 年版。
④ 收入庄义青《宋代的潮州》一书中。

图 3-3　笔架山窑出土人、物造像（李炳炎先生拍摄）

者，对宋代潮州的瓷器生产有较高的评价，如说"无论从炉型、火候、器皿的质量来看，还是从生产流程和工艺水平来看，都达到较高水准"[1]。

文献对宋代本地瓷器的出路没有记载，但学者们较一致地认为是用于外销。依据主要是考古资料：在所出土的器物中有西洋人头像、西洋狗、军持瓶等专为国外人设计的器物；在印度尼西亚、菲律宾、马来西亚、巴基斯坦、伊拉克、朝鲜、日本等地发现、发掘了不少宋代潮州古瓷器。除此，自生产规模上推断，产品也当主要用于外销。时本地及周边地区也无法消化这么多的瓷器。

可能由于北宋末南宋初年本地及周边的战乱的破坏，制瓷工匠的伤亡、逃散以及一些外贸港口的湮塞等，本地在北宋时期盛极一时的陶瓷业，进入南宋以后似迅速衰落：截至目前出土的本地宋代瓷器和窑具，其款式和铭文中的年号都是北宋的，尚未发现有南宋年号的器件。宋元交替之际，本区兵连祸结，即使在南宋有所延续的本区瓷业至此遭受重创，入元后遂完全陷于沉寂。

有关宋代潮州瓷器生产及外销的研究中，尚有许多问题疑而难明：如此庞大的手工业生产，何以文献上没有专门记载？由于文献记载基本阙如，其兴废原因、发展过程也很难描述清楚。又，瓷器生产者主要从何而

---

[1]　庄义青：《宋代的潮州》，第75页。

来，在生产流程上，他们如何分工、协作？产品如何运销出去……等等，这些问题，都有待新材料的发现以及更深入细致的研究。

宋元本地还有矿冶（银、锡矿的开采）和造船业。但前者规模不是很大，文献记载又偏少，故无从详述。后者下面会论及。

（三）宋元时期潮州的海上贸易

缘于本地开发的迅猛推进及经济综合实力的大幅度提升，宋元时期潮州的商业贸易得以崛起。本地用于贸易的商品，最重要的就是海盐、瓷器以及稻谷。稻谷当以引种于占城、而在本地大面积种植、产品被大量贩之外地的"金城米"最为著名。濒海之海运条件及便捷的韩江水道，将潮州与北部内陆的梅、赣、汀等州和沿海的很多州郡联系起来，这些州郡的牲畜、木料和药材等山货及其他的奇珍异货则贩之潮州①，或通过潮境口岸销往他处。由此潮州与上述地区之间已初步形成贸易网络。

种种迹象表明，此时期潮州的海上贸易应比较发达。如20世纪30年代以来，澄海县境内韩江东西两溪之间、南峙山、冠山前后的凤岭古港遗址多处出土宋代海船桅杆、大锚、船板、船缆，同时有大量宋代瓷器和成批的唐宋铜钱出土②。这表明本地曾有较为发达的造船业以及庞大船队的存在。就后一点来说，文献上有明确记载。《元史》卷10载，至元十五年（1278）江东宣慰使张弘范奉命自海道征讨宋军余部，本地豪强陈懿兄弟出战舰百艘从征；同书卷30还说：至元二十年（1283）十一月元将阿塔海出征日本，"总管陈义愿自备海船三十艘以备征进"。古代战船与商船可以互用，宋元之际陈五虎兄弟的庞大私人船队，与上述澄海出土的众多海船残骸正可印证，由此亦可想见此时期本区贸易船队的规模。

经学者专门研究，宋元本地的商贸港口主要有潮州港、南澳港、凤岭港、鮀浦港、揭阳港和辟望港③。对于这些港口，当时似仅仅停留在对其优良的自然条件的利用，而不存在人工的疏浚和其他整治。

---

① 据《宋会要辑稿》"食货"18之26记载，赣州、吉州的农民每到农闲季节，"即相约入南贩牛，谓之'作冬'"，这些产在赣南的耕牛，必定有一部分贩至潮州。又据《临汀志·土产》记载，汀州有非常丰富的木材、药材等山货，必有一部分通过便捷的水路南运。通过沿海水道，潮人甚至可以自遥远的登州搜罗奇货。苏轼《北海十二石记》载称吴子野于登州搜罗奇石海运潮州，所谓"适有舶在（登州）岸下，将转海至潮"（《潮汕金石文征》（宋元卷），第64页）。

② 澄海县博物馆：《澄海县文物志》，第44—45、54—55页。

③ 黄挺、杜经国：《潮州古代商贸港口研究》，载《潮学研究》第2集。

第三章 宋元潮州的经济开发和交通建设

讨论宋元时期本区的海上贸易，特别是海外贸易时，研究者都不能不顾及这样一个基本事实：此时期的中国海外贸易处于政府的严密控制之下：由政府指定专门对外贸易港口，并在那里设置管理海外贸易的市舶机构，规定中国的商船必须自这些港口出发远航，外国商船也只能在此停泊。而潮州地区虽有优良的港口，却不在政府指定的港口之列。按照有关规定，潮州的海船必须前往广州、泉州，才能办理出海手续；外来的商船也不能在这里停留，必须前往广州、泉州，才能办理进口手续。这就是潮州，也是同时期沿海的其他没有政府特设的市舶机构的城市所共同面临的问题。由于有这样的政策的存在，非市舶机构设置地的海外贸易当受到一定的制约。不过，有迹象表明，此时期潮州的海外贸易，似相当程度上存在着违反朝廷政令的情况。如淳熙八年（1181）十二月到九年正月间，提举广东常平茶盐使杨万里，随安抚使巩湘率兵入潮平定沈师的叛乱，在潮期间曾有《过金沙洋望小海》的诗作。金沙洋，有当地学者指认为今之榕江入海口之牛田洋一带[①]。诗中写道"海神无处逞神通，放出一班夸客子。须臾满眼贾胡船，万顷一碧波粘天"[②]。所谓"一班夸客子"、所谓"满眼贾胡船"，分明是说在潮州的近海有前来贸易的胡人胡船。无独有偶，元至正六年（1346）广东廉访司事周伯琦行部入潮，作《行部潮阳》诗一首：

  潮阳壮县海之濆，海上风涛旦夕闻。遗老衣冠犹近古，穷边学校久同文。卤田宿麦翻秋浪，楼舶飞帆障暮云。声教东渐无限量，扬清便欲涤朱垠。[③]

其中"楼舶飞帆障暮云"一句至少亦可说明当时的潮州近海必有很多商船出入，周氏在潮州还撰有《肃政箴》的文章，文中说："（潮州地区）岸海介闽，舶通瓯吴及诸蕃国。人物辐集，而又地平土沃，饶鱼盐，以故殷给甲邻郡。"[④] 这又正好可以与杨万里《过金沙洋望小海》"须臾满眼贾胡船"相互印证。

---

① 曾楚楠：《杨万里与潮州》，《韩山师范学院学报》2002 年第 4 期。
② 载《诚斋集》卷 17。
③ 载（隆庆）《潮阳县志》卷 15，第 8 页。
④ 《永乐大典》（潮字号），第 116—117 页。

第三节　潮州州城的兴修与交通建设

岭南及东南沿海地区，在我国城市和交通建设的历史上曾经长期处于滞后的状态。进入宋元时期，随着中国经济文化中心的南移，特别是南宋国家政治中心也南迁而来，这种情势全面促进了上述地区中心城市的兴修及其周边的交通建设。在上述大背景下，潮州自不能例外。时州城及其周边地区的交通建设取得显著进展。

一　城市建设

除个别官署建设外，海阳、潮阳、揭阳三县县城建设别无资料。所以，关于此时期本区的城市建设，下所考察，只及州城。

（一）内外城垣建设

宋王朝建立初期，为预防唐中叶以来地方藩镇割据再度重演，曾下令拆毁填平南方各州郡城墙和护城河[①]，潮州城是否也有过这种类似的遭际，已不可考究。限于资料所载，宋代潮州州城建设可追溯到宋仁宗皇祐四、五年间（1052—1053）。至和二年（1055）郡守郑伸《筑城纪事》对之有所追述：

> 皇祐壬辰岁夏五月，蛮贼侬智高破邕管，乘流而下，攻五羊。有诏岭外完壁垒以御寇。潮州筑城，土工不坚，未期悉圮[②]。

可见，筑城之契机，实缘侬智高反事[③]。"有诏岭外完壁垒以御寇"，不见《宋史》等文献载述，是郑伸《纪事》可补漏。作为对侬智高起事的一种反应，朝廷既有筑城之令，岭南当有筑建之实，潮州也不例外，只是"土工不坚，未期悉圮"。据李裕民、黄挺《两宋潮州知州考》文[④]，皇

[①] 陈茂同：《历代职官沿革史》，华东师范大学出版社1988年版，第331页。
[②] 此《记》现存，在潮州市金山南麓隐石洞侧，字迹清晰硕大，为摩崖石刻，见图5。另，《潮汕金石文征》（宋元卷）第39页也有收录。
[③] 侬智高事散见于《宋史》卷11《仁宗纪三》、卷12《仁宗纪四》、卷495《蛮夷传三·广源州》等篇。
[④] 载《潮学研究》第4集。

祐四、五年间，在任知州为彭延年。（顺治）《潮州府志》卷4《官师部》称，"彭延年，卢陵人，由大理少卿谪任。值侬智高变，城闭汲绝，为浚井三十六口云"，而不及筑城事。郑伸筑城时，智高乱事已平，其举措实为完成前人之未竟，以保障州城之安全与久远。上引《筑城纪事》接着写道：

> 越明年癸巳九月，予到官，翌月庀役，至二月以农作暂休。去年甲午十月，复兴功。今年正月毕。其始末存诸《城记》，兹故纪岁月云耳。

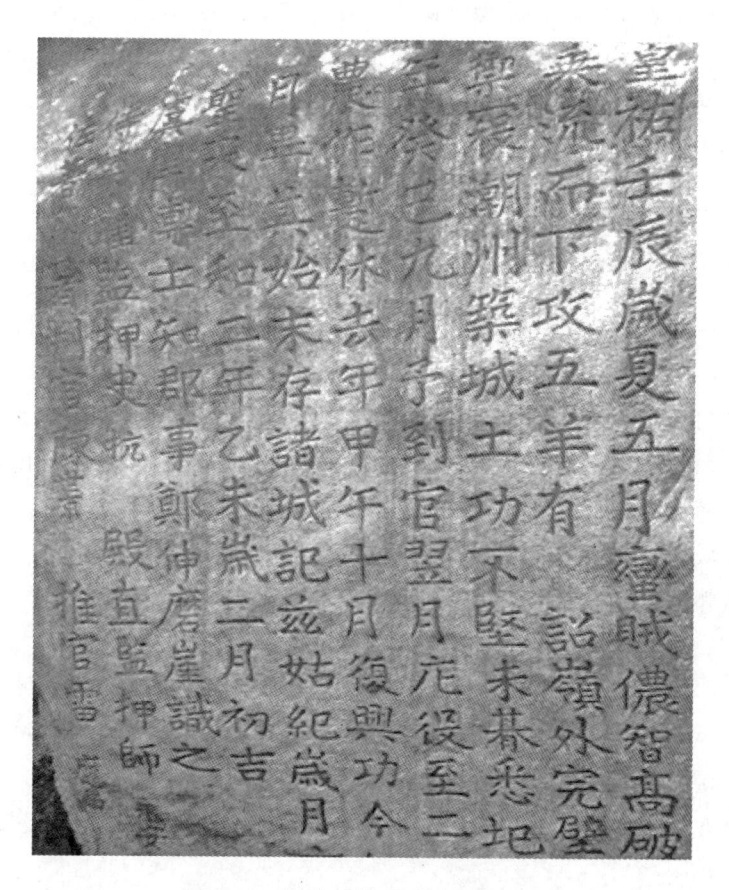

图3-4 郑伸《筑成记》摩崖石刻

可见除此碑刻外，有关筑城细节原有更为具体的记载，惜早已不存，也不见有关文献转录。据其《纪事》仅知，这次工程跨越三个年度，实际兴工 8—9 个月。郑伸筑城 20 余年后，又有许彦先筑城事。此见神宗熙宁十年（1077）《许彦先阙碑》所载：

> 权发遣广南东路计度□事兼劝农事、殿中丞许□，昔按视沿海城池至揭□方外郎黄积计工修筑□门团敌楼屋门，东西壕□亭，绘图以闻，熙宁十年①。

据之可知，熙宁十年广南东路转运副使许彦先为视察沿海城池至潮，与其随从职方外郎黄积浚整城壕，修建楼屋门亭，并绘制城图上报。十三年后，元祐五年（1090）知州王涤又图再筑，但因上司反对，不仅修整计划被搁浅，连倡修者本人也险遭不测。王涤这样述说了自己的遭遇：

> 而又将辟金汤之固，为朝廷设险，以容保斯民。而辄取上官之怒，几不免窜逐。赖仁者继至，察其无私，恕为完人②。

王涤是一位务实勤勉的官员，守潮期间，建韩庙，兴学校，修水利，政绩卓著。此次图筑虽没能动工，但也说明，至元祐间州城现状不佳，已有动工再筑的必要。

上为"子城"修筑情况。子城是北宋以前州衙公庙所在，主要局限于金山南麓前的一片坡地上，约为南宋以后城区面积的三分之一，故后被称为子城。关于它的形势及坚固程度，《永乐大典》卷 5343 引《三阳志·城郭》载云：

> 州之子城，依金山为固，前俯而后仰。由南而北，绕以壕，东则溪也。……绍兴初，黎寇掩至城下，攻具百出，屹然不为之动，凡避寇于内者赖以免。……州子城门三，东、西、南。东门今废。子城四围凡六十步，高二丈有五尺，面广一丈，基倍之。壕面阔七丈五寸。

---

① 《潮汕金石文征》（宋元卷），第 44 页。
② 王涤：《拙亭记》，载《潮汕金石文征》（宋元卷），第 58 页。

自城下转西而南，绕郭之外，延袤一千二百余丈①。

显然，所说是《三阳志》撰修时（淳祐六、七年，1246—1247）情形，上距皇祐间已近百年，距许彦先筑城 70 年。按照常理，彦先之后应有再筑，但不见记载。

州城之外城垣筑于何时，尚不清楚。但最迟在北宋时期就已存在。《三阳志》称"其（州城）外郭故以土为之，久且夷"②，（潮州府）《图经志》亦称"州之外城以土为之，岁久颓圮"③。但究竟"夷""颓圮"于何时，也是一个值得注意的问题，因《宋史》载："（绍兴三年）海寇黎盛犯潮州，焚民居毁城去。"④ 此"毁城"说，与前引《三阳志·城郭》"绍兴初，黎寇掩至城下，攻具百出，屹然不为之动"，明显不符。是《宋史》所说，当指以土夯筑之"外郭"。无论如何，对外城的重筑，南宋初年就开始酝酿，《三阳志·城郭》载：

绍兴九年间，徐侯渥欲接溪流带湖山，去天庆观数百步为之基。筑具毕具，力固可为，继因议论不协，于是辍其役。迨十有四年，李侯广文乃移以自近址循壕流故基为之。四厢居民，各筑其地，才及丈余，甃石且半。会督役者故出入其基，讼者纷然，李侯怒而罢。故址今悉为民居，遇有少警，遂惶惶然无寄足之所。虽有子城，无地可容。因州之阙典已⑤。

此后虽"郡有筑城之请屡矣，殆成文具"⑥，直到理宗绍定后迫于各方面的压力，始动工兴筑。先是王元应的修筑：

绍定间，属有梅杨陈寇之警，王侯元应从邦人请，乃分委州县曹掾及富民有材干者，董以判官俞林，因旧基筑之，外甃以石。时志于

---

① 《永乐大典》（潮字号），第 27 页。
② 同上。
③ 同上书，第 26 页。
④ 《宋史》卷 27《高宗纪》，第 508 页。
⑤ 《永乐大典》（潮字号），第 27 页。
⑥ 同上书，第 28 页。

速成，客土未实，亡何坏者过半。①

对于王元应筑成情形，潮州府《图经志》有这样的记载：

> 绍定间，王侯元应因旧基筑之，外砌以石，自三阳门之南西北环抱接于金山之背，计九百五十一丈，东西南北辟七门以通往来②。

后是许应龙的复筑：

> 许侯应龙复筑之，乃稍坚致。自三阳之南，西北环抱接于金山之背，计九百五十一丈。由北距女墙高一丈五尺。西、北辟五门以通往来。……由是居民恃以无恐③。

紧接着端平间叶观、刘用行也有这方面的举措。不过其兴役的重点，与王、许二守的遍筑不同：他们所关注的，唯城东之堤岸：或筑砌加固，或改曲为直：

> 州治之东，溪界于左循梅，舟筏顺流而东，直指子城下，捍御之备，视三方尤为要害。此方空阙，南西北虽有城，与无城同。端平初，叶侯观下车未几，首虑及此，慨然有兴筑之意。然工役繁浩，所费不资。捐公帑之外，乃喻诸座户，俾佐其费。人乐输之。遂东自新城门，沿溪傍岸，筑砌以石，至于三阳门之南，首尾与旧城联属。计五百五十丈，高二丈，雉堞与焉。仍结四门以通水陆往来之道。于是城郭固密，民居其间，始有安枕之乐矣。……然始创亟于图成，多因居民水阁旧址，未免凹斜屈曲。端平丁酉，刘侯用行重新整砌。雉悬壁立，不复如前日之萦迂矣④。

---

① 《永乐大典》（潮字号），第28—29页。
② 同上书，第26页。
③ 同上书，第29页。
④ 同上。

宋代最后一次整修州城的活动，是淳祐六、七年间（1246—1247）在郡守陈圭主持下进行的。工程涉及州城的各个环节，是一次较全面的整修。《三阳志》对之载述颇详：

> 州之外城及沿溪一带城壁，岁久粉堞摧剥，谯门敧倾。淳祐丙午，陈侯圭傲工葺理，环雉堞四千余而一新之。城楼之颓圮者，若登瀛、若三阳、若贡英、若和福、若湖平、若凤啸，一一更创，以至城北隅之新路。三阳门东西之二东衢，旧虽有门而楼橹阙然，今皆鼎建。扁其东曰开泰，西曰通利，北曰崇恩。周环相望，规模视昔尤胜。城之旁草木屏翳，至是分隶营寨兵卒，悉铲锄之。保障之为屹然。是役也，糜金钱二千四百余贯①。

陈圭还清理复建了自太平桥至三阳门被居民侵占达百余年之久的官街：

> 自太平桥直抵三阳门，桥之四维，旧有四塔，外疏两渠，中为官街。岁月浸久，塔之仅存者二。居民岁侵官地以广其庐，沟藏于堂坳之中。通衢湫隘，累政因循而莫革者百有余年。淳祐丙午，陈侯圭欲复旧观，明示榜文，谕以四害：……意旨一孚，民怀而信，不旬浃间而官街尽复。于是捐公帑益己俸，以时价市石，以私值傲工，撤旧砌新。自太平桥至至三阳门，长五百单五丈八尺，东抵西阔二丈四尺，官沟在外街之两旁，石刻丈尺为志。砥道轩纮，有中州之气象焉②。

以上是宋代潮州内外城垣建设之概况，总的说来，北宋似基本限于子城，南宋则更多关注外城。这种转变，州城常住人口的增长应该是一个重要的因素。至于兴筑的契机，南北宋则同，即主要出于军事防御。

宋元交替之际，潮州州城一带成为元军与宋残余势力及本地反元力量对垒和反复较量的战场，城池遭受严重破坏。战后为防止继续成为反元力量的据点，蒙古统治者居然有"平城"（即毁城）之举，且"不复兴筑"。至大德年间（1297—1307）"郡守太中帖里申覆上司，复修东畔滨

---

① 《永乐大典》（潮字号），第29—30页。
② 同上书，第39页。

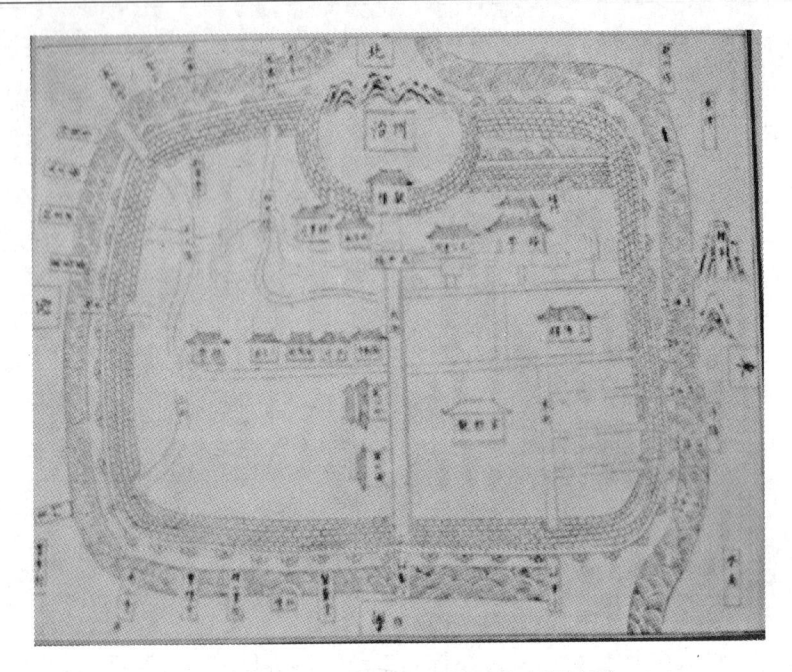

图 3-5　《永乐大典》所附元代潮州城图

溪之城，谓之堤城，以御暴涨洪流之患，民以为便也"①。也就是说，这次兴修，只为解决原城东部滨河一面的水患，并不是对整个毁坏城垣的复修。有记载表明，元初被夷平的潮州城垣，直到元末至正间和明洪武初，经二次修筑，才得以恢复：

> 至正壬辰，因山海寇盗生发，广东帅府照磨彭本立总戎始兴工修筑，潮民得堡障。圣朝平岭南，洪武元年冬，指挥俞辅统兵来潮。越四年，因旧基而再兴，内外皆砌以石，高厚坚致。②

(二) 州城风景娱乐区的开辟和建设

首先是金城山，又简称"金山"。因近邻州衙，开辟最早。从现掌握材料来看，咸平前后金山上就已有人建亭，如咸平二年（999）陈尧佐在

---

① 《永乐大典》（潮字号），第30页。
② 同上书，第26—27页。

金山南坡上建名为"独游"的亭子①，且为之作《记》。"独游亭"后成为金山上一处著名风景点。王象之《舆地纪胜》卷100《潮州·景物下》及《永乐大典》卷5343《潮州府·公署》引《三阳志》均有记载。陈氏还为此前他人建的一座亭子书额"叠翠"②。金山风景区的大规模开辟，是大中祥符中期在知州王汉的主持下进行的。史称："初，金山虽处郡治后，其胜概久秘而不露，大中祥符之五年，王侯汉始命蕞辟。"③王汉也说："（金山）从昔榛莽翳奥，为蛇虺之圄，麋鹿之居。径路未辟，人不得游。山之形势万态，询州之耆老，咸曰目所未睹。"④不过，王氏决定开辟金山之初衷，原主要不在览其形胜，而是出于州衙府库安全的考虑。他说："壬子仲冬，予始至郡，阅其近逼库廪，畏盗之伏其间也，姑命辟其南，非意其为胜耳。"⑤从《始开金城山记》看，王汉对金山风景区的开辟包括两个环节：一是打通了由南坡通向山顶的路；二是为发现的十二处景点中的四处建立亭阁，并给所有的景点命名，且"为诗以纪"。其中，《独秀峰诗》有"千古压嶙峋，标奇世绝伦。形从天赋授，名自我椎轮"句，从中颇能见到这位王太守自负洒脱、豪情纵横的风采。

王汉开辟之后，绍兴间知州翁子礼（1147—1148年在任），淳熙初知州常祎（1174—1175年在任）、端平初知州叶观（1234—1235年在任）、景定间知州游义肃（1262—1264年在任）等都曾对诸景点作过改造或维修⑥。其中以绍兴间动作较大。时人郑厚《金山亭记》详述兴役情形：修"凝远""成趣""披云""就日""一览"五亭；并"砌石为道，络绎其间。浇桃灌李，种竹植木，以足其景物"⑦。时任提点广东刑狱公事方庭实有《金山亭呈翁守诗》二首，其一曰：

新亭高敞枕城隈，万里江山爽气来。云外孤峰擎日晚，林间啼鸟

---

① 陈尧佐：《独游亭记》称："余既至，即辟公宇之东偏，古垣之隅，建小亭焉，名曰'独游'。"《潮汕金石文征》（宋元卷），第3页。
② 《永乐大典》（潮字号）称："由堂（明远堂，后称思韩堂）之东梯城以上，有亭曰'叠翠'，其亭额陈文惠公笔也。"第58页。
③ 同上书，第58页。
④ 王汉：《始开金城山记》，《潮汕金石文征》（宋元卷），第10页。
⑤ 同上。
⑥ 后三任郡守的修建活动，参见《永乐大典》（潮字号），第58—59页。
⑦ 文载《潮汕金石文征》（宋元卷），第86—87页。

唤春回。登车谩有澄清志,览景惭非赋咏才。太守风流民讼简,落成尊酒许相陪。

其二曰:

丹碧崔嵬切斗魁,峰峦怀抱水萦回。春归岩谷幽花发,日上楼台宿雾开。天近凤城瞻帝座,云迷鳌海接蓬莱。登临谁会迟留意,共折梅花更一杯。①

从中都可以体味到修整后金山的美丽景致。

金城山经过王汉以来历一百多年的不断开辟、修建,使其不只为州城的一风景区、旅游点和娱乐场所,而同时成为潮州,乃至潮人精神的一个象征。绍兴间人郑厚就有这样的说法:"金山,潮郡之镇也。郡有镇山,犹人有元气。"此后,潮州就有了"金城"这样一个别称②。金山也同时成为文人借以写心抒情、挥洒才学的理想场所。金山记游作品历代多有,而宋元时代就留下不少。如庆元间出任知州的林㟽《金山诗》中就有"小亭穿入绿阴丛,亭下沙坪九十号。落日鸟鸣图障里,画桥人在镜奁中"③的景物描写。

其次是西湖及葫芦山(又称西湖山)。

为两宋时期州城又一著名游览区。始开辟时间不详,仅知唐贞元十二年(797)潮州刺史李宿就曾于葫芦山建观稼亭,后被称为李公亭④。最迟自宋初此地就是官宦公余散心或文人乘兴观光之地。如《大典》卷5343载录咸平二、三年(999—1000)知州于九流《和陈倅游西湖诗》。陈倅即时任通判陈尧佐。他的原诗也载于《大典》同卷,诗中有:"附郭

---

① 两首诗作并见《永乐大典》(潮字号),第190页。
② 如王象之《舆地纪胜》说金城是潮州的别称之一:"一潮州耳,或曰金城者,以是山旧属金氏,曰凤水者,以凤凰山一水缘溪而出;曰鳄溪者,以韩公驱鳄之旧;曰揭阳者盖有取于古之旧县;曰潮阳,盖有取于今之郡名。"见载原书卷100《潮州·风俗形胜》,第3107页。祝穆《方舆胜览》卷36《潮州事要》载潮州郡名的别称与前引《舆地纪胜》略有出入,称"潮阳、古瀛凤城(以凤凰得名)、金城(以是州旧属金氏)、鳄诸(以鳄鱼名)"。
③ 《潮汕金石文征》(宋元卷),第131页。
④ 《永乐大典》(潮字号),第57页。

图3-6 潮州西湖

水连山,公余独往还,疏烟鱼艇远,斜日寺楼闲"句。从诗中有"寺楼"来看,此前已有人文景观之建。值得注意的是开辟了金山风景区的王汉,同时也有意为西湖区的一些景点命名、赋诗①。不过,北宋中下旬至南宋初的一段时间,西湖湖水日渐湮塞。这种变化在治平间知州薛利和(1066—1067)《西湖诗》、乾道初王大宝《放生池记》等诗文中有真切反映②。而到了庆元间此地尽管依旧是"湖山并名",但实际上已是"有山独无湖"了。且不止于此"阅岁旷久,径蹊湮堙,榛菅蒨翳。木戕于斤斧,石瘁于敲斫。遂为童叟刍牧之地,殊未有赏音者"③。在这种境况下,知州林嶙和通判廖德明对之实施了有史以来第一次全面的重辟、改造工程。有载说:"湖山之下有西湖,久已湮塞,居民占田。庆元己未,林侯嶙从邦人之请,开浚之。"④ 时,名贤许申八世孙许骞《重辟西湖记》、郡人黄景祥《湖山记》、林嶙《重辟西湖诗》《蒙斋小饮》《题西湖山石诗

---

① 《立石诗》(大中祥符六年),《潮汕金石文征》(宋元卷),第12页。
② 薛利和《西湖亭》诗中有"一泓泉色涨涟漪,窃号西湖几百年"句,见载《永乐大典》(潮字号)第188页;王大宝有《放生池记》则描述说"潮于西山之麓,湮湖余壤,仅存步亩莲沼",载《潮汕金石文征》(宋元卷),第97—98页。
③ 黄景祥:《湖山记》,载《潮汕金石文征》(宋元卷),第135—136页。
④ 《潮州三阳志·湖泊》,《〈永乐大典〉方志辑佚》,第2753页。

二首有序》《西湖亭题字》及廖德明《次韵舍人咏湖山之作》等诗文①也不同程度地述说了开辟过程,且真切生动地描绘、讴歌了修浚后湖山的秀丽景色。其中许文云:

> 于是刳朽壤,翦繁秽,引清流,潴而广之,南北相距倍于昔。立三亭:滨于南曰"放生",介于中曰"湖平",跨于山之侧曰"倒景"。绕湖东西,古无路,诛茅穿藓,插柳植竹,间以杂花,盘纡诘曲,与湖周遭。架为危梁,翼以红阑,镜奁平开,虹影宛舒。数步之内,祠宫梵宇,云蔓鳞差,浮荣女墙,粉碧相映。中造小舟,邀宾命酒,荷香逦迤,时度弦管中。

而据黄景祥《湖山记》林嶫于西湖建三亭外,于湖山上也立了"云路""东笑"和"立翠"三亭。

可为时甚暂,自林嶫开浚后,"越数年,湮塞如故"②。由此在林嶫浚湖 60 年后,开庆元年知州林光世"拈起前话,重新浚筑。……兴工于是年二月,浚河筑堤计伍佰叁拾余丈,费公帑缗钱贰仟叁佰肆拾伍贯。寓公乳源令赵时憸董之。栽花种柳,隐映蕖荷,彩舫往来其间,夹岸游人,观者如织。湖以北,水光轩豁,亭桥间错,视前(己)未景色,已不侔矣"③。经此疏浚,湖面开阔,林光世曾撰《浚湖铭》记曰:"回环十里,潋滟空濛,宜晴宜雨,宜月宜风,帝城景象,俨在目中。"值得注意者,林氏此举,非独为游观,还有水利及防御的考虑④。西湖山风景区经两位郡守先后不懈的经营、整治,终成为南宋州城一方胜景。

除上述二处景区外,宋代潮州还有一景点,即东山,亦称韩山。东山景区的开发,肇始于韩愈,据王汉《始开金城山记》称:"韩文公尝即东

---

① 上述诗文载《潮汕金石文征》(宋元卷),第 132—143 页。
② 《潮州图志·湖泊》,《〈永乐大典〉方志辑佚》,第 2602 页。
③ 同上。
④ 古代城区设施的功能多具复合性。潮州西湖就是如此,除用于游观、娱乐外,有政治用途,如《潮州图志·湖泊》说,"西湖,州之西旧有湖,祝圣放生亭在焉"(《〈永乐大典〉方志辑佚》,第 2753 页)";有水利方面的考量:鉴于本区或旱或涝的气候特点,此次浚湖就有"堤丈尺周围计九百七十奇……复于堰尾设一闸,以防湖水之浅"的举措。而据林氏《浚湖铭》说"爰筑修堤,尽护西塘。导合众流,至于坤宫。外固我圉,远折退冲"(《潮汕金石文征》(宋元卷),第 189 页),似于水利之外,还有防御的考虑。

图 3-7 许骞《重辟西湖记》石刻

山为亭，以便游观，人呼曰'侍郎亭'。"① 王象之《舆地纪胜》卷100《潮州·古迹》亦说："侍郎亭，在州东山，昌黎登临旧地，俗呼侍郎亭，又曰韩亭。"韩亭外，又有"韩木"：

> 潮东山上有亭，唐韩文公游览所也。亭隅有木，虬干鳞文，叶长而傍棱，耆老相传，公所植也。人无识其名，故曰韩木。旧株既老，类更滋蕃，遇春则华，或红或白，簇簇附枝，如桃状而小。每值士试

---

① 《潮汕金石文征》（宋元卷），第10页。

春宫，邦人以卜登第之祥，其来旧矣。①

可是，值得注意的是，无论是东山作为州人游乐休憩地，还是视韩木之花繁稀，"邦人以卜登第之祥"，都应是宋代以后的事情。因为自韩愈之后很长一段时间，别无在东山上营建或维护原有景观之人。直到北宋大中祥符间似仍如此。王汉写自己亲眼之所见道："（东山）上无嘉葩美木，亭已久坏，唯一树独存，夏炎赫曦，傍无以庇。"② 直到乾道七年（1171）郡守曾汪建康济桥，一举解决了州城韩江两岸的交通问题，淳熙十六年（1189）知州丁允元又迁韩祠于韩山。从此韩山成为州城一方名胜的地位便牢不可破。与金山、西湖山二处景区不同，东山的崛起，主要缘于潮州官民仰韩思韩之情思，在宋代，州民和官宦来到这里，主要是寻求和接受韩愈人文精神的沐浴；韩山景区的营建者（本地官师），似也主要着眼于此。即将韩愈的人文精神贯彻于其中，以达到寓教于游、寓教于乐的目的，这是值得注意的。

乾道元年陈庆余《韩山亭记》说到曾造追建"仰斗""抉云""乘风"三亭，"增治之意，命名之旨，所以壮形势，所以耸瞻观。盖期兴邦人景慕高标，宏达远览，飘飘然有风云之志，要无愧于前哲焉。大凡奉天子命为千里师帅者，一听断，一举措，必存教化于其间"。庆元年间，知州沈杞于山上创亭，曰"盍簪"③。

入元以后，广东及潮州地方官员仍继续经营韩山。如邢世衡《思韩亭记》载，延祐四年（1317）佥海北广东道肃政廉访事张世荣曾捐俸重修仰韩亭，改名"思韩"（"以仰之目不若思之心也。"）并发动士子筹款，置永业田，以"廪士之家旁近者奉祠事"④。

除以上较集中的景点外，郡城还有"古瀛洞"：

> 古瀛洞，在广东潮州府凤山楼之下。叶侯观所经理，前绘列仙，后傍城，叠石汲水为流觞，左右二亭曰"欸凉""延光"，古桂婆娑，

---

① 王大宝：《韩木赞》，载《潮汕金石文征》（宋元卷），第101页。又，关于"韩木"《永乐大典》卷5345《文章》载《韩木赞》有小字夹注："乃橡子木，广无是种，故潮人不识之。"
② 《潮汕金石文征》（宋元卷），第11页。
③ 《永乐大典》（潮字号），第88页。
④ 《潮汕金石文征》（宋元卷），第260页。

具载唐曾之记①。

顺便可以提及的是，此时期潮州境内的旅游点及其建设，自然不限于州城及其周边，如潮阳的东山就是一处颇负盛名的旅游地。那里有白牛岩、水帘亭和方广洞等景点。王象之《舆地纪胜》卷100《潮州·景物下》对"水帘亭"有描述：

> 水帘亭在潮阳县东山。泉溜四垂，若张帘于楹，且屈曲绕流于亭下，可浮觞以饮。

图 3-8 潮州韩文公祠

东山景区在宋代已是文人雅士游览之地。如早在政和间，就有潮阳尉郑太玉到此一游，他的《潮阳东山》一诗写道：

> 暮天凉雨急霏霏，十二巫峰高复低。醉魂不受风飘断，只恐行云

---

① 《潮州图经志》，载《〈永乐大典〉方志辑佚》，第2604页。

自湿衣①。

而绍兴二十三年（1154）知州、崇安章元振"守潮秩满，策命移知肇庆。道出潮阳，因游东山。早饭白牛岩，烹茶水帘亭，少憩方广洞，已而饮于起轩，薄暮乃还"②。庆元间郡守林嶫也在这里留下《登潮阳东山》的诗作：

小雨上东山，层层着意看。寻泉行处僻，就石坐来寒。赤舃归周旦，苍山起谢安。功能成底事，一抹莫云残③。

图3-9 潮阳白牛岩

二 交通建设

出于宋、元封建国家加强控制的需要，同时作为实施本地全面开发的基础和条件，宋元时期，特别是宋代潮州的交通建设成绩斐然。这对于优

---

① 《永乐大典》（潮字号），第190—191页.
② 《潮汕金石文征》（宋元卷），第89页.
③ 《永乐大典》（潮字号），第187页.

化社会环境，促进本地与周边地区的交流和社会的全面进步，都有重要意义。

(一) 本区与外界的交通线路与南宋初年之现状

潮州虽处东南沿海一隅，但在地理交通中的地位却十分重要。这种重要性在宋元国家加强对东南沿海地区的控制及本地经济开发如荼如荼地展开之后尤显得突出。所谓潮州"东西界闽、广之冲，南北接山海之会，毂送蹄蹢，无日无之"①。长期以来，本区与外界的交往是通过水路和陆路两种途径实现的。由于独特的地理条件，相比之下，前者更为重要，开辟的历史也很悠久②。

本区交通以水路较为繁忙，这一特点在宋以后更趋加强。北宋，本区陶瓷业兴起，产品主要用于外销，以韩江（恶溪）为通道的海外交通更趋兴盛。③ 水路除以韩江为通道的海外交通线外，由韩江上溯，本区与梅循、闽西南及赣南的交通联系，也由来已久。如潮州至汀州："自汀至潮，凡五百滩。至鱼矶逾岭，乃运潮盐往来路。"④ 而自韩江经梅循与东江间接沟通到达广州的驿道，最迟在唐代就已存在。常衮和韩愈等贬官，当由此路出入潮州：王象之在述及"丞相岭"这一地名时说："因唐丞相常衮为刺史得名，有题诗者曰'有唐常衮刺潮阳，南出龙川驿路长。自此呼为丞相岭，茂林修竹有辉光'"⑤，说明常衮走过此道。韩愈在《潮州刺史谢上表》中称"臣所领州，在广府极东界上，去广府虽云才二千里，然来往动皆经月，过海口，下恶水，涛泷壮猛，难计程期"。其中所谓"过海口，下恶水"者，分明是走此道的。《三阳志》的作者也认为当年韩愈所走就是这条路："岂其自梅溪一水溯流而止也。今之趋广间，有西自循梅往者，较诸南路为差近，但岭路险涩，不若南路之坦且平。"⑥ 当今学者以为说这条路之路线是：从广州出发，自珠江口转东江过循州，北上至雷乡县，陆行越循广二州分水岭——丞相岭抵兴宁县，下韩江过程

---

① 黄刚大：《三阳驿壁记》，《潮汕金石文征》（宋元卷），第249页。
② 具体情形可参阅邱立诚、杨式挺《从考古文物资料探索潮汕地区的古代海上"丝绸之路"》，《潮学研究》第2集。
③ 黄挺、杜经国：《潮汕古代商贸巷口研究》，《潮学研究》第1集。
④ 《临汀志·至到》，《〈永乐大典〉方志辑佚》，第1208页。
⑤ 《舆地纪胜》卷100《潮州·古迹》"丞相岭"条，第3113页。
⑥ 《永乐大典》（潮字号），第20页。

乡，南下即抵潮州，全程 1600 里。这条路迂回曲折，艰险难行，来往动皆经月①。

除上述水、陆道路外，本区还有两条驿道：一是潮漳道。开辟时间不能确知，当在陈元光平蛮开漳之后；一是由潮州"南自潮阳，历惠之海丰"，抵达广府的驿道似很早就有。从《永乐大典》所引《三阳志》记载来看，南宋初年，它即与其北面并行的潮梅、东江水陆道对称为"上、下路"了。本区的水、陆交通线，北宋以前大概情形如上。就水路而言，仅停留于天然航道的自然利用上；陆路在北宋以前除在所经极少数河道上架桥外，其他改造和维修，因文献无征，已难以考究。从南宋初二三十年来看，不仅设施破败简陋，管理制度也存在许多问题。如对于潮惠下路，时人有如下真切详尽的描述：

> 自有下路以来，役保甲为亭驿子。亭驿距保甲之家且远，客至则扶老携幼，具荐席，给薪水，朝夕执役如公家之吏，不敢须臾离焉，俟其行乃去。客未至则尉之弓手，巡检之土兵，预以符来，需求百出。客或他之，则计薪刍尽锱铢，取资直而去，民以为苦。此其不便一也。
>
> 官兵商午鱼肉百姓，编氓远徙，不敢作舍道旁，行人无所叩阍以求水火。长堤旷野，绝无荫樾，炎天烈日，顶踵如焚，莫可休息。渴则饮恶溪之水，其不病者鲜。此其不便二也。
>
> 驿可宿，亭不可宿，日行至于三四十里，过是则投夜无所。桥道颓毁，积水不泄，春霖秋潦，横流暴涨，行人病涉，往往多露宿，以待涸而后进。此其不便三也。
>
> 沙汀弥望，杳无人烟。盗贼乘之，白昼剽劫，呼号莫闻，受御者不一，而州县莫之知。此其不便四也②。

《永乐大典》卷 5343《潮州府一·桥道》引《三阳志》有与上相近的记载，但可补充上说：

---

① 方志钦、蒋祖缘主编：《广东通史》（古代上册），第 522 页。
② 林安宅：《潮惠下路修驿植木记》，《潮汕金石文征》（宋元卷），第 94 页。

第三章 宋元潮州的经济开发和交通建设

> 由潮而南，百三四十里间，聚沙弥望，四无人居。路入平埔，无寸阴可以少憩。凡道于潮、惠间，以冒暑得疾者且半，加之驿传无人，器皿不备，唯监司贵客至县，乃檄里保办之，它（他）客不恤也。

其实，除了现有设施的简陋破败、管理制度存在问题外，南宋初年，本区驿道还面临着一个从来不曾解决的难题，即地处州城东边的韩江自古无桥。此诚为闽广陆路交通线上一大障碍，给过往行人造成极大不便：

> 由东以入广者，至潮有一江之阻。沙平水落，一苇可航；雨积江涨，则波急而岸远。老于操舟者且自恐，阅一日不能四五济，来往者两病之[①]。
>
> 凡道于是者，立马倚担，溪（指韩江）渡移晷，骤雨暴涨，翻覆一转臂间[②]。

由此，就南宋初本区交通设施及管理制度的现状看来，很不景气，亟须整改，它包括补缺兴废以及更改不合理的管理制度。

（二）交通建设的实施

从文献记载来看，进入南宋以后，本区的交通建设大体可分为三个方面来叙述：

首先是驿道建设。自绍兴二十八年（1158）整改潮惠下路拉开序幕。潮惠下路整改由新任广东路转运判官林安宅发起、主持，潮、惠两州州县长官及佐吏身与其役。工程所用时间不能确知，但最迟在二十九年七月前就已竣工。这年八月初，林氏撰《潮惠下路修驿植木记》述此道改造情形，颇为明确：

> 创盖铺驿，增培水窨，夹道植木，跨河为梁。诱劝乡民，移居边道。而海丰令陈光，又唱增置铺兵之说于予，而潮、惠二守深以为然。每亭驿各差兵士以供执役之劳，而百姓之为亭驿子者，率皆罢

[①] 《永乐大典》卷5343《潮州府一·桥道》，第35页。
[②] 张羔：《仰韩阁记》，《潮汕金石文征》（宋元卷），第115页。

去。……予又刷上路驿铺之冗兵，以益下路。依闽中温陵上下路各置铺例，闻于朝廷。①

由此可知，所作整改全是针对前述此道之"四不便"展开的。不过，因文献无征，诸如"创盖铺驿""增培水窟""夹道植木""跨河为梁"等项具体细节，已无从追究。特别是所说"依闽中温陵上下路各置铺例"，以现存有关文献已不能追踪。尽管有上述诸多问题未明，但有一点可以肯定，潮惠下路经过这番改造，交通条件大为改善。林安宅说改造的结果是："铺兵与居民相为依倚，道旁列肆，为酒食以待行人。来者如归，略无前日之患。"② 因《永乐大典》所引《三阳志》有关部分有相近的记载，故信林言非虚。

潮惠下路整治结束后，乾道三年（1167）知州傅自修又改造州城旧醮舍为宾馆，名"凤水驿"。从记载来看，其设施较为完善，并有管理措施：

> 为榻著六案，与竹木匡床十有八席，以为荐籍者各三十，器皿镬鼎悉备。使阍一人掌其扃与物之籍，而加钥焉。③

宋代馆驿是"顿止之次"，其职能主要是招待过往使客（包括邮差递夫），供给食宿及交通工具，类似当今的宾馆。"凤水驿"正是设在州城的宾馆。或许是暴雨多风的气候环境，容易使交通设施遭到破坏，所以数十年后，上述两项建设就"颓陋如故"了④。

绍熙二年（1191年）转运使黄桧"始以造庵规摹，檄郡营创"。据此，知州张用成首建三庵于潮阳，"榜曰光华馆，宾客舍、仆马具、庖湢、床榻、荐席、器皿、刍薪之需，无一不备。……守以僧，给以田，环以民居，为虑远矣"⑤。可见，从设施言，与一般的馆驿并无不同。值得注意者是"守以僧，给以田"，利用僧人为过往行人服务，并负责管理：

---

① 《潮惠下路修驿植木记》，《潮汕金石文征》（宋元卷），第94页。
② 同上。
③ 傅自修：《凤水驿记》，《潮汕金石文征》（宋元卷），第110页。
④ 《永乐大典》（潮字号），第65页。
⑤ 同上。

第三章 宋元潮州的经济开发和交通建设

"间有污败室庐，糜毁器用，暴横难禁者，僧得以经闻于官而为之惩治。"① 看来这的确是一种切实可行的驿道管理、建设措施。宋代有关文献没有交代这种措施源于何时，又首先从何地开始实施。刘广生主编《中国古代邮驿史》称，宋代"在路远驿疏的地方，让附近的庙宇辟出一部分房舍，'命僧主之，以待过客，且置田以赡僧，俾守庵焉'"②，可见有一定的普遍性。但刘书所描述的"让附近的庙宇辟出一部分房舍"云云，与黄栝所檄、张用成主持由官府造庵有所不同。据梁克家（淳熙）《三山志》卷五《驿铺》载，创于北宋元祐、绍圣间的福州南台大江浮桥（后改称"万寿桥"），有"四洲堂""天宁寺"等附属设施，命僧主之，"以管干桥事"，后又命负郭僧寺僧人，轮代原守桥兵士服役："给官舟与往来护视，遇夜则巡桥。" 黄栝、张用成在潮州所行与此已如出一辙。又据载此法早年的确在漳州的驿路建设中实行过：

> 宋高宗绍兴间，漳州守傅侯伯寿以漳南土旷人稀，瘴雨岚烟旦夕交作，百里之间，茆肖相望，居民断绝，行者病之，于是立庵于县南八都盘陀岭下，以聚居民，以憩行客，仍化附近盘陀等处十方膳（赡）给守庵者，以资香灯祭祀接待使客之用。③

但因"年深屋老，颓圮相望"，至"漳牧合沙黄公朴，始新诸庵……于是境内之庵十有七所，以次经画"④。其具体管理方法是"守庵以僧，赡庵以田"，与潮州所行完全一致。考黄朴知漳州，事在淳祐初年⑤。要而言之，造僧庵以代行交通线上的管理职能，北宋福建已有。而直到南宋末年，福建仍在沿用。黄栝籍福州罗源，取故乡行之有效的措施，推行于广，亦情理之中事耳。

可能也正是因其行之有效，所以张用成后，一直到宋亡，不少潮州守

---

① 《永乐大典》（潮字号），第65页。
② 刘广生主编：《中国古代邮驿史》，人民邮电出版社1986年版，第179页。
③ 陈时可：《重建无象院碑记》，王文径编《漳浦历代碑刻》（漳浦县博物馆1994年）第152页。占山按，据《八闽通志》卷33《秩官》傅伯寿知漳州在孝宗淳熙间，时可（明弘治间人）将其立庵事系于"宋高宗绍兴间"，明显为误。
④ 《漳州鹤鸣庵》，《后村先生大全集》卷89，《四部丛刊初编》本。
⑤ 黄仲昭：（弘治）《八闽通志》卷33《秩官》，第951页。

都热衷于此（包括改造旧馆驿为僧庵）。仅据《三阳志》所载，当时称庵的交通设施已占全部馆舍的一半，约 20 处。而如庆元五年知州林嶷"新铺驿而为庵者凡七"①，又，据称上述庵驿"岁久弗支"，知州陈圭曾"拨钱千缗，助台阃修造"②，都未列出具体名称。

在加强驿亭铺庵建设的同时，又实施对潮漳道的改造。分两次进行：一是在庆元末"因漳潮界上道路硗确"，林嶷"捐金砌石，以便往来"③；一是在淳祐间。文献对改造前这条驿道的现状有如下描述：

> 蹊道硗确流断绝，旧桥砌以石者，仅秋溪一，思古亭一，后增十有余所。大率规模苟就，阅历未几，颓仆继之。其路又多泥淖，间或筑砌，第累小石，才遇淫潦，行者涉者病焉。

针对上述情形，知州陈圭"捐金市石，依私值傱工。石而桥者一十三所，砌而路者三百余丈"，工程规模不小。经此兴筑，这条驿路亦畅通无阻了："憧憧往来，无复畏途病涉之患。"④

宋元政权鼎革之际，潮州的铺驿馆舍，损失殆尽。所谓"已上驿铺庵亭，世变后皆废，不复存矣"⑤。因此，有关设施大体上于元初经历过一个重建的过程。《三阳志》对元代本区驿站的设置情形有如下载述：

> 元混一区宇，制度更新，陆置马站，水置船站。事急则驰马，事缓则乘船。……惟官府文书则别置急递铺，内设邮长司其承发日时，以防遗漏阻抑之弊。设铺兵若干名，以走递文书。置邮之法，可谓尽善矣。今录站铺于左：在城水马站，马一十六匹，船五只；海阳县黄冈站，马八匹；三河站，船三只；产溪站，船三只；潮阳县县站，马

---

① 《永乐大典》（潮字号），第 65 页。
② 同上书，第 67 页。
③ 同上书，第 36 页。
④ 以上并见《永乐大典》（潮字号），第 39 页。
⑤ 同上书，第 67 页。

十四；武宁站，马十四，北山站，马十四；揭阳县桃山站，马十四。①

元代本地驿站馆舍的配置似较完备。对之，相关记载不多，自州城"三阳驿"馆舍的修建或可窥见一斑。其建于至元三十一年（1294）十月至元贞元年（1295）四月：

> 为堂前后有二，为庑前后有四。柱石坚固，垣墙周密，面阳辟户，气象轩豁。背山凿池，景仰幽胜。风月有时而自至，冬夏无适而不宜。汤沐饮食之需，供帐服用之具，件件精实。②

其规模、设施及周围环境，均有可称道者。

元代于本区驿道建设中，还有一项值得一提，那就是至元二十一年后，由月的迷失倡议，经相关地方官员配合，开辟出自潮州经梅州、汀州、抚州至江西行省治所龙兴（本名隆兴，即今南昌）的驿道。与宋代相比，元代潮州隶属江西行省，故而本地与广府及福建的官方驿路重要性降低，而通过水路或陆路北上与江西的驿路联系明显得以加强。这条新驿道的开辟就明显带有这样的背景。

其次，桥梁修造。实际上也是本地驿道建设的组成部分，将其单独提出，除这方面的建设确实重要、意欲强调外，主要是为便于叙述。此时这方面的建设主要集中于州城及其周围。其他分布于潮惠、潮揭和潮漳驿道上。

广济桥是宋元本地交通建设中动工次数最多、投入力量最大、自然也就最受时人和后人关注的一项工程。对于其创建迭修的过程，残存于《永乐大典》中的本地方志，有十分详尽的记述。概而言之，自南宋初创建到南宋末年，可分为两个阶段：

创始阶段　乾道七年（1171）知州曾汪造舟86只，编连为梁，以接

---

① 《永乐大典》（潮字号），第67页。值得注意的是，《经世大典·站赤》所载配置铺户等与《三阳志》所载有明显出入，如潮州"在城站，船一十三只，正户一十三户，贴户一百一十八户。马一十六匹，正马八匹，贴马同。轿四乘"。又"三河站，船九只，正户九户，贴户四十五户"等。

② 黄刚大：《三阳驿壁记》，《潮汕金石文征》（宋元卷），第249页。

图 3-10 潮州广济桥

江东西岸，并于江心筑起石洲，以固浮梁。此乃广济桥雏形"康济桥"。三年后，浮梁毁于洪水，时任知州常祎再次兴役，已升任广东转运使的曾汪，欣然以自己第一次修桥经验，"协谋参定成略，指授旧舫之大者少损之，锐者易平之，以便操折"①。使重修在前次基础上得以有效改进。又因桥成尚有余资，"遂刱杰阁于西岸，以镇江流，名曰仰韩"②。此举又开启了以后在广济桥上修建亭屋的先河。曾、常建桥，从此结束了韩江无桥的历史。

粗定格局阶段 淳熙六年（1179）知州朱江、绍熙五年（1194）知州沈宗禹分别于西岸和东岸筑石洲（桥墩），自此开始了从两岸向江心筑墩架梁的工程。此后数十年，在多位州官的主持下，本区民众陆续筑起20余座桥墩，并架上木梁，梁上建造亭屋，江心的一段，因水流湍急，连浮舟代梁。开庆元年（1259）知州林光世"造新舟十四，铁缆七十丈，从旁翼而贯之"③。至此广济桥格局初定。明代以后，此桥所具有的一些特色："十八梭船廿四洲"，"廿四楼台廿四样"等，都不难从这几十年的建设中找到缘起。

---

① 张炎：《仰韩阁记》，《潮汕金石文征》（宋元卷），第 115 页。
② 《永乐大典》（潮字号），第 35—36 页。
③ 同上书，第 37 页。

图 3-11　潮州广济桥亭

宋元交替之际，广济桥毁于兵火①，大德二年（1298）始有重修。自此以后一直到至正五、六年间（1345—1346），又有四次修复（分别在大德十年、泰定三年、至顺三年和至正五、六年间）的记录②。但除泰定三年（1326）判官买住将部分木梁改易为石板③外，似别无创新。

除广济桥外，此时期所建其他桥梁，据《三阳志》以下各种方志，略作统计，共计25座。其中州城占11座。而值得注意者，民间社会力量（所谓"乡民"某某，或某僧、某贡元、某进士之类者）自发组织修建的桥梁，占有一定比例：潮阳、揭阳境内的11座桥梁中，至少有8座为其所建；且在时间上建桥记录贯穿于两宋，特别是与南宋时期相始终，显示出这种力量的恒久性。《潮汕金石文征》（宋元卷）中所收天圣七年（1029）《建桥题记残刻》（记郑二十六娘等民人舍财建桥祈福等事），绍兴二十三年（1153）《揭阳东山区沟尾石头桥题刻》（载村民林氏等舍石

---

① 此种说法见于《三阳图志》所载，所谓"至元戊寅，此桥厄于兵火"，而至正五年迷失弥尔《圆通阁记》称"内附初，阁遂兵烬而桥制仅存"。是二载对宋元之际兵火于广济桥毁坏的程度说法不一。但从接下来之修废项目观之，应以迷失弥尔的说法为是。

② 《永乐大典》（潮字号）第38页对至顺三年以前主修官员姓名及修废项目有大略记载。而至正五六年的重修，见迷失弥尔《圆通阁记》和梁祐《仰韩阁记》，载《潮汕金石文征》（宋元卷），第299—301页。

③ 可能是质地不坚，致此后数年内多次酿成石折人溺的惨剧。详见《永乐大典》卷5343《潮州府一·桥道》，第38页。

建桥祈福事）及嘉定七年（1214）《修路碑记》、不明年代《陈璋砌路记》①等都反映了这方面的情况②。民间力量投入桥道建设，当以北、南宋间闽僧大峰集资修建的潮阳和平桥最为知名。架桥前，"历代皆济以舟。或逢风涛，时作潢潦奔溢，不免覆溺之患。凡贡水土诸物品，受上府教令，往往病涉"；修桥后，"由是往来之人，虽逢风涛时作，潢潦奔溢，而道无苦病，公私便之"③。

图 3-12 潮阳和平镇和平桥

最后，水道疏浚。作为讨论话题者仅两例：一是盐官李前（字子参）为运盐便利，开凿山尾溪：

> 山尾溪，宋以前未有。哲宗时，场官李子参始凿程洋岗北畔为溪，通上流，东行一十五里，至神山前，会水寨溪入于海④。

此事金石资料亦可印证，澄海狮子山有李前题诗，前两句云："筑堤凿井又通津，神宇盐场喜更新。"⑤"通津"者，即此谓也。二是所谓王涤始浚

---

① 《潮汕金石文征》（宋元卷），第17、91、157、222页。
② 佛教徒和僧人参与桥道建设在福建和江西等邻区的有关志书中有很多记载。而许怀林《江西通史》（南宋卷）就称"建桥力量通常由三种力量承担，官府、佛道、富家"（原书第281页）。
③ 徐来：《报德堂记》，《潮汕金石文征》（宋元卷），第311—312页。
④ 戴璟修、张岳纂：《广东通志初稿》卷2，书目文献出版社1998年版。
⑤ 《潮汕金石文征》（宋元卷），第57页。

三利溪的说法。因在前水利部分已做评介，这里不再赘述。

上述三方面外，与交通建设有关者，实还有堤防修筑一项。除人们熟知旨在农田的排灌功能外，堤、堰同时也是本区人民交往的重要路径。林大钦就指出这一事实，他说"以利言之，御防河水，保障田庐，负载便于往来，舆蹄便于驰逐，潮之利，莫大于堤也"①。据研究，宋元时期韩江堤防已完成梅溪堤、溪东堤、北门堤、南桂堤、水南堤等近十段堤防的建设②。从其所具有的交通功能，即所谓"负载便于往来，舆蹄便于驰逐"来看，它们又等于是修建在江边、田野上的道路。

（三）交通建设的组织者和主持者

如上所述，此时期潮州的交通建设取得显著进展，那么这方面的主持者和组织者都是一些什么样的人？对之进行专门考察的重要性显而易见。有关建设是在他们的倡导和主持下实施的，他们的身份地位、主观动机、工作态度等，不能不影响到工程本身，乃至于影响到此时期本地交通建设的总体进程。不过，由于这种记载十分贫乏，有许多问题一时恐无法搞清楚。但努力追寻有关线索，为今后进一步探讨留下某种标记，也是有价值的。

稍加收罗，可把考察的对象列入表3-4。按，各人名下括注阿拉伯数字是其主持有关建设的大致年代。

表3-4　　　　　　　　宋元时期潮州交通建设人员

类别	姓名及主持有关建设的年代
民间人物	陈翁（999）姚子信（1092）吴惠成（1108）翁元（1111，1138）大峰（1127）蔡贡元（1153）吴宇原（1164）林士平（1266）李崇（1267）
监司官员	林安宅（1158）黄枪（1192）方淙（1228）月的迷失（1284）
本地官员	傅自修（1167）曾汪（1171）常祎（1174）朱江（1179）王正功（1180）丁允元（1189）张用成（1192）沈宗禹（1194）陈宏规（1196）林嵊（1199）沈杞（1199）赵谧（1201）赵师岁（1203）林会（1206）李巩（1217）曾噩（121）孙叔谨（1229）叶观（1234）林寿公（1245）陈圭（1246）陈炜（1254）林光世（1259）游义肃（1262）牟溁（1267）仓小云赤不花（1295）太中帖里（1298）常元德（1306）买住（1326）邢让（1332）乔贤（1345）

---

①　黄挺：《林大钦集校注》，第37页。但引文中"载"，原作"戴"，当因形近排版误。
②　见黄挺、杜经国《潮汕地区古代的水利建设》，《潮学研究》第2辑。

"民间人物"栏中列出的近十位人物,除大峰外,很少知道其他人的生平行迹。唯蔡贡元,隆庆《潮阳县志》卷6《舆地志》"和平桥"条疑其为宝祐四年(1256)进士蔡震;而乾隆《潮州府志》卷29《人物·义行》载:

> 蔡谆,潮阳峡山都人,淳熙乙未乡贡,乐善好施。建康间僧大峰建和平桥一十六墩,首尾距岸三墩,工未完,僧故。谆捐资续成之,乡人建祠以祀。

相形之下,后者除年代均误外,线索较为清楚,可从。蔡谆外,其他人士,史籍仅载为"乡人"或"乡民"。要之,这类人物构成比较复杂,他们出面发起,组织乡人造桥修路的动机也是多重的。不过,大体上可以归纳为行善祈福和为乡人谋利两种。前引本地有关石刻资料,即可以说明。不能轻视民间人物自发组织参与本地交通建设这一现象,其象征意义远大于实际意义。它表明民众要求发展本地交通,以改善交通条件的迫切愿望。这正是官方实施有关建设,能"一倡而应之如响"[①] 的社会基础。

可以认为宋元时期的本地官宦们,他们在本地建设中已经懂得利用民心组织民力。如张羕《仰韩阁记》中引前郡守常袆的话:"利众者易兴,谋众者易成。是桥之建,千里一词。已成之功,可中尼耶?"[②] 还有,在实施工程之时,也已较为普遍地采用招募、市工的方式。如张羕《仰韩阁记》写常袆和曾汪重修韩江桥时,"出金贸材,计直偿工,众皆一力"。元梁祐《仰韩阁记》:"君受命,乃度材鸠工。"[③]

"监司官员"栏中四位,林安宅、黄枪及月的迷失,上文已介绍过他们以广东漕使的身份,对于潮汕交通建设所做的事情。这里拟稍补充一点他们的籍贯和仕历资料。林氏,字居仁,福建侯官人,建炎二年进士。淳熙《三山志》卷28,弘治《八闽通志》卷63均有传。后一《志》载其诰词中有"敏于从政,为时良吏之师"语。林氏以绍兴二十八年(1158)

---

① 曾汪:《康济桥记》,《潮汕金石文征》(宋元卷),第114页。
② 《潮汕金石文征》(宋元卷),第116页。
③ 以上分别见《潮汕金石文征》(宋元卷),第116、301页。

出任广东漕使，正是在此任上，他亲自主持了潮惠下路的整改。从其雷厉风行的作风看，足以证实其谥词不虚。黄抡，绍兴二十七年（1157）进士，"右正言，召除太常卿，赠少师"①。绍熙二年（1191）出任广南东路转运使②，亦即"以造庵规摹檄郡营创"之事，是他出任此职后第二年事。方淙，嘉泰二年（1202）进士③，籍贯莆田，先后于嘉定初和宝庆初出任漳州通判和知州④，绍定元年（1228）知广州⑤，因例得兼路安抚使，故有"帅"称，是《永乐大典》抄存《三阳志》称其为"方帅""方大帅"之由⑥；又因其下任"李约"绍定四年任⑦，则其在此任上算年头约三年。方淙为潮州交通建设所做贡献，即"建""重建""重修""捐金为助"潮漳道和潮惠下路的十数座庵、亭⑧。至于月的迷失，他是对元初潮州政局有重要影响的人物。如有记载称："至元二十一年十一月，月的迷失奉旨镇广东道宣慰使来潮，剪棘夷道，招集流离，稍复为郡。"⑨ 又"二十一年广东道宣慰使月的迷失以兵来诏谕，既去。二十三年复来，为江西等处行枢密院副使兼广东道宣慰使以镇临之"⑩。以广东路监司和江西行省主要官员积极组织参与潮州的交通建设，林安宅等人除职任所关外，还出于什么样的主观动机，因记载所限已很难追究，但客观上无疑加快了本地交通建设进程。

第三栏，基本上是宋知州和元潮州路总管府的官员，他们是组织实施

---

① （弘治）《八闽通志》卷46《选举》第89页作"伦"，并出注说乾隆《福州府志·选举》及《三山志·人物》均作"黄抡"。

② 戴璟修，张岳纂：《广东通志初稿》卷7《职官志》。

③ 黄仲昭修纂：（弘治）《八闽通志》卷54《选举》，《八闽通志》（下），第355页。

④ （弘治）《八闽通志》（上），第951、952页。

⑤ 戴璟修，张岳纂：《广东通志初稿》卷7《职官志》；又，广州市地方志编纂委员会办公室编《元大德南海志残本》第51、53、57页载经略方淙修广州城有关设施事。

⑥ 彭妙艳：《潮州宋诗纪事》（中国社会科学文献出版社2003年版）第245—246页指认方淙是淳祐间知广州的方大琮，显然是错误的。《永乐大典》所录本为方淙而非方琮。方淙参与潮州交通建设事宜，时在孙叔谨守潮前后。孙氏字信之，漳州龙溪人，嘉定十年（1217）进士（可参考《八闽通志》下册第862页《孙叔谨传》）。对于作为乡邦父母官的方淙，叔谨可能以郡士的身份早就熟识之。或出于这样的前缘，绍定初孙氏知潮，身为上级的方氏则大力赞助孙氏在潮州的有关建设。

⑦ 戴璟修，张岳纂：《广东通志初稿》卷7《职官志》。

⑧ 《永乐大典》（潮字号），第66页。

⑨ 黄刚大：《三阳驿壁记》，《潮汕金石文征》（宋元卷），第249页。

⑩ 《永乐大典》（潮字号），第17页。

本地交通建设的中坚分子。的确，就具体工程而言，他们未必都是站在第一线的指挥者，如曾汪建康济桥，"户掾洪杞，通仕王汲式司其事"①，常祎复修，"军事推官曹嵩者，时董其事"②。诸如此类，还有不少。但我们仍然把着眼点放在主管全局的知州、路总管、同知或判官身上。因即使另有工程主管人，也是由他们任命的；在有关建设中，执行的也是他们的意志。关于这些知州和路总管等的身世事迹，可分别参考李裕民、黄挺两教授的《两宋潮州知州考》一文和潮州地方志书③。综观他们在潮州官任上的所作所为，不少人做出了非凡的建树：他们兴学校以育人才，修贡院以纳郡士，建堤坝以护民田，筑州城以御寇盗。至于主持交通建设不过是他们繁忙事务中之一事耳。而据上引《知州考》文，宋知州平均任期不过一年半！因本地志书对元代职官记载缺漏过多，故无法推算任期，但除元初外也不会太长。这样在较短任期内，究竟是什么因素促使他们也为本地的交通建设投入精力且有所成就呢？或可以归纳为下述三个方面的理由。

首先，"适时与事会"，为职任所必须。曾汪《康济桥记》称其创建是"适时与事会"。"时"与"事"者，除前述"重心"和"中心"南移，给南方带来开发的空前历史机遇（人口、劳动力、先进文化等）外，具体应是指韩江自古无桥，而"金（指前任）欲编画鹢而虹之，几阅星霜，未遑斯举"④，又"阖郡请维舟为梁"⑤ 等。其实，此时期本地区交通建设过程中，类似上述情形是很多的。以韩江桥叠修原因为例：淳祐元年（1174）"舟以雨坏"；嘉泰三年（1203）冬；"济川桥火，为亭若庵，一夕俱尽"；景定三年（1262），"飓风之厄，舟与亭屋，俄顷而尽"⑥，"数十年间，溪水泛滥，桥遂中折，惊风怒涛，舟或沦没，民甚苦之。至正甲申岁，府判乔侯贤理事伊始，慨然曰：'修理桥道，余职

---

① 曾汪：《康济桥记》。
② 张羔：《仰韩阁记》。
③ 李、黄文载《潮学研究》第 4 集。潮州地方志书以嘉靖、顺治和康熙等几部《府志》较早。
④ 曾汪：《康济桥记》。
⑤ 同上。
⑥ 以上三处分别见《永乐大典》（潮字号），第 35、36、37 页。

第三章 宋元潮州的经济开发和交通建设

也。'"① 等，是势在必修也。适时职责所系，当事官员不能不出而应命。说到职任所必，有关宋元典籍中，对宋元地方官职责、权限的记载，仅止"节制""统辖""掌管"一州、一路军民政事等笼统之说，而不曾述及毛细、专及交通建设一项，但其有这方面职责则毫无疑义。如宋地方官年终考核必须填写的"历子"（记录功过的表格）中，就有这方面的内容：

> 判吏部南曹董淳言："诸州录事掾、县令簿尉，先给南曹历子，州吏批书多所漏略，今于令式收其合书者，如馆驿、义仓、官市……等并书，敢漏一事者殿一选，三事者降一资。……"从之②。

而《宋史》卷155《选举志》称，宋代"考课虽密，而莫重于官给历纸，验考批书"。"历纸"者，包括"历子"。由此，宋代地方官职责中不仅有馆驿建设等内容，且将其作为年终考核的重要事项。事实上，本地官员进行交通建设时，一再表示出于职责所系，亦可印证上述说法。如说"既同王事，安可坐视"③，"修理桥道，余职也"④，等等。

其次，受韩愈为民驱鳄除害精神的感召。这集中体现在韩江桥的修建上。我们注意到，州城东边的韩江，在宋元时人看来，根本上就是与鳄鱼等同的另一害。如曾汪《康济桥记》云：

> 金山崒嵂，俯瞰洪流，悍鳄囊时吝以为居。自昌黎刺史咄嗟之后，一害去矣；江势蜿蜒，飙横浪激，时多覆溺之患。

又，元代江西道宣慰副使梁祐《仰韩阁记》也说：

> 潮之为郡，介于闽广之冲，凡趋闽趋广者，靡不经焉。郡之东有溪，昔鳄鱼之所窟也。昌黎韩文公辞而逐之，而其遗迹，至今弘深莫测，涉者病焉。

---

① 梁祐：《仰韩阁记》，《潮汕金石文征》（宋元卷），第301页。
② 《宋会要辑稿》"职官"59。
③ 林安宅：《潮惠下路修驿植木记》。
④ 梁祐：《仰韩阁记》，《潮汕金石文征》（宋元卷），第301页。

韩江既然是等同鳄鱼的另一害,则宋元时把韩愈作为顶礼膜拜对象的本地官员,自然要效法韩愈,关心民瘼,修桥便民,以使自己亦同韩文公那样,在潮人的心目中,趋于不朽。这一点在上引梁祐《记》中,将曾汪及后继者建桥之事与韩愈驱鳄相提并论,就表现得颇为充分:

> 韩文公驱鳄鱼以绥此土,太守曾汪即其溪为桥,今之继政者又能起废而新之,且阁于其上,以为仰韩之所,俾潮人莫世不忘也。

最后,借以表现政绩。政府既以交通建设的完备与否,作为地方考核的一项重要内容,则地方政府将此种建设放在一个很重要的位置上,予以考虑安排,也就是必然的了。且不止于此,从全国来看,早在北宋真宗时期,"川陕多建议修路,以邀恩奖"①。一些地方为表现政绩,甚至不惜花巨大人力物力,追求驿馆的浮华。如苏轼笔下的凤翔府凤鸣驿就相当奢华:

> 视客之所居与其凡所资用,如官府,如庙观,如数世富人之宅,四方之至者如归其家,皆乐而忘去。将去,既驾,虽马亦顾其阜而嘶。②

一些地方官确实亦因在馆驿道路等方面的治绩,得以升迁。宋人魏泰有如下一则记载,正可以说明这一问题:

> 有范延贵者为殿直,押兵过金陵,张忠公咏为守,因问曰:"天使沿路来,还曾见好官员否?"延贵曰:"昨过袁州萍乡县,邑宰张希颜著作者,虽不识之,知其好官员也。"忠定曰:"何以言之?"延贵曰:"自入萍乡县境,驿传桥道皆完葺,田莱垦辟,野无惰农。及至邑则廛肆无赌博,市易不敢喧争。夜宿邸中,闻更鼓分明,以是知其必善政也。"忠定大笑曰:"希颜固善矣,天使亦好官员也。"即日同荐于朝,希颜后为发运使,延贵亦阁门祗候,皆号能吏也。③

---

① 《宋会要辑稿》"方域"10 之 1,第 7474 页。
② 苏轼:《凤鸣驿记》,《苏轼全集·文集》卷 11,第 891 页。
③ 魏泰:《东轩笔录》卷 10,中华书局 1983 年版,第 115 页。

由此亦可见在宋人认定地方官员中之"好官"的价值尺度中,是有驿传桥道必须"完葺"这一条的。

就宋代潮州情形看,交通建设都比较务实,甚至于有傅自修那样因陋就简,改醮舍为宾馆的事例。当时潮州的财力还是很有限的,当政者亦懂得节约浮费,以缓民力的道理。不过,我们注意到,此时期官员为交通建设解囊相助的情形十分普遍。这从一个侧面是否也同时说明,在财政十分拮据的情况下,为履行自己的职责,官员们不得不捐出部分薪水,以玉成工程这一隐情呢?又,因欲表现政绩,一些工程建设可能存在着急于求成的问题。如韩江桥在此时期有十分频繁的重建复修记录,这似乎不能排除其中的一些修建存在着工程质量问题。

经过本州及邻区官民之通力合作和不懈努力,宋元时期潮州及周边交通建设取得很大进展,交通条件明显得到改善。如说:"州当闽广孔道,车盖憧憧,迨无虚日。候馆邮亭,从昔有之。惟郡将送迎使轺巡按贵官经由,始加修葺。然大率支撑涂饰,以苟目前。供需责办于正长,扰亦甚焉。自运使林公安宅新传舍,太守傅公自修缮宾馆,凡过客便之。"① 又如说:"繇潮至惠、繇漳至潮号畏途。今深茅丛苇中,轮奂突出,钟鱼相闻,莞簟薪水,不戒而具,与行中州无异。"② 而包括潮州农业、手工业、商业贸易、城市以及交通建设在内的变化,就为此时期的潮州带来空前的历史新气象,所谓"地平如掌树成行,野有邮亭浦有梁。旧日潮州底处所,如今风物冠南方"是也。

---

① 《永乐大典》(潮字号),第65页。
② 刘克庄:《漳州鹤鸣庵》,《后村先生大全集》卷89《记》,《四部丛刊初编》本。

第四章

宋元潮州的教育与学术

进入宋代之后，国家对包括潮州在内的岭南地区加大了开发和控制的力度。从统治思想出发，积极推行儒学教育，是实施开发和控制的重要手段。正是在这种背景下，潮州的历届官员普遍关心本地文化教育，积极修建校舍，筹措教育经费，一些官员甚至还亲自参与具体的教学环节。在他们的促进和带动下，本地州、县学陆续建立起来，成为本地儒学教育的主干。除此而外，官办书院及私人创办的书舍、私塾之类的教育基地也成为官学的重要补充。由于宋代以科举为选取人才之正途，也缘于入宋以后本地人口的急剧增加为民众求生所带来的压力，"家贫子读书"，读书仕进理所当然地成为不少人的不二选择。正是在官民尚教、热衷科举的氛围中，在民众文化素质普遍提高的情况下，本地陆续出现一批出类拔萃的、在岭南乃至于在全国也有影响的人物。

元代潮州的教育及学术，较宋代要逊色不少，这与此时期整个中国社会大背景的变迁密切相关。不过，大体上来说，本地还是在相当程度上延续了宋代的势头。

此时期本地学校教育的发展，闽籍仕潮官师在其中发挥了重要作用，他们不仅尊韩倡教，且在本地传播闽学。而韩学和闽学在潮州的融汇，不仅促使儒家文化成为本地的主流文化，同时亦为明清时期中华文化分支之一的潮汕文化的最终形成奠定了较为坚实的基础。

第一节 学校教育

大力倡办学校教育，是此时期中前期仕潮官师在本地推行儒家文化的第一步。但由于国家政策、本地教育长期落后及其他相关因素的制约，本地学校教育的兴起实经历一较长的过程，直到南宋以后各级各类学校方大体齐备。在这一过程中，仕潮官师的积极筹措、组织，功不可没。

一 学校教育的兴办

（一）儒学

1. 宋代的州学

大体上经历草创、频繁迁建的北宋和稳定发展的南宋两个时期。现就基本材料，征引于下。《永乐大典》卷5343《潮州府一·学校》引《三阳志》"宣圣庙"条载：

> 按旧图经云，州学自宋以来凡六迁。初建夫子庙于治城南址，庆历间立学于东江之湄。先是陈文惠公咸平二年倅潮，其《修学记》曰，郡之西郊先有夫子庙，于侯九流徙于郡治之前。以是考之，则知庙亦屡迁。始者庙、学犹未联属，绍兴间徐侯璋迁于今地，庙学始并立焉。

同上"学舍"条引《三阳志》载说：

> 潮自有郡以来，与学并置，世代更革，莫究其所。……按徐师仁《创学记》云：学舍旧在西湖，阴阳皆以为不利。元祐中，王侯涤虽有迁徙之议，病其难而未暇。王公大宝《迁学记》云：潮之学凡四迁，庆历中建学于东江之湄，元祐四年徙于西山之麓，七年迁州之巽维。按旧图经云，建炎初元，有旨罢神霄宫，其宫故广法寺也。明年方侯略即宫为学。四年缁流请复旧刹，且愿增治故学，张侯思永两复其旧。绍兴二年学火①，越四年，徐侯璋乃迁于今地，至周侯昕实克成之。

据上述资料，下面着重探讨三个问题：

（1）宋初州学基本状况

与上引第一段材料的看法不同，笔者认为宋初本地州学最早曾有过一

---

① 接下原文有小注云："秦唐辅《记》云十年，《旧图经》云八年，今从刘昉记。"

段"庙学联属",或更具体一点说是借庙兴学的过程。咸平间陈尧佐在潮州通判任上,曾撰《修学记》,但从上《三阳志》所引已逸《记》文的仅存内容来看,只及文庙的迁建而不言学。自现有记载来看,咸平间本地也别无修学的记录,而陈尧佐在潮州任上,确有修庙兴学之实政,史载,(尧佐)"至州,修孔子庙,作韩吏部祠堂,率其民之秀者使就学"[①]。其他相关文献也不载自本州归入宋版图后至咸平前另有独立州学的存在。而事实上,本地一些志书早就视于九流、陈尧佐迁建孔庙与兴学为同一事[②]。

据学者专门研究,学校与孔庙的结合,自南北朝后期成为一种趋势,至唐代已发展成为中国学校教育的一项基本制度[③]。但经历五代战乱和社会变迁,这一制度遭到破坏。其具体情形正如王安石所说,是"四方之学者废而为庙"[④],"庙事孔子而无学"[⑤]。而当宋王朝建立,并以兴学育才相号召时,"即庙兴学"就成为一种权宜,甚至为时尚,如太平兴国七年(982)泉州守孙逢吉"即庙建学"[⑥],太宗雍熙二年(985)知睦州田锡,"即庙兴学"[⑦]。景德三年(1006)"诏天下诸郡咸修先圣之庙,又诏庙中起讲堂,聚学徒,择儒雅可以为人师者以教焉"[⑧]。正是在上述背景下,于九流、陈尧佐在潮州的即庙建学,不但成为可能,且也是顺应时势之举。

不过,自宋初全国学校兴建的历史实际来看,当时的即庙兴学,包括上所援引的景德诏令,似还不能完全看作对隋唐庙学制度的恢复,因一直到庆历四年(1044),诏令明确规定"若州县未能顿备,即且就文宣王

---

① 《续资治通鉴长编》卷49。
② 自目前所能看到(嘉靖)《潮州府志》以下皆如此,如《(乾隆)潮州府志》卷24即称:"学宫相传旧在西郊,宋咸平中徙城南。"
③ 如高明士:《唐代东亚教育圈的形成》(台北"国立"编译馆1984年版),就有如此看法,而李国钧、王炳照总主编,乔卫著《中国教育制度通史》(第三卷,宋辽金元,山东教育出版社2000年版)亦称"文宣王庙在唐代开始遍设于各地州郡,这些文宣王庙既是当地举行祭孔活动的中心,同时也是各地进行纲常伦理教化和文化知识教育的中心。从唐代以来,大部分州郡或即庙立学,或循左庙右学的格局经办本地区的学校"(原书第26页)。
④ 王安石:《慈溪县学记》,《临川先生文集》卷83,《四部丛刊初编》本。
⑤ 《繁昌县学记》,《临川先生文集》卷82。
⑥ (弘治)《八闽通志》卷44,下册第21页。
⑦ 《宋会要辑稿》"崇儒"2之3,第2189页。
⑧ 《宋蜀文辑存》卷24《华阳学馆记》。

庙，及系官屋宇"①中办学；一些地方志，对"未能顿备"有更具体的解释："若民力未及，许姑就孔子庙，或系官屋宇。"②所谓"民力未及"，所谓"姑就"，显然是说"即庙兴学"为权宜之计，一旦财力应允，自然还应另起炉灶。这应是北宋中期以后，包括潮州在内的全国很多地方官学重建、重修的基本原因。

（2）州学正式建立的时间

前引《三阳志》中的两段材料均说，庆历间（1041—1048）"立学"或"建学"于"东江之湄"。这应是宋代潮州州学正式建立的时间。一方面"立学""建学"，不见于此前有关文献记载；另一方面，从全国来看，自仁宗即位初至明道、景祐，特别是庆历四年（1044）前后，是宋政府大力推进地方州、县建学的重要时期。如与潮州比邻的漳州州学"宋庆历二年肇建"③；近邻吉州"其年（庆历四年）十月，吉州之学成"④；虔州"庆历中，尝诏立学州县，虔亦应诏"⑤等。于是在当时的形势下，潮州官员便组织民众正式在韩江边上建立州学。

（3）元祐之后州学的迁建

依据前引资料，元祐以后州学经历多次迁徙：元祐四年（1089）徙于西山之麓，七年（1092）迁州之巽维，建炎二年（1128）以故广法寺为学，四年（1130）复学于北宋故址（即所谓州之巽维），徐璋"乃迁于今地"。现对以上迁徙所涉及有关史地问题略作说明："西山之麓"，即"湖山之麓"。这一点既可以印证于前引第二段材料"学舍旧在西湖"的记载，也可以自王大宝《放生池记》以西山指称湖山而得到说明⑥。所谓"州之巽维"，巽维是指《周易》后天八卦方位中的东南，所以乾隆《潮州府志》及光绪《海阳县志》等直接载为"州治之东南隅"，此乃元祐七年之后，也是北宋后期的州学学址⑦。广法寺即州城南厢一里，"今地"

---

① 《宋会要辑稿》"崇儒"2之4，第2189页。
② （淳祐）《三山志》卷9《诸县庙学》，《宋元方志丛刊》本，中华书局1990年版。
③ （弘治）《八闽通志》卷45，下册，第32页。
④ 欧阳修：《吉州学记》，《欧阳文忠公文集·居士集》卷39。
⑤ 王安石：《虔州学记》，《临川先生文集》卷82《记》。
⑥ 《潮汕金石文征》（宋元卷），第97页。
⑦ 真德秀《潮州贡院记》中所说之"郡地之东有曰登云坊者"，认为其地为北宋州学旧址。

即州城内东北隅，此也元明以下路、州学所在地，从此不再变迁。徐璋最后一次迁址的原因，是所谓的"学火"，刘昉《修学记》载因黎盛之乱而生①。但称黎乱发生于绍兴二年（1132），与史籍多指称此事件发生于三年（前见"潮州寇乱"一节）不同。又，徐璋知潮在绍兴十、十一年，此与前引资料中所说"学火"后"越四年徐璋乃迁于今地"的说法不合。乾隆《潮州府志》称"学火"发生在绍兴八年（1138），应是据《三阳志》所转引之旧图经。若这种说法可靠，则与上"越四年"徐璋迁建的说法吻合，但黎乱与学火的发生不再存在因果关系。

无论如何，经徐璋的迁址及庙学的合一，宋代潮州州学遂进入第二个时期，即稳定发展、建设时期，绍兴中、后期州学的基本设施和布局如下：

> 学之中门，御书阁，其上诸职事位于两胁。讲堂中峙，名曰"原道"。堂之后，直舍在焉。翼以正禄位，斋舍旁列于东西②。

以上设施和布局实际上是在一个较长时期内逐步完成和确定的。如御书阁由绍兴二十一年（1151）知州章元振始建③，是州学的藏书空间，为宋地方学校中较常见的一类设施。如福州州学有"九经阁"④，漳州州学有御书、经史二阁⑤等。讲堂是州学最基本的教学设施，理应于迁建初就当具备，但乾隆《潮州府志》也称由章元振建，实际上章氏很可能是重修。斋舍为生员起居场所，迁建初也当草创，但由于淳熙（1174—1189）末年以后，生员人数增加，如据《大典》卷5343《三阳图志》"学廪"条载，"养士旧额百有二十人，丁侯允元增五十人，今增至一百八十人。遂为定额"，致使旧舍难容。当然还有经历年久、原舍破损等因，故而知州丁允元创六斋，林嶧再辟二斋⑥，合称为"八斋"。除上述设施以外，公

---

① 《三阳志》"宣圣庙"条引"绍兴二年，黎寇猖獗，学当其冲，焚荡殆尽"，载《永乐大典》（潮字号），第69页。
② 《永乐大典》（潮字号），第73页。
③ （乾隆）《潮州府志》卷24《学校》称"经书阁"。
④ （淳祐）《三山志》卷8《庙学》。
⑤ （弘治）《八闽通志》卷45《学校》，下册，第31页。
⑥ 《永乐大典》（潮字号），第73—74页。

厨为师生饮食所必需，故"其来旧矣"。至于其他辅助设施和建筑，如直舍、射圃和采芹亭等，也都非一时所成①。由于庙学的联属、合一，文庙事实上就是州学的祭祀空间。绍兴以后，其也经历不断兴替、完善的过程，基本设施有大成殿、两庑、仪门、棂星门、牲室等。值得注意的是绍兴以后州学与文庙联属之后，在空间上均有相对的独立性，不类同时期其他州县庙、学空间的完全相融②。

2. 元代的潮州路学

宋元之交的战火，"庙学乐器、祭器、祭服，悉付一炬"③，州学遭到毁灭性破坏。潮州路学自开始重建，至一切完备，费时长达半个世纪，前后经十数位官员的精心筹划组织，不少人还捐出俸金，以弥补费用之不足，其大概情形是：至元二十一年（1284）路总管丁聚命郡人林元煜、王伯老同摄学事，由郡学正张智甫董役，"遂辟草莱，异瓦砾，构讲堂十斋"，初步建立路学，但"文庙犹未有也"④。至元二十九年（1292）初路总管府同知王宏买下五虎之一陈昱旧宅，聊作文庙正殿⑤。同年五月肃政廉访使张处恭巡察至潮，"为门（指仪门）之间七，为庑之间二十有四。厨湢庾藏无不具，栋梁榱桷无不饰，配祀像设无不藻绘缔绣"⑥。后又经元贞二年（1296）教授虞士龙的进一步整治，至大四年（1312）学正朱安道、教授朱深道等，又增置祭、乐器及整顿文庙祭奠乐礼等⑦，至此，路文庙规制已臻完备。可是，文庙大殿原由改造陈昱旧宅（有说为陈氏歌舞厅者），"以制度失稽，木久且蠹"⑧，特别是前一点，不论是巡视入潮的上一级主管官员，还是本路官师都觉未妥；另者，元代尚右，而文庙原处学左，故而"诸生因请迁庙于右，以尊圣人之居"⑨。在上述背景下，自天历二年（1329）起，到至顺二年（1331）先后在路判官小云

---

① 详细情况，参见本节所附表1《宋元潮州官师儒学建设一览表》。
② 如汀州州学，嘉熙二年（1238）郡守戴挺、教授张实甫就以"学庙混处非宜"，而另行改建。见（弘治）《八闽通志》卷45《学校》，下册，第36页。
③ 《永乐大典》（潮字号），第71页。
④ 同上。
⑤ 同上。
⑥ 熊炎：《重建文庙记》，《潮汕金石文征》（宋元卷），第243—245页。
⑦ 《永乐大典》（潮字号），第71页。
⑧ 刘贡珍：《续石柱记》，《潮汕金石文征》（宋元卷），第278—279页。
⑨ 同上。

赤海牙、路总管王元恭等人的策划、组织下，由教授李复、刘贡珍董役，对路庙学进行全面的改建、整修，工程主要包括：重建大成殿于学右；建大殿东西从祀两庑及重塑祀像，整修棂星门、泮池、桥道等；改原大成殿（陈昱宅）为明伦堂；造祭器、乐器二库及厨房等辅助设施；扩建生员斋舍；整治路学周边环境。因前民居环依庙学，致使后者"逼近污秽，甚为亵渎，前政未有能去其不便者"。王元恭"喻居民撤其室庐，以地还学"，并"新筑粉墙八十余丈"，围之①。至此，"历五十余年，而潮之庙学始大备"。不过，此次大整修后，仍有续之者。据载：

  潮学迩年殿宇堂陛，前后教官相继修造，整整可观。奈灵星门以木为柱，再易再蠹；明伦堂本夫子旧殿，日久栋桡，几至颓倾；两庑从祀遮阳未备，书楼一翼朽折；教授司厅一所废甚。教授三山郑晖自到任来以学校为心，一一扶倾起废：立灵星门以石柱者六，易明伦堂以新柱者五，教授司厅、书楼一翼、从祀遮阳，并手偕作，已见完成②。

自这段材料所记来看，应属王元恭整修路学以后事，因郑晖其人事迹失考，具体时间尚不能确定。

3. 县学

潮州所辖三县，在宋代各建儒学。但或者是受到政府学子200人以上方能"更置县学"的限制③，立学时间都比较晚。其中海阳县稍早，但具体设立时间不详，仅知原址在州治西边，"附州学右"④，后知县陈坦迁建于府治之右⑤。揭阳在宋代设县最晚，立学却早于潮阳，据载为绍兴十年

---

① 刘贡珍：《续石柱记》（《潮汕金石文征》（宋元卷），第278页）、《永乐大典》（潮字号，第72页）相关记载以及吴澄《潮州路重修庙学记》，《潮汕金石文征》（宋元卷），第280—283页。
② 《永乐大典》（潮字号），第76页。
③ 《宋会要辑稿》"崇儒"2之4。
④ 卢蔚猷修，吴道镕纂：（光绪）《海阳县志》卷19《建置略三·学校》。
⑤ （嘉靖）《潮州府志》卷2《建置志》。陈坦任职年代不详，（光绪）《海阳县志》卷19《建置略三》等系其迁建县学于"绍兴中"；卷33《陈坦传》称其"元符中任海阳县事"。但传文涉及宋室南渡后，"连岁用兵军储告匮，坦抚民输课，境内敉宁，时邑学附府学西偏，坦揖捧重建于府治之右"。

(1140)。① 潮阳建学，在宋代始于绍定间知州孙叔谨②。

宋元战火，三县儒学均未能幸免。此后海阳遂不复建校③，潮阳县学何时恢复，今已不可考究。但从文献记载来看，先后有县尹崔思诚，始新王宫，作大成殿，监县偰立篚作戟门、两庑并绘从祀诸像。至正九、十年间（1349—1350）县尹雷杭新造明伦堂，更置斋舍④。从这些情形看来，还是较完备的。揭阳县学在元代也有重建，但具体情况已无从查考⑤。

（二）书院

书院教育起始于唐代中后期。相形之下，潮州书院教育的出现已晚了很久：一直到南宋理宗淳祐三年（1243）才有一所官办的韩山书院，数年后又增加了官办的元公书院，20余年后有民间私立书院京山书舍，元代后期本地又有一座名曰"得全书院"加入运作。本地书院的出现虽然比中原地区晚了300多年，但一经问世即在此后潮州文化教育事业中担当颇为重要的角色。

首先，韩山书院。据《永乐大典》卷5343《潮州府一·书院》引《三阳志》载：

（韩山书院）仿四书院之创，地在州城之南，乃昌黎庙旧址也。淳熙己酉，丁侯允元迁其庙于水东之韩山，其地遂墟。淳祐癸卯，郑侯良臣以韩公有造于潮，书院独为阙典，相攸旧地而院之。外敞二门，讲堂中峙，匾曰"城南书庄"，后有堂匾曰"泰山北斗"，公之祠在焉。旁立天水先生赵德像。翼以两庑，四辟斋庐，曰"由道"，曰"行义"，曰"进学"，曰"勤业"。山长、堂长位于祠堂之左右。仓廪、庖湢、井厕，靡不毕备。复拨置田亩山地为廪士之费，租入附于学库，收支董以金幕。洞主，郡守为之；山长，郡博士为之。职事则堂长、司计各一员，斋长四员，斋生以二十员为额。春秋二试，则用《四书讲义》。堂计斋职以分数升黜，一如郡庠规式。春秋二祀，

---

① （嘉靖）《潮州府志》卷2《建置志》。
② （隆庆）《潮阳县志》卷9《官署志》。
③ （光绪）《海阳县志》卷19《建置略》。
④ 林泉生：《潮阳县学明伦堂记》，《潮汕金石文征》（宋元卷），第309—310页。
⑤ 陈树芝纂修：（雍正）《揭阳县志》卷2《学校》。

则用次丁，郡率僚属以牲币酒礼献，工歌东坡祀公之诗以侑之。此书院创始之规模也①。

"淳祐癸卯"，即淳祐三年（1243）。据上所引，韩山书院创立于知州郑良臣。设施除未提到藏书空间，可能是营建之初，暂缺不备外，其他如讲学、祭祀等场所，乃至于斋庐、仓廪、庖湢、井厕等生活起居设施也都一应俱全。几年后，知州陈圭又有进一步完善之举措："捐金市朱文公所著书，实于书庄。……又刊复斋所书《仁说》于二壁"，"增塑周濂溪（敦颐）、廖槎溪（德明）二先生像，并祠其中。以濂溪持节本路，槎溪尝倅此邦，继而为本路宪帅，盛德至善，至今使人不能忘也"②。按，复斋，即陈圭父陈宓。陈宓是孝宗名相莆田陈俊卿之子，字师复，号复斋，早年师从朱熹，也是闽学名流。

大概是由于风剥雨蚀，在郑氏创建和陈氏进一步完善20多年后，书院"藩夷檐缺，横者植者俱敝，凛凛若将压焉"，时任通判、摄郡事林式之遂组织发起该书院历史上第一次整修工程：

（林式之）捐俸金四十两，命堂长林震曾董其役。凡室之材，无分巨细，摧折者易之，腐缺者补之。楹之础，高至数尺。去瓦之敝，重复一新。自门堂斋庑，至于庖湢，与外之九贤堂，皆完且固。仲春始事，首夏讫工③。

自上记载来看，修复工程并不算大，所费时间也不很多。但林式之摄郡事已在度宗咸淳五年（1269），时宋祚将尽，举国动荡，林氏及其僚属能有斯举，实属不易。

至元十五年（1278），韩山书院及附近亭台，均毁于战火，所谓"至元戊寅兵火后厅院无遗"④，直到至元二十一年（1284）广东宣慰副使月的迷失及潮州路总管丁聚重建韩山书院，院址仍在宋代书院之旧址（州

---

① 《永乐大典》（潮字号），第87—88页。
② 同上书，第88页。
③ 林希逸：《潮州重修韩山书院记》，《潮汕金石文征》（宋元卷），第207—208页。
④ 《永乐大典》（潮字号），第88页。

图4-1 吴澄撰《潮州路韩山书院记》
（局部，由吴榕青先生提供）

城南七里）："即庙之旧址，为先圣燕居。先师兖、郕、沂、邹四国公侍，而韩子之专祠附。"但因乱离初定，百废待举，故"书院仅复，规模隘陋，营善多缺"。至顺二年（1331），王元恭扩建韩山书院，"命山长陈文子计其费，爰撤旧构新"。由海阳县长忻都、山长陈文子、直学郭宗苏董理此事，遂填池建堂、匾曰"原道"。"两庑辟斋舍，馆诸生，日食之供有庖，岁租之入有廪，教官之寝处，祭器之贮藏，一一备具，宏敞壮伟，倍加于前。"[1] 完工后，由著名学者吴澄撰《潮州路韩山书院记》记之，是为本地元代碑刻中之珍品。但二十余年后，也就是至正十二年（1352），韩山书院又毁于火，"遗址鞠草，名存实亡也"。二十七年（1367）路总管王翰"相其地，非礼法之所，乃毁城西大隐庵而迁焉"[2]，王翰的迁建自然是元代韩山书院的最后一次复修。

---

[1] 以上所引，均据吴澄《潮州路韩山书院记》，《潮汕金石文征》（宋元卷），第283—284页。

[2] 刘嵩：《重建韩山书院记修》，《潮汕金石文征》（宋元卷），第313页。

其次，元公书院。淳祐九年（1249）潮州知州周梅叟为纪念先祖周敦颐而创建。周敦颐曾于神宗熙宁四年（1071）以广东转运使提点刑狱，行部至州并留有墨迹。梅叟创办书院情形，当初曾由南恩州知州黄必昌作《记》述之，惜不传，幸《三阳志》"书院"条有载述：

> 于是为立书院。相攸郡庠之西，割教官公庙之半，砌石为桥，堂曰"遵道"。山长、堂长位于祠之左右。其外敞二间，扁曰"明通""公溥"，皆侯笔也。斋庐有四，曰"中""正""仁""义"。祠曰"光风霁月"。……命直学许希闵等董役，规模与韩山书院钧①。

因是初创，有关设施难于同时齐备。如"祠堂逼于行衙，湫隘，行礼无所容"②，宝祐二年（1254）前后知州陈炜予以拓展。

宋元鼎革，元公书院奇迹般地逃过厄运，幸存下来，暂充地方庙学。二十九年（1292）路学建立后，元公书院在路总管陈祐主持下得以恢复办学，两年后，也即至元三十一年（1294）广东道儒学提举熊炎委托山长张圭英、石国珍董理元公书院的整建工程，于是：

> 乃勤垣墉，乃涂墍茨，乃立祠像。不逾旬月，欠者悉备。于是祠堂之间五，讲堂之间三，翼列四斋，前峙门庑，复旧观而新之，视旧有加焉③。

而在至顺间王元恭出任路总管时，针对元公书院前"民居杂蹂，污秽亵渎"，实施拆迁清理；又"环以粉垣，仍改创两庑，粉饰正堂，轮奂可观矣"④。

又，京山书舍。由潮士胡申甫创建于咸淳五年（1269）。本地方志失载，唯林希逸有《潮州海阳京山书舍记》对之有颇为详尽的描述：

---

① 《永乐大典》（潮字号），第89—90页。
② 同上书，第90页。
③ 姚然：《重建元公书院记》，《潮汕金石文征》（宋元卷），第246页。
④ 《永乐大典》（潮字号），第90页。

第四章 宋元潮州的教育与学术

> 戊辰夏自京南归,道溪上,(申甫)袖其图谒记于余。挹其容,谦恭而尚德者也;听其言,质实而务学者也。即图而观,则前凿方池,涵光浮碧,为梁如砥,门曰桥门,此书舍所由入也。其间轩豁夷旷,百步而赢,两旁为列屋,离而远之。于是杰栋危檐,势欲骞翥。匾以四字,烨如也。华扉洞启,唅唅潭潭。论堂正中,夹以修庑,东曰"观善",西曰"会文",是为师友往来讲切问辩之所。四斋隅置,则弦诵者居焉。最后耸以三祠,安定左而昌黎右,瞻仪肃肃,俨我圣师。其规模甚广也,其位置甚严也。君又以其面势语我曰:"书舍之外,三峰参前,二水环抱,京山峨峨,如坐屏障。前后柱百有四十,皆砻石为之。……"余虽未及一见,已知为南州伟观矣。[①]

从《记》文观之,此书舍虽出于私人所创,但设施之齐全、规模之宏大,并不在两所官办书院之下。不过,截至目前,有至关重要的两点不能核实:一是在州志或海阳县志中,根本无京山之名;二是创建人进士胡申甫也无此人。[②] 有趣的是,被这件盛事所鼓舞的林希逸"虽未及一见",不但应胡申甫撰写了《书舍记》,同时或在此后不久还写下《寄题京山书院,胡兄申甫新作,祀文公与安定》诗,从前由黄挺先生发现,自《竹溪鬳斋十一稿续集》中录出,附在《潮州海阳县京山书舍记》跋文中。诗曰:

> 天南胜处是京山,精舍新成数百间。柱石规模何整整,衣冠人物想班班。昌黎教法依然在,安定家老喜复还。受用不穷书富贵,吾侪本领学曾颜。

"京山书舍"祀宋代大儒胡瑗(993—1059),其深意林希逸《记》说是"遵其姓所出"。无论如何,南宋末期或元代本地是否真正存在过一所名曰"京山书舍"(或"京山书院")的私人教育机构?至今仍不能判定,这个问题实可称得上宋元潮州教育史上的一桩悬案。

除韩山、元公书院外,根据欧阳玄《赵忠简公得全书院记》,南宋末

[①] 《潮汕金石文征》(宋元卷),第211—212页。

[②] 同上。

年在故相赵鼎祠堂的基础上,还建有得全书院。但这件事情似还需要进一步考实:一则观欧阳玄《记》所说原本就较为含糊。文说赵鼎安置潮州期间,曾自匾所寓之堂为"得全",后再遭斥他去,"潮人慕之不忘,堂存如新,尔后祠之于堂。有司因民所欲,视书院仪,岁时遣官献享。迨嘉泰初,忠简之孙谧为潮守,淳祐中陈圭典郡,咸增葺焉。宋祚讫而书院废"①。体味其言,在宋代"得全"很可能只是赵鼎的祠堂。即使收徒课生,所行也当十分有限。二则核之潮州地方志书,似都不能明确得全在南宋末年曾被建为书院。《大典》卷5343《潮州府·祠庙》引《图经志》及《三阳志》所载宋元潮州与赵鼎祭祀有关的设施共有三处:即名贤坊第三街的"赵丰公鼎祠堂"、光孝寺之左的"二相祠堂"(祀唐李德裕和宋赵鼎)和地处少微坊为赵鼎故居改作的"得全堂"。三处中被指认后来建为书院的是"得全",观《三阳志》亦仅载说:"淳祐丙午,陈公圭拨钱重修祠堂,具根括势家冒占园地税钱五十千足,委郡学司岁租之出入,至今香灯之奉甚整。"②可见,语尽于祠堂、祭祀,根本未及招徒授课事。

无论如何,至正二年(1342)"得全"实实在在被建为书院。这年应赵鼎六世孙赵继清之请,朝廷同意他出任潮州路推官:"继清之求外补于潮也,志固在得全。及至潮,刑清讼理,大振厥职,因以所得职廪之资,复所谓得全书院于潮城名贤坊西街之右。"③从记载来看,这座书院自设施到管理,似都比较正规,所谓"燕居祠庭,讲肄之室,垣墉门庑,灿然毕备,俾潮民之秀受业于其中。请设录事司校官,以主领之"④。

(三) 其他教育设施

除儒学和书院外,此时期潮州的教育设施还有三皇庙学以及属于启蒙教育性质的小学和私塾。

三皇庙学是元代特有的一种医药教育机构。文献载称:"国朝(指元朝)始诏天下郡县皆立庙,以医者主祠,建学制吏,一视孔子庙学。"⑤从有关记载来看,元代"初命郡邑通祀三皇"的时间是成宗元贞元年

---

① 欧阳玄:《赵忠简公得全书院记》,《潮汕金石文征》(宋元卷),第296—297页。
② 《永乐大典》(潮字号),第86—87页。
③ 欧阳玄:《赵忠简公得全书院记》,《潮汕金石文征》(宋元卷),第296—297页。
④ 同上。
⑤ 《增城三皇庙记》,揭傒斯《揭傒斯文集》卷5,上海古籍出版社1985年版。

(1295)①。潮州路三皇庙学始建年月已不可考，根据目前仅有的一种资料吴海《潮州三皇庙碑记》所载，其原址在州城澄清里，约毁于至正十二年（1252）前后，二十七年王翰迁建于州城西隅。基本设施有三皇殿、门庑、讲堂、斋舍、庖厨等。吴海《记》称：

> 潮州督守王公那木翰以书来言曰：吾郡三皇庙，旧在澄清里，毁于火十五年矣。属时艰虞，戎垒在野，郡邑失守，民莫宁居。自翰来此，招集怀附，惟民事之急，未遑及也。既二年矣，念祀典所重，循是不举，大惧失职。乃视故址隘陋，谋欲改作，既度地城西隅，合材庀工，功成有日矣。惟殿庑门庭堂室斋厨之位，悉如其旧，而制度深广加焉。闻古者官庙之作，皆有述也，子其为我记之。②

可见，《记》文对王守修废之缘起、经过和规模等述之甚详。值得注意的是，元人李孝光有《送陈杏林赴潮州医学教授》的诗作：

> 三千驿路上滩船，九品医官半百年。药市得钱添月俸，杏林收谷当公田。北书渐觉江鸿远，南食初尝海鳄鲜。不用越巫驱瘴疠，家家传取卫生篇。③

李孝光字季和，温州乐清人。至正七年（1347）以隐士受诏，出任秘书监著作郎，明年升文林郎秘书监丞，卒于官，年52岁④。上引李氏诗句不具撰年，这位出任潮州医学教授的陈杏林，本地方志也不见记载，但孝光卒年似早于王翰出任路总管之年。孝光的这首诗作，似至少可以部分印证元代潮洲路的三皇庙学在王翰修废前的若干年确曾有过正常的运作。王翰的迁建，时近元明易代，政局动荡，此举除"修废举坠，以崇祀典"的目的及恪尽职守外，当还有恢复本地医药事业、解除百姓病患的考虑。无论从哪一方面来看，都属难能可贵。

---

① 《元史》卷76《祭祀五》"郡县三皇庙"条，第1902页。
② 《潮州金石文征》（宋元卷），第316—317页。
③ 顾嗣立：《元诗选》二集卷12，中华书局1987年版。
④ 同上。

那木翰，即王翰，字用文，晚号石友山人，先祖曾籍宁夏灵武，为西夏人，故有西夏名那木翰。西夏王氏后归附蒙古，翰曾祖随西夏名将昂吉儿在江淮一带同南宋作战，因得占籍庐州独山（今安徽六合县境），至王翰时其家居徽已在百年左右①。翰16岁袭父职，领千户，"有能名"。屡官至朝列大夫、江西福建行省郎中②。至正二十六年（1366）十一月，因元政权在福建、粤东一带的实力派人物陈友定的推荐，出任潮州路总管。吴海《墓志铭》说：

> 南方屡扰，以君威望素著，表授潮州路总管，兼督循、梅、惠三州事。君请勿拘文法，至则大布恩信，以便宜罢之；兴学校，礼儒生，使民知好恶。奸凶宿孽不能煽乱，服顺若良民。

其中，所谓"大布恩信，以便宜罢之"，据《墓志铭》称，主要即赦免因欠债而逃亡的人；又"轻徭赋，简刑法，事有害于政者，以便宜罢之"。至于"兴学校，礼儒生"即大兴文治，则迁建韩山书院、重修三皇庙学者正是这方面的突出例证。

说到此时期潮州启蒙教育设施，则有官办和私设二种。前者名"小学"，潮州地方文献对其有如下记载：

> 小学，旧在舞雩亭之址。庆元己未沈侯杞所建。嘉定乙亥权郡郑震之、教官丘迪矗迁于直舍之左，既而又迁于仰韩堂之右。宝祐戊午教官赵崇郢改创焉。③

作为两宋时期学校教育中最基础的一环，小学的设置已在北宋中后期。对之，《宋史》有如下记载：

> 哲宗时，初置在京小学，曰就傅、初筮，凡两斋。

---

① 马明达：《元末潮州路总管那木翰事迹考述》，《潮汕文化论丛初集》，广东高等教育出版社1992年版。

② 吴海：《友石山人墓志》，《闻过斋集》卷5，《丛书集成初编》，商务印书馆1936年版。

③ 《〈永乐大典〉方志辑佚》，第2703页。

崇宁元年，宰臣请："天下州县并置学，州置教授二员，县亦置小学。"

政和四年，小学生近一千人，分十斋以处之，自八岁至十二岁，率以诵经书字多少差次补内舍。若能文，从博士试本经、小经义各一道，稍通补内舍，优补上舍①。

据之，小学始置于哲宗时期。教育对象为儿童，教育性质当为"诵经书字"的启蒙教育。按照宋政府的规定，州县都应设置小学，但可能是由于经费短缺，似乎当时在全国的设置并不多见（地方志中很少记载），潮州仅此一所。

除官学外，以当时潮州极为兴盛的读书风气推测，必然还存在着相当数量的私塾来承担启蒙教育和弥补官学教育资源的不足。但这种推测却得不到本地文献资料的足够支持，唯以下一些记载可以证明私塾，或私学在本地的确存在：北宋熙宁太子中舍、海阳人卢侗"曾结庐读书西湖山"，他对《易》学深有研究，自为训释，且与诸生相互讨论②；揭阳郑国翰与朱熹同榜进士，致仕后筑庄于蓝田飞泉岭，集生徒讲学其中③；海阳人陈肃，宋末避乱鮀江都，教授于莲花山等。而《永乐大典》卷5345《文章》自《三阳志》录载黄補《博陵家塾赋》，《题咏》自《三阳图志》录刘藻《蒙斋》诗④，仅自这些作品的名称上也能说明同一问题。总之，现有的资料，的确使我们无法对此时期潮州私塾、蒙学一类的民间教育设施及其运作情形做最起码的描述和评介。但从宋代本地读书人之多、对科举考试之热心，以及宋代本地风俗和文化教育对近邻福建的模仿和学习等情势度之，两宋时期的潮州理应有比较发达的私学教育。如宋代福建地区的私学教育就十分发达，如王象之称兴化军莆田县是"三家两书堂"和"十室九书堂"。南剑州（福建南平）也是"家乐教子，五步一塾，十步

---

① 以上三条，分别见载于《宋史》卷157《选举三》，第3661、3662、3668页。
② 郭春震：《潮州府志》卷7《人物志·卢侗传》。
③ 《宋元学案补遗》卷49。
④ 博陵家塾创办者及所处地点已不可知。"蒙斋"似有确指。王象之《舆地纪胜》卷100《潮州》："蒙斋，在湖山，故信安令郑沂读书之堂，有水石之胜，久废。卓玉峰、栖凤泉俱在其旁。"

一庠，朝诵暮弦，洋洋盈耳"。①

二 官师的贡献

此时期潮州文化教育能取得长足进步，本地官师的作用不可低估：

其一，此时期潮州教育设施的兴建和修废，官师身负其责，是有关建设的组织者和主持者。为切实说明这一点，根据有关资料，笔者仅以儒学（庙学）系统为例，专门编制宋元潮州官师儒学建设一览表，以供参考（见表4-1）。

表4-1　　　　　　宋元潮州儒学官师建设一览

年代	主持者	修建内容	资料来源
咸平二年（999）	知州于九流	迁建夫子庙于郡治前	1
庆历间（1041—1048）		建州学于东江边	1
元祐四年（1089）		迁建州学于西山麓	2
元祐七年（1092）	知州鲍粹	迁建州学于治东南	2
建炎二年（1128）	知州方略	建学于广法寺故址	2，3
建炎四年（1130）	知州张思永	重建州学	2
绍兴十年（1140）		揭阳县学创立	4
绍兴十至十一年（1140—1141）	知州徐璋 知州周昕	迁建州学、庙学联属	1，2
绍兴十四年（1146）	教授林霆	重整庙乐	1
绍兴中	知县陈坦	迁建县学	4，5
绍兴二十一至二十二年（1151—1152）	知州章元振 通判阮珪	重修州学	2
乾道元年（1165）	知州曾造	重修州学，重振庙乐	2，3
淳熙六年（1179）	知州朱江	新作三门，整顿庙乐	1，2
淳熙十六年（1189）	知州丁允元 教官李泳	扩建直舍，并增六斋，且重置斋名	2
庆元四年（1198）	知州林嶙	增修二斋	2
庆元五年（1199）	知州沈杞	于州城舞雩亭址，创建小学	2

---

① 《莆阳比事》卷1；王象之：《舆地纪胜》卷135《兴化军》，第3854—3855页；《舆地纪胜》卷133《南剑州》，第3809页。

续表

年代	主持者	修建内容	资料来源
嘉泰三年至开禧元年（1203—1205）	知州赵师岁	改造祭服	1
嘉定元年（1208）	知州沈埴	重建"御书阁"	2
嘉定八年（1215）	权郡郑震之 教官丘迪矗	迁建小学于直舍左	2
嘉定十四年（1221）	摄守谢明之 教授张渭叟	重修大成殿，新两庑从祀	1
嘉定十五年（1222）	知州曾噩	复修御书阁，添置祭器	1，2
嘉定十六年（1223）	教官郑璜	整理州学前街	2
	教官张渭叟	于庙学前街植槐，在大成殿东南隅营牲室	1
宝庆三年（1227）	权郡李文伯 教官陈宣子	修孔庙围墙，立华表，创射圃	1
绍定元年至二年（1228—1229）	知州孙叔谨	捐俸重修斋舍、重架孔庙、牲室，旁砌护墙；捐金造祭器，以士人充雅乐校正，增修海阳县学，创建潮阳县学	1，2，4，6，7
	教官陈宣子	创射圃	2
淳祐三年（1243）	教官林经德	捐俸重修御书阁	2
淳祐六年（1246）	知州陈圭	捐金改造祭服，重修原道堂，重修潮阳县学	1，2，7
宝祐二年（1254）	教授吕大圭	重建宣圣庙两庑，以石易棂星门柱及大成殿桥，改造祭器、祭服	1
宝祐三年（1255）	郡博士许梦炎	重修直舍	2
宝祐六年（1258）	教官赵崇郹	增修采芹亭，改建公厨，射圃，更灵星门木柱为石柱，改创小学	1，2
宝祐、开庆间（1258—1259）	知州林光世	改造祭服，整顿庙乐	1
景定四年（1263）	知州游义肃 教授黄岩孙	重建大成殿，易木柱以石。重修仪门	1

续表

年代	主持者	修建内容	资料来源
咸淳二年（1267）	知州牟㴨、教官赵良硅、薛横飞	重修州学八斋、直舍、公厨	2
至元二十一年（1284）	路总管丁聚、郡学正张智甫等	重建郡学，构讲堂十斋	1
至元二十九年（1292）	总管府同知王宏	购买陈昱（陈五虎之一）旧宅，作文庙正殿	
同年5月	肃政廉访使张处恭、郡人郑必大	全面建设文庙，并置潮阳田400亩，名之曰"新庙田"	1，
元贞二年（1296）	教授虞士龙	整修文庙	
至大四年（1311）	教授方时发	捐金造祭器	1
皇庆元年（1312）	学正朱安道、教授朱深道等	增置文庙祭、乐器等	1
天历二年（1329年）至顺二年（1331）	路总管王元恭、路判官小云赤海牙、教授李复、刘贡珍等	对路庙学进行全面改建、整修。并创"四贤堂""见贤堂"等设施	1，8
	教授郑晖	更换棂星门、明伦堂柱，修葺破损屋舍等	1
至正间	崔思诚	始新王宫（建大成殿）	9
至正六年（1346）	达鲁花赤偰立篯	作戟门、两庑并绘从祀诸像	9
至正九至十年（1349—1350）	县尹雷杭彦舟	新造明伦堂，更置斋舍	9

资料来源：
1. 《永乐大典》卷5343《潮州府一·学校》引《三阳志·宣圣庙》。
2. 《永乐大典》卷5343《潮州府一·学校》"学舍"条引《三阳志》。
3. 陈余庆：《重修州学记》，载《潮汕金石文征》（宋元卷），第103—105页。
4. （嘉靖）《潮州府志》卷2《建置志》，影印本。
6. （光绪）《海阳县志》卷19《建置略三》。
7. （隆庆）《潮阳县志》卷9《官署志》。
8. 吴澄：《潮州路重修庙学记》，《潮汕金石文征》（宋元卷），第280—283页。
9. 林泉生：《潮阳县学明伦堂记》，《潮汕金石文征》（宋元卷），第309页。

其二，官员重视教育经费的筹措。较充分的经费保证，对于发展学校教育的重要性不言而喻。在这方面，此时期的本地官师也是发挥了不可替代的作用的。的确，本地方志中这方面资料不多，唯《永乐大典》卷5343转录《三阳图志》有所记载。如关于州学经费问题有说：

> 宋朝以来，庠序大兴，教养日盛，州拨田隶于学，岁入以充廪饩。其见于旧图经只云元祐间王侯涤尝少增其数，而多寡俱莫可考。自曹侯登而后，所拨之田，具载于籍。养士旧额百有二十人，丁侯允元增五十人，今增至一百八十人，遂为定额。岁当大比，外增二十人，自曾侯汪始，每科郡二百阡，以助其费①。

时官学学廪，主要是以学田的形式拨给，即"州拨田隶于学，岁入以充廪饩"。《三阳图志》于上引文字下，出具北宋元符间（1098—1101）至南宋景定间（1260—1264）共计15位郡守拨给州学的学田数据。所谓"赡学田租，今始录旧数，仍续其所未载者"。15位郡守是曹登、黄定、丁允元、张用成、沈宗禹、林嶫、沈杞、赵谧、张镐、黄定、陈憺、孙叔谨、叶观、陈圭、游义肃。载录数据涉及学田（有一些为地租钱）原产主、所处地段、田亩数、容种数及租额等。从所拨种类观之，除一般耕地外，还有荒田、未垦田、荒山等。

宋元易代，原官府拨付学田租额遭受重大损失。文献载述说："兵火后，赡学田土山簿契无存，税额亏损，或为豪右所瞒、僧家所占，又否则为富者扑佃其租。入学者仅得十之一二耳。"② 不过，一些官员仍留心教育经费问题，继续给予一定的支持。《三阳图志》"学廪"接着说："至元甲午，宪使张公处恭分治来潮，以修学余资买潮阳韩奕等田四百亩，计收租四百石。其田段俱在碑阴。续置田三十三亩七分，该收租谷陆拾石，以为修葺庙学之费。外有贡院地基及学左右地租钱，该钞四锭有奇。"接下来，《三阳图志》详细地载录了有关田产之处所、田界起止、租额以及泰定间利用租钱新买田产等情。

---

① 《永乐大典》（潮字号），第77页。
② 同上书，第80页。

有关书院经费的筹措情况，文献对元公、得全所载很少。如关于元公书院的，仅有载说"书院旧有田，暂为浮屠氏所据，又安知他日青毡之不复？"①又，关于得全书院，文献仅载南宋"淳祐丙午，陈公圭拨钱重修祠堂，具根括势家冒占园地，税钱五十千足，委郡学司岁租之出入。至今香灯之奉甚整"②。相形之下，文献对韩山书院经费情形所载颇为详细：在其创立后的几年，陈圭就曾"拨钱一千五百贯，置田益廪"③。而《三阳志》"韩山书院廪田"一项，载该书院学田是由三任知州郑良臣、林寿公、陈圭拨置或捐俸购置的，共计26项，详载原产主或为百姓，或为没官绝户，还有韩庙田产等。吴榕青先生曾据之折算，得出韩山书院每年的租金收入可达800贯足以上④。

除拨付田产、公费助学外，官员经常自捐俸金，改造房舍，添置器物。这些官员中有州、路的主要负责人，如说"笾豆尊俎，凡三百有奇，孙侯叔谨捐金修之"；又说，"绍定改元，孙侯叔谨以上达、汇征、崇志、兼善四斋颓剥日甚，捐俸重创，规模宏敞"；"祭服更制于赵侯师岊，岁久多弊。而分献官之服尤甚，陈侯圭以其勿称，淳祐丙午仲秋捐金改造"；"原道堂，岁久栋桡，累经补葺，罅漏随之。淳祐丙午，陈侯圭捐俸鸠工，撤其瓦桷而一新之"；至顺辛未夏，路总管王元恭对路庙学再次进行大修整，因"其费浩大，学廪莫供，王侯捐己俸钞九锭，又率官吏各捐俸以助焉"。⑤也有巡按至潮的上级官员，如说："明年庚午春正月……会宪佥任公仲琛巡按来潮，乃率官吏捐俸，儒人助金以为费。"⑥还有身为学职或教官的人，如说"至大四年，教授方时发捐己钞一百三十二锭，造祭器二百二十四件"；又如"御书阁……年深屋老，覆压是惧。淳祐癸卯教官林经德捐己俸，学职生员相率助金，撤旧而新之"⑦。从上所载不难看出这些官员强烈的使命感和责任心。

其三，宋元时期本地主要官员对于学校教育的贡献，还表现在他们对

---

① 姚然：《重建元公书院记》，《潮汕金石文征》（宋元卷），第246—248页。
② 《永乐大典》（潮字号），第86—87页。
③ 《永乐大典》卷5343《潮州府一·书院》"韩山书院"条引《三阳志》。
④ 吴榕青：《宋代潮州的书院》，《岭东文史》1998年第4期。
⑤ 以上分别见《永乐大典》（潮字号），第70、74、70、74、72页。
⑥ 同上书，第72页。
⑦ 同上书，第71、74页。

学校教育具体环节的参与。如说：曾造"其于燉奖士类，尊崇学校，尤切致意。学有颁赐《大成乐》，皆他郡之所无有，久废而不讲。公之始至，乃命生徒肄习乐章，释奠举而用之。……公与诸生仰登俯降，周旋揖逊乎其间，使在庭之人，竦观动听，皆知贤邦君之将以礼乐化导此邦也"①。又如说："陈侯圭以复斋嫡嗣来守是邦，尤切加意。春秋课试，亲为命题。讲明《四书》及濂洛诸老议论，以示正学之标的。"②

第二节 科举人才

作为此时期潮州推行学校教育的一种成果和重要体现，宋元，特别是两宋时期潮州人才辈出，他们中的绝大多数正是通过科举走上仕途，且以良好的素养和卓越的才干成为本地、岭南乃至全国的著名人物。本节将对这方面的情形进行论述。

从对学校教育的重视和大力推动来看，本地元代的官师同样也很卖力，可是，由于众所周知的原因，如元代开科时间很晚，进士录取名额很少，对南方汉人实行更为严厉的民族歧视政策等，致使这种人才在此时期的潮州已难觅踪迹。而相形之下，在科举正途无法走通的大背景下，不少人却通过荐辟进入仕途。

一 宋代潮州科举取士之盛及其原因

宋代本地科举取士之多相当突出：考取正奏进士95名，特奏进士45名，总计140名。这是一个骄人的数字，它反映了本地科举史上的一段辉煌。首先，它是空前的。韩愈《潮州请置乡校牒》说："此州学废日久，进士明经，百十年间不闻有业成贡于王庭、试于有司者。"其实，即使在元和韩愈兴学之后一直到宋初的一个半世纪多的时间里，韩氏所说的"不闻有业成贡于王庭、试于有司者"的状况依然没有改变。对于一个远离王朝政治、经济、文化中心的边僻之区，本地文化教育落后状况的改变，必须要有地方官员持续不懈的努力；科举人才的出现，特别是较多的产出也只能是在民众文化水平普遍提升的情况下方有可能。

---

① 陈余庆：《重修州学记》，《潮汕金石文征》（宋元卷），第103—105页。
② 《永乐大典》（潮字号），第88页。

宋代本地学子于科举考试所取得的成绩不仅是空前的，即使与其之后的明代相较也并不逊色。如据吴颖《（顺治）潮州府志》卷5《科名部》所载统计，明代潮州共考取进士159人。显然，仅从统计数字来看，宋代确有差距。可是如果把以下因素计入：宋代只是潮州经济开发、文化教育起步的初期，北宋潮州绝大多数时间仅领2县，南宋领3县；而明代潮州已进入全面发展时期，明初潮州即有4县，到中后期辖县多至10县，甚至11县；辖区包括梅州的明代潮州也比宋代潮州地域辽阔，人口总数也相差数十万。如此，再来审视宋代和明代科举得人的数量，应该认为宋代的差距实际上并不大。

宋代本地科举取士之盛，还可以通过本地与同时期广南东路其他州郡的比较得到切实的说明。为此，笔者编制《两宋广南东路各州郡正奏进士人数表》（见表2），从中可以看到两宋时期潮州在广南东路诸州郡中获得正奏进士资格的人数北宋第一，南宋第二，南北宋获取进士的总人数仅次于广州。可是，如果将广州自秦汉以来就一直是岭南开发的排头兵，宋代更是广南东路的政治、经济、文化中心，其地域、人口及辖县都大大超过潮州这样一些客观因素考虑在内，则潮州士子在科举考试中所交出的这份成绩，确实应该说是非常优异的。

表4-2　　　　　　两宋广南东路各州郡正奏进士人数

州（府）别	北宋	南宋	总数	州别	北宋	南宋	总数
广州	25	107	132	高州	2	3	5
潮州	36	59	95	南恩州	2	2	4
韶州	26	22	48	康州（德庆府）	2	2	4
南雄州	14	28	42	封州	2	1	3
惠州	10	22	32	英州（英德府）		2	2
循州	5	20	25	化州		2	2
端州（肇庆）	3	16	19	梅州	1		1
连州	10	5	15	新州			
雷州		8	8				
合计	北宋：138名；南宋：299名。两宋共计：437名

说明：

1. 有关宋代广南东路进士群体名录，现存文献以嘉靖间戴璟《广东通志初稿》为最早，但属草创,不免纰缪;此后不久,较为完备的黄佐的《广东通志》问世,本可信据,但因我们能看到的目前只有香港大东图书公司的影印本(1977年)。此本所载进士名录照例以表格形式呈现,表格中所刻进士籍贯文字,字形原本就小,加之岁月浸久,字迹模糊不清,许多已难以辨认。这里,笔者以万历间郭棐《粤大记》卷4《科第·宋代进士》为基本依据,同时参考黄佐本,进行统计和表格编制。

2. 任何文献都难能尽善尽美,《粤大记》自不能例外。如所载《宋代进士》名单中的第一个"周渭",撰者标注籍贯为连州人。可《宋史》卷304《周渭传》所载周渭的身世、官职、事迹与《粤大记》全合而署籍为昭州恭城人。诸如此类,笔者统计时自然予以剔除。

3. 了解中国科举史的人,应该对中国方志文献中较普遍存在的科举士子名单的增益现象不会陌生:时间越靠后,增益越严重。如宋代潮州进士名单,本地志书现以(嘉靖)《潮州府志》卷6《选举志》所载为最早。据之,宋代潮州正奏进士95人,而到(顺治)《潮州府志》卷5《科名部》就已增加为101人,至(道光)《广东通志》卷66《选举表四》所载就又变成108人。自宋代广南东路各州郡来看也是如此,如表4-2我们据郭棐(万历)《粤大记》统计北宋广南东路(为便与今广东辖区对应,笔者将宋代属于广西的高州、化州和雷州三州郡纳入统计范围,而将当时为广东辖区、今则属海南的有关人员数字减除)中的人数为138人,南宋为299人,两宋时期共计437人。而方志钦、蒋祖缘先生据阮元《志》统计则北宋为189人,南宋为377人,共计566人,是比郭棐《粤大记》所载多出近130人。鉴于后来之增益,多是据家族谱系等民间文献补录,其可信度令人怀疑。因此,从成书年代和史源等因素权衡,清代以下志书所载有关名单,笔者不取。

4. 本表仅列正奏而不及特奏进士,主要是考虑到通过正奏进士数据,已大体上可以反映各州郡于此时期科举取士之一斑而无须赘列;同时也鉴于所谓特奏,本来就是对一些屡试不第、年资较深的老迈举人实行免解、免省试,直接允其参加廷试,赐予科名或释褐,也即具有照顾性质,因而用这种资料来说明地方文化教育水平,笔者以为说服力不是很够。

那么,究竟是什么原因促成宋代潮州科举取得如此骄人的成绩?应该认为它是多种因素综合作用的结果。从种种迹象来看,笔者以为以下的一些方面可能是比较重要的。

首先,官师尊韩重教,营造了儒学传播的良好社会氛围,各级各类学校陆续建立,为学子的修业和科考提供了必要条件。这里所说"官师"中的"官"主要是指知州、通判和各县的县令,所谓"师",则是指州学的教授和县学的教谕。的确,对于这样一些饱读儒家经典、谙熟中央王朝统治理念、赴本地任职的人士来说,他们深知"道之以德,齐之以礼"、积极推行儒家人文教化对于治理潮州这样一个偏僻之地是何等的重要。而这一点,唐元和间刺潮的韩愈早已明确无误地指出过,所谓"不如以德礼为先，辅之以政刑也"①，而要"为先"，兴学重教就不可缺少，所谓"夫欲用德礼，未有不由学校师弟子者"。正是看到并深深认同韩愈的说法，我们看到两宋时期历届出仕本地的官师，大都热心教育，积极推行儒家文化。而既然韩愈被视为在潮首开文教的导师，又具有非凡的真诚能使冥顽不灵的鳄鱼都为之迁徙的神力，官师们则乐于动用这样一个现成的资源，高高举起尊韩重教的旗帜。从文献记载来看，以下一些官员的举措，是最具代表性的：咸平间出任潮州通判的陈尧佐首举崇韩大旗："尧佐至州，修孔子庙，作韩愈祠堂，率其民之秀者使就学。"② 陈氏之后，仁宗至和元年（1054）知州郑伸复有"文公祠堂"③ 之建；而哲宗元祐五年（1090）知州王涤卜地于州城南七里，建"昌黎伯庙"，并约请著名文学家苏轼撰写碑文，此举将潮州尊韩活动推向高潮。此后一百余年，尊韩设施屡建迭修，淳祐三年（1243）知州郑良臣于韩庙故址（州城南七里）创建韩山书院，标志着潮州韩学与理学，特别是与闽学正式的结合。

综观两宋潮州持续不断的尊韩活动，最为显著的社会效果首先应该是儒家人文价值在本地得到空前的普及，从而带动了学校的兴办以及学子对科举的积极参与。这里想着重就宋代潮州的学校教育与科举的关系做些考察。对之，首先想引述时人的看法，南宋乾道初州学教授陈余庆有如下说法：

> 潮之为郡，实古瀛州。文物之富，始于唐而盛于我宋。爰自昌黎文公以儒学兴化，故其风声气习，传之益久而益光大。绍圣以来，三岁宾兴，第进士者衮衮相望。而名臣巨公，节义凛然，掩曲江之美而增重东广之价者挺挺间出。迹其所自，岂惟山川炳灵，抑亦学校作成积习之所致也④。

陈氏将宋代潮州文化发展和科举兴盛的原因直接归结为"学校作成积习

---

① 《潮州请置乡校牒》，《韩愈文集汇校笺注》，第 3214 页。
② 李焘：《续资治通鉴长编》卷 49"宋真宗咸平四年八月壬子"条。
③ 《潮汕金石文征》（宋元卷），第 35 页。
④ 同上书，第 103 页。

第四章　宋元潮州的教育与学术　　143

之所致"是有道理的。从文献记载来看，此时期前来本地任职的官师们在尊韩的旗号下，在屡建迭修尊韩设施的同时，事实上还在用更大的热情去推进本地学校的建设。这样，进入南宋，本地各级各类学校相继建立起来，有官办州、县学4所，书院2所（韩山书院和元公书院），成为本地儒学教育的主干。受官方兴学热情感召，私人创办的书舍（书庄）、私塾之类的教育设施也不断出现，成为官学的重要补充。

　　从宋代科考制度层面去观察，此时期学校的作用也十分重要。这主要是鉴于科考听读日限的有关规定：庆历四年（1044）三月，朝廷明确规定："士须在学习业三百日，乃听预秋赋。旧尝充赋者，百日而止。亲老无兼侍，取保任，听学于家，而令试于州者相保任。"① 这项措施，使州县官学教学活动与获取科举考试资格直接挂钩。当然，大家知道，这个规定后来伴随着庆历新政的失败半途而废。此后，州县学听读日限时兴时废，没有常制。但南宋绍兴三十年（1160）正式恢复州县学听课日限："自今以举人居本州、县学满一年，三试中选及不犯罚者，州县保明给据，听赴补试。"② 自此，州县官学听读日限制度最终确立。有了这样一个制度，想要参加科考的士子就必须有一段时间在州、县的儒学中度过。这样州、县儒学就不仅是士子接受教育、获取知识的场所、机构，而且成为参加科考、走上仕途的一个必要资历和条件。其实，除了听课日限外，在王安石变法期间和徽宗朝的相当一段时期，政府断断续续还推行过以"舍法"辅助，乃至于替代科举考试的做法。上述因素都在一定程度上将学校教育和科举取士二者捆绑在一起。

　　不过，有一疑问，笔者久久难以释怀：宋代特别是南宋本地参加解试的人数非常庞大：动辄数千，到淳祐间甚至超过万人大关。无法想象，这样一个庞大人群所需要的巨大教育资源，当时潮州仅有的几所有明确限额的州、县学和书院如何能够满足？还有，文献对宋代本地私塾一类的民间教育机构记载很少，如此，这样一个庞大人群的启蒙教育又是如何完成的？

　　无论如何，正是考虑到两宋时期，特别是南宋潮州已建立较为完整的

---

　　① 李焘：《续资治通鉴长编》卷147，"仁宗庆历四年三月乙亥"条。《宋史》卷155《选举一》，第3613页，也有大致相同的记载。

　　② 李心传：《建炎以来系年要录》卷187"绍兴三十年十二月己酉"条。

各级各类学校体系以及宋国家制定有听课日限以及用舍法选举人才等制度、措施的存在，所以在相关记载不多的情况下，似仍可以推断两宋时期潮州的州学、三县的县学以及后起的书院等，一定是促成本地科举取士之盛的一个重要因素，同时也是不可缺少的一个条件。

其次，地接闽南，宋代福建教育发达，科举极盛，影响和带动了潮州。对于这一点，无须多说，唐五代时期福建经济文化的开发就已经拉开序幕，进入宋代，特别是南宋以后，由于国家政治中心的南迁，北方大量移民尤其是衣冠士族的迁入，以及地方官员持续有效的经营，福建事实上已是当时全国经济文化最发达的地区之一。如仅就本书所探讨的科举取士而言，两宋时期福建路考中进士的人数当在5000人以上，而广南东路则不及它的1/10，按照笔者表4-2的统计，还不到500人，二者的差距悬殊。潮州与这样的发达之区接壤，加之，潮州在宋代的移民主要来自福建，出任本地的官师也大部分来自福建，这就使得影响和带动有了最为便捷的途径。

又，移民大量迁入，地狭民稠的矛盾初步显现，读书仕进成为求生的一种选择。根据本地文献记载及学者的专门研究，宋代本区人口有大幅度的攀升：如北宋开宝初实际人口约135000—150000人，元丰三年（1080）达到336069—373400人，到南宋淳祐六年（1246），潮州实际人口可达到611991—679990人。本区人口密度每平方公里元丰六年（1083）是25.2人，至宋末咸淳六年（1270）已达50.6人。[①] 据之，本地人口密度在北宋元丰间已超过整个广南东路。在绍兴三十二年（1162）和嘉定十六年（1223）分别达到每平方公里人口平均16.90人和14.70人[②]，成为岭南人口密度最高的地区之一。在空前人口压力下，求生出路渐趋多元化：与选择务农、从工、经商诸行业一样，有不少人选择了读书行业。《永乐大典》卷5343《潮州府一·风俗形胜》引《余崇龟文集》载："孝宗尝问（王）大宝潮风俗如何，大宝对曰：'地瘦栽松柏，家贫子读书。习尚至今然。'"的确，从各种迹象来看，宋特别是南宋以后，本地以读书求进，已不限于仕宦或富裕阶层。"家贫子读书"，正说明普通百姓子弟也有不少选择了读书之路。

[①] 黄挺、杜经国：《潮汕地区人口的发展》（唐—元），《韩山师专学报》1995年第1期。
[②] 葛剑雄：《中国人口发展史》，福建人民出版社1991年版，第346页。

二 宋代潮州进士的行迹与品格

本节笔者将尝试梳理有关资料，力图对此时期潮州进士的行迹和政治品格给予描述、分析，目的在于尽可能多角度地观察和呈现这些士人的经历和风采。这里需要说明的是，标题中的"进士"仅在于圈定探讨的对象是最终取得功名的人，而并不妨碍我们将他们各人中举之前的行事纳入研究、审视的范围。

（一）两宋潮州进士的求学、科举之路和文化素养

前面已经指出两宋时期潮州的正奏进士已近百人，若加上特奏已有140人，队伍还是较为庞大的，可一旦实际接触有关文献，就不难发现对这些士人生平事迹确有记载，特别是有学术利用价值的记载并不多见。大体说来，仅有林从周、许申、林冀、许因、卢侗、林东美、陈希伋、刘允、张夔、刘昉、张昌裔、王大宝、黄焕国、袁焕章、郑国翰、王中行、卢顺之、许骞、姚宏中等30个左右的士人的行迹，文献上才有程度不同的载述。而他们的事迹之所以能被记载，主要是由于这些人后来都成为宋国家各级权力机构中的成员，所以，在潮州本地方志和广东省志的"人物志"部分及出仕地志书的"职官志"或"名宦志"部分中才有相应的记载。下面笔者主要是利用这类材料，依次对有关问题进行论述。

中第之前，本地士子有过怎样的求学、科考之路？这一问题直接关乎我们对宋代潮州士子成长过程以及家塾、学校等教育设施对其科考支持力度的认知。可惜有关文献很少能提供相关记载。

对于潮州学子在本地的求学生涯，文献载有黄程、卢侗"尝结庐读书西湖山"之事；陈希伋曾读书于揭阳黄岐山中①。大观间（1107—1110）海阳人郑沂读书于西湖山蒙斋②。这些记载在一定程度上反映了当年潮州学子为博得金榜题名和仕进，发奋苦读的情景。又说，刘允"于经史百家以至天文地理医卜诸书，莫不该贯"③，可见其涉猎之广。林冀因父洪裔喜好学问而受益："君（林冀）既胜冠，得所藏旧书，益刻厉考

---

① 郝玉麟监修：（雍正）《广东通志》卷11《山川二》揭阳县"黄岐山"条，影印文渊阁《四库全书》本。
② 王象之：《舆地纪胜》卷100《潮州·景物上》"蒙斋"条，第3108页。
③ 郭春震纂修：（嘉靖）《潮州府志》卷7《刘允传》。

治以为词。"① 这一记载虽很简约，但似乎代表了部分潮州进士中举前所拥有的一种家庭类型或成长氛围：即他们的祖辈、父辈或其他家人中有获取功名的人，或是有一定藏书量的读书人。考诸文献，两宋时期本地确实存在着一些依赖科举起家、传家的家庭或家族。如林从周、林冀以下林东美、林东注、林东起、林从先、林从可；许申以下有许因、许闻一、许弁、许居仁、许居安、许骞、许宣；刘默以下刘允、刘昉、刘少集；卢侗及孙卢顺之，张夔及子张昌裔，石子建、石仲集父子，魏思问、魏思谦和魏元受兄弟；黄焕国、黄时海兄弟，赵师正、师丞、师宣兄弟等。这说明家学、庭训一类的教育管道和形式在当时潮州人的文化教育中占有重要的位置。如余靖在说到林东美的学养时，就声称"殿省丞揭阳林君，奕世儒家，被服文翰"②。

由于在朝为京官者不多，或级别不高，地处偏远等原因，宋代潮州学子似主要在本地就读、通过解试然后赴京参加省试，而很少能有就读国子监和太学的，但也有例外：文献载陈希伋"肄业太学十余年"③，王大宝"政和间，贡辟雍"④。而陈、王取得功名的途径也由此与潮州一般士子有所不同。

陈希伋元祐间以经明行修应聘，时赐第三百四十六人，以希伋为第一⑤，王大宝则"以舍选试礼部，建炎戊申登龙飞榜第二名"⑥。与陈、王有太学求学的经历不同，也与大部分潮州士子是通过一般科举考试中第不同，许申的获得功名是通过"献赋"："东封，岁献文者甚众，命近臣考第得草泽许申、进士祖高、洪矩，令两制试所业差第以闻，壬辰赐申进士及第。"⑦

种种迹象表明，宋代潮州士子获取功名之路并不平坦。首先，140 人中，45 位也即将近 1/3 是所谓的特奏名进士。正如前面已指出，这一名

---

① 蔡襄：《尚书屯田员外郎林君墓志铭》，《端明集》卷38。同一文件还说林冀父"少喜学问，手钞经史传记数千万言，日课讽自休，以是终其身"。影印文渊阁《四库全书》本。
② 余靖：《雷州新修郡学记》，黄志辉校笺《武溪集校笺》卷6，天津古籍出版社 2000 年版。
③ 郭春震纂修：(嘉靖)《潮州府志》卷 7《陈希伋传》。
④ 《宋史》卷 386《王大宝传》，第 11856—11858 页。
⑤ 《〈永乐大典〉方志辑佚》，第 2603 页。
⑥ 李幼武：《宋名臣言行录》别集上卷 4《王大宝传》，影印文渊阁《四库全书》本。
⑦ 李焘：《续资治通鉴长编》卷 71 "宋真宗大中祥符二年六月辛卯"条。

图 4-2　潮安归湖王大宝墓园

头本来就是为笼络、照顾多次赴省试，甚至殿试落第、年纪老迈的士子而设的。而正奏进士又如何呢？为切实说明这一问题，笔者依据传承至今的两种宋代科举文献《绍兴十八年同年小录》和《宝祐四年登科录》[①]所登录的10名潮籍人士进行统计，其中有5人，也就是占一半的人士中第时已逾40岁。而其参加省试以上考试的次数（也就是获得发解次数，一次为一举，二次为二举，以下依次类推。此即所谓"举数"）有3人在2次以上，个别人4次才中第；还有二人在相应栏目或填为"乡举"，或写成"免举"，均不符合两份文件于此项下要求写明举数的通例，估计是二人填写名录时误会了具体要求所致。从他们中第的年龄来判断，似不大可能为一次中第（请参见下文所附表4《绍兴十八年、宝祐四年潮籍进士信息表》）。再从其他正奏潮籍进士有记载的举数或年龄来看，如潮州七贤中的刘允"四荐礼部"、张夔"五十登第"等[②]，这些都说明宋代潮州士子的科考之路并不平坦，是经历一番拼搏苦斗获得的。

[①] 二文件见载《四库全书》"史部传记类总录之属"，本文所用为影印文渊阁《四库全书》本。

[②] 郭春震：(嘉靖)《潮州府志》卷7《刘允传》《张夔传》。

两宋时期潮州进士的文化素养如何？有关文献记载照例零碎且远不能做到人人覆盖。综合来看，比较突出的有卢侗、刘允和王大宝三人。卢侗"博经史，而《易》学尤粹"①，唯其如此，后方能出任国子监直讲；刘允"于经史百家以至天文、地理、医卜诸书，莫不该贯"②，可见其人的学养大为超出应举之文所需要的，这也正是他和儿子刘昉能有一部《幼幼新书》的儿科医学著作传世的原因；又如王大宝，他是宋代本地名次最靠前（第2名）的正奏进士，对于儒家经典的研读，似不止应举的水平，《宋史》本传载其"知袁州，进《诗》《书》《易》解"，高宗称其"留意经术，其书甚可采"，擢为国子司业兼崇政殿说书。

    潮州士子，有时还做些图书校勘之类的学术研究工作。刘允就是这样，他曾利用仕宦间隙，居乡校勘、订正《昌黎先生集》，此见刘昉《〈昌黎先生集〉后序》：

>   文公去潮，潮人庙事公，久益谨。今是集诸处往往镂板，潮为公旧治，顾可阙耶？大观初，昉之先大夫忧居乡，尝集京、浙、闽、蜀所刊凡八本及乡里前辈家藏赵德旧本，参以所见石刻订正之，疑则两存焉。又以公传志及他人诗文为公而作者悉附其后，最为善本③。

（二）宋代潮州进士的品性能力

    鉴于隋唐以后，通过科举进入仕途成为莘莘学子的不二选择（宋代的潮州士子自然不能例外），而大体上只有后来成为官员的进士的相关资料才得以保留下来。所以，下面笔者主要通过这些官员的所作所为，来论述此时期潮州进士的品性能力。为便于讨论，根据现掌握的文献资料，特编制表4-3。

---

① 郭春震：（嘉靖）《潮州府志》卷7《卢侗传》。
② 郭春震：（嘉靖）《潮州府志》卷7《刘允传》。
③ ［日］阿部隆一著，魏美月译：《故宫博物院藏沈氏研易楼捐赠宋元版本志（下）》，《图书馆学与情报学》1987年第6期。

表4-3　　　　　　　　　两宋潮籍官员基本情况

姓名	入仕途径	主要仕历	终官
刘默	景祐三年（1036）特奏	化州推官	文林郎
卢侗	元丰二年（1079）特奏	守潮州长史，惠州归善主簿，卫尉寺丞，国子监直讲，知柳、循二州	太子中舍
许闻诲	荫补		卫尉寺丞
许闻义	荫补	知宾州	国子监博士
林东乔	荫补	治平间知汀州	朝奉郎、大理寺丞
许珏	荫补	左班殿直，知宾州	武功大夫，明州观察使，广南东路兵马都监
林东美	嘉祐间特奏	知雷州	比部员外郎
林东注			通直郎
许弁	元丰二年（1079）正奏	知宾州	朝议大夫
林㧑	元丰五年（1082）正奏		秘书丞
袁熙	元祐三年（1089）正奏		御史中丞
林从可	元祐间特奏		宣德郎
陈希伋	元祐中以经明行修举第一		知梅州
刘允	绍圣四年（1094）正奏	循州户曹，知程乡县，权知化州，除新、循二州，不赴	知州
许居仁	元符三年（1100）正奏	知贵州	朝议郎
林经国	崇宁五年（1106）正奏		大理评事
郑沂	大观间特奏	信安知县	
石子建	政和五年（1115）正奏	泉州州学教授	
张夔	重和元年（1118）正奏	知茂名、通判廉州	知新州
李南仲	重和元年正奏	知潮州	
刘昉	宣和六年（1124）正奏	宗正丞、祠部员外郎、实录院检讨、礼部员外郎；左朝散郎出任荆湖南路转运副使；湖南安抚使知潭州、夔州、虔州	龙图阁学士
刘景	举贤良方正	广州通判，台州知州	
张昌裔	宣和六年正奏		容州通判

续表

姓名	入仕途径	主要仕历	终官
王大宝	建炎二年（1128）正奏	南雄州教授、知连州、袁州、国子司业、崇政殿说书、知温州、提点福建刑狱、提点广东刑狱、礼部侍郎、兵部侍郎	礼部尚书
吴廷宾	建炎二年正奏	兴宁县丞	
黄焕国	绍兴二年（1132）正奏	知临汀	汀州通判
郑国翰	绍兴十八年（1148）正奏	莆田令、兵部主事	兵部郎中
王中行	隆兴元年（1163年）正奏	知东莞县	
刘少集	乾道八年（1172年）正奏	中大夫、太子中舍	朝散大夫、广西经略宣抚使
卢顺之	绍熙四年（1193）正奏	文林郎、肇庆军节度推官	
许骞	绍熙四年正奏	从仕郎、惠州推官	南恩州签书判官厅公事
姚宏中	嘉定七年（1214）正奏		静江教授
陈恪	嘉定七年正奏		宝谟阁待制
胡斌	武人	以武阶为殿前司属员，随童德兴提禁卒戍邵武	
陈昌玄	淳祐十年（1250）正奏		签书制置司判官厅公事
萧规	咸淳四年（1268）正奏		容州文学
马发	从军	摧锋寨正将，宋德祐二年至景炎三年权知潮州	
陈懿	畲酋	祥兴元年（1278）六至十月右骁骑将军，知潮州，兼内安抚使	

依据表4-3所列，下就有关情况作进一步梳理、评介。

1. 潮籍官员的入仕途径主要是科举。据载，宋朝选用官吏主要有贡举、奏荫、摄署、流外、从军五种方式①，而从本地方志记载来看，除林从周、许申和刘允等人后裔中的某些人士由奏荫（或称荫补、荫子），胡

---

① 《宋史》卷158《选举四·铨法上》，第3693页。

斌和马发等人自从军踏上仕途外,此时期其他潮籍人士基本上是通过科举取士,特别是取得正奏进士资格后开始为官生涯的。在宋代特奏进士得到出仕的机会本来就很少,地处偏远的潮籍人士就更是如此。其实,即使正奏进士,若从现有文献记载来看,他们获得出仕的比例也很低:宋代潮州的正奏进士接近百位,而从上表所列可以看到,踏上仕途的不过20多人。

2. 潮籍官员基本是做文官、大多数人只任过地方文官①。官品最高者为礼部尚书,最低者当是介于流、内外的州县属官。南宋后期潮籍武人出身的官吏出现,如表4-3所示,有胡斌、马发和陈懿三人。胡斌于绍定间以武阶为殿前司属官,后随童德舆帅禁兵戍邵武②。马发,宋末为摧锋寨正将,在蒙古大兵压境之际,受宋逃亡政府之命,"由寨将摄州事"③。陈懿,应为本地畲酋,同时也是剧盗,麾下拥有数千畲兵,宋元之际,风云际会,曾被文天祥收服并荐受重任④。

3. 潮籍官员的出仕地大多在南方州县。关于这一点,看表4-3可知,无须多说。这样一种格局的形成,主要是出于长久以来、一直到宋代,中原一般人士总是视南方为蛮荒瘴疠之区不愿前往而促使宋国家在铨选制度方面采取权宜政策:川峡、福建、荆湖南和广南等路的仕子在回避乡贯的情况下,可予以就近注官⑤。两宋时期潮籍仕子多在南方州县就职这一事实,可以视为上述政策的体现。

宋代以前,潮籍人士之为官见于史籍记载者寥寥无几,确有根据似仅有吴砀和赵德两人。吴砀出身孝廉,东汉末年做到安成长;赵德则因"沉雅专静,颇通经,有文章,能知先王之道,论说且排异端宗孔氏,可以为师矣",而被韩愈荐举为海阳尉和州衙推官,专门主持州学事宜。由此,潮州本地真正有较多才俊前赴后继,走上仕途,参与到国家各级政府、机关中来,应是从宋朝才开始的。那么,潮籍官员这样一个群体在走进宋国家政治生活后,他们有过什么样的表现?综合有关记载,潮州仕子的品行能力,笔者以为基本上可用"耿介清廉、精明能干"八字来概括。下面就此话题,稍作展开。

---

① 他们中的一些人士虽有京官头衔,但应为寄禄官称,而并非实际差遣。
② 吴颖:(顺治)《潮州府志》卷6《人物部》,第795页.
③ 周伯琦:《马发祠集》,《潮汕金石文征》(宋元卷),第306—307页.
④ (顺治)《潮州府志》卷6《人物部》,第995页.
⑤ 《宋史》卷159《选举五》,第3722页.

显然，前四个字是就这个群体的品格来说的，就现有的记载来看，他们中的大多数确实当之无愧。如林从周"议不已同，锱铢不移"①，勇于坚持自己的见解。初仕泉州掾属时，"日持手板，与刺史廷辩曲直"②；出任杭州通判时，"抗直不党"，面对"奸邪险伪""处事与朝廷约束不能无异同"的前相、时以太子太保出判杭州的王钦若③，同样敢于"悉力牵挽，归于绳墨而后已"④。如果不是一身正气，能如此作为是不可想象的。林冀"及莅官当事，前有事势可压以夺人者，君自守益固其直而后已"⑤，"为政不龌龊饰吏事"⑥。而许因也是一位原则性极强且能够令行禁止的官员，所谓"君启迪中道，斫奸构穷，罪之所在，虽强必刈；志有所守，虽威不移。吏畏其明而罔欺，民信其令而必从"⑦。许骞"居官有守，遇事不诡随"⑧。王大宝则"身虽可屈，肠不减刚"⑨，他全然不顾秦桧的阴险毒辣，与连连遭受迫害、远谪中的抗战派领袖赵鼎、张浚及因诋和议获罪的沈清臣密切交往⑩，是一位"江山所过总清风"⑪的狷介清廉之臣。孝宗在给他的诏书中也说"卿有淳深之学，刚毅之操，顷在言路，不畏强御，直谅之声闻天下，故起卿于里居，冀闻卿崇论宏议也"⑫。

潮籍仕子的清廉是众口一词的，如文献记载林从周"公性耿介，不容人私。京邑浩穰，压于权贵请托，不得循理可否。公锐意痛绝私谒，所得权贵人翰墨，都不省视，至夕聚而焚之"⑬，这种决绝和勇气不是一般

---

① 余靖：《宋故两浙提点刑狱尚书度支员外郎林公墓碣铭并序》，黄志辉校笺《武溪集校笺》卷19。
② 同上。
③ 《宋史》卷283《王钦若传》，第9564页。
④ 余靖：《宋故两浙提点刑狱尚书度支员外郎林公墓碣铭并序》，黄志辉校笺《武溪集校笺》卷19。
⑤ 蔡襄：《尚书屯田员外郎林君墓志铭》，《端明集》卷38。
⑥ 释契嵩：《送林野夫秀才归潮阳叙》，《镡津集》卷13，影印文渊阁《四库全书》本。
⑦ 余靖：《筠州高安县重修县署记》，《武溪集》卷6。
⑧ 郭春震纂修：（嘉靖）《潮州府志》卷7《人物志·许骞传》。
⑨ 王十朋：《祭潮州王尚书文》，《梅溪王先生文集·后集》卷28。
⑩ 参阅宋李幼武纂集《宋名臣言行录》别集上卷4《王大宝传》、《宋史》卷386《王大宝传》、嘉靖《潮州府志》卷7《王大宝传》。
⑪ 杨万里：《道逢王元龟阁学》，辛更儒笺校《杨万里集笺校》，第83页。
⑫ 黄佐纂修：（嘉靖）《广东通志》卷57《王大宝传》。
⑬ 余靖：《宋故两浙提点刑狱尚书度支员外郎林公墓碣铭并序》，黄志辉校笺《武溪集校笺》卷19。

人所能有的。而在这方面，北宋末年的张夔也颇具代表性：

> 宰茂名，却豪户贿，黜赃黩吏，有廉名。诸司荐章有云："南中诸县，清介一人。"高宗特赐玺书奖谕，擢判廉州。廉产沉香、生金，官此者皆囊括以归，夔一毫无取。高宗尝书其名于屏曰："南有张夔，北有周昕。"①

诚然，任何事情都不是绝对的，当笔者说用耿介清廉"基本上"可以概括此时期潮籍仕子的群体特征时，就已经为他们中的某些人士恰恰在这方面存在着难以抹去的污点预留了空间。所谓"某些"就是指刘昉、刘景兄弟。

刘昉，字方明，曾名旦②。海阳（今潮州）东津人，宣和六年（1124）进士。南宋绍兴五年（1135）任左宣教郎，后任朝官至礼部员外郎。绍兴十年（1140）四月被免职，同年八月以左朝散郎出任荆湖南路转运副使。后长期出任地方大员，曾一知虔、夔，三知潭州，绍兴二十年在潭州任上病逝。刘昉家族是当时海阳的名门望族。其父刘允，绍圣四年（1097）进士。曾任程乡知县和化州、桂州知州，博学多才，兼通医学，著有《刘氏家传方》，是"潮州八贤"之一。刘昉承继父学，素喜方书，任潭州知州期间，全面收集整理古今儿科各家方论，编撰大型儿科专著《幼幼新书》，在中国医学史，乃至世界医学史上有一定的地位。昉弟刘景，举贤良方正，官至天台知州。

种种迹象表明，刘昉在政治品格上存在着严重的污点，那就是攀龙附凤，依附秦桧。对此，本地文献略而不载，但《建炎以来系年要录》（下称《要录》）等著作却有较详的载述。

刘昉和秦桧的关系最迟在绍兴九年就已相当密切：据宋熊克《中兴小纪》卷26载："癸酉诏，史馆见修徽宗实录，今以实录院为名，右仆射秦桧兼提举；其修撰检讨官，令桧辟差。于是，以吏部侍郎范同为修撰，礼部员外郎刘昉为检讨。昉，潮阳人也。"③《要录》除有近似的记载

---

① 郭春震：（嘉靖）《潮州府志》卷7《张夔传》。
② 改名刘旦事在绍兴十九年：《要录》卷160"绍兴十有九年十二月戊午"载，"直龙图阁知潭州刘昉言，姓名偶与前代不令之臣相犯，请更名旦，从之"。第2600页。
③ 影印文渊阁《四库全书》本。

外，还指出秦桧因"辟差"范同和刘昉为修撰、检讨官，当即得到高宗的嘉许："上因谕大臣曰：'宰相进退百官，凡士大夫孰有不由宰相进者？然宰相贤则所引皆贤；岂当一概以朋党疑之也。'秦桧曰：'陛下推诚任下如此，为大臣者岂忍怀奸以欺圣听。'"① 品味高宗上谕，除肯定秦桧的人事安排外，似还表明刘昉等人原本就是秦桧的故旧？另外，秦桧"兼提"实录院，也就是刘昉的直接领导和顶头上司。又，绍兴十年四月刘昉被右谏议大夫何铸弹劾而遭罢，但这年八月旋被重新起用，以"左朝散郎刘昉为荆湖南路转运副使"。起用如此迅速，李心传解释说："昉为秦桧所喜，故荐用之。"② 由此，这里有一点需要提出来思考：对于此前刘昉的罢官，一般说法是"因不附和议而遭免职"，而《要录》所载何铸为之列举的罪状是"鼓唱是非，前此敌使之来，未有定议，巧持两说，便游公卿"；"备位谏员，但知朋附；数对士大夫非毁臣僚，其语尤为不逊"；"小生上书狂妄至甚"③。可见仅从这些说辞根本不能判断其人究竟是不是真正"不附和议"（反对和议）；但如果刘昉确实不附和议，则恐怕很难让"秦桧所喜"而如此迅速地复出。我们注意到有研究者指出何铸是秦桧党羽，这确实有一定的道理，特别是在迫害、打击赵鼎等人的问题上，何氏与秦桧完全是沆瀣一气，但在其他问题上，比如说在诬陷、迫害岳飞之事上，何铸就不表赞同。秦桧与何铸有芥蒂，并打算将之窜流到岭南，只是由于高宗的反对才未能④。由此具体到对刘昉的弹劾，何铸所为未必就是秦桧的本意。

  刘昉在地方官任上，与秦桧的关系依然密切，以至于其所作所为与秦桧有着很深的瓜葛。这主要表现在知潭州任上，《要录》记载此时期刘昉做过三件事情：

  一是处理武冈军瑶人侵占省地事。"湖南安抚使刘昉奏：'武冈军瑶人父子相仇杀，今欲出兵助其父令还省地。'上以问宰执秦桧，曰：'欲令与鄂州都统制田师中同处之，不得轻举生事。'上曰：'善，恩威不可偏废，可怀则示恩，不可怀则示威；若侵省地，俾知所畏可也。'"又，

---

① 《建炎以来系年要录》卷127 "绍兴九年三月丙午"条，第2065页。
② 《建炎以来系年要录》卷137 "绍兴十年秋八月丙子"条，第2208页。
③ 《建炎以来系年要录》卷135 "绍兴十年四月乙丑"条，第2162—2163页。
④ 《宋史》卷380《何铸传》，第11708—11709页。

"直秘阁知潭州刘昉言，'武冈军瑶人杨再兴父子自建炎中侵占省地几二十年，近准御前处分'，令昉措置"。绍兴十有六年四月壬寅，"直徽猷阁知潭州刘昉升直宝文阁，录招降武冈瑶人杨再兴之功也"①。由此，对于此事件，《要录》从缘起、处理过程到结果交代甚明，暂且按下不赘。

二是遵秦桧意，诬陷向子忞。《要录》绍兴十五年正月乙亥，"左朝奉大夫主管台州崇道观向子忞特降三官。子忞寓居衡山，帅臣刘昉希秦桧意，劾其强横虐民，故有是命"②。

三是与秦桧党羽合伙陷害尚书祠部员外郎胡宁等人：绍兴十九年（1149）十二月丁丑，"是日，尚书祠部员外郎胡宁，秘书省著作佐郎刘章并罢。章有士望，太师秦桧疑其不附己；而宁本因其父兄与桧厚，故召用之。至是，桧知宁兄徽猷阁直学士致仕寅之贫，因其往剑州省觐世母，遗以白金。寅报书曰：'愿公修政任贤，勿替初志；安内攘外，以开后功。'桧以为讥己，始怒之。寅尝游岳麓寺，大书壁间云：'是何南海之鳄鱼，来作长沙之鹏鸟。'于是，帅臣刘旦方欲捃摭张浚诸人之罪。而旦潮阳人也，亦大怒，复讼寅于桧。侍御史曹筠即奏：'宁兄阿附赵鼎，章居衢州，与鼎宾客交通。故二人私相朋比，众所指目，不知每怀异意欲以何为？若不罢斥，无以安众心。'乃以章通判均州，而宁充夔州路安抚司参议"③。

这样，自后两件事看来，刘昉所作所为都可视为谄事秦桧的铁证。而其在上述潭州任上所做第一件事理应是功勋卓著、无懈可击吧？有资料恰恰表明，在此事件的处理上刘昉很可能与湖南路安抚司干办公事、秦桧的妻弟王历互相勾结，存在着一定程度的舞弊欺瞒行径。刘昉的同时代人汪应辰在给朝廷的上书中有如下说法：

  契勘尚书吏部准都省付下抚州奏故右朝奉郎致仕王历家陈乞致仕恩泽者，窃见绍兴十五年刘昉知潭州兼湖南路安抚，王历系宰相妻

---

① 分别见《建炎以来系年要录》卷152"绍兴十有四年冬十月己亥"条，第2453页；卷154"绍兴十五年冬十月乙酉"，第2487页；卷155"绍兴十有六年夏四月壬寅"条，第2504页。

② 见卷150，第2464页。此事并有佐证资料，刘昉的同时代人王庭珪说："十四年，刘昉帅潭，秦桧方用事，昉欲罗织士大夫之不附桧者以进身，偶富人诉公弟子率由事，昉遂曲致其词并及于公，坐此，贬三官。"（王庭珪《卢溪文集》卷47《故左奉直大夫直秘阁向公行状》，影印渊阁《四库全书》本）

③《建炎以来系年要录》卷160，第2601页。

弟，为安抚司干办公事。昉藉王历为重，凿空撰造，迎合欺罔。称是遣王历入蛮洞中，说谕瑶人退还所侵省地。昉进职再任，历特改京官。其实并不曾得尺寸之土，而瑶人自此非时出没，恣意作过，全、永、邵、武冈界内，常有劫掠屠戮之祸。巡检县尉或行追捕，昉欲实其欺罔之说，反以巡尉为生事。或对移或取勘，居民惴惴，不保朝夕，监司、郡守亦共观望，不敢理会。八、九年间，凡近边稍有家业无不被害，百姓不堪其苦，诣行在下状，朝廷始差鄂州统制官李道前去措置。大军入洞讨荡，方得平静。论功推赏约计四千余人，其四郡民户被害，以至兴师劳费，蛮瑶悉被剿戮。皆缘本路帅臣欺罔朝廷，冒滥官职之故。今来虽不复追治，岂可使王历尚以当时所改转积累之官更与致仕恩泽。伏望朝廷特赐详酌施行①。

刘昉之弟刘景，似以举贤良方正踏上仕途因而与本节讨论的"进士"话题不类，但从总体来看，"贤良方正"也属选拔人才，刘景自然也是"潮籍官员"，由此，这里仍可涉及。可以这样说，在阿附秦桧、打击陷害善类之事上，刘景与其兄比较起来一点也不逊色。如《要录》载刘景事迹共计四条，除第一条是记载其出任天台知州之事外，其他三条均与秦桧有关：两条载其在知天台任上做秦桧帮凶的事实，一条说其在广州通判任上如何攀附夤缘、获任台州知州并在秦桧死后失去靠山而遭罢。现将后三条资料附上，以便考信：

    二十有五年九月辛亥，左朝散大夫直秘阁杨揆特降一官，仍落职。揆尝以事为秦桧所憾，屏居台州不敢出者将二十年，桧怒不已。守臣刘景即奏揆有田在黄岩县，不依上户输纳科敷。虽会赦，犹有是命。

    绍兴二十五年十二月乙酉，右承议郎谢伋知处州。（以下双行小注引）王明清《挥尘后录》云："绍兴二年秦桧之罢右仆射，制词綦叔后之文，褫职告词谢任伯之文。綦谢姻家也。秦大憾之。"先是，高宗有亲批云："秦桧不知治体，信任非人，人心大摇，怨讟载路。"丁卯岁，上诏毁宰执《拜罢录》，谓载训词也。至乙亥岁，秦复知御札，在任伯之子伋景思处作札子自陈，大概云，"陛下是时尚未深知

---

① 汪应辰：《文定集》卷13《书》，影印文渊阁《四库全书》本。

臣，所以有此"，乞行抽取，得旨。下台州从伋所追索得之。是秋，又令其姻党曹泳为择酷吏刘景者擢守天台，专欲鞠勘景思。时景思寓居外邑黄岩山间，景视事之次日，捕吏追逮景思，直以姓名传檄，县令差人防护甚严，景思自分必死。将抵郡城外渡，舟中望见景备郊迎仪，一见执礼甚恭。至馆舍则美其帷帐，厚其饮食，景思叵测。是晚，置酒延伫坐间，笑语极欢而罢。始闻早已得桧之讣音矣。又逾旬，景思拜处牧之命，然终不知所兴之狱谓何也。

绍兴二十有六年正月丙寅，特勒停新州编管人曹泳移吉阳军编管，右通直郎知台州刘景、右朝请大夫知楚州卢适并罢。侍御史汤鹏举论泳怀奸挟势，狗彘不食其余。顷为衢州酒税官正以赃败。监司按之，刘景辈三四人与之营救。及景倅广州，而泳已权户部侍郎，遂竭广州之土宜，以厌满泳所欲，泳遂荐景于桧，而得台州。……乞将景、适特赐罢黜，将泳窜之海上，以为臣下朋比之戒。故有是命①。

刘昉、刘景兄弟，特别是刘昉作为宋代潮州历史上的著名人物，一向受到推重。可是，所谓黑白分明不是历史，人格多面。通过上面诸多事实的展示，应该承认其在政治品格上存在严重污点。不过，综合来看，刘氏兄弟毕竟只是此时期潮州士子中的个别，他们的所作所为，还不足以影响我们对潮籍仕子作出耿介清廉这样一个基本的，也是总体上的认定。

就施政所需要的识见能力而言，潮籍仕子也颇为出色。这主要表现在面对问题的时候，他们具备较准确的认知、判断能力和较为合理的解决方法。如文献记载说，林从周曾遇到过一桩惊动宋最高当局的刑事案件："府民有杀其兄之二子以规其财者，长被疮即死，其幼走以免。事发，狱成，以母年八十，法当留侍。"而从周却认为这件事情不能简单循法，他的理由是"使无状子居母侧以凌其幼孤，必无全理。且孤孙虽稚，亦能为祖母养。留之惠奸，不可赎"。由于他的看法合情合理，"奏未毕，太后遽颔之，曰'人情当如此'，即命配海外"②。从这件事情可以看到林氏

---

① 以上分别见《建炎以来系年要录》卷169，第2765页；卷170，第2791—2792页；卷171，第2809页。
② 余靖：《宋故浙者提点刑狱尚书度支员外郎林公墓碣铭并序》，黄志辉校笺《武溪集校笺》卷19。

的识见之高人一筹,唯其如此,他才能够在"抗直不党"的情况下,依然可以"孤进",一直做到度支员外郎、提点浙江东西刑狱的官位上。一般来说,由于案情多是出于犯罪者刻意为之从而具有诈伪隐秘等特点,所以司法判案最能够体现出一位官员的综合素质。而有关文献记载却表明,决狱判案似乎是潮籍仕子的长项,如说刘允知化州初"有累年治不决之讼百余案,公数日决之"①;张夔也能"辨民冤狱,化谕群盗"②。当然,潮籍仕子的施政能力自不限于上述一类事情,如林冀在歙县任上,曾"服劳革弊":"歙州旧常第民资产岁敛钱三千万,佣僦舟人,挽浙江盐鬻以牟利,久之民愈病,或冗散旁郡。转运使以利病闻,仍表君为歙县,兼总运盐事。君至更请募人为卒,度材为舟,岁漕益多而敛不逮下,流者还集。"③ 由此,也可见到林冀其人颇为出色的经营才能。

其实,除上述这样一些具体事例上可以看到潮籍仕子的从政能力外,从同时代一些能臣踊跃荐举潮籍仕子以及朝廷给某些潮籍仕子下达任命的敕文中也可以窥见这方面的情形。如卢侗的传记资料中就说到"嘉祐中,余靖、蔡襄、王举元皆荐侗文行,调惠州归善簿。未几,靖帅广州,以机宜辟。治平初,诸司剡章交荐,蔡抗以广漕召还国子监,亦复以经学荐之。召对,授国子监直讲"④。可见,卢侗一路艰难走来,最后做到国子监直讲,是与上述人士的荐举分不开的。而他们各人之所以愿意担当风险出面保任则是卢侗识见才学确有超人之处。如蔡襄荐书中说卢侗"行实朴茂,学术优深,久在岭南,众所称服"⑤。上述资料中所提到的诸人,多是仁宗时期的名臣,特别是蔡襄和余靖二人。史载说:"(蔡)襄精吏事,谈笑剖决,破奸发隐,吏不能欺";⑥ 又,"蔡襄、王素、余靖,皆昭陵贤御史也。……盖仁宗锐于求治,数君子提纲振纪而扶持之,卒成庆历之治,良有以也"⑦;又,林冀传记资料说:"宝元元年,三司度支副使段

---

① 郭春震纂修:(嘉靖)《潮州府志》卷7《刘允传》。
② 郭春震纂修:(嘉靖)《潮州府志》卷7《张夔传》。
③ 蔡襄:《尚书屯田员外郎林君墓志铭》,《端明集》卷38。
④ 郭春震纂修:(嘉靖)《潮州府志》卷7《卢侗传》。
⑤ 蔡襄:《奏乞推恩卢侗状》,《端明集》卷25。
⑥ 《宋史》卷320《蔡襄传》,第10379页。
⑦ 《宋史》卷320《余靖传》后论赞,第10415页。

公少连荐君（林冀）监京师征算。"① 同样，段少连也是仁宗时名臣："少连通敏有才，遇事无大小，决遣如流，不为权势所屈。既卒，仁宗叹惜之。"② 这样一位出类拔萃的能臣愿意把望浅位卑、时任杭州通判的林冀荐拔到自己的团队里任职，则林冀具有一定的才能是可以推知的。

说到朝廷下达任命潮籍仕子的敕文，笔者仅见有关卢侗和刘昉二人的数篇。如刘昉，上面我们指出此人在政治品格上存在污点，但识见和能力却颇为卓越，这也应是其仕途通达的一个基本原因。如在其出任宗正丞时，敕文说"宗伯典司属籍，其任甚重，仍置丞职，处以清流，非时俊髦不在此选，尔富于文章，达于从政，肆予命尔往践厥官"③，出任潭州知州、湖南安抚使前夕，高宗《制》文又说："尔性资雅亮，学行渊通，早著声称，屡膺识擢，擅望郎名卿之誉，有肤使良守之风。"④ 其实，这并不违情悖理，即使奸邪至极的秦桧也照例需要才干卓越的部下。

（三）宋代潮州进士的为政表现

综合有关材料，笔者认为值得特别提出的是以下两个方面。

1. 尊贤重教。所谓"尊贤"是指官员留心发掘、利用出任地的有关人文资源，将当地历史上有名的贤者表而出之，为之修祠立庙（也包括迁建、修废等）；而"重教"则是指重视学校建设，积极兴学育才等。笔者将这种事务作为宋代潮籍仕子施政的一个较有特色的方面，是鉴于这样一个基本事实：在宋中央政府所制定的有关考核地方官，特别是州县官的标准里，恰恰缺少这方面的内容，或者说不存在相关、明确的指标。大体说来，针对州县官的考核，宋代影响最大的是神宗熙宁二年（1069）考课院制定的《考校知州、县令课法》，提出所谓"四善三最"为考课标准：

> 考守令以善最：德义有闻、清谨明著、公平可称、恪勤匪懈为四善；狱讼无冤、催科不扰为治事之最，农桑垦殖、水利兴修为劝课之最，屏除奸盗、人获安处、赈恤困穷、不致流移为抚养之最⑤。

---

① 蔡襄：《尚书屯田员外郎林君墓志铭》，《端明集》卷38。
② 《宋史》卷297《段少连传》，第9894页。
③ 胡寅：《刘昉宗正丞》，《斐然集》卷13，影印文渊阁《四库全书》本。
④ 刘才邵：《刘昉知潭州湖南安抚使制》，《檆溪居士集》卷5，影印文渊阁《四库全书》本。
⑤ 《宋史》卷163《职官三》，第3839页。

此后，元祐间和宁宗朝相继在维持神宗《课法》"四善"不变的情况下，对"三最"做了部分修改、补充①，仔细审视这些标准，确实不存在与尊贤重教有关的内容。可是，在宋代潮籍仕子的传记资料中，我们却不难看到他们中的很多人，恰恰将尊贤重教作为施政之首选或要务。如许申知韶州，"迁张曲江庙于城中"②；知柳州，"增修学宫，奏置教授，立刘蕡(fén)祠，以励士风"③；林东美"既奉休命，出守是邦（雷州），材贤而教育之。乃援前诏，广学宫而新之"④；张夔"迁知新州，首兴学校，捐俸梓《五经》，以颁民间子弟"⑤；王中行"淳熙二十年宰东莞，慈祥恺悌，博洽能文，以兴学崇教为首务。旧学宫倾圮，捐资市地，建黉校……邑人颂之，有古循良风"；⑥刘昉"绍兴中守夔州。政先体要，兴学校以造士……又修诸葛亮八阵图、碛杜甫东屯故居"。⑦

一般来说，中央政府所规定、推行的考课标准是官吏施政的指示器、风向标，官吏唯有以此指向施政、用勤，方有可能在官场上升迁顺遂、立于不败。可潮籍仕子究竟为什么会在朝廷根本没有明确指标的地方教育上下大功夫，甚至将其作为先务、要务来抓？这是值得研究的。笔者认为有两个因素可能是比较重要的：一是宋代潮籍仕子多在南方州县任职，而这些地方大多数是文化教育落后之区，由此客观上存在着兴学尊贤、大力推行儒家文化的施政空间；第二，或者也是更重要的一点，潮籍仕子成长于韩愈过化之区，韩愈刺潮首重文教的故事以及宋代仕潮官员"普遍关心教育"的事实，使他们耳濡目染，坚信唯有以此为先务、要务，方有可

---

① 元祐四年（1089）将"三最"补充修改为："以狱讼无冤，催科不扰，税赋别无失陷，宣敕条贯，案帐簿书齐整，差役均平，为治事之最。农桑垦殖，野无旷土，水利兴修，民赖其用，为劝课之最。屏除奸盗，人获安处，贩恤穷困，不致流移，为抚养之最。"（《续资治通鉴长编》卷472，"元祐七年四月甲戌"条）宁宗时期，将"三最"改为"四最"，即：一，生齿之最：民籍增益，进丁入老，批注收落，不失其实；二，治事之最：狱讼无冤，催科不扰；三，劝课之最：农桑垦殖，水利兴修；四，养葬之最：屏除奸盗，人获安居，贩恤贫穷，不致流移，虽有流移而能招诱复业，城野遗骸无不掩葬（《庆元条法事类》卷5《考课格》）。
② 郝玉麟纂修：(雍正)《广东通志》卷39《名宦志·韶州府·许申》。
③ 李贤等：《明一统志》卷83《广西布政司·柳州府·名宦》，影印文渊阁《四库全书》本。
④ 余靖：《雷州新修郡学记》,《武溪集》卷6。
⑤ 郭春震纂修：(嘉靖)《潮州府志》卷7《人物志》。
⑥ 黄佐纂修：(嘉靖)《广东通志》卷57《张中行传》。
⑦ 和珅等纂修：《大清一统志》卷303《名宦·夔州府》，影印文渊阁《四库全书》本。

2. 勇于批评时政，关切民间疾苦。关于前者如许申"尝因灾异言事，极诋时弊，凛然有直臣风"①。又，卢侗以一个国子监直讲的身份，就敢于批评王安石的改革："熙宁初，力言新法不便。"② 而直言、敢言在宋代潮籍士人中似乎成为一种风气。如八贤之一的林巽就是如此："天圣中应才识兼茂明于体用科，对策鲠切，忤权贵，主司不敢取。"③ 而陈希伋还是一个太学生的时候，就敢于"上书陈利害数万言，皆切中时病"④。又尚在科考中的姚宏中也是如此："登嘉定元年进士，先试礼部，时刘爚同知贡举，得其文以为根诸义理，擢第一，名动京师。及廷试……考官以所对切直触时忌，抑不敢置前列，擢为探花郎。"⑤

就关切民间疾苦这一点来看，潮籍仕子也是非常突出的。如陈希伋"知梅州，时朝廷下诸州，取黄砂牛皮及出内库钱买真珠，以备国信，列郡皆供应，（希伋）独念稼穑根本，不忍敷取于民，乃上封事奏罢免，至今梅人思之"⑥。

又如刘允"初任循州户曹，产革官仓宿弊。输赋者惟正供，无有横费。……改知程乡县。岁旱，州督租如故，允极力争之。会使者廉访当具丰歉状入奏，遂以实闻得免。租例，民户岁输军衣布折纳钱价三百，官市贡布价千有二百。时主漕计者檄所部，令民折纳如官市之值，允坚不受命。州趣之，允曰，倘使者怒，不过逐令耳。乃具报云：民折纳者给军士，官岁市者供至尊，可一其价耶！事遂寝"⑦。其实，刘允为民请命，还不止上述这些，文献中还载有这样一件事情：其知化州时，"属县吴川，民之煮盐者，家畜器械以备寇，令觊赏典，尽捕之以为盗，法当死，（允）遂力辩其冤，全活者五十余人"⑧。

中国社会中的普通民众，从来都是一个弱势群体，是一个大多数时候

---

① 黄佐纂修：（嘉靖）《广东通志》卷56《许申传》。
② 郭春震纂修：（嘉靖）《潮州府志》卷7《卢侗传》。
③ 郭春震纂修：（嘉靖）《潮州府志》卷7《林巽传》。
④ 《〈永乐大典〉方志辑佚》，第2603页。
⑤ 郭春震纂修：（嘉靖）《潮州府志》卷7《姚宏传》。
⑥ 《〈永乐大典〉方志辑佚》，第2603页。
⑦ 郭春震纂修：（嘉靖）《潮州府志》卷7《刘允传》。
⑧ 《〈永乐大典〉方志辑佚》，第2664页。

图 4-3　刘允画像（采自潮州《桃坑刘氏族谱》）

都只能是官府、豪强随意宰割的群体，而中国官宦们最习惯的操守是明哲保身，对上负责，可让人惊异的是宋代潮籍的仕子中有陈希伋、刘允这样的官员，他们居然肯对这样一个群体投之于深切的同情，为他们仗义执言，据理力争，甚至不惜放手一搏。这样的事情，即使在今天看来，仍然极富亮色，值得关注。

三　宋代潮州进士的历史影响

宋代潮州进士群体，特别是后来走上仕途的数十人，以他们较为出色的表现，在当时和后来的潮州，乃至广南东路和全国都具有一定的影响。其中，以下一些方面是较为显著的。

首先，带动了社会垂直流动，农家、普通百姓子弟通过科举之路得以改换门庭。为切实说明这一问题，笔者依据《绍兴十八年同年小录》和《宋宝祐四年登科录》两份文件，把其中所登录的10名潮籍人士的有关资料编制成表4-4。

表4-4　　　　　　绍兴十八年、宝祐四年潮籍进士信息

姓名	榜名	甲第数	年龄	举数	家庭背景
林大受	绍兴十八年王佐榜	第4甲第71名	28	1	一般民户
陈式		第5甲第11名	43	2	一般民户
石仲集		第5甲第38名	26	1	科举、仕宦家庭
郑国翰		第5甲第51人	50	4	科举、仕宦家庭
周裕	宝祐四年文天祥榜	第2甲第23名	24	1	一般民户
许君辅		第3甲第46名	43	不明	科举世家
陈经国		第4甲第148名	38	3	科举、仕宦家庭
黄幼可		第5甲第25名	47	1	一般民户
蔡震		第5甲第108名	29	1	科举、仕宦家庭
方宝印		第5甲第161名	40	不明	科举、仕宦家庭

说明：表中"家庭背景"一栏"一般民户"和"科举仕宦家庭"的划分是依据上述两份文献所载各进士曾祖父、祖父和父亲名下所注是否出仕或有无官称、阶衔作出的。若三亲中无一出仕或无一人有官称、阶衔的，则归入一般民户；反之，则划入科举、仕宦家庭。

表4-4所列，虽仅仅涉及2榜10名进士，但以此为例，似足以说明农家、普通百姓子弟，只要立志向学、百折不挠，就有可能改变身份，步入上流社会。这一点很重要，它应极大地鼓舞过本地学子，同时也用事实肯定了本地政府兴学重教的施政方针。结果学子更加努力向学，官员则不遗余力倡教，宋代潮州的文化教育也就在这种官民齐心合力的良性互动中跨上了历史的快车道。

其次，在本地激发了民众参与教育、投身科考的热情。这一点，与上一点密切相关。这一问题可以通过南宋以后参加解试人数的变化，得到具体说明。根据《永乐大典》卷5343《潮州府一·贡院》及《解额》所引

《三阳志》的记载，可将南宋后期本州参加解试的人数列成表4-5。

表4-5　　　　　　　　南宋时期本地参加解试人数变化

年代	参加人数	解额	比例
绍兴庚午科（1150）	近2000	20	100∶1
淳熙甲午科（1174）	3000	20	150∶1
嘉泰甲子科（1204）	4000	20	200∶1
绍定戊子科（1228）	6600	20	330∶1
淳祐庚子科（1250）	10000余	22	500∶1

上列资料的确给人留下许多思考，两宋时期本区人口高峰不过70万，而参加科考的人数动辄数千，乃至逾万。以万人计，就是说平均不到70人中，就有1人参加考试，这个比例十分惊人，不仅在本区，即使整个广东州一级行政区的历史上都是绝无仅有的。透过这样一些数据，可以真切地看到，此时期官师兴学倡教确实取得了显著的效果：如果不是勤学苦读成为社会风气，如果没有民众文化素质的普遍提高，那么，如此多的士人去参加科举考试，就难以想象。

还有一特别注意的问题：参加人数与解额比例的巨大悬殊。根据《三阳志》的记载，自罢舍法行科举，本地解额一直以20名为限。理宗端平间有"普增诸郡解额之窄者"的"御札"，具体以辛卯科（绍定四年，1231）终场数为准，增2名。淳祐十一年（1251）广东转运副使包恢，"请于朝，乞增十名的解额，旨增一名"[①]。这就是说在绝大多数时候，本地科考士子平均数十人、上百人，乃至数百人，共同去争夺一名解额[②]。但即使如此，学子们仍然投身于此，不惜放手一搏，这也说明，此时期民众参与教育、投身于科考的热情确实被空前调动起来了。

[①]　《永乐大典》（潮字号），第84—85页。
[②]　值得注意的是，宋代，特别是南宋潮州并非特例，实际上这种现象在东南州郡广泛存在。如何忠礼《南宋科举制度史》曾列举如下事实：福州，北宋宣和五年（1123）的解额是60名，当时就试士人不过三四千人，约60人取1名。绍兴二十六（1156）年虽罢流寓试而增解额至62名，但淳熙十年（1183）就试士人达到16000余人，平均270人方能解送1名。再如严州，理宗景定年间（1260—1264）的解额是18名，"就试者逾7000人"，平均390左右方能解送1名（见原书第79页）。

第四章 宋元潮州的教育与学术

最后，众多士人的中举及出仕，提高了潮州在广南，乃至在全国的声誉，产生了较好的社会效应。余英时在《宋初儒学的特征及其传衍》一文中曾说："科举制度本身在价值上是中立的，它既可以是一般经生的利禄之阶，也未尝不能成为杰出之士实现其理想的跳板。"① 就宋代潮籍进士为政的表现来看，正由于他们获得了进士这样一个资格，他们才有机会使其品德大放异彩。唐代本地还是中原人谈之色变的蛮荒、瘴疠之区，可在宋代潮州已是许多名流诗文中所称道的南方名郡、海滨邹鲁。这里拟先列出宋元时期较有代表性的一些针对潮州的评论文字，然后再来分析这些文字中所说的变化与潮籍仕子的作用。

陈尧佐《陈文惠公送潮阳李孜主簿》：潮阳山水东南奇，鱼盐城郭民熙熙。当时为撰玄圣碑，而今风俗邹鲁为②。

陈尧佐《陈文惠送王生及第归潮阳》：休嗟城邑住天荒，已得仙枝耀故乡。从此方舆载人物，海滨邹鲁是潮阳③。

梅尧臣《送胡都官知潮州》：潮虽处南粤，礼义无暇陬④。

王安石《送潮州吕使君》：韩公揭阳居，戚嗟与死邻。吕使揭阳去，笑谈面生春⑤。

苏轼《韩文公庙碑》：潮之人士皆笃于文行，延及齐民，至于今号称易治⑥。

王安中：《潮阳道中》：火轮升处路初分，雷鼓翻潮脚底闻。万灶晨烟熬白雪，一川秋穗割黄云。岭茅已远无深瘴，溪鳄方逃畏旧文。此若有田能借客，康成终欲老耕耘⑦。

徐璋《送举人》：揭阳多士天下都，声名籍籍南海隅。往往能骑龙马驹，唾手可拾玉菟须⑧。

---

① 余英时：《朱熹的历史世界》，生活·读书·新知三联书店2004年版。
② 王象之：《舆地纪胜》卷100《潮州》，第3120页。
③ 同上。
④ 梅尧臣：《宛陵先生集》卷13，《四部丛刊初编》本。
⑤ 王安石：《临川先生文集》，卷5。
⑥ 《潮汕金石文征》，第62页。
⑦ 《〈永乐大典〉方志辑佚》，第2777页。
⑧ 同上书，第2782页。

陈余庆《重修州学记》：潮之为郡，实古瀛州。文物之富，始于唐而盛于我宋。爰自昌黎文公以儒学兴化，故其风声气习，传之益久而益光大。绍圣以来，三岁宾兴，第进士者衮衮相望。而名臣巨公，节义凛然，掩曲江之美而增重东广之价者挺挺间出①。

　　王十朋：《曾潮州到郡未几，首修韩文公庙，次建贡闱，可谓知化本矣。某因读韩公别赵子诗，用韵以寄》：至今潮阳人，比屋皆诗书②。

　　龚茂良《代潮州林守谢宰执》：惟潮阳之偏垒，实广右之奥区。千里秀民久已习韩昌黎之教，七朝古老犹能言陈文惠之贤。……惟时岭表莫盛潮阳，儒雅相承，乃韩昌黎之旧治，风流未泯，有陈文惠之清规③。

　　杨万里《揭阳道中》：地平如掌树成行，野有邮亭浦有梁。旧日潮州底处所，如今风物冠南方④。

　　余崇龟《贺潮州黄守》：初入五岭，首称一潮。土俗熙熙，有广南福建之语，人文郁郁，自韩公赵德而来⑤。

　　熊炎《重建文庙记》：潮俗号为易治，建学且数百年。繄昌黎延赵德为师，而人亦教于学行。后来士风，方之邹鲁⑥。

　　《（潮州）风俗形胜》：人之知书者，或以为自文公始。……自是以后，业儒者益众。太平兴国间，始有联名桂籍者出⑦。

上面所引14篇诗文的作者，有一多半是两宋政界或学界的名流，如陈尧佐、梅尧臣、王安石、苏轼、王安中、王十朋、杨万里、龚茂良等。仔细研读他们所写评论、赞许潮州的文字，就不难发现除王安石视角独特、王安中和杨万里所言较为综合（涉及盐业、农业的进步、环境的改观、地方交通的完备）外，其他人士无不以潮州文教兴盛、比屋诗书，科举人

---

① 《潮汕金石文征》，第103页。
② 王十朋：《梅溪集·后集》，卷19。
③ 王象之：《舆地纪胜》卷100《潮州》，第3121页。
④ 辛更儒：《杨万里集校笺》，第891页。
⑤ 王象之：《舆地纪胜》卷100《潮州》，第3120页。
⑥ 《潮汕金石文征》，第244页。
⑦ 《永乐大典》（潮字号），第23页。

才济济、名宦挺挺间出、风俗佳美等作为评说的切入点或关注点的。这种情形说明他们最称道和许可的潮州的变化，主要是重教兴学、培养人才和推行儒家文化方面所取得的重大进展。而这些进展中，具有标志性的成果应该是科举取士及由此走上仕途的潮籍官宦们，所谓"绍圣以来，三岁宾兴，第进士者衮衮相望。而名臣巨公，节义凛然，掩曲江之美而增重东广之价者挺挺间出"[①]。这种"衮衮相望"和"挺挺间出"的盛况，再加上第二部分所提到的众多名臣对潮籍仕子的奖誉和荐举，确实就不难看出这个群体对两宋潮州声誉的提升所产生的积极影响。

如果说，通过上述论述，基本上可以比较清楚地看到宋代潮籍进士及官员在当时确实产生过积极的社会影响，这里还需要指出，他们的影响绝不限于当时。大体说来，在南宋最后的数十年及元明时期，上述影响主要通过两个渠道在潮州本地得以拓展和延伸。

一是南宋后期以来历代地理总志、广东通志、潮州地方志书中《人物志》部分的记载。如《舆地纪胜》卷100《潮州》，明、清《一统志》，明清历代《广东通志》以及《三阳志》、嘉靖潮州郭志以下本地志书中，对本书所涉及的潮州仕子的事迹多有详略不同的记载。通过上述典籍的反复记载，宋代潮籍仕子的影响也就被一代代延续和传承下来。二是通过祠祀活动。南宋宁宗庆元六年（1200）潮州知州沈杞"搜访是邦，昔之有贤哲八人，立堂而祠"[②]的所谓"八贤"，即指唐代的赵德，宋代的许申、林巽、卢侗、吴复古、刘允、张夔和王大宝。到理宗淳祐三年（1243），时任郡守郑良臣又加姚宏中为"九贤"。显而易见，八贤或九贤，若除去唐代的赵德，则许申、卢侗、刘允、张夔、王大宝和姚宏中，同时也是宋代潮籍进士及官员群体中的核心成员和优秀代表。因涉及祠祀，本书将在第五章的有关部分详论。这里只想指出，"八贤"（或"九贤"）的被表彰和追捧，在一定程度上也就是宋代潮籍进士影响的进一步加强和扩散。

四　宋季进士处变及元代的潮州人才

宋元之交，面临江山易代和外族入主这样千古未有的大变局，南宋晚

---

① 《潮汕金石文征》（宋元卷），第103页。

② 同上书，第148页。

期的进士们如何应变？遗憾的是并没有多少资料可供人们去做这种探讨。就有记载而言，基本情形是在元兵到来之时，一些士大夫忠实于流亡政府，从而做过不同形式的抵抗，乃至于以身殉宋。如潮阳陈梦龙、吴应辰、赵嗣助等即是。

陈梦龙，开庆元年进士，官至司法参军。"及二主浮海，散家资起兵赴援，奉命招抚潮郡诸寇"。及文天祥五坡岭被执，梦龙伏乡兵于海口，谋救不果，战死古堤①。吴应辰，名枢，以字行，咸淳元年进士，官至南康录事参军。元兵南下，其与弟吴桄、希奭，"率丁壮，应诏勤王，倾家资佐军"，至元十五年（1278），兄弟三人一同殉难于五坡岭②。赵嗣助，字衍奖，少孤，勤学有成，咸淳四年（1268）进士③，累迁提辖行在左藏库，通判惠州军州事。以治最，假紫金鱼袋，进阶朝奉大夫。景炎初，母老乞归养。会天祥兵讨刘兴、陈懿，嗣助为筹集军需，犒劳军士。并与天祥共谋斩除刘兴事，宋亡不仕。

儒家文化强调为国尽忠，面对异族入主，上述人士站在保家卫国、维护宋王朝的立场上对元军进行抵抗，这无疑是正义之举。同时也表明宋代本地士人已具有鲜明的民族认同感和国家观念，从一个侧面亦说明唐宋以来本地儒家文化教育的成功。

入元以后，本地士人表现出灵活变通、积极务实的态度，他们大都与新统治者合作，如《（嘉靖）潮州府志》卷六《选举志》"元荐辟"下列30余位人士。为便于考察和分析，将有关信息编制为表4-6。

表4-6　　　　　　　　元代潮州路荐辟官员

序号	姓名	官职	资料来源
1	陈肃	朝列大夫，广东宣慰同知，总管湖广常德路	嘉靖《潮州府志》卷6《选举志》；卷7《人物志》
2	陈元龙	福建廉访使	嘉靖《潮州府志》卷6《选举志》

---

① （顺治）《潮州府志》卷6《人物部》，第831页。
② （乾隆）《潮州府志》卷28《人物·忠烈》。
③ 此据（隆庆）《潮阳志》卷12《乡贤列传》；该志卷6《选举表》载之而无年月。（嘉靖）《潮州府志》卷6《选举志》不载。（顺治）《潮州府志》卷5《科名部》载为咸淳四年正奏。

续表

序号	姓名	官职	资料来源
3	张伯良	安东州知州	同上
4	陈义	嘉议大夫，临江路总管	（嘉靖）《潮州府志》卷6《选举志》、（顺治）《潮州府志》卷7《兵事部》"文天祥移屯之败"条
5	黄攀隆	都运司判	嘉靖《潮州府志》卷6《选举志》
6	杨达夫	照磨	同上
7	陈佑中	广州路总管	同上
8	刘文振	湖州州同	同上
9	林腾	梅州判州	同上
10	彭捷	上杭县丞	同上
11	徐震	海阳县尹	同上
12	陈逢原	扬州府同治	同上
13	朱旺	封川主簿	同上
14	陈天祐	淮阳主簿	同上
15	高天麟	漳浦县尹	同上
16	张来苏	清原县尹	同上
17	陈垔	海丰主簿	同上
18	谢鹏	将仕郎	同上
19	袁英祐	儒学教授	同上
20	赵宗源	儒学教授	同上
21	郑必大	儒学教授	（嘉靖）《潮州府志》卷6《选举志》、熊炎《重建文庙记》
22	马景东	儒学教授	（嘉靖）《潮州府志》卷6《选举志》
23	赵次潜	儒学教授	同上
24	欧良辅	巡检	同上
25	黄点		同上
26	萧德俊	程乡教谕	同上
27	萧昂	海丰教谕	同上
28	古再思	梅州学录	同上
29	古文龙	肇庆路儒学教授	同上
30	陈元祐	太常博士	同上
31	陈元宝	谏议郎	同上
32	黄星	本州训导	同上

首先需要说明的是，清代以来本地志书对嘉靖郭春震《志》所列名单，据本地县志随意增益，如（乾隆）《潮州府志》卷26《选举表上》就是如此。该表下有按语称："元荐辟见旧志者二十五人，参之县志补入郑佐龙、赵次偕、赵次清、陈天麟、陈文治、赵光祖、赵光国、陈思善、袁贤、李宣仪十人。海阳生员郑家锦等呈请补入郑桂龙一人，共三十六人。"引文中说"见旧志者二十五人"，而上举嘉靖《志》就已经列出32人，何来"见旧志二十五人"？[①] 又，所补11人名单，又全不见嘉靖《志》，且有所谓"海阳生员郑家锦等呈请补入郑桂龙一人"，居然仅据某生员个人的提议就得补入，其轻率可见一斑。无论如何，这些志书时间靠后，所说也难究史源根据，由此后补名单，这里暂存疑不取。其实，即使上述郭《志》的这份名单，也不一定都切实可信：其据何而来，自元朝灭亡至嘉靖间的这200年中，原名单有过什么样的变化？但在无相关资料的情况下，目前我们只能暂时采用。

表4-6中所列绝大多数人士的身世、事迹等已无从考究，唯有少数见于本地志书。据之，大体可以做出以下分析和推断。一是这些被荐辟的人士并非全都出身学子。如序号为第4的陈义，显然就是宋元之交叛服无常、最后导元兵抓获文天祥的畲酋、剧盗"陈五虎"之一。不过，从大部分出任文官，特别是约有三分之一出任学官（如教授、教谕、学录等）的情形来看，这些人士中的大多数原来的身份就是学子。应该认为他们是元代本地文化教育结出的硕果：在科举正途不通的大背景下，他们实际上是通过荐辟这一渠道最终圆了他们的仕梦。且从现有记载来看，他们中的一些人在走上仕途后曾有出色的建树。如表4-6中的陈肃，字文端，海阳人。宋宝谟阁待制恪之子。宋末于鮀江避乱，曾结庐莲花山，聚士讲学。文天祥过潮时召见，与之谈论，颇为赏识，欲邀为参谋而不就。这应是其对宋政治的腐朽性已有深切认识，对流亡政府也不抱信心。至元初以贤良应聘，赐第，举署总管府事。有修文庙和济川桥之举措，颇得士民拥戴。二十一年，枢密使月的迷失莅潮，知其贤能，保升朝列大夫，任宣慰同知，总管湖广常德路，有骄人的政绩，迁枢密同知，卒于官。著作有

[①] 如（顺治）《潮州府志》卷5《科名部》就只载25人；（康熙）《潮州府志》卷7《荐辟诸科》所载亦同。

《莲峰集》。① 又如陈肃之孙陈元龙，字仲章，以经明行修授福建廉访使，"政声洋溢"。后以病归，庐于龟山，讲学授徒，戴希文曾从其学习②。戴氏，名昌，以字行。据载，其人少治举子业，可拟进取。后弃业隐遁，自号野民。博通经史，敦行谊，为乡里所推③。至正间受路总管王翰之聘，出主教事。由此，在疗治战争创伤及本区经济文化的重建和发展中，上述人士发挥了应有的作用。其实即使宋元之交秉持反元立场的人士，随着宋流亡政府的覆灭和元朝政权的建立，也逐渐调整自己的态度。如赵嗣助，他本人虽未出仕，但事关乡邦文化、风俗，他也积极献策献力："至大中，倡义捐资作双忠庙及置田以供祀事。"④

其次，关于元代本地的进士问题。就现有资料来看，最早仅录黄点一人，见载于黄佐（嘉靖）《广东通志》卷11《选举表》，其登第时间为延祐间。此后郭棐（万历）《粤大记》卷4《科第》所载同。而清初吴颖《潮州府志》卷5《科名部》除载黄点外，另增程乡程德兴和饶平钟元则。乾隆《府志》居然增加到8人。其实，即使黄佐《志》所载黄点，能否据信都是个问题：上据嘉靖《志》卷6"元荐辟"所做表格中序号为第25的即此人。而现能看到的本地最早最完整的志书也是郭《志》，其书并未载元代潮州有登第之人。又，黄点个人资料，仅限本地明代嘉靖以来方志中的《选举志》的提名，别无任何资料。按照黄佐和郭棐所记，元代潮州这个科举中的宁馨儿，对其事迹本地志书居然失载，这也令人十分费解。因元代停废科举多年，故而潮州进士亦罕见。

第三节　尊崇韩愈和绍述闽学

宋元，特别是两宋时期，潮州文化教育的兴起和发展，原本就在官师尊韩的旗号下进行。此后尊韩就成为潮州文化中的一个主旋律。南宋后期，以朱熹道学为核心的闽学传入潮州，渐为本地士子习学和绍述。上述

---

① （嘉靖）《潮州府志》卷7《人物志》。
② 同上。
③ 同上。
④ （隆庆）《潮阳县志》卷12《乡贤列传》。

文化、学术活动一经开展起来，对当时和之后本地文化的影响至深且广。

一　尊崇韩愈

因发起古文运动及在文学上的卓越成就，又率先提出儒学"道统"说并推尊孟子，排斥佛教，表彰《大学》等，自北宋以后，韩愈赢得学人较为广泛的尊崇。古文家和道学家从各自不同角度继承、绍述韩愈，从而汇成全国性的韩学思潮。与全国性的尊韩文重道学不同，因元和间韩愈刺潮并有美政，此后又有声名显赫的地位，更基于入宋后仕潮官师的大力提倡，尊韩在潮州渊源有自且更多本地特色：主要以宣扬，乃至于神化韩愈在潮的所作所为为主要内容，并围绕着各种尊韩设施的兴建而展开。

从现所掌握的资料情况来看，宋元本地崇韩活动大略可分为3个时期。

（一）倡导、发动期，为北宋中前期

咸平间陈尧佐贬任潮州通判，于宋代仕潮官师中首举尊韩大旗。所谓"修孔子庙，作韩吏部祠，以风示潮人"①。陈氏有关活动主要包括以下三点。

一为韩愈建祠，并撰《招韩文公文》。《文》说韩愈元和间"至郡，专以孔子之道教民，民悦其教，诵公之言，藏公之文，绵绵焉迨今知学者也"，确认韩愈是在潮州开始推行王道的第一人，所谓"南粤之裔兮在天一涯，吾道之行兮自公之为"；又特意拾起韩氏谕鳄驱之之旧话题，称"民到于今赖之"。正是由于上述两点理由，陈氏以为此前潮州官员不为韩愈立祠，实在有违《祭法》，是旧政之阙典，故而陈氏于新修庙学正室之东厢，特立文公祠。

二是绘鳄鱼图并撰《赞》文。陈氏此举首先是力证韩愈当年撰文逐鳄真实可信。据他自言，早年他"读昌黎文公传，见鳄鱼事甚异，且未感诚其说"，待他自己赴任至郡，"访其事，乃与传合，始信史氏之不诬也"，因而"图其鱼为之赞，凡好事者，即以授之，俾天下之人知韩之道不妄也"。而最终归结点则是"鱼既化焉，人宁不怍"！冥顽如鳄鱼者，也能俯首帖耳于王化，居住在王土上的一切人类，自然应该接受封建国家的统治和教化。

---

① 《宋史》卷284《陈尧佐传》，第9582页。

三是捕鳄戮之，撰《戮鳄鱼文》①。首先指出"昔昌黎文公投之以文，则引而避，是则鳄鱼之有知也"，由此，当硫黄张氏子被鳄鱼尾去丧生，陈氏毅然组织人力捕而戮之。并称"方今普天率土，靡不臣妾，山川阴阳之神，奉天之威命，晦明风雨弗敢逾"，"鳄鱼何悖焉"。因而声称自己戮鳄，是"宣王者之威刑"。这样对冥顽凶狠的鳄鱼，陈氏之举又变成了韩氏"文而化之"的继续：文化不改，然后加诛！这也是历来中原王朝对一切居住王土而不服从王化者的态度②。

综上所述，陈氏之尊韩是以韩愈在潮兴学和驱鳄两事为主题，并着力予以渲染的。从以后的历史实际来看，陈氏举措的影响至为深远，事实上，它为以后潮州的尊韩确定了格调和鲜明的地方特色。兴学在于贯彻、推行儒家文化和国家理念；驱鳄、戮鳄除为此后出任本地的官师树立了必须关心民瘼、为民除害的楷模外，同时也在昭示那些敢于抗拒王化的土著民绝对没有好下场。

陈氏后，仁宗至和元年（1054）知州郑伸复有"文公祠堂"③之建，但影响不大。

（二）奠定格调期，时在北宋中后期至南宋淳熙间

哲宗元祐五年（1090）知州王涤卜地于州城南七里，建"昌黎伯庙"，并约请著名文学家苏轼撰写碑文。这两件事情正式奠定潮州尊韩活动的基本格调。据苏碑载，时韩愈俨然已是潮人顶礼膜拜的一尊神灵："潮人之事公也，饮食必祭，水旱疾疫，凡有求必祷焉。"可是"（旧）庙④在刺史公堂之后，民以出入为艰，前守欲请诸朝作新庙，不果"，于是，王涤出令："'愿新公庙者听！'民欢趋之。……期年而庙成。"实则，王涤新庙也是对宋神宗元丰七年（1084）诏封韩愈为"昌黎伯"的一个

---

① 上述陈尧佐三文即《招韩文公文》《鳄鱼图赞》和《戮鳄鱼文》，分载《永乐大典》（潮字号），第107、116、108页。

② 陈尧佐捕鳄戮之的举动在本地历史上影响颇大，认为其功绩可与韩愈祭鳄驱之相提并论。如明人林大钦《体国经野》有这样的评论："以害言之，力决江河，疾食人畜，锥击不可得而加，泽梁不可得而致，潮之害，莫古于鳄也。当时苟不有以除之，则生灵葬于鱼腹之中，殆不可以数计矣。幸而韩昌黎者始以诚初训之，陈尧佐者继以刑而戮之。是二人者，以人胜天，以德消变，其功德之在吾潮，比之周公驱猛兽而百姓宁者，不少让也。"（林大钦著，黄挺校注《林大钦集》，第37页）

③ 《郑伸文公祠题记》，《潮汕金石文征》（宋元卷），第35页。

④ 此处所谓"庙"，即指陈尧佐所建韩祠。

回应。而影响远在王涤新庙本身之上的当属苏碑。在这篇千古绝唱中，作者对于韩愈一生的功业，包括其在潮州的政绩作了定论性的概括和总结。

首先关于韩愈的历史地位和作用，苏称："自东汉以来，道丧文弊，异端并起，历唐贞观、开元之盛，辅以房、杜、姚、宋而不能救。独韩文公起布衣，谈笑而麾之，天下靡然从公，复归于正，盖三百年于此矣。文起八代之衰，而道济天下之溺，忠犯人主之怒，而勇夺三军之帅。"其次，认为韩愈在潮能"约束鲛鳄如驱羊""能信于南海之民庙食百世"，是由于韩公之"精诚"。又，认定韩愈是潮地王化的肇始者。所谓"始潮人未知学，公命进士赵德为之师，由是潮之士皆笃于文行，延及齐民，至于今号称易治"。这一点实际上是对前述陈尧佐有关说法的进一步确认。

王涤建庙和苏轼撰碑的确把本地韩学和尊韩活动推向了一个崭新的阶段。此后一百余年，除尊韩设施的屡建迭修外，值得一提的还有北宋大观（1107—1110）前后，海阳人刘允利用韩庙香火钱，在潮编印韩愈的文集[①]；乾道元年（1165）礼部尚书王大宝撰《韩木赞》等。至于文人雅士以韩山、韩亭和韩愈在潮事迹（如驱鳄）为题材入诗吟诵，则难计其数[②]。但总的说来，除形式和内容有所开拓外，在对韩愈历史地位、作用及尊韩意义的阐述上都没有超过苏轼。

绍定元年（1228）孙叔谨建"仰斗堂"，王迈为之撰《记》。认为韩愈在潮州文化教育上的开启之功，与汉代文翁在蜀、唐代常衮在闽之兴学相比，"力劳而功倍之"[③]。

（三）深化和稳定期

从时段上来说，包括南宋末期和元代。淳祐三年（1243）知州郑良臣于韩庙故址（州城南七里）创建韩山书院，标志着潮州韩学与理学的结合。此后本地的尊韩并未因改朝换代中辍，元代以后仍得于稳定维持：

[①]《三阳志》"书籍"载州衙有《大字韩文公集并考异》一千二百板，《中字韩文公集》九百二十五版，有说为刘允所编，但朱熹所撰《韩文考异》在潮刻版是南宋庆元间，故至少前一种非刘允所编印。见《永乐大典》（潮字号），第76页。

[②] 有不少收载于《永乐大典》卷5345《潮州府三·题咏》。

[③] 王迈：《仰斗堂记》，《潮汕金石文征》，第171—173页。文翁（前156—前101），名党，字仲翁，庐江郡舒县人。汉景帝末年为蜀郡太守，首重教育，又选贤与能，兴修水利，政绩卓著。班固在《汉书》中评论说："至今巴蜀好文雅，文翁之化也。"常衮，潮州刺史任满后，为福建观察使。其人注重教育，增设乡校，亲自讲授，闽地文风为之一振。

与宋代情形相仿，这种活动的开展，仍是以韩庙及其他尊韩设施的迭修为主要表现形式。从有关记载来看，在元贞二年至大德九年（1296—1305）的十年间及延祐四年（1317）和泰定四年（1327），都有过较大规模的修建活动。而赵孟𫖯《重修潮州韩文公庙》、邢世衡《思韩亭记》、何民先《重修水东韩庙记》，分别记述了上述时期修建的缘起和经过①。除此，明郭子章《潮中杂记》卷8《碑目》著录总管府知事张宗元于至正元年（1341）所撰《思韩亭记》。此碑文已逸，不过，据之大概可以断定，后至元末，或至正初年，思韩亭当有一次复修的过程。上述情形表明，就尊韩设施的修建频率言，元代是高于前代的，特别是元贞、大德的十余年间前后三次兴役，表现出对修建这类工程的极大热情。

又，可能是经费不足或有意要表现对韩愈的虔诚之情等，发起、组织其事者，每有捐俸、施资助工情节。特别是延祐四年（1317）海北广东道肃政廉访使张世荣不仅捐俸助役，还号召本地的缙绅、处士、耆老捐款，并用此款项为所修设施"置永业田，为租百石，廪士之家旁近者奉祠事"。这一举措似为前代所无，表明入元以后，尊韩活动及设施的修复开始走上正轨。

与宋代一样，元代本地官师也认为潮州文化教育所取得的一系列成就，是韩愈带来的，所谓"潮诗书泽由韩公始"，由此尊韩设施的修建是思源报本之举。可是，因风蚀雨侵或管理措施不到位，设施的废坏破败实不可避免，而"君子与其兴，不与其废也"，所以屡屡兴工复建。其实，从兴建修废的动机而论，元代较为复杂，除官员欲表现治绩并借以推进本地文化教育事业的发展这一与宋代相同的目的外，应该还有异族统治这一独特背景下，从事这方面的活动，恰可以标榜正统，增进官民认同。无论如何，综观宋元潮州的尊韩活动，其积极意义显著，在尊韩的旗帜下，潮州的文化教育事业得到有力的推动。

二　绍述闽学

南宋中后期，以朱熹为集大成的朱派理学——闽学，自邻区福建输入尊韩气氛仍很浓厚的本区，伴随着闽学而来，或在此前后因各种机缘传入

---

① 以上碑记分别见载《潮汕金石文征》（宋元卷），第253—254、260—261、273—275页。

的还有濂、洛诸派的思想学说。理学各派的传播流衍，使本区的学术文化面貌更加丰富多彩。

溯及理学在潮汕的传播，草蛇灰线，始伏笔于北宋。神宗熙宁四年（1071）时任广东提点刑狱的理学宗师周敦颐行部至潮，淳熙九年（1249）知州周梅叟以此为缘创元公书院，有关情形已见前"书院"一节。元公书院成为理学，特别是濂溪学说在潮传播的中心。书院的宗旨是："衿佩来游，盖为讲明义理之学。"为此，书院"刊元公文全帙，以广其传。……合二程、横渠、朱文公祠。以道学渊源濂溪倡之，诸贤和之也"①。

朱派理学输入潮州的时间，已不可确知。其传播途径则主要是通过朱熹的潮籍弟子和仕宦于潮的朱门后学。潮籍弟子见于记载者为郑南升和郭叔云。嘉靖《潮州府志》卷七《人物》有传：

> 郑南升，字文振，潮阳人。晦翁门人也。笃志力学，尤潜心于《语》《孟》。有疑，质晦翁，皆答之，详《语录》中。所问百余条，多为晦翁所取。尝侍坐，晦翁语曰："文振近看文字较细，须用常提掇起惺惺，不要昏晦，时少问，事来，一齐被私意牵引得去。须用认取自家身与心，卓然在目前，为得主宰，则事物之来，区处得当。"南升自是学益进。晦翁称之曰："看文字须以郑文振为法。"又云："渠今退去，心中却无疑也。"一时同门者皆尊礼之。
>
> 郭叔云，字子从，揭阳人。始见晦翁，问为学格物之要。晦翁曰："人莫不有知，但不能推而致之耳。"又教以为学切须收敛端严，就自家身心上用工夫，自然有所得。叔云由是一意实践，以礼教久废，慨然欲讲求而举行之。其问礼经所疑二十余条，见晦翁集中。晦翁没，与其同门北溪陈淳书札返，相讲论先后天《太极图》《易》书之旨。尝考小宗法，定世嫡主祭之仪，摘程子所取韦家宗会之说，又取礼经族食族燕之义，编《宗礼》《宗义》二篇及晦翁、蒙谷二先生宗法各一册，并藏诸家。叔云于晦翁之学，得之最深，与黄干相后先，祀于乡贤。

---

① 以上二处并见《永乐大典》（潮字号），第90页。

郑、郭二人学成归来，自然会把所学传入家乡；又据《晦庵集续集》卷3《答刘晦伯》记载，庆元三年（1197），朱子撰《韩文考异》成，郑南升等不顾党禁，在潮州刻板①。

仕宦于潮的朱氏门人，主要是廖德明、陈圭和吕大圭等人。他们对朱熹道学在潮州的传播也发挥了重要作用。

廖德明，字子晦，南剑人。乾道五年进士②。受业于朱熹，庆历四年（1198）判潮③。文献载其在任上，"日与庠校师生讲明圣贤心学之要，劝农桑，抑末作，使民皆以其暇日，讲习礼义"。

陈圭（？—1272），字表夫，福建莆田人，以祖泽受承务郎，淳祐五年至七年（1245—1230）知潮，多善政，已见前述有关章节。陈圭父宓（1171—1230）字师复，号复斋，少为朱熹门人，长从黄干游学，是闽学著名学者④，圭承家学，实为朱氏再传弟子。守潮期间，于政务之暇，热衷于兴学传授事。对之《三阳志》"书院"条有载：

> 淳祐乙巳，陈侯圭以复斋嫡嗣来守是邦，（对韩山书院）尤切加意。春秋课试，亲为命题，讲明《四书》及濂洛诸老议论，以示正学之标的。捐金市朱文公所著书，实于书庄，与士友共切磨之。又刊复斋所书《仁说》于二壁，以广诸生之见闻。拨钱一千五百贯，置田益廪，增塑周濂溪，廖槎溪二先生像，并祠其中。以濂溪持节本路，槎溪尝倅此邦，继而为本路先帅。盛德至善，至今使人不能忘也。⑤

吕大圭（1227—1275）字圭叔，福建泉州人，淳祐七年（1247）进士，师事陈淳弟子王昭复，得朱学嫡传⑥。吕氏宝祐元年至二年（1253—

---

① 此函中有"昨为《考异》一书，专为此本发也。近日潮州取去，隐其名以镂板"云云，即指此事。
② 《八闽通志》卷52《选举》，下册，第295页。
③ 《宋史》卷437，第12971页。但不及判潮事。（嘉靖）《潮州府志》卷5《官师志》有传，载庆元四年（1198）任。
④ 《宋史》卷408《陈宓传》，第12310页。
⑤ 《永乐大典》（潮字号），第88页。
⑥ 《八闽通志》卷50《选举》、卷67《儒林》，下册，第233、826页。

1254）任潮州州学教授。对庙学制度的完善贡献颇大[①]。吕氏又勤于撰述，《三阳志》"书籍"条载，其在潮州刻板的著作就有《孟子说》《春秋集传或问》《易集解》《孝经本旨》《三阳讲义》等。

除上述两类人士外，还有一些朱门弟子，或深受闽学陶冶的闽籍学者，虽不曾来潮州做官，但与潮州学者保持密切的学术、文化联系，如陈淳、真德秀、刘克庄等。从他们个人的集子及流传至今的潮州地方志书、金石文字等资料中，留有大量的佐证材料，都可以说明他们在传播闽学入潮及潮州文化教育发展中所做出的杰出贡献。如郭淑云与陈淳往来事，《潮汕金石文征》录陈氏为郭氏所撰《宗会楼记》和《燕食堂记》。陈氏对于郭氏重建宗族家庭，颇为赞许。朱熹理学通过他的著作及他弟子在潮州的宣传和推介，有比较大的社会影响。郭氏之举，本身也是这种影响之深的一个说明。陈淳称赞郭氏的身体力行。其他相关情形，在本书的有关部分都有涉及，为免重复，这里不赘。

理学著作除上所提到各种在潮刻板外，朱熹《中庸辑略》《朱文公家礼》及陈淳《北溪字义》等，也在潮州有刻印[②]。朱氏两书是大家熟知的。陈淳的《字义》，原名《字义详解》，全名为《四书性理字义》。它是陈氏晚年讲义，由弟子笔录，再经陈氏改定。时人认为是探索程朱理学，特别是朱熹思想的入门书。

与尊韩不因改朝换代中辍情形相仿，进入元代之后，闽学在潮州也继续得以传承。且看下面两条记载：

> 张奂，号鲁庵，海阳人。潜心性理之学，静处一室，玩味经旨，衣冠俨然，端坐终日。从游受业者甚众。家居严肃，冠、婚、丧、祭一遵《文公家礼》，潮人多化之。元末盗起，过其里曰"此张先生所居"，不敢犯，旁舍亦赖之以安。

> 周伯玉，潮阳人，初名瑶。元季读书自娱，累辟不起。亲故或劝之出，伯玉曰："吾读圣贤书，肯北面胡虏乎？"入本朝，复膺征命，

[①] 《永乐大典》（潮字号），第69—70页。
[②] 同上书，第76—77页。

公曰："吾老矣，无适于用。"辞弗就。①

上述记载说明，元代闽学在本地士人的精神世界中仍占有重要地位，以至于影响到他们的人生轨迹。

第四节 宋元时期的潮州文献

作为潮州文化教育起步并迅速发展的宋元、特别是两宋时期，其标志性的成果是多方面的：如通过历届官员的不懈努力，潮州形成儒学、书院等学校教育网络；通过科举，潮州有了自己的进士群体以及活跃于全国各地的仕宦者队伍；还有，与知识群体的出现相对应，阅读和著书立说成为一种风气，由此潮州的图书刻印业出现，潮人也开始有了自己的著作。这一节笔者将对宋元400年间产生、形成的潮州文献进行考察和论述。所谓"潮州文献"，是指以下两类人士的有关撰述：潮籍人士的撰述；非潮籍人士之有关潮州地方风土民情、政教史事方面的撰述。

一 经部
（一）易类

中国古人撰述多采用经注的形式，通过对经典的诠释来阐发自己的学术见解、治国理念和政治立场，潮人自然也不能例外。从现有记载来看，当时很多文人都有这类撰述，从而也就为当时和后来留下可观的文献量。

1.《草范》，林巽撰

据南宋王象之《舆地纪胜》卷100《潮州·人物》载：

> 林巽，字巽之。天圣中，应材识兼茂明于体用科，对策鲠切，有忤权贵，有司不敢收。庆历中，投匦论事，仁宗鉴异之，官以徐州仪曹。巽不屑就，乃毅然南归，演绎重象，自著一书，有《卦元》，有《卦纬》，有《丛辞》、有《卦经》、有《起律》《吹管》，有《范余》《叙和》。凡九篇，名曰《草范》。

---

① （嘉靖）《潮州府志》卷7《人物传·隐逸》，影印本第162页。按，郭春震将他们列入"大明"下，当误。

又,《永乐大典》卷5343《潮州府·学校》引《三阳志》"书籍"条中有"林贤良《草范》五十板";卷8570引《续三阳志·人物》为"林巽"立传,传文基本与《纪胜》相同。此后李贤等纂《明一统志》卷80及嘉靖间郭春震《潮州府志》卷7以下有关林巽的传记也基本上沿袭了《纪胜》的文字,但不同主要在于郭春震《志》以下,均说林氏所撰书名为《易范》,共八篇。针对这个差异,饶锷先生认为:"林仪曹巽所著易书,郡县志盖作《易范》八篇;而《舆地纪胜》所列篇名,与各志著录同为八篇,是所云九篇者,误也。《草范》则当是蒙草范先生而讹。"① 饶说九篇为八篇之误可以成立,但认定书名《草范》"是蒙草范先生而讹",证据明显不足。如饶宗颐先生就指出宋人陈淳《答郭子从书》亦称为《草范》:"观北溪言,林巽书,彼曾目睹之。其不作《易范》未必有误。予谓象之、北溪皆宋人,与林巽生于同代,其言或更为可据。后人于林氏有草范先生之称者,岂取其书以名其人与?"② 此说甚是。

其实,除南宋陈淳、王象之文中称林氏所著易学著作名称为《草范》外,早在北宋名僧释契嵩(1007—1072)就称林巽所著书名《草范》。释契嵩曾为林冀长子从先撰《送林野夫秀才归潮阳叙》一文,其中说:"及会范阳卢元伯(占山按:指卢侗),语野夫(指从先)仲父曰巽先生者,生而知学六经,探百氏,悉能极深研几圣人之道,卓然自得,以谓易者备三极之道,圣人之蕴也,独病扬雄氏虽欲明之而玄也,未至,因著《草范》,将以大明易道之终始也。又谓兴王者,礼乐为大,复著《礼乐书》,以示帝王治政之始。"③ 由此,林巽所撰易书名为《草范》,应属无疑。

因林巽所著原书早就失传,今人无由品评其书学术价值。不过,亲睹其书的陈淳有如下说法:"林贤良草范之书,极荷承教,此亦英才美质,度越流俗者。恨不遇明师,学无本源,用心良苦,与子云《太玄》、温公《潜虚》、后周卫元嵩之《元包》同一律,皆无加损于易。"④ 仔细体味陈

---

① 饶锷、饶宗颐:《潮州艺文志》,第8页。
② 同上书,第8—9页。
③ 《镡津集》卷13。
④ 《北溪大全集》卷25《书·答郭子从一》,影印文渊阁《四库全书》本。

氏之说，其对《草范》的评价较为负面，所谓"恨不遇明师，学无本源"、所谓"无加损于易"是也。陈淳是朱熹弟子，四库馆臣认为"于朱门弟子之中最为笃实"①，其易学修养得自其师真传，其对林氏之书的评价，应有一定的参考价值。

2. 《周易证义》十卷，王大宝撰

据有关记载，王大宝于易学方面确有撰述，但所撰书名及卷数，颇见分歧：如《宋史》卷386本传说"知袁州，进《诗书易解》"②。宋人李幼武则说"寻理旧著《周易证义》6卷，表进于朝。上谓宰相王某，所进书深得经旨"③。而元胡一桂则称"王大宝《周易证义》10卷"④，元富大用也说："王大宝，符龟，知袁州，暇日寻理旧所著述，得《周易证义》10卷，《毛诗国风证义》6卷，表进。上谓宰相曰：王大宝所进书深得经旨，其以国子司业兼崇政殿说书，召赐五品服。"⑤明郭子章《潮中杂记》卷7《艺文志》著录王大宝所撰易书二种，即《周易证义》6卷和《易诗书解》（不言卷数）。综上所引可知，是王氏所撰易书，有《易解》《周易证义》和《周易讲义》等不同名目，卷数则或未写明，或称6卷、10卷。那么，王氏所撰易书究竟是一种，还是多种？具体卷数又如何？由于原书不存，20世纪以来，学者对之已无定见⑥。笔者以为今后若无更具说服力的新资料的发现，上述各种记载只能并存。这里，我们感兴趣的是王氏易学著作的学术含量究竟如何？对之，似只能透过有关人士的说法，大体把握一下。高宗看到大宝书曰："大宝留意经术，其书甚可采，可与内除。"执政拟国子司业，上喜曰："适合朕意。经筵阙官，遂除国子司业兼崇政殿说书。"⑦李幼武《宋名臣言行录》也说王氏将其《周易证义》6卷表进于朝后，"上谓宰相王某，所进书深得经旨"，是高宗对大宝经学，包括易学方面的造诣，非常赏识。大宝的同僚、朋友称其

---

① 《北溪大全集》提要。
② 《宋史》卷386《王大宝传》，第11856页。
③ 李幼武等：《宋名臣言行录·别集》上卷4，影印文渊阁《四库全书》本。
④ 胡一桂：《周易启蒙翼传》卷4。
⑤ 富大用：《古今事文类聚新集》卷31《诸监部·表上证义》，影印文渊阁《四库全书》本。
⑥ 如饶锷、饶宗颐《潮州艺文志》，第10—11页。
⑦ 《宋史》卷386《王大宝传》，第11856—11858页。

"潜心稽古，得圣行藏。于《易》《春秋》，尤其所长"①。不过，值得注意的是元人胡一桂有如下评论："王大宝《周易证义》十卷，多是文义，间亦及象，虽明白而甚浅近。"②味其言，胡氏对大宝易书当有过目。据其说，则王氏书主要应是对《周易》卦爻辞的疏通和解释，风格简明、通俗，文义浅显。

3. 《周易略例补释》一卷，元陈禧撰

此见朱彝尊《经义考》64、钱大昕《补元史艺文志一》著录，但朱氏指出此书已佚。《经义考》卷46引吴澄《序》说：

> 伊川程子《易传》未成之时，每命学者观三家易。一曰王辅嗣；二曰胡翼之；三曰王介甫。盖汉儒好以术数谈易；以义理注易，自辅嗣始。唐初，诸儒作疏义，悉废诸家之注；而独取辅嗣者，以此也。辅嗣解经之外，著《略例》二篇。其上篇析论彖爻卦象位各一章，其下篇先之以五凡，终之以十一卦，略总一经之大概云耳。唐邢璹有《略例注》。今潮阳陈禧为之补释，多所发明。王氏之忠臣，邢氏之益友也。禧年甚少，而笃志于经；世武功而从事于文；诸侯之子，而齿于庶士以共学；是其天质之异于人者也。

据吴澄《序》最后几句所涉陈禧身世，饶锷先生有个考证：

> 锷按：陈禧，郡县志无传，名字亦无可考。据吴澄《序》称其以诸侯之子而齿于庶士；又谓世武功而从事于文；知禧先世，必累以功烈显者。考嘉庆《潮阳县志·武功传》：陈节字维理，号南村，陈岘元孙（宗颐按：岘字山甫，本浙江永嘉人。曾充广东路经略安抚使，道经潮阳，爱其山川风谷之美，遂家之。《潮阳志·循吏传》有传）器度过人，日讲兵符，由武略而膺简命。元至正间，为护驾将军，擢升南京道宣慰使，都元帅。因病归里，教督子孙从事经史，云云。所言时代家世，与禧吻合。疑禧或为节子也。《补释》一书，今虽亡佚；然辅嗣《略例》邢璹《注疏》尚可考见。原书于《明卦》

---

① 王十朋：《祭潮州王尚书文》，《梅溪王先生文集后集》卷28。
② 胡一桂：《周易启蒙翼传》中篇，影印文渊阁《四库全书》本。

第四章 宋元潮州的教育与学术

《明爻》诸篇，举义明彻。《明象》《辨位》二篇，探赜幽微；而邢注解义，则殊浅近。禧为补释，是固宜然。而吴澄为元代经师，于是书既推许为王氏忠臣，邢氏益友，则陈氏补释之能疏通证明可知矣。①

关于《周易略例补释》及作者，目前所知，尚只限于上述记载及二饶的考证。

从现有记载来看，宋元时期潮人于易学方面的专门撰述，似限于上述数种。但二饶《潮州艺文志》还著录有卢侗《周易训释》一种。饶志所录应是据（光绪）《海阳县志艺文略》，后者虽予著录，但声称并未见书，因而注"佚"。其实，从宋元以来有关目录、包括卢氏的传记，从未明确记载卢侗有这样的著作。现存明代广东历史上的第一部通志戴璟《广东通志初稿》卷12《卢侗传》称："侗于经无所不通，而易学尤粹，自为训释，日与诸生相讨论。"后来，潮州本地方志中有关卢侗的传记，大体与《初稿》相同。种种迹象表明，《海阳县志艺文志》应是根据上述说法，著录卢氏有《训释》一书。可视其传原文，只是说卢氏"自为训释"《周易》，并未说明已有成书或有刻印。从元明时期志书未见著录情形度之，卢氏对易的训释可能只有讲义之类，仅用与诸生修习、研讨，应无成书，自然也就未公之于世。

另外，清人郑昌时称"吾邑先儒，多明《易》学"②，郑氏于宋代举林巽、卢侗、王大宝，于元代举张欤，明代举许洪宥、柯望等来证实自己的说法③。据之，这里还应涉及张欤。其人之通易学，明洪武间本地儒士林仕猷的诗句即可作证："林君潮阳彦，质美而志坚。曩从张鲁庵，易学得所传。"④ 不过，郭春震《志》卷7《人物传》为之立传，其传说："号鲁庵，海阳人，潜心性理之学，静处一室，玩味经旨。衣冠俨然，端坐终日。从游受业者甚重。家居严肃，冠婚丧祭一尊文公家礼，潮人多化之。元末盗起过其里，此张先生所居，不敢犯。旁舍亦赖以安。"后黄佐嘉靖

---

① 饶锷、饶宗颐：《潮州艺文志》，第11—12页。
② 郑昌时著，吴二持校注：《韩江闻见录》卷10，上海古籍出版社1995年版，第334页。
③ 实则，郑昌时所举缺漏明显。如元代的陈禧，明代薛侃、唐伯元以及清代嘉庆以前的吴羔、贺南凤、张云经、陈英猷等均有易学撰述，而郑氏都未曾提及。
④ 林仕猷：《送林述古》，（隆庆）《潮阳县志》卷15《文辞志》。

《广东通志》卷48《名宦传》为之所立传文，与郭春震《志》全同，应是由郭志过录。上述二《志》传文，是今能看到的张夔最早的传，它们都不曾提到张夔有易学方面的专书，饶氏父子《潮州艺文志》也不见著录。由此看来，张夔只是"明易学"而已。

经学是中国古代的国学，包括《周易》在内的儒家经典是知识分子必读之书。由此郑昌时所说"吾邑先儒，多明《易》学"，即使全为事实，也不足为奇。而自目前所掌握资料来看，此时期潮人有关《周易》的撰述，为数并不是很多。

（二）书类

《尚书经义》，林巽撰。

林巽有这样的著作，今仅见《潮中杂记》卷7《艺文志上·书目》著录。因郭子章未注亡佚，有可能为其经眼，但清代以来不见有关书目提及，当早逸。

另外，如前已提到，王大宝也有这方面的撰述：其在袁州任上曾有表上所撰《诗书易解》事。郭子章《潮中杂记》卷7《艺文志》著录王大宝《诗书易解》。朱彝尊《经义考》及光绪《海阳县志·艺文略》据之著录王氏《书解》一种，而《经义考》已注亡佚。

（三）诗类

《诗解》，王大宝著。此最早见《宋史》卷386本传。而元人富大用更言之凿凿：

> 王大宝，符龟，知袁州，暇日寻理旧所著述，得《周易证义》十卷，《毛诗国风证义》六卷表进。上谓宰相曰："王大宝所进书深得经旨，其以国子司业兼崇政殿说书，召赐五品服。"①

值得注意的是，富大用于此段话后，明确注明其根据为《胡澹庵集》。《澹庵集》为胡铨的集子。胡铨，字邦衡，号澹庵，江西庐陵人，建炎二年（1128）进士，与大宝同年。《宋史》卷374有传。大宝殁，胡氏曾为之撰《墓铭》。胡铨撰述，今见《四库全书》集部所著录《澹庵文集》6卷。胡氏撰述原有百卷之多，但宋元以来大多散佚。库本所录六卷中，已

---

① 《古今事文类聚新集》卷31《诸监部·表上证义》。

不见《大宝墓铭》，与大宝有关的其他文字也一并不见。由此富大用所说是否可靠，已无从考究。其实，即使胡氏原著有相应记载，但从《宋史》王大宝本传看，其仅言大宝在知袁州任上，曾表进诗书易解。除非本传所说非专指而为概说，即王大宝向高宗表进他所撰写的诠释《诗经》《尚书》《周易》三经的著作。至于这些著作的具体名称及卷数，则并未详细列举。

（四）礼类

《礼经疑》《宗礼》《宗义》《晦庵、蒙谷二先生宗法》，郭叔云撰。

以上见朱彝尊《经义考》142，道光《广东通志艺文略一》著录，且并注"佚"。二饶《潮州艺文志》卷2《礼类》也予著录。郭叔云其人事迹，最早见载朱熹晚年最著名的弟子陈淳为郭叔云所写《宗会楼记》和《燕食堂记》。另外，朱熹《朱子语类》卷15、卷120等也有所涉及。广东地方文献所录郭氏传记，当取上述材料写成。如戴璟《广东通志初稿》卷14《人物·儒林传》称：

郭叔云，字子从，揭阳人。游朱晦翁之门，得闻正学，由是一意实践，不为虚文之学。以礼教久废，慨然欲讲求而举行之，有《礼经疑》二十余条，见《文公集》。文公殁，与北溪陈淳极论先后天太极图、易书之旨，又尝考小宗法定世嫡主祭之议，摭程子所取韦家宗会之说，扁宗会楼；又取礼经族食族燕之义，扁食燕堂，编《宗礼》《宗义》二篇及各一册，并藏诸堂中，以为后代维持之计者甚悉。

这篇传记，已将郭氏的学术造诣及有关撰述的由来、内容，和盘托出，现据之稍作说明：首先，应该明确指出并不存在《礼经疑》这样一部独立的文献。上引《传》文实际上已说明了这一点，所谓"《礼经疑》二十余条，见《文公集》"是也。此后郭春震嘉靖《潮州府志》及万历间郭子章《潮州杂记》大体都延续了这一说法。今从朱熹文集如《四库全书》著录《晦庵集》卷63确可见到相关内容。其次，郭叔云其他三种撰述，清代、民国时期目录著作已言不存，现也未有新的发现。不过，其中的一些内容，散见于陈淳《北溪大全集》卷9、23、25、36等卷中。

此时期潮人的礼类撰述，这里似还应提到《礼乐书》。根据上面《草范》条已引述过，即释契嵩为林从先所写《送林野夫秀才归潮阳叙》，其中说"又谓兴王者，礼乐为大，复著《礼乐书》，以示帝王治政之始"。可是，宋元以来有关林巽的传记及潮州本地志书均无记载和著录。这样，林氏究竟是否撰过此书，这里只能存疑。

（五）五经总义类

《经筵讲义》2卷，王大宝著。

大宝有此撰述，是据《广东通志初稿》卷14《王大宝传》所说。传称："所著《谏垣奏议》6卷，《经筵讲义》2卷，《遗文》15卷"，此后，本地方志多有同样载述。《潮中杂记》卷7《艺文志》、道光《广东通志·艺文略一》（卷189）均著录，但后者注"佚"。王氏应是此时期潮州士子中撰述量最大的一位。但因所撰基本上都没有传下来，这本《讲义》也复如此，由此对王氏著作的学术水平和见解，今人也无从评说。宋元时期有不少人是读过王氏的著作且有评论，如前面已指出高宗赵构、王十朋、元人胡一桂等，这里再补充一位重量级学者朱熹的评说：

> 潮州王尚书，旧尝识之。其人劲正忠实有余，在言路尝论汤思退之奸而逐之。但为人颇疏率，学问偏任己见，诸经极有怪说，立朝议论亦有不到头处。然不害为一代正人。今所得《奏议》烦录一本见寄，传景初是其婿，恐必有本，旦夕当寄书问之也①。

以上约十数种，即今能考见之宋元（基本上宋代）时期潮籍士子有关经学方面的撰述。可以断定，原本不止这些，但即使如此也已是一个不小的量。如与明代本地士子的相关撰述约30种相比，宋元已是其三分之一；且就其影响言，宋代的撰述显然更大更广泛一些，特别是王大宝的有关著作。

二 史部

大体由两个方面构成：一是地方志书；二是金石碑刻文献。除此以外，个别人士所上奏议也有结集成书者。现依次分述于下：

---

① 朱熹：《晦庵先生朱文公文集》卷45《答廖子晦德明》（第16封），《四部丛刊初编》本。

(一) 地方志书

在区域社会中，史部撰述往往以地方志书为大宗，宋元时期的潮州就是如此。自种种迹象看，此时期曾经产生过大量志书。如《永乐大典》残卷采摘引录的就有十数种，明《内阁书目》以及郭子章《潮州杂记》卷7《艺文志上·书目》等也都著录了相当数量的宋元时期的潮州志书。但由于《大典》采摘潮州地方志书不具作者，又惯于用书名略称；《内阁书目》和《潮中杂记》等著作，或著录信息过于简略，或成书晚近，所著录也存在较多遗漏等情，因此要比较清晰、准确地梳理出宋元时期潮州地方志书的修纂状况已经十分困难。以下只能是述其大概而已。

1.《潮阳图经》

修纂者与成书时间均不详。唯宋林季仲《竹轩杂著》卷4有《与赵参政书》一文，是绍兴十四、十五年间（1143—1144）写给因不附和议、为秦桧所恶而于潮州安置的前相赵鼎的信函。文中说"比阅《潮阳图经》，有黄冈镇"云云[1]。季仲字懿成，永嘉人，宣和三年（1121）进士[2]，历官太常少卿，知婺州。是知此函中所提到的《潮阳图经》，必成书于绍兴中期以前。南宋王象之《舆地纪胜》卷100，于《风俗形胜》《景物》《古迹》等篇，屡引《潮阳图经》《潮阳旧图经》《图经》等名目的本地志书，其中当有季仲提到的这部《潮阳图经》。

2.（绍兴）《潮阳志》，李广文修

《淳熙三山志》卷27《科名二》政和二年（1112）莫俦榜：李广文，字梦授，古田人。修《潮阳志》，终左承议郎广州签判，朝散大夫知潮州。而据《大典》5343《潮州府·城池》引《三阳志·城郭》"迨（绍兴）十有四年，李侯广文乃移以自近址循壕流故基为之。……"是广文绍兴中知潮，则《潮阳志》修于此时[3]。

3.（淳熙）《潮州图经》 常袆修，王中行纂

《永乐大典》卷5343《潮州府·古迹》引《三阳志》载常袆《潮州图经序》，其文说：

---

[1] 林季仲：《竹轩杂著》，影印文渊阁《四库全书》本。
[2] （雍正）《浙江通志》卷162《人物一·名臣五》，影印文渊阁《四库全书》本。
[3] 《〈永乐大典〉方志辑佚》未见以此志名辑录出相关文献，是《大典》残卷不录，或《方志辑佚》编者漏辑。

> 潮旧有图经，兵火以来，散逸殆尽。厥今所载，不过叙其道里之远近，县镇乡里之若干，有司徒以为文具而已。至若州邑废置之由，户版登耗之数，风俗之所尚，王（土）地之所宜，则漠然无所考，盖一邦之阙典已。矧潮在东广，号称佳郡，名公巨儒，古今相望，流风遗迹，犹有存者。纂而识之，又乌可后？予郡事稍闲，因举是以属之教授王君中行。君一乡之秀出者也，博识洽闻，多所采撷。于是以其平日之所得于闻见者，益加搜访，绅绎审订，述成一书。其文典，其事实，其地形则绘以图，使览者一开卷而尽得之。予既锓版郡斋，君谓不可以不序。予曰：……君世为潮人，事皆有考，书成而邦人无异辞，予知是书可以传信矣。

署曰"淳熙二年（1175）七月既望，朝散郎、权知潮州军州、主管学事兼管内劝农事常祎序"。是《序》已将此次修撰的意图、经过及撰人和成书的时间等情说得很清楚。

郡人王中行，嘉靖《潮州府志》卷7有传云："揭阳人，隆兴元年（1163）进士。淳熙间知东莞，慈祥恺悌，博学能文，以兴学崇教为首务。旧学宫倾圮，捐资市地，建黉校，劝农桑，平赋役，邑人颂之。"马楚坚据常祎《潮州图经序》认为中行受命编纂郡志时，当任潮州州学教授[①]。饶锷先生据陈振孙《书录解题》中《广州图经》条"教授王中行撰"之记载，推断王中行还曾出任过广州州学教授[②]。以上两位先生之说可从。另，《潮中杂记》卷7《艺文志上·书目》有：《潮州记》一卷，宋揭阳进士王中行撰，今亡。王氏之《记》与他所纂《图经》究竟是一书，还是二书，今已无从知晓。

4. （开禧）《潮州图经》2卷，赵师岌纂

《宋史》卷204《艺文志三》著录赵师岌《潮州图经》二卷。但"岌"，本为"山"上"乃"下合字，"赵师岌"当为误写。关于此志的修纂和成书，黄梦锡于绍定二年（1229）所撰《潮州图经序》有明确说明。其文中说："参稽旧序，具言一经兵火，散逸殆尽。淳熙二载，常侯祎方衷而集之。继阅二纪，赵侯师岌又从而修之。"赵师岌，字会时，开

[①] 马楚坚：《两宋潮州方志之史辙考索》，黄挺主编《第七届潮学国际研讨会论文集》。
[②] 饶锷、饶宗颐《潮州艺文志》，第131—132页。

封人，嘉泰三年至开禧元年（1203—1205）任潮州知州。

附：《新图经》陈宗衜序本

王象之《舆地纪胜》卷100《潮州·碑记》载："《新图经》，教授陈宗衜序。"马楚坚先生据《临汀志·进士题名》大中祥符元年戊申（1008）姚晔榜："陈宗道，字道夫，长汀县人。中甲科，以文墨议论见知于枢密丁、寇二公。擢开封府教授。卒"的记载推断说：据此知陈氏在任开封前，当曾首为潮州学教授，故能《序》此《新图经》。且最后认为此《新图经》，全名应为《潮州新图经》，应由知州刁湛监修，陈宗道纂[①]。应该看到此说不仅缺乏证据，如刁湛传记资料就未提到有修志事，陈宗道出任潮州教授也无记载；且当时潮州也不适宜修志，刁湛出任在大中祥符初年，时本地纳入宋版图才30年，百废待举，修志一事未必就能提上日程。所以马先生所说，目前只能是一种推断。其实，同样是推断，还可以有另一种，且可能性似更大一些：宋代福建确有陈宗衜（注意"衜"字的写法正好与《舆地纪胜》同。"衜"为"道"古字，但不用"道"而选"衜"，或正为区分），嘉泰二年（1202）进士，晋江清源人[②]，曾知广东新州[③]。其人嘉定五年（1212）六月曾为《范忠宣集》撰《跋》，署职为从政郎、永州州学教授。文献虽同样未提及其人曾在潮任职，然据上述记载，于开禧中出任潮州教授的可能性颇大；而是时潮州正好有赵师岩新纂《图经》之事。如此其序之自然成为可能。故将此条暂附于此。

5. （绍定）《潮州图经》孙叔谨修，黄梦锡纂

黄梦锡《潮州图经序》云："潮有《图经》，其来尚矣。……淳熙二载，常侯祎方衰而集之。继阅二纪，赵侯师岩又从而修之。历年二十有五，孙侯叔谨檄梦锡偕同志编辑校定，仅成全帙。以岁数计之，自淳熙乙未，至于绍定己丑（1229），几六十稔，更三十政，纂修者仅三焉。"孙叔谨，字信之，龙溪人，嘉定十年（1217）进士，宝庆三年至绍定二年（1227—1229）在潮州任上。在潮多惠政，名入贤守祠和三侯祠。综上所述，知此次所成在绍定间。

[①] 马楚坚：《两宋潮州方志之史辙考索》，黄挺主编《第七届潮学国际研讨会论文集》。
[②] 黄仲昭修纂：《八闽通志》卷50《选举》下册，第228页。
[③] 郝玉麟等纂：（雍正）《广东通志》，卷26《职官》。

6. （端平）《潮州图经》叶观续修，黄梦锡、唐曾、林刚中纂

对于此本的编纂始末，仍以前引黄梦锡端平二年（1235）所撰《潮州图经序》说得最为清楚。其文说：

> 端平改元之四月，郡侯叶观报朝行而守兹土。莅政以来，重士爱民，百废具兴，修学增廪，垒石瓮城，缮治舆梁，敞辟郡治，置立坊门，筑砌堤岸。公余闲暇，因阅《图经》，叹其未备。岂前是数政，属岁事荒歉，邻寇抢攘，拯贷民饥，督馈军饷，以故莫遑耶？今兹事简年丰，倘不拾遗补阙，窃恐寖久易䵝。再令梦锡与唐曾、林刚中点勘编修，续而新之。于是搜访事迹，绅绎典故，可删则删，可录则录，粲然靡不具载。始事于七月之望，迄成于闰月之晦。若夫先后编集之有其人，品式条画之有其目，前序以历言之矣。然以事有因革，不可不纪其颠末；时有纂修，不可不纪其岁月。复叙梗概，谂诸来者云。端平二年八月朔日，朝奉郎、主管袭庆府东岳宫、赐绯鱼袋黄梦锡谨序。

可见，关于端平《图经》的由来及编纂过程，已很详尽，无须再言。

7.《三阳志》《三阳图志》系列

《永乐大典》残卷所引潮州地方志书有多种名目，计有：《潮州图志》《潮州图经志》《潮州府图经志》《图经志》《潮州志》《潮州府志》《三阳志》《潮州三阳志》《潮州府三阳志》《潮州府续三阳志》《续三阳志》和《三阳图志》等十数种。仅以"三阳"为名的本地志书来看，上面所举就有 6 种名目，这 6 种从大的时间范围来说，它应成书于南宋绍兴年间之后明代永乐初期以前。可是，由于《大典》在征引时，未能进一步注出它们的编纂者及成书时间；加之，《大典》有随意用文献略称的毛病，且成书仓促，引录错谬不少，这就给后人的区分和辨析带来巨大困难。

尽管如此，此前已有不少学人通过研读《大典》残卷，明辨有关引文，试图对上列不同名目的三阳志做成书时间的断限和名称的区分，这样的工作显然已取得一定进展。根据学者的研究成果，大体上，在宋元时期，"三阳"系列的本地方志，应该有以下三种：即宋《三阳志》，编撰于南宋咸淳丁卯年（1267），时牟𣶒在知州任上；元《三阳志》，

约完成于元至正六年（1346）。郭子章《潮中杂记》卷7《艺文志上·书目》所著录"《三阳志》七卷，元人著"，应即此本。元《三阳图志》，约完成于元至顺末至元统元年（1332—1333），时王元恭任潮州路总管①。

按照作者为"潮州籍人士"这一点来说，此时期潮州文献地方志书类还应包括本地人士所撰外地方志，由此在这一部分的最后，我们必须提到潮人为境外州县所编写的志书。就现有记载来看，似只有王中行做过这样的工作。他编纂有《广州图经》和《增江志》。关于前者，陈振孙《直斋书录解题》卷8和马端临《文献通考》卷205均有著录；道光《广东通志》卷191《艺文略三》称"佚"。后者，黄虞稷《千顷堂书目》卷7著录："王中行《增江志》四卷，淳熙间修。"② 关于王中行，前面已经提到他曾做过潮州教授，从事潮州本地方志的编纂的事实。据上所载，又知王中行还编纂过《广州州志》和《增城县志》，他应该是南宋中前期非常重要的方志编纂家。

8.《古瀛集》，常袆纂

王象之《舆地纪胜》卷100《潮州·碑记》有"《古瀛集》"，其下小字注云："帙三，凡著述之关于州，常侯袆命编为集。"《永乐大典》卷5343《潮州府·学校》引《三阳志·书籍》有"《新修潮阳图经》《古瀛乙丙集》三百二十五板"的记载。由此看来，常袆命人所编《古瀛集》是一种丛书性质的地方文献集，收载不同时期所纂修的本地志书，或相关文献。自常袆发起此事，后来郡守也有谨守不忘的。如《大典》于上同一处后面载"《牟心斋读史诗》《古瀛丁集》五十板"。牟心斋，即牟㭇，字叔清，号心斋，晋江人。咸淳二、三年（1266—1267）以殿讲农卿知潮。

（二）金石碑刻

宋元时期本地的金石碑刻文字颇为丰富，因多为当事人记当时事，加之，吉金珉石为载体，流传过程中不易损坏和产生讹误，所以其史料价值

---

① 可参阅马明达《元修〈三阳图志〉和〈三阳志〉》（《文史知识》（潮汕文化专号），中华书局1997年）、吴榕青《〈三阳志〉、〈三阳图志〉考辨》（《韩山师专学报》1995年第1期）等文。

② 据郝玉麟等纂（雍正）《广东通志》卷39《名宦志》载，王氏淳熙十二年（1185）知东莞县，增江是东莞别称。

更优更可靠。

关于宋元潮州金石文献的著录，南宋王象之《舆地纪胜》卷100《潮州》已开辟《碑记》一目，后万历郭子章《潮中杂记》卷8《艺文志下》即为《碑目》，至清道光年间，阮元《广东通志》及光绪卢蔚猷《海阳县志》都对本地宋元的金石文字有所关注，但不免挂一漏万[①]。民国以后更有饶锷先生、陈维贤等先生的收集、校订。但对于这项工作，最终还是以黄挺、马明达两位学者于20世纪90年代后期完成《潮汕金石文征》（宋元卷，广东人民出版社1999年版）而获全功[②]。据之，宋元时期金石碑刻文字共约有220方得以校录流传。下据此，略作评介。

综观《潮汕金石文征》所录，宋元时期的金石文献大体上可以分为以下一些方面。

1. 推行国家正统观念、发展儒学教育方面的，包括韩祠、名贤祠等的修建碑记以及州学、书院等学校教育设施的修废碑记等

关于韩祠（庙）方面的如至和元年（1054）郑伸的《文公祠题记》（第35页）、元祐七年（1092）苏轼的《潮州昌黎伯韩文公庙碑》（第61—62页）、绍定元年（1228）王迈的《仰斗堂集》（第171—173页）、宝祐元年（1253）刘克庄的《潮州重修韩文公庙记》（第177—179页）、元大德十一年（1307）赵孟𫖯的《重建潮州韩文公庙》（第253—254页）、延祐四年（1316）邢世衡的《祀韩厅记》（第260—261页）以及泰定四年（1327）何民先的《重修水东韩庙记》（第273—275页）等。从上所列可以看到这组文献在时间分布上前后持续近300年，由此真切地记载和反映了宋元时期潮人尊韩祀韩的心路历程以及相关设施屡建迭修的过程。其中的一些因成于名家之手，一直以来备受关注。如苏轼应知州王涤之请所撰《文公庙碑》，堪称此时期潮州金石文献中的冠冕。

此时期的其他名贤除韩愈外，还有"八贤"、张巡、许远，乃至原本为山神、后被赋予国家正统观念的三山国王等，都统统被纳入官师所主导

---

① 见梁中民校点《广东通志金石略》，广东人民出版社1994年版。
② 新近由饶宗颐总纂、潮州海外联谊会、《潮州志补编》整理小组编印《潮州志补编》第3册《金石志》也收录了宋元时期的金石文字，但数量只有80多通，内容基本上没有超出《潮汕金石文征》（宋元卷）所收范围。

的信仰和崇拜体系中。在本地金石文献中，也可以看到这类文件。如庆元六年（1200）王宗列的《八贤堂记》（第148—149页）、至顺三年（1332）刘希孟的《南珠亭记》（第288—290页）、皇庆元年（1312）刘应雄的《灵威庙记》（第256—258页）、至正二十六年（1366）王翰的《文天祥谒张许庙祠》跋（第312页）、至正六年（1346）周伯琦的《马发祠记》（第306—307页）和至顺三年（1332）刘希孟的《潮州路明贶三山国王庙记》（第285—287页）等均是。

如前文所指出，宋元时期潮州的儒学教育颇为兴盛，其所依托的平台主要是各级各类学校，还有书院的建设，这种情形也同样在此时期的本地金石文献中得以体现。主要者如乾道元年（1165）陈庆余的《重修州学记》（第103—105页）、至顺三年（1332）吴澄《潮州路重修庙学记》（第280—282页）、至元三十年（1293）熊炎的《重建文庙记》（第243—245页）以及咸淳五年（1269）林希逸、至顺三年（1332）吴澄、至正二十七年（1367）刘嵩等人撰写的有关潮州韩山书院的兴建、增置和修废的碑记，还有至元三十一年（1294）姚然所写《重建元公书院记》（第246—248页）、至正二年（1342）欧阳玄的《得全书院记》（第296—297页）等。上述碑记较为翔实地载述了潮州儒学和书院的发展史，其中元代的几通尤显珍贵。按照一般的说法，元朝是古代中国学校教育史上的一个低落期，但仅从上列金石文献的记载来看，元代潮州路官员发展教育的热情依然很高，这从他们对本地教育设施频繁的兴建和修缮就可以看到。

2. 佛教寺院建设碑记以及佛教信徒施捐题记等

宋元潮州儒佛交辉，佛教碑刻所在多有。黄、马《潮汕金石文征》中共著录46方，约占全书五分之一的篇幅，由此亦可见佛教在本地社会生活中占有重要地位。潮州寺院建设碑记中较重要的如景祐元年（1034）许申的《敕赐灵山开善禅院记》（第18—22页）、庆历三年（1043）余靖的《开元寺重修大殿记》（第29—31页）、政和四年（1114）无名氏的《潮州开元寺藏铜钟铭文》（第73—74页）、绍兴四年（1134）无名氏的《潮州资福禅院铜钟铭文》（第84页）、咸淳五年（1269）林希逸的《潮州开元寺法堂记》（第204—205页）、治平三年至熙宁二年（1066—1069年）无名氏的《潮州笔架山窑造白瓷佛像铭文》（第235—238页）、泰定元年（1324）程准的《双峰院记》（第261—263页）、致和元年（1328）

林淳的《创建帝师厅碑》（第275—277页）、后至元三年（1337）释大䜣《南山寺记》（第292页）和至正十一年（1351）徐来的《报德堂记》（第311页）等。应该认为，就史料价值而言，潮州的佛教碑刻超过了儒学碑刻，上列碑刻几乎篇篇珍贵，如记载灵山、开元、资政、双峰的数方，对于研究此时期本地佛教史具有不可替代的资料价值；《报德堂记》，载大峰筹措资金建造和平桥的事迹，对于研究宋代佛教与潮州地方社会的关系十分重要；同时对于研究大峰崇拜，自然也是不可或缺的资料。又林淳的《创建帝师殿碑》，真实地记录了潮州地方政府奉元最高当局之命，为帝师（也同是藏传佛教密宗领袖）胆巴建庙的过程，其史料价值同样具有无可替代性。

佛教信徒施捐题记颇为丰富。其实，所谓信徒施捐，上所列举碑刻中已有不少涉及信徒施财建造寺院及设施种种，可谓荦荦大者；《题记》所记载相对来说是比较容易做的事情，最常见是信众捐钱修路、架桥、建塔、筑井等。这类文字在本地佛教碑刻中所占分量不小。

3. 潮州州城景区开发、州境桥道、驿馆建设及堤防兴修方面的碑记

如前所述，此时期州城景区开发主要集中在金山（或称金城山）、西湖山和韩江东岸的韩山三个地点上。金石文献对它们的开发过程和美丽景色也有颇为清晰的记载和描述。如有关金山的，有大中祥符五年（1012）王汉的《始开金城山记》（第10—12页）、绍兴十八年（1148）郑厚的《金山亭记》（第86页）以及大中祥符五年（1012）王汉的《独秀峰诗》、六年所写的《立石诗》、庆元四年（1198）林嶧的《金山诗》等。其中《始开金城山记》是载述金山景区开辟过程最重要的一篇文字。有关湖山（西湖）景区建设和开发的有庆元五年（1199）许骞所撰的《重辟西湖记》（第132—133页）、黄景祥的《湖山记》（第135—136页）、开庆元年（1259）林光世的《浚湖铭》（第189—190页）以及林嶧、赵善涟、陈炜等人的写景抒怀诗歌；有关韩山的，宋元时期金石文献还比较少，乾道元年（1165）陈庆余的《韩山亭记》（第107—108页）与之直接相关。

潮州桥道、驿馆建设方面的石刻文字不少，但最重要的如乾道七年（1167）曾汪的《康济桥记》（第114页）、淳熙二年（1175）张羔的《仰韩阁记》（第115—116页）和至正六年（1346）梁祐的《仰韩阁记》（第301—302页）等均关康济桥（湘子桥）的兴建、修废事；绍

兴二十九年（1159）林安宅的《潮惠下路修驿植木记》（第94—95页）非常清楚地记述了南宋前期潮州驿道现状及绍兴末年有关方面对之的整修过程。而乾道三年（1167）傅自修的《凤水驿记》（第110—111页）、元贞元年（1295）《三阳驿壁记》（第249—250页）等是专门记述此时期潮州驿馆建设情形的，而嘉定七年（1214）无名氏的《嘉定修路碑记》（第157页）则真切地反映了当时基层社会实施乡村道路建设的情形。

如前所述，宋元时期潮州的水利建设有很大的进展，但反映这方面的金石文字并不多见，绍熙三年（1192）陈儋的《海阳筑堤记》（第128—129页）记述了绍熙二年（1191）冬到三年（1192）春潮守张用成、海阳尉赵善连修复溃决堤防，而百姓"涂地创宫，合祠绘像"以纪功一事。宝祐元年（1253）吕大圭的《新堤记》（第181—183页）记载了淳祐十一年至宝祐元年（1251—1253）海阳县新修南桂堤之始末。

4. 人物墓志及记游题名等

这类文字所占分量不大，但有一些非常珍贵。如康定二年（1041）蔡襄的《尚书屯田员外郎林君墓志铭》（第24—25页）、同一年余靖的《宋故两浙提点刑狱尚书度支员外郎林公墓碣铭并序》（第26—28页）以及乾道六年（1170）胡铨的《王大宝墓铭》（第112页）等铭文就是这样。蔡襄和余靖都是仁宗时期的名臣，胡铨是南宋高宗和孝宗时期的名臣。前两方墓志铭的主人林冀和林从周也是宋代潮州早期进士中的代表人物，而王大宝更可以说是两宋潮州士子的翘楚，所以这三块墓志因知名的撰人和传主，在此时期的潮州金石文字中十分引人注目。

记游题名不是很多，但也很重要。价值就在于可以用来做有关史事的考证。

（三）奏议

《谏垣奏稿》六卷，王大宝撰

在史部文献类的最后，这里来稍稍涉及一下奏议。种种迹象表明，两宋时期，潮州士子有较强的参政议政意识且勇于见诸行动，从有关传记资料来看，林巽、许申、卢侗、陈希伋、王大宝、姚宏中等，或在中第之前，或在举进士成为国家官员之后，都曾上书最高当局建言献策，但他们的奏疏，绝大多数应不曾单独结集。究其原因，可能还不全是量不足以结集，如陈希伋"上书陈利害数万言"，但文献中陈氏并无"奏议"一类的著作。在这方面，王大宝应当是个例外，他的奏疏就得以结集，且名为《谏垣奏稿》。王氏曾官国子司业兼崇政殿说书、兵部侍郎、礼部尚书，更重要的是他还做过右谏议大夫这样专职的言官，近在宫阙，职任所关，负有建言匡正之责，所以，王氏所撰奏折应该比一般官员为多，今人还可从宋李幼武纂集《宋名臣言行录》别集上卷四的王大宝言行录及《宋史·王大宝传》等的引述中看到若干片段。王氏奏议结集的信息，最早可从上文已经引述过的朱熹的有关信函中见到。朱熹《晦庵集》卷45《答廖子晦（德明）》（第16封信函）中说：

> 潮州王尚书，旧尝识之。其人劲正忠实有余，在言路尝论汤思退之奸而逐之。……立朝议论亦有不到头处，然不害为一代正人。今所得《奏议》烦录一本见寄。

此后，戴璟《广东通志初稿》卷《王大宝传》、郭子章《潮中杂记》卷七《艺文略》著录王大宝《谏垣奏稿》6卷。至光绪《海阳县志》称已佚。王氏的奏议虽得以结集，但很可能不曾刊刻。这种看法并非笔者提出，饶锷先生早有这样的推测：

> 元龟谏垣奏议，其佚已久。自来收藏家书目，并未著录；即朱子所见，仍是钞本。意其稿始终未尝锓木也。①

此时期潮人有关史部撰述，大体如上。基本上是以本地事务为撰述对象的地方文献。明清以来，这些撰述就拥有不可替代的史料价值。作为独立的撰述，其绝大部分已经淹没，而其中的一些内容幸赖《永乐大典》及金石文献辑录得以流传至今。

三 子部

此时期的潮州文献中，这类文献很少。仅有以下数种。

1. 《太极论》苏泽撰

道光《广东通志·艺文略》著录，又称"佚"。《潮州艺文志》著

---

① 饶锷、饶宗颐《潮州艺文志》，第112页。从种种迹象来看，饶先生的说法是可以成立的。

录，按语说"苏泽名氏，不见旧府县志"。刘克庄《刘后村大全集》有题跋，其中有云："潮士苏君泽，乃著论以翼先儒之说，而合诸家之异。嗟乎！余幼而执卷，今七八十矣，于书多未能通其易通者；君年甚少，顾能通其难通者，亦足以见余之耄，而君之英妙，不可及矣。"可见推许之极，但因佚失，今人已无缘研读。

2.《宗范》，吴丙撰

《潮州艺文志》据乾隆《潮州府志》29《文苑传·吴丙传》著录，称"未见"。《传》曰："吴丙，字汝光，潮州人，原籍江西永福。进士。性耿介，负节义；博学，工文辞。素与丞相文天祥善。祥兴间，天祥起兵趋潮，丙与俱；知大厦不支，遂家潮阳，为潮阳人。晦迹方外。著《宗范》及《杂咏》诸篇。"

3.《幼幼新书》，40卷，刘昉撰

陈振孙《直斋书录解题》卷13、《宋史》卷207《艺文志六》、《文献通考》卷223均有著录，但《解题》《通考》录为50卷，与《宋史》称40卷不同。今有传本。此书为刘昉辑录古今小儿病症方论而成，故名。有"绍兴二十年九月既望，门人左迪功郎、潭州湘潭县主管学事、巡捉私茶盐矾李庚序"。朝散大夫荆湖南路转运判官权潭州军州事楼璹跋。李庚《序》说："湖南帅潮阳刘公镇拊之暇，尤喜方书。每患小儿疾苦，不惟世无良医，且无全书。孩抱中物，不幸而殒于庸人之手者，其不可胜计。因取古圣贤方论，与夫近世闻人家传，下至医工技工之禁方，闾巷小夫已试之秘诀，无不曲意寻访，兼收并录。命干办公事王历羲道主其事，乡贯进士王湜子是编其书。虽其间取方或失之详，立论或失之俗，要之皆因仍故文，不敢辄加窜定。越一年，而书始成。"《幼幼新书》是中国古代儿科医学名著，其在宋代潮州士子主持下完成，显示出潮人学以济世的胸怀和眼光。成书以来颇受有关方面的关注，或为转引、评介[1]，或被刊刻[2]，应是宋代潮人于应用学科中影响最大的一种撰述。

---

[1] 除《解题》《宋史》《通考》外，《文渊阁书目》及宋张杲《医说》、陈言《三因极一病症方论》、杨士瀛《仁斋伤寒类书》、明朱橚《普济方》、李时珍《本草纲目》等著作都有著录或引述。

[2] 如据王世贞《重刻〈幼幼新书〉序》，约在嘉靖、万历间有位名叫陈以端的人士，"奉其父之遗意，求之二十余年而始得其全，念其传之弗广也，订其误，删其复，而手书之，以授梓人"（见《弇州四部稿·续稿》卷51）。

四 集部

自现有记载来看，为清一色的别集。有以下十数种。

1.《草范先生文集》，林巽撰

《永乐大典》卷 8570 所录《续三阳志·人物》"林巽"条载说"有文集，号草范先生"①。后《广东通志初稿》卷 14《儒林》本传说："人称为草范先生，外有文集若干卷。"郭子章《潮中杂记》卷 7《艺文略》著录为《草范先生文集》，但将"草"误为"章"。道光《广东通志》卷 195《艺文略七》著录，书名变为《林巽之文集》。

2.《高阳集》，许申撰

许申事迹散见《宋会要·选举》9 之 6、李涛《续资治通鉴长编》卷 68、71，《宋史》卷 180《食货下二》等文献。《明一统志》卷 80《潮州府·人物》载云："许申，字维之，大中祥符初举贤良，授校书郎，历官江西等路转运使，终刑部侍郎，尝因灾异言事，切直无所回忌。"其著作最早见《宋史》卷 208《艺文七》著录，作《许申集》一卷。本地志书中，《广东通志初稿》卷 12 本传说"有《高阳集遗稿》，刘允为之序"，道光《广东通志》卷 195《艺文略七》著录相同，称"佚"。

3.《揭阳集》10 卷，陈希伋撰

《永乐大典》卷 3145 录《潮州图志·人物》有传，传末称："著文四百余篇，号《揭阳集》。"②《潮中杂记》卷 7《艺文志》著录为 5 卷，道光《广东通志》卷 195《艺文略七》著录为 10 卷，但称"未见"。

4.《刘厚中集》，宋刘允撰

《永乐大典》卷 2999 录《潮州府志·宦迹》有传，但未提撰述。《明一统志》80《潮州府·人物》本传说："允于诸书靡不该贯，所著文二百余篇。"（嘉靖）《潮州府志》本传说"所著文存者二百余篇"，郭棐（万历）《粤大记》则说"所著文，存者三百余篇"。《潮中杂记》卷 7 载同嘉靖《潮州府志》。（道光）《广东通志》卷 195《艺文略七》著录称"《刘厚中文集》，宋刘允撰，未见"。

---

① 《〈永乐大典〉方志辑佚》，第 2758 页。
② 同上。

5.《禄隐集》，张夔撰

《明一统志》卷80有传，但未及撰述事。嘉靖《潮州府志》本传称夔"所著有文号《禄隐集》"。郭子章《潮中杂记》卷七《艺文志》著录称："《禄隐集》，宋通判邑人张夔著，今亡。"

6.《王元龟遗文》15卷，王大宝撰

大宝有此撰述，今所见王氏传记资料中，似以《广东通志初稿》为最早。《稿》称所著"《遗文》一十五卷"。《潮中杂记》著录书名作《王尚书遗文》，卷数同上。道光《广东通志》卷195《艺文略七》载"《王元龟遗文》十五卷"，并称"佚"。

7.《姚安道稿》，宋采花邑人姚宏中撰

《广东通志初稿》卷12《宦迹》有传曰："姚宏中，字安道，海阳人，登嘉定元年进士。……调静江教官未赴，卒年二十九。宏中天资颖悟，学力精专，志其远者大者，得濂洛朱文公诸大儒书读之。曰'道在是矣'。玩深索微，不屑于世，一时讲学之士许敬之。"但未及宏中撰述情形。郭子章《潮中杂记》卷7《艺文志上·书目》首次著录"《姚安道稿》，宋采花邑人姚宏中撰"，道光《广东通志·艺文志》不予著录。

8.《杂咏》，吴丙撰

道光《广东通志艺文略七》著录，并称"已佚"。《潮州艺文志》据此著录。

9.《连峰集》，元枢密、同知、邑人陈肃撰

《广东通志初稿》卷12本传称："字文端，海阳人。宋末避乱鮀江，聚士讲明正学。丞相文天祥过潮与语，奇之，欲檄为参谋，不就。元至元初以贤良举署总管府事。教行政举，文庙修复，越二十一年应聘赐第，受朝列大夫，任湖广常德同知。所著有《连峰集》。"《潮州杂记》卷7、光绪《海阳县志》著录，后者称"已佚"。

10.《北源先生文集》，李关撰

《明一统志》卷80《潮州府·人物》载："李关，海阳人，早丧父，事母至孝。通《春秋》，余经诸子皆知其大略，隐居不仕，以教授郡邑子弟，贫者助其笔札。尤精医术，乡人赖之，号北源先生，有文集。"《补元史艺文志四》也予著录。

11.《梅花集》，郭真顺撰

郭真顺为元末名士周伯玉妻，清蓝鼎元有《郭贤妇传》[①]，称其为"闺中豪杰也，其贤智则合陈婴母、辛宪英为一人；文学礼法，曹大家之流亚也；其志行清高，则老莱、陈定、王霸之妻差堪上下"，饶宗颐先生称郭氏诗歌作品在《潮阳周氏族谱》中尚载录数十首[②]。

12.《航录》，元戴希文撰

《广东通志初稿》卷14《人物·卓行》："戴希文海阳人，少习举子业，尝一应乡试，既而弃去，隐居不仕，自号野民，博通经史，敦行义，至正间总管王翰治潮，以寇盗抢攘之余，学校久废。翰草启具礼聘希文主教事，恒雅重焉。所著诗文数百篇，名曰《航录》。"《潮州杂记》卷7著录，署名元隐逸人戴希文著。（光绪）《海阳县志·艺文略》著录。而饶氏《潮州艺文志》不录，今是否存世，待考。

以上12种，即宋元时期本地人士之集部撰述。

附，陈尧佐《潮阳编》（一作《潮阳新编》）一卷

尧佐字希元，号知余子，咸平间以开封府推官，言事忤旨，降通判潮州。后累官至参知政事，枢密副使，景祐四年（1037）拜同平章事，《宋史》卷284有传。晁公武《郡斋读书志》卷19著录《潮阳编》一卷。《宋史》本传、卷208《艺文志》均提及，后者著录为《潮阳新编》一卷；宋杜大珪编《名臣碑传琬琰之集》上卷15载"自潮还，献诗数百篇"，《潮中杂记》卷7《艺文志上·书目》著录。《永乐大典》卷5345《潮州府三·文章》《题咏》收录陈氏诗文十数篇，可以推断，它们应是《潮阳编》诗文的有机组成部分。

以上所录，即宋元时期所形成之"潮州文献"。综合来看，撰者主要是潮籍人士，但也有不少是外地作者。对于前一种即潮籍人士所撰，自然属于潮州文献，这一点无须多说；后一种情形如史部所录之不少撰述以及于集部末所附之《潮阳编》就是他们的著作。因都直接关乎潮州地方风土民情、政教史事，理应属于"潮州文献"。可是，需要做进一步说明和补充的是，除上所评介外，仍有不少非潮籍人士的撰述虽也关乎宋元潮州地方风土民情、政教史事，笔者在上面却未能予以揭示。主要有以下两种

---

① 见郑焕隆选编、校注《蓝鼎元论潮文集》，海天出版社1993年版，第144—146页。
② 饶锷、饶宗颐：《潮州艺文志》，第340—342页。

情况。

一是涉潮单篇诗文（不曾被本地志书、碑刻等收录），它们潜在、零散，存量不好把握，主要散见于各种诗文集中，不易也不宜在本节涉及。这一点应无异议，故不赘论。

二是还有大量专书，乃至于皇皇巨著，都不同程度涉及潮州史事。但与其浩瀚渊博的其他载述相较，对于潮州只是略及而远非专门，由此自然不是"潮州文献"的范围。所以，这里原也可以省去不论。但鉴于这方面撰述对于本地历史文化的研究十分重要，此前有关学者又罕见论及，现不妨借此机会略作举例、评介，以引起同行注意。

笔者注意到，同样是以全国为撰述范围的纪传体史书，新旧《唐书》和《宋史》涉潮的内容和篇幅就有不小的变化。前者各有十数条记载（有不少是相同的），且几乎全是因载贬官入潮才予以涉及的；《宋史》涉潮史料总计60多条，不仅数量上是两《唐书》的数倍，内容上也有较大幅度的拓展：除记述贬流入潮的人士外，还涉及入潮官员的任命、行政建制及其变化、人户贡物、自然灾害、赈济和大量的军事信息等。值得注意的是这种变化不只是《宋史》。两宋时期成书的一些以宋代历史为撰述目标的全国性史籍，如《宋会要》《续资治通鉴长编》《建炎以来系年要录》等，都较大幅度地增加了有关潮州史事的记载[①]，这其中以《宋会要》最为突出。作为现残存宋代史料文献中最原始、丰富、集中的一部，其中大量地涉及了有关广南东路包括宋代潮州的资料。如在其书的《职官》部分，较多的载述了宋朝廷对广南选拔、派遣官吏的各种原则和特殊措施。在《食货》部分则对广南官员由劝民农桑、催纳租税钱粮、贡物、杂税到减免税额、救灾赈济等事务作出说明和规定。由于潮州沿海富产海盐，所以在《食货》部分"盐法"涉潮话题最多，而食盐走私成为大宗问题。《刑法》部分也涉及广南包括潮州社会资料，从各种禁约到诉讼、勘狱及对配隶的政策等应有尽有。又如《兵》部分汇集了宋代军事制度的重要史料，其中直接关乎广南包括潮州的就有不少，特别是在有关军事力量的配置、"讨叛""捕贼"等门类中更是如此。《方域》则涉及地理、交通等方面的资料，有不少也直接关乎潮州。

[①] 《要录》关涉潮州的记载，2008年笔者曾撰写《〈建炎以来系年要录〉涉潮史事析论》（《第七届潮学国际研讨会论文集》）一文予以评介。

上述皇皇巨著，能对潮州史事有所涉及，乃至于较多的涉及，也从一个侧面说明此时期的潮州，其历史地位确实有了空前的提升。

宋元时期是现代意义上的"潮人"群体和"潮人文化"开始产生和形成的时期，潮州文献就是这一过程中的某些文化成果的凝结和体现。综合来看，这些文献主要集中在宋代，以史、集二部为大宗，经部次之，子部最少。它们应该是真实记载了此时期潮州的开发过程，同时也述说了这个过程中潮人的心路历程。惜经历六七百年到上千年世事的沧桑变迁，它们中的绝大部分已经淹没于久远的历史风尘中了。但作为潮人早期精神文化的结晶，对于塑造潮人的文化性格和精神风貌、宣传潮州、扩散潮人文化在岭南，乃至全国的影响都曾发挥过不可估量的作用，它们事实上也应早已融入且至今仍流淌在潮人的血脉之中。

五　图书的刊刻与庋藏

与宋元潮州文化教育起步、读书人增加等情形相应，图书需求量空前提升，本地图书刻印业也随之出现。从现有记载来看，潮州的图书刻印，最迟于北宋末年就已出现。此见刘昉《〈昌黎先生集〉后序》：

> 文公去潮，潮人庙事公，久益谨。今是集诸处往往镂板，潮为公旧治，顾可阙耶？大观初，昉之先大夫忧居乡，尝集京、浙、闽、蜀所刊凡八本及乡里前辈家藏赵德旧本，参以所见石刻订正之，疑则两存焉。又以公传志及他人诗文为公而作者悉附其后，最为善本。郡以公庙香火钱刊行，资其赢以葺祠宇。中经兵火，遂无孑遗。今郡中访得先大夫所校旧本重刊之，属昉识其后，义不可辞，谨拜而书之，勒于左方。绍兴己未中元日左朝散郎、尚书礼部员外郎兼充实录院检讨官刘昉书。①

《永乐大典》卷5343《潮州府·学校》引《三阳志》载"郡书旧数十种，岁久寖灭，多不复存。今以见管及新刊者列之于左"，接着，共列出34种文献的名称、板片数及藏所。这些文献大体上可以分以下类别。

一是儒家经典及相关撰述：如《林贤良草范》五十板，朱熹的《论

---

① 潘祖荫：《滂喜斋藏书记》卷3，民国慎初堂本。

孟或问》六百板、《中庸辑略》一百八十板，吕大圭的《孟子说》三百二十板、《春秋集传或问》六百板、《吕氏易集解》三百二十板、《孝经本旨》九十板，陈平湖《中庸》《大学》《太极通书说》共七百五十板、《春秋辨传》二百五十板等。可以看出，大部分是朱熹及其弟子吕大圭的著作。其实书目中还列有吕大圭的一种名为《三阳讲义》的著作，很可能也是属于这一类的。吕氏字圭叔，号朴卿，泉州南安县人。淳祐七年（1247）进士，宝祐元、二年（1252—1253）任潮州州学教授。《三阳讲义》或是其于州学授课时的讲义。南宋宁宗前后，朱熹一脉的理学在潮州广为传播，从上述潮州刊刻的文献也可以看到这种情势。

二是集部文献。如大字《韩文公集》并《考异》一千二百板、中字《韩文公集》九百二十五板、《蔡端明集》六百五十板、《赵忠简集》四百三十五板、陈内翰宗召并徐学士凤《北门集》三百二十板、《三山王讷斋集》一百二十板、《许东涧应龙集》二百二十板、《濂溪大成集》四百板、陈平湖《胶髓集》一百板和《元城刘忠公集》一百八十板等。可以看出，许多别集出于名家之手。韩愈文集有大字、中字两种版本，这反映出潮人对其著作的喜爱和重视。大字本中还附有朱熹的《韩文考异》。朱文公的这一著作，大体在宁宗庆元间，或之后不久通过其潮籍弟子郑南升和仕潮弟子廖德明等在潮州刻印。廖子晦即廖德明，福建南剑人，庆元四年（1198）任潮州通判，颇有建树，受到本地方志追捧，如（嘉靖）《潮州府志》卷5《官师志》等就为立传。《晦庵集》卷45《答廖子晦》第16函中提及《考异》在潮刻印事：

《韩文考异》，袁子质、郑文振欲写本就彼刻版，恐其间颇有伪气，引惹生事。然当一面录付之，但开版事须更斟酌耳。若欲开版，须依此本。别刊一本韩文方得，又恐枉复劳费工力耳。

其他如《蔡端明集》《赵忠简集》《许东涧应龙集》《濂溪大成集》分别是蔡襄、赵鼎、许应龙和周敦颐的集子。

三是史部文献。如《通鉴宗类》一千五百板、《汉隽》一百九十板、新修《潮阳图经（古瀛乙丙集）》三百二十五板、《牟心斋读史诗（古瀛丁集）》五十板等。

四是其他文献，如药方五种：《瘴论》三十板、《备急方》三十板、

《易简方》九十板、《治未病方》九十板、《痈疽秘方》四十板。又如韵书、谈助之类的：大字《韵略》一百板、《续谈助》二百七十板、《喻俗续编》四十板等。

《三阳志》称其所举仅限于"今以见管及新刊者"，考之史籍，这种说法是不错的：如宋方崧卿撰《韩集举正叙录》"赵德文录"条就有这样的说法："《文录》旧六卷，七十五首；今已不传，而时得于诸家校本。惟潮本、浙本为详。"① 而《赵德文录》就不在《三阳志》所载书目中。

《三阳志》所载各种文献及书板，分藏于郡署、濂溪（元公）书院和州学。

此时期的潮州，已有官修的专门藏书设施。

首先，在州衙有万卷楼，或称万卷堂。如王象之《舆地纪胜》卷100《潮州·景物下》"万卷堂"，在州治东②。又《永乐大典》卷5343《潮州府一·公署》著录："思韩堂，在万卷楼之东。绍定初，孙侯叔谨重建，直院陈常伯贵谊记之。后有亭曰仰斗，刻韩公像于其中，刻韩公及诸贤墨迹于两庑，莆田王迈为之记。"从上述记载来看，二者异名但所指应为同一设施。

州学和后来的路学，也有专门的藏书场所。郡学之专门的藏书之所，名为"御书阁"。如《三阳志》"学舍"条有说：（绍兴间）"学之中门，御书阁"，"嘉定戊辰（元年，1208）沈侯埴重建御书阁，比旧轨为优"，但三四十年后，"年深屋老，覆压是惧"，淳祐癸卯三年（1243），"教官林经德捐己俸，学职生员相率助金，撤旧而新之，杰阁峥嵘，宸章辉烁，视昔有光焉"③。元代路学的藏书场所称"万卷楼"，如说"棂星门，郡守宁轩王侯撤而新之，教授李复董役。正三门五间，上即万卷楼。本欲撤为仪门，以其经兵火而不灾，故耆老以为斯文之瑞，遂不敢毁"④。

《永乐大典》卷5345《潮州府·题咏》引《三阳图志》有黄惟贤《万卷楼登高》诗，其中有句说："潮州书楼天下稀，摩插云汉吞秋晖。人间健步方到得，世上弱羽安能飞。"作者身世及事迹已无从考究，但被

---

① 方崧卿：《韩集举正叙录》，影印文渊阁《四库全书》本。
② 中华书局1982年版，第3221页。
③ 以上三处，分别见《永乐大典》（潮字号），第72、74页。
④ 同上书，第72页。

咏唱的万卷楼气势恢宏，规模似还不小。更为重要的是由于有这样的藏书楼，内中的藏书一定十分丰富。潮州士子通过潜心研读，即可如虎添翼，方轨文坛，笑傲天下。

除上述藏书设施外，还需要注意的是书院。南宋后期本地书院教育兴起。此时期书院一般都拥有讲学、祭祀和藏书三大空间。虽然，现能看到的有关韩山、元公和得全三座书院修建碑记中均未曾明确记载专门的藏书空间，但按常例推之，应该也是有的。

第五章

宋元潮州的居民、信仰和风俗

古代潮州是众多少数民族聚居、交融之区，入宋以后随着汉族移民的大量迁入才从根本上扭转了上述局面：即汉民族福老民系成为本地居民的主体，他们就是明清以来潮人的直系祖先。由于移民大部分经由闽地迁入，及此时期仕潮官师也多来自闽地，这就是宋元以来潮州风土民情及其他文化带有鲜明闽地色彩的根本原因。

第一节 居民及其分布

一 居民

宋元潮州居民，可以按照不同的类别划分为不同的人群：若依据民族构成则可划分为汉族和畲疍民；若按民系说主要是福老人；如果按照他们的政治、经济地位和出身职业特点又可分为世家望族、农民、工商业者和军人等。对于本时段潮州居民问题的讨论，笔者首先拟从民族的角度来加以论述；然后，再去观察、展示其职业、阶层及分布特点等。

（一）福老、畲疍与民族融合

"福老"一词，在潮汕本地原指由闽入境的中原汉族后裔[①]，主要用以区别潮州的土著。后随着本地土著的汉化，该词也就演变为对讲潮州话

[①] 宋元时期潮州居民的主体由福建迁入，这是一个不争的事实。对此，本书在第三章第一节已有论述，这里不赘。关于福老的民族构成，其主体是汉人也不成问题，但按照一些学者的研究，其中也融合了土著的成分。如谢重光先生就认为唐代与陈元光等率领的唐军对垒的"蛮獠"，此后一部分退缩到闽西南的深山中，成为畲族先民；也有一部分受到朝廷的招抚，定居于闽南，与外来的汉人融合成为福老族群。见谢氏《福佬人论略》（上），《广西民族学院学报》（哲学社会科学版）2001年第2期。

的潮人的称谓。潮州话属闽南方言的次方言，唐宋时代是其从闽语中开始分化的时代（一般认为至明代分化完成）[1]，而后来则把操此种方言作为潮人群体的最基本特征，可见包括方言在内的闽文化对潮人既深且广的影响。所谓"潮州的福老化"，强调的正是两宋以后潮州深刻的闽文化印痕和闽文化属性。概而言之，主要是两个层次上，一是以儒学为主的中华主流文化，因闽籍为主的仕潮官师的大力倡导根植潮州，从此成为本区的主流文化；二是以方言、民间宗教信仰和日常生活习惯为内容的闽地社会风俗，通过闽人的迁入而带入潮州，使得"潮之分域隶于广，实古闽越也。其言语嗜欲，与闽之下四州颇类"[2]；"潮州为闽、越地，自秦始皇属南海郡遂隶广至今，以形胜风俗所宜则隶闽为是"[3]。潮州文化在上述两个层面上表现出来的特点，特别是第二个方面的特点，一般说来不始于宋（很多学者以为其风俗从来同闽），但定型于宋元。这些特点的形成，是潮州福老化的标志。从种种迹象来看，可以肯定无疑地说，福老人是宋元时期本地居民中的主体。

最迟自南宋中期起，本地的居民中就存在一非常重要的群落，那就是畲（或写作"輋"）民[4]。

"畲"作为族称，谢重光先生认为自文献上可以追溯到唐末五代时期：时在南岳衡山的玄泰禅师撰《畲山谣》，谴责以斫山烧畲为生的"畲

---

[1] 李新魁：《广东闽方言形成的历史过程》，《广东社会科学》1987年第3—4期；林伦伦：《也谈粤东方言的形成及其有关问题——兼与黄甦先生商榷》，《广东社会科学》1991年第4期。

[2] 《永乐大典》（潮字号），第23页。

[3] 王士性撰，吕景琳点校：《广志绎》，中华书局1981年版，第101页。

[4] 畲族的历史和文化是一个很复杂的学术课题。以往国内外许多学者都曾关注、研究过这方面的问题，且形成了不少成果。据统计，1906—1985年，国内外共发表有关论文和调查报告计百余篇，其中有30余篇收入由施联朱主编的《畲族研究论文集》（民族出版社1987年版）；另1980年福建人民出版社出版了由施联朱、将炳钊、陈之熙、陈佳生荣编撰的《畲族简史》，上述论著、研究报告全面，或从各个侧面广泛涉及了畲族的族源、语言、文学、礼俗、迁徙等方面的问题，为畲族历史文化的研究奠定了较好的基础。从潮汕历史文化的角度研究畲族，已往也有不少学者做过。较重要者如陈香白《潮州畲族〈祖图〉初探》、陈训先《潮汕文化中的畲族文化》、刘陶天《饶平畲族变异》等文及黄挺《潮汕文化源流》一书中的有关章节等，都为这方面的进一步探索，提供了可贵的前提。进入21世纪以来，谢重光教授《畲族在宋代的形成及其分布地域》（《韩山师范学院学报》2001年第1期）等文，对相关问题做了深入系统的论述。

山儿"对当地生态环境造成的破坏;北宋释赞宁《宋高僧传》为玄泰作传,称所谓的"畲山儿"即"山民莫瑶辈"。至南宋王象之《舆地纪胜》卷102《梅州》记载当地的稜禾是"山客輋"所种。谢氏解释说:輋是"畲"的异体字,"山客"是畲民的自称,"輋"是广东汉人对畲民的称呼,"山客輋"把畲民的自称和他称结合起来了。认为王象之的这条记载应是文献上以"輋"("畲")正式作为畲族族称的开始。① 上述说法理据充分,可以信从。

说畲族也是南宋潮州的族群之一,主要有下述理由:一是上引王象之书说梅州有"山客輋"。梅、潮接壤,若梅州有畲,就不能排除潮州也会有该族群的存在;二是有记载称,南宋理宗绍定、端平间,"距州(潮州)六、七十里曰山斜,峒獠所聚,丐耕土田不输赋",此群落与当地的驻军发生纠葛("禁兵与阋"),时任知州许应龙公平地裁决了冲突,结果"其首感悦,率父老鸣缶击筒,踊跃诣郡谢"②。据之,谢重光先生认为在潮州方言中,"畲""斜"同音,"山斜"即"山畲";再联系到所说此族群之"丐耕土田不输赋",则所指显然就是畲民。此说颇有见地。三是文天祥为南宋端平间出任潮州知州的洪天骥所撰《行状》中有这样的说法:"潮与漳、汀接壤,盐寇畲民,群聚剽劫,累政以州兵单弱,山径多蹊,不能讨。"③ 综合上述记载,可以肯定地说,此时期的潮州当是畲民的一个很重要的居住区和活动区。一些文献甚至认为潮州是畲族的祖居地。对畲民问题有系统、专门研究的学者也认为漳、潮、梅、循、汀、赣诸州毗连的深山长谷就是此时期畲民共同的生活地域④。确实,宋元潮州非但有畲,且族群颇大,人数较多。这从本书第二章所述宋元易代之际,本地出现的庞大畲族武装就可以推知。

说到此时期粤东的畲民时,不能不提到疍(或作蜑、蜓)。按照宋代陈师道的说法"二广居山谷间,不隶州县谓之傜人,舟居谓之蜑人,岛上谓之黎人"⑤。陈氏所说舟居的蜑人,在宋元时期的粤东沿海地区广泛

---

① 谢重光:《宋代畲族史的几个关键问题——刘克庄〈漳州谕畲〉新解》,《福建师范大学学报》(哲学社会科学版)2006年第4期。
② 《宋史》卷419《许应龙传》,第12553—12555页。
③ 文天祥:《知潮州寺丞东岩先生洪公行状》,《文山先生文集》卷11。
④ 谢重光:《畲族在宋代的形成及其分布地域》,《韩山师范学院学报》2001年第1期。
⑤ 陈师道撰,李伟国校点:《后山谈丛》卷6,上海古籍出版社1989年版,第61页。

存在。他们与畲人关系似乎非常密切，同样不隶州县，不役不税，与成为"畲（輋）"者的主要区别是一在山区而靠山吃山；一在水上而借水族为生。一直到元朝末年，潮州本地的居民构成中，仍有大量的畲、疍民。如至正六年（1346）行部至潮的周伯琦就有这样的说法："贾杂岛蜑，农错洞獠，寇孼荐蠢，狱犴独滋。"① 所谓"岛蜑""洞獠"，显然就是指畲、疍族群的。

　　此时期本地的汉人和畲疍已开始融合。融合的过程是畲疍起而为乱，甚至纷纷投身于宋元之交的军事对抗中。时本区及邻近地区发生的元军和南宋残余势力的军事对抗和激烈较量中，原长期居住在闽、粤、赣山区和闽粤沿海的畲、疍在其中扮演了较重要的角色：他们"叛附无常"，或降附于元，不惜导其攻城略地，蹂躏桑梓；或加入宋军一方，助其抗击劲敌。参战的"畲兵"从数量上看，也很惊人：前面提及的陈五虎、许夫人、陈吊眼等，都组织和指挥着相当数量的畲兵。陈五虎有"畲兵七千"，许夫人（又称"畲大娘"）也有数千畲兵，陈吊眼势力最盛时，率领畲兵十数万。不言而喻，这些数量巨大的畲兵加入战斗，不时地改变着宋、元交战双方的力量对比，在一定程度上影响着整个战争的进程。

　　这里，有一个显而易见的问题：当时闽粤赣边，包括潮州的大量畲疍，或起而与政府对抗，或投身于宋元双方的军事对抗，其社会根源究竟是什么？可以认为最根本的原因就在于此时期以汉族为主体的移民的大量进入和宋国家对岭南，包括潮州地区控制的空前加强。为说明这一点，这里可引述南宋著名文学家刘克庄的《漳州谕畲》② 一文。在这篇文章中，刘氏对漳地畲民的历史与现状及其起而为乱的根源，有深刻的分析和揭示：

　　　　自国家定鼎吴会，而闽号近里，漳尤闽之近里，民淳而事简，乐土也。然炎绍以来，常驻军于是，岂非以其壤接溪洞？茆苇极目，林菁深阻，省民山越，往往错居。……凡溪洞种类不一：曰蛮、曰猺、曰黎、曰蜑，在漳者曰畲。西畲隶龙溪，犹是龙溪人也。南畲隶漳浦。其地西通潮、梅，北通汀、赣，奸人亡命之所窟穴。畲长技，止

---

① 《肃政篇》，《永乐大典》（潮字号），第116—117页。
② 《后村先生大全集》卷93。

于机毒矣。汀赣贼入（原为人，应误）畲者，教以短兵接战，故南畲之祸尤烈。二畲皆刀耕火耘，厓栖谷汲，如猿升鼠伏。有国者以不治治之。畲民不役（原为"悦"），畲田不税，其来久矣。

可是，也正是由于"国家定鼎吴会"和此前即开始许久的经济文化重心的南移，原封建国家对畲民的一些传统政策，如所谓"有国者以不治治之""畲民不役，畲田不税"必定要有大的改变；畲民早已拥有的一些特殊权益，必然要受到冲击。刘克庄接着说：

厥后贵家辟产，稍侵其疆；豪干诛货，稍笼其利；官吏又征求土物蜜蜡、虎草、猿皮之类。畲人不堪，诉于郡，弗省。遂怙众据险，剽略省地。

可见，当豪强和国家因素一起侵袭畲人的传统利益时，官府又不能正确地引导和排解矛盾，畲人的起而为乱就势在必然。由此，从大的社会背景观之，畲民的暴动或卷入宋元之交的战乱，与此时期，乃至于整个宋元时期在闽、粤、赣边区及闽粤沿海发生的一系列寇乱的起因基本上是一致的。即在上述地区开始的国家化因素，已在相当程度上深切地影响到居住或逃亡于此的民众的切身利益，故而不得不起。刘克庄说"凡溪洞种类不一：曰蛮、曰猺、曰黎、曰蜑，在漳者曰畲"，实际上"畲"的部族称谓，在南宋后期及元代的闽粤赣边是通行的，在潮者也曰畲。文天祥就记载说：

潮与漳、汀接壤，盐寇畲民，群聚剽劫，累政以州兵单弱，山径多蹊，不能讨[①]。

由此刘克庄谈论漳畲的文字，照例适合潮畲。而从国家的意志和畲民的政治前景观之，即为畲民的编户而成为国家的齐民。这一点从历史发展的实际轨迹来看，又恰恰是通过国家对畲民的反抗和斗争予以剿抚并举后实现的。如据刘克庄记载，景定末年对漳州畲民暴动的解决过程就相当具有典

---

① 文天祥：《知潮州寺丞东岩先生洪公行状》，《文山先生文集》卷11。

第五章 宋元潮州的居民、信仰和风俗

型性。先是劳师动众,进行单纯的军事围剿:

>帅调诸军卒及左翼军统领陈鉴,泉州左翼军正将谢和,各以所部兵,会合剿捕,仅得二捷,寇暂退。然出没自若,至数百里无行人。

既不能剿灭,就得想其他办法。朝廷特选著作郎兼左曹郎官的卓德庆出任新一届的漳守,他的高招是恩威兼施,剿抚并用:

>至则枵然一城,红巾满野,久戍不解,智勇俱困。侯(按,指德庆)榜山前曰:畲民亦吾民也,前事不闻,许其自新。其中有知书及其士人陷畲者,如能挺身来归,当为区处俾安;土著或畲长能率众归顺,亦补常资。如或不投,当调大军尽除巢穴乃止。命陈鉴入畲招谕。令下五日,畲长李德纳款。德最反复桀黠者。于是,西九畲酋长相继受招。西定,乃并力于南。命统制官彭之才剿捕,龙岩主簿龚铛说谕,且捕且招。彭三捷,龚挺身而入。又选进士张杰、卓都、张椿、刘叟等与俱。南畲三十余所,酋长各籍户口三十余家,愿为版籍民。二畲即定,漳民始知有土之乐[①]。

大概说来,南宋末年以后及整个元代,闽粤赣边畲民的编户及畲汉的融合多经历了上述这样一个痛苦的过程,潮州自不能例外。至元二十一年十一月以后,广东道宣慰使月的迷失对潮中诸多山寨,包括畲民山寨的解决,与当年漳守卓德庆的举措如出一辙[②]。畲民的编户,使其纳入国家管理的轨道,有机会更多地接受汉文化,特别是打开和走出山寨,使其与广大汉民有了更多的接触,加速了畲人的汉化。事实上,从以上引述材料来看,还有一点特别值得注意:即畲民中有汉人。上引文字说"有知书及其士人陷畲者",应是"陷畲"汉人中极少的一部分,前述畲大娘、陈五虎、陈吊眼所统领的"畲兵",少者数千,多者十数万,可以断定,其中汉人

[①] 刘克庄:《漳州谕畲》,《后村先生大全集》卷93。
[②] 如《元史》卷13《世祖纪十》载,至元二十二年七月,月的迷失入觐,以所降渠帅郭逢贵等至京师,言山寨降者百五十余所。帝问:"战而后降邪,招之即降邪?"月的迷失对曰:"其首拒敌者臣已磔之矣,是皆招降者也。"见原书第278页。

当占有不小的比例。作出这样的推断,主要基于宋元时期文献对"畲民"的指认,与今人所说"畲族"存在差异,前者事实上包括失去生活依托,逃亡到闽粤赣边与原有盘瓠图腾崇拜、"刀耕火耘,岩栖谷汲""机毒矢"的畲人同居的大量汉民①。而汉人与真正意义上的畲民同住同战斗,都无疑促进了畲汉融合过程,特别是畲民的汉化过程。

和平时期,一些官员以行政命令的方式,对畲民强行移风易俗。这种做法,也加速了其汉化的过程。如载:

> 州之旧俗,妇女往来城市者,皆好高髻,与中州异,或以为椎结之遗风。嘉定间曾侯噩下令谕之,旧俗为之一变,今无复有蛮妆者矣。故曾侯元夕尝有诗云,"居民不谇灯前语,游女新成月下妆",盖纪实也②。

不过,从总体上说来,畲蛋与汉族的融合是个漫长的过程,直到今天畲族仍然是我国民族大家庭中的成员。由于生活在人数众多的汉族人群中,宋元以及明清以来潮州的畲蛋确实有不少被汉化。但也有一些族众似顽强地坚持与中原王朝、与代表中央王朝的本地政府对抗,天顺七年(1463)本地士人李龄在其所撰《赠郡守陈侯荣擢序》一文中有这样的说法:"揭邑有沿海而村曰夏岭者,以鱼为业,出入风波岛屿之间,夙不受有司约束。人健性悍,邻境恒罹其害。"③可见,迟至明代英宗统治末期,潮州地域仍有畲蛋民尚未编户。

---

① 《元一统志》卷8《风俗形胜》:"汀之为郡……西邻赣,南接海湄。山林深密,岩谷阻窍,四境椎理玩狠之徒,当与相聚,声势相倚,负固保险,动以千百计,号为畲民。时或异兵相挺而起,民被其害,官被其扰。盖皆江右广南游手失业之人逋逃于此,渐染成习。武平南抵循梅,西连赣,篁竹之乡、烟岚之地往往为江广界上通逃者之所据。或曰长甲,活跃某寨,或曰畲洞,少不如意,则弱肉强食,相挺而起。税之田产,为所占据而不输官。"可见,畲民似指失去土地逃往闽粤赣交界山区的游民,他们居住的山区就称为畲洞。
② 《永乐大典》(潮字号),第24页。
③ 冯奉初:《潮州耆旧集》,香港潮州会馆1979年印行,第10页。

（二）世家望族、农民和工商业者

本来按照居民的政治、经济地位和出身职业等特点，此时期的潮州居民中理应包括各种类型的军人，但鉴于在本书的第二章中，已对相关情形做了论述，所以这里不再涉及。

1. 世家望族

世家望族是介于官民之间的一特殊阶层、群体。究其成因，应主要有以下两种情形：

首先是一些赴潮为官之人，秩满后占籍本地；或并无在潮为官经历，但因种种机缘落籍本区的官宦之家，他们的子孙蕃衍而成为大户。可是，有关方面的记载一般都比较晚近，无法排除后人的追加、乃至伪造。权举数例，以观其概：

> 袁琛，字朝玉，号昆山，浙江龙游人。庆历间，累官银青光禄大夫，兵部尚书。元丰六年，谪职潮州，因家焉。墓在海阳云步百丈坪。子熙，元祐丁卯进士，官御史中丞。……子孙蕃衍，为潮、揭、澄三邑望族。[1]
>
> 陈坦，福建晋江人，进士，元符中任海阳县事，多善政。……秩满占籍海阳，祀名宦。支裔蕃衍，秋溪陈姓皆其后云[2]。

诸如此类，文献所载还有很多，如彭延年，余叔英，黄詹，孙乙、丁允元、陈憺、魏廷弼、萧询、陈汤征、邱成满、郑徽、林绍坚等。尽管他们或有或无在潮为官经历，但后都曾举家落籍，成为本地名门望族。这方面的情况并见乾隆以下各府县志中《侨寓》《寓贤》等部分。

其次，则是以科举入仕起家，最后成为世家大族。这种情形，在宋元时期的潮州为数不少。宋元，特别是两宋时期，是潮州科举取得重大进展的时期，许多学子参加科举而登第，并由此走上仕途。他们中的不少人，借此起家兴族。常常是某人先试，一旦成功后，其子孙（或族人）屡屡借此求进。根据有关记载，可把这方面情况编制为表 5-1。

---

[1] 周硕勋纂修：(乾隆)《潮州府志》卷33《侨寓》。
[2] 卢蔚猷修，吴道镕纂：(光绪)《海阳县志》卷32《列传》。

表 5-1　　　　　　　　　　　　宋元潮州世家

科举或选举起家者	年代	亲属及后裔登科者	资料来源
林从周	景德二年（1005）	（叔）冀、（子）东美、（族人）从先、从可、东注	1，2
许申	大中祥符三年（1010）	（子）因；（孙）闻一；（四世孙）并；（五世孙）居仁、居安；（八世孙）骞、宣；（十一世孙）君辅	1
郑夔	景祐元年（1034）	（侄）民宪	1
卢侗	景祐二年（1035）	（孙）顺之	1，3
刘默	皇祐五年（1053）	（孙）允；（二世孙）昉；（四世孙）少集	1，3
石子建	政和五年（1115）	（子）仲集	1
陈仲达	政和五年（1115）	（从侄）应侑	1
张夔	政和八年（1118）	（子）昌裔	4
魏思问	建炎二年（1128）	（弟）思兼、元受	1，4
王良弼	建炎二年（1128）	（侄孙）与箕	1
黄焕国	绍兴二年（1132）	（弟）时晦	4
赵师正	绍兴三十年（1160）	（弟）师宣、师丞	1
赵嗣助	咸淳四年（1168）	（子）次潜、次偕、次清皆得荐辟	1，5，6
陈肃	至元初以贤良应聘赐第	（孙）元龙以经明行修得荐辟	1

资料来源：

①郭春震纂修：（嘉靖）《潮州府志》卷6《选举志》、卷7《人物志》。

②余靖：《宋故两浙提点刑狱尚书度支员外郎林公墓碣铭并序》，《潮汕金石文征》（宋元卷），第26页。蔡襄：《尚书屯田员外郎林君墓志铭》，《潮汕金石文征》（宋元卷），第24页。

③吴颖纂修：（顺治）《潮州府志》卷五《科名部》。

④郭棐：《粤大记》卷四《科第》。

⑤黄一龙纂修：（隆庆）《潮阳县志·选举表》。

⑥周硕勋纂修：（乾隆）《潮州府志》卷26《选举表上》、卷29《人物中》。

实际上，表 5-1 只能大概显示子孙或亲族中续有中第者的情况，而不能全面反映中举者借此仕进后所带来的连带效果。如王象之称许申家族

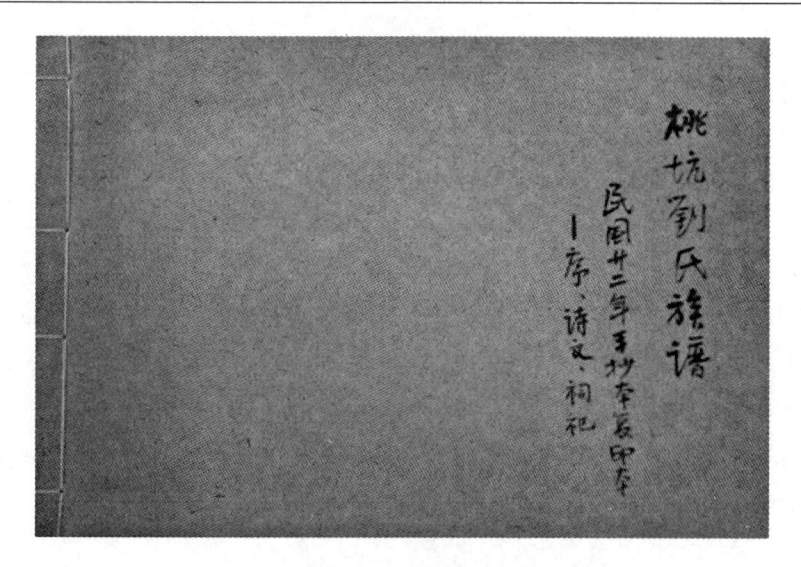

图 5-1　潮州《桃坑刘氏族谱》书影

"许氏之族,总文武言之三十八人,申其始也"①;林从周家族,"林之族列于衣冠者十有七人,从周其始也"②。又,刘允后人除刘昉外,还有子刘景"举贤良方正,孙汶、渭、涣,业儒。皆绳绳继美,足称世家"③。林大钦称其"继而推官、朝请、金紫,兼以龙图、银青,诸公辈出,龙图、银青共子十三人,俱以科显名"④。

因科举起家或官宦落籍家族人员,一般政治经济地位优越,有条件接受良好教育,从而具有较好文化素养。在科举入仕或官宦生涯中,往往能捷足先登。这些家族人员,多是当时潮州各方面的代表人物。为稳固既得地位,本地各名门望族还互为婚姻,或另择佳配,以建立有利其家族兴旺昌盛之网络,如名贤林从周,以长、次女分别妻于许申长子许因和曲江余靖。⑤大家族内还实施宗法教育,如朱熹之潮中弟子郭淑云就是如此,在他的家中,建有宗会楼和燕食堂等设施,且还特意约请同门、漳州著名学

---

① 《舆地纪胜》卷100《潮州府·人物》,第3116页。
② 同上书,第3115—3116页。
③ 郭棐:(万历)《粤大记》卷之20《献征类·刘允传》,第576。
④ 林大钦:《东湖盛概集》,黄挺《林大钦集校注》附录一《诗文补遗》。
⑤ 余靖:《宋故两浙提点刑狱尚书度支员外郎林公墓碣铭并序》,余靖著,黄志辉校笺《武溪集校笺》卷19,第567页。

者陈淳（1159—1223）为其撰写《宗会楼记》和《燕食堂记》①二文。宋代是中国宗族社会重建和复兴的时期，从郭淑云等人的举动中，不难看到潮州在这方面与全国步履是一致的。

值得注意的是，通过科举成为世家望族，实不限于中举成为正奏和特奏进士的人，在北宋特别是南宋，落第士人（指曾经获得解和免解资格的举人）在政治、法律、经济等各方面享有一系列优厚待遇。② 上述情形无疑也助长了很多人家通过科举之路成为世家大族的可能。如仅就得解落第士人而论，两宋时期的潮州就有一个不小的人群。其大概数量可以推算出来：宋政府共举行科考118次，宋并南汉对岭南实施统治始于开宝四年（971）三月。时已举行科考12次，除去还有106次。有关文献对宋代潮州的解额有如下记载：《三阳志·贡院》载说：

> 州自舍法时，岁贡八人。大比岁十人。总三岁二十六人。及罢舍法置科举，每诏以二十人贡，较于往时，实损其六。③

《三阳志·解额》载说：

> 潮，素号文物之邦。自罢舍法，置乡举，每诏以二十人贡。端平御札普增诸郡解额之窄者，遂以辛卯科终场数参考增二名，然视舍法时已减其四。自是就始者日益众，今终场至万以上人，司文衡者每以遗才为叹。枢密包公恢将漕日请于朝，其增十名得解额，旨增一名，不无望于方来者云④。

是宋代潮州的解额均在20人以上，就按每次20人计算，则106次科考总

---

① 收于《潮汕金石文征》（宋元卷），第165—170页。
② 何忠礼《南宋科举制度史》曾作评介。如在政治上，得解及免解举人，可以免除本人的丁役和差役负担。可以直接与州县官相往来，上书反映地方民意、疾苦和对国家大政方针的意见和建议。在法律地位上，北宋时规定得解举人犯公罪可听赎罚，至南宋对得解和免解举人犯赃私罪者，亦听罚赎。在经济上，得解举人赴省试时，还能得到国家和地方的资助等（见原书第51—52、69—70页）。
③ 《永乐大典》（潮字号），第83页。
④ 同上书，第84页。

共得解者当在 2000 人以上，除去得以中第（包括正奏和特奏）的约 140 人，仍有 1800 名以上的得解举人。这样一个享有众多特权的群体，当有机会与本地的势要之家结盟，形成新的名门望族。他们在当时潮州的社会生活中，一定是一个引人注目的存在。

2. 农民

虽地处海滨，宋元时期本地仍是一农业经济占主导的社会，作为维持、发展这种经济的主角，农民作用之重要不言而喻，可是由于中国历史文献记载的一贯特点，本地文献对此时期本地农民的专门记载照例很少。我们只能从相关记载中，稍稍窥探一下此时期农民的境况。

首先，所承担赋税情况。下所引两段材料中的"白丁""贫民下户""小产"，都应是自耕农或佃户：

> 州之赋税，产户曰苗米，曰产钱，曰二科役钱，曰七等盐钱。白丁则折米丁钱而已。……白丁旧纳钱几一千足，折米价直初科三千五百足，民甚病之。嘉泰间，大师廖公德明数奏朝廷，纳丁只用五百五十，折米只用二千八百。悉从所请，至今民以为便。七等之赋，敷及贫民下户，每岁所纳，殊以为艰。庆元间，林侯始为代输。嗣是一二政沿例而行，厥后无有继之者。绍定己丑，孙侯叔谨撙节岁计之赢，总一万一千七百有余缗，代纳三县第六等盐役，贫民下户，均沐实惠。此皆仁人君子之用心也。
>
> 本州三县，小产最为贫窭。亩地不出寻丈，岁入不过升斗。而输为官者，二税产米盐役等钱糜费，与中户同。其间僻居山海，不能造县者，有乡司揽户私领不纳之弊。亲来投纳者，复有伺候往返之费。既纳之后，吏缘为奸，对钞销薄，色色有钱。由是下民转为贫民。陈侯圭轸念民瘼，尽刷三县产数自一文至五十文小产，计二万六千八百五十余户，节郡费，捐己俸，为钱七千八百贯，官省代纳以上，小户七年、八年夏税产钱，遍榜给钞，与民收照。三邑二万余户可以少纾，而无流离转徙之忧。①

以上大体为宋代情形。《三阳图志·田赋》载：

---

① 《永乐大典》（潮字号），第 45—48 页。

元一区宇，以宽民力为第一义，凡前代无名之赋一切蠲除，惟种田纳地税，买卖纳商税（商税三十取一），鱼盐舶货之征随土所有。本州自归附以来，客户亦纳丁米，每户二斗五升，今亦蠲免。为客户者，何其幸欤！此见圣朝赋役之轻，爱民之至，远过于古矣①。

除承担上述税种外，此时期本州所纳的一些税收，明显不合理，如茶税就是如此。原因就在于宋元时期本地"无采茶之户，无贩茶之商"，所以，遭到本地有识之士的质疑：

产茶之地出税固宜，无茶之地何缘纳税？潮之为郡，无采茶之户，无贩茶之商，其课钞每责于办盐主首而代纳焉。有司者万一知此，能不思所以革其弊乎？本路三县一思岁办茶课钞一百八十九锭二十六两二钱八分。录事司岁办茶课钞二十一锭四十九两七钱九分。②

其次，所负担差役情况。主要是充甲头（保长）、亭役子及土丁、保丁等。史载"本州白丁乃无产业之民。轮充甲头，责之催科，仍买钱盐，间有逃亡，复勒代纳，民甚苦之"③。又"本州三县催科，按旧例随乡分居民充保长，以其熟识人烟聚落去处，乃易趋办"④。

充亭役子情形，见前论述交通，引林安宅《潮惠下路修驿植木记》中的描述，至于任土丁、保丁的记载，见《宋会要辑稿》兵1乡兵之22：

（乾道）二年正月二十四，殿中侍御史张之纲言，二广有土丁、保丁之法。保丁则每户一名，土丁则父子兄弟皆其数，常以十月一日聚而教阅于州县，尽十二月而后罢。奸吏舞法，循系为弊，拘留重役，尽正月而不得去，为民害大矣。望一切罢去，不得循习，别致劳扰。

---

① 《永乐大典》（潮字号），第45页。
② 同上书，第51页。
③ 同上书，第46页．
④ 同上书，第47页。

由上所引可见，两宋时期潮州农民所承担赋税、徭役颇为沉重。这与宋封建国家庞大官僚机构的存在、军费负担及制度本身的不合理性直接相关。虽说某些官员确有切实减轻农民负担之实政，但毕竟是出于权宜，无法持久。

3. 工商业者

包括海盐、瓷器、造船、矿业等手工业者和经营各种物品贸易的商人。

手工业者，当以从事盐业的亭户为主体。所谓"潮之为郡，海濒广斥，俗富鱼盐。宋设盐场凡三所，元因之。散工本钞以助亭户，立管勾职以督课程。盐之为利，既可以给民食，而又可以供国用矣"①。潮盐生产是宋元时期也是本区最稳定的手工产业。自南宋初年到过潮州的王安中所吟诵"万灶晨烟熬白雪"诗句，可以推想从事这一行业的人口为数不少。

北宋时期，本区从事瓷器生产和贩运的工商业者也应该是一个庞大的人群。他们主要居住在州城和韩江下游出海口两岸。但自南宋以后，随着本地瓷业的衰落，这个群体迅速萎缩，甚至消失。除亭户、瓷器生产者外，此时期的潮州还有酿酒业。《三阳图志·税课》中有相关"酒税"的内容，声称：

> 买卖者纳商税，沽酿者纳酒税，古今国用不可废也。圣朝榷酤如旧，而尝加优恤之意焉。本路三县一司岁办酒课钞总二千二百二十二锭一十八两九分六厘六毫。在城务岁办课钞六百五十七锭单三两五钱六分。②

缘于宋元时期潮州的全面开发，本地民众似还较多地以出卖自己劳动力的方式，积极参与到各种基本设施的建设方面，他们在这种劳动中似表现出较高的热情。如余靖说庆历初年重修潮州开元寺大殿时，主持其事者"由是伐材于山，埏土于陶，购工于市，而布规矩焉"③；张杰说乾道、淳熙间知州常祎和曾汪重修韩江桥时，也是"出金贸材，计直偿工，众皆

---

① 《永乐大典》（潮字号），第50页。
② 同上书，第51页。
③ 余靖：《开元寺重修大殿记》，黄志辉校笺《武溪集校笺》卷8，第239页。

一力"①。又，郑厚记载知州翁子礼于绍兴十七、十八年修复营造金山景点时也是"不敛一铢，不役一丁，鬻材僦工，筑亭宇如筑私室"②。元代本地兴土木，似仍延续宋代以来的做法，即募民兴役，计工还值。如潮州路儒学教授何民先记载他负责重修州城东山的韩庙时，"仆受命惟谨，乃迹故基，乃市良材，鸠工佣役，一时惟直"③。这种出资雇用而非给百姓硬性摊派力役的做法，是值得注意的。

二 乡村聚落

考察乡村聚落，有助于揭示一定时期某一地区人口分布、自然资源开发及经济生活等诸方面的问题。对宋元潮州社会的研究也不例外。不过，宋元时期本地的乡村聚落究竟是一幅什么样的图景？现在能看到的资料很少记载。方志中只有饶宗颐先生《潮州志·沿革》略有列述，现摘录于下，以备考证。

> 海阳县：太平兴国间，领六乡。元丰间，时有七乡：永宁乡，领渔湖、桃山、地美、官溪四都；延德乡，领登云、登隆、隆津、上莆、东莆、南桂、江东、龙溪、蓬洲、鳄浦、浡江十一都；崇义乡，领梅冈、蓝田、霖田、盘溪四都；太平乡，领宣化、信宁两都；光德乡领丰政、弦歌、清远、瀜洲四都；怀德乡领水南、秋溪、隆眼城、苏湾、上外莆、中外莆、下外莆七都；长乐乡，领登瀛、大和、归仁三都。

> 潮阳县：太平兴国领二乡。元丰间，时有四乡：新兴乡领县廓、峡山、黄陇、洋乌四都；兴仁乡领举练、贵山、㓕水、黄坑四都；奉恩乡领直浦、竹山、招收、砂浦四都；丰欢乡领大泥、酉头、惠来和隆井四都。

> 揭阳县：宣和三年诏割海阳三乡地置。三乡是指永宁、延德、崇义。

---

① 张羔：《仰韩阁记》，《潮汕金石文征》（宋元卷），第115—116页。
② 郑厚：《金山亭记》，《潮汕金石文征》（宋元卷），第86—87页。
③ 何民先：《重建水东韩庙记》，《潮汕金石文征》（宋元卷），第273—274页。

另外，20世纪90年代以来，潮汕地区各市县有关方面组织编写市县《地名志》，其中较多涉及宋元时期本地建村情形。据此可以统计、勾勒出这数百年潮州地区乡村聚落的大概轮廓。笔者较仔细地去翻阅过这方面的资料，现将有关情形概要陈述于下。

20世纪90年代潮阳市所辖棉城、海门、金浦、井都以下25个镇617个村落中，宋元时期建村的为119个，约占今所有村落的1/5。总的来看，这些宋元村落，大部分散布于榕江南岸关浦、灶浦以及练江北岸的贵屿、铜盂及南岸的峡山、和平、胪岗等地。不过，为慎重起见，笔者试图利用《广东省潮阳市地名志》勾勒宋元潮阳一带村落的分布情况时，曾与《汕头市地名志》相关部分作了比较，结果有十分意外的发现：这两部基本同时出版的《地名志》，对潮阳属镇下村落的记载存在很大差异。这使笔者对这些当代地名志的可靠性和学术价值产生很大疑问。据此，这里对于宋元本地村落分布状况的描述，仅供参考，不可视为定论。

南澳在宋元时期，确有少量村落。如今后宅镇的宫前村、深澳镇的后花园和云澳镇的荖园村等，都是两宋时期所创建的村落。南澳在宋元时期应是本地商船出海和南北商船往来的一个比较理想的停靠站，近年考古界有宋沉船之发现和打捞。按理当时岛上应有较多的居民群落与之接应，但这种推理自《汕头市地名志》来看，似得不到有力的支持。

20世纪90年代中后期，澄海所属十数个乡镇所辖300个村落中，创建于宋元时期的约占1/4，达75个左右。其中地处韩江东溪东岸的隆都、莲下，韩江西溪东岸的上华、南溪河南岸的溪南等乡镇所属村落，宋元创村的最为密集。如隆都为18个，上华为17个、溪南为10个，莲下为11个。

20世纪90年代汕头市龙湖区所属的陈厝寨、鸥上、鸥下，金园区所属的浮东、浮西、南墩、北墩、中岐、下岐、沟南、赤窖、湖头、西陇、月浦，升平区所属的厦岭、莲塘、两丰、鲘东、港美、举登、溪东、双丰、新寮，达濠区的达濠、青篮、葛洲、凤岗、澳头、东湖，合浦区的合浦、楼下、钱塘、罗厝围、岗背等均为宋元时期始创村落。[①]

---

① 以上，也就是今行政上隶属汕头市管辖的汕头市区及澄海、潮阳和南澳宋元的建村信息，据以下二部地名志统计：广东省潮阳市地名志编纂委员会《广东省潮阳市地名志》，广东科技出版社1996年版；汕头市地名志委员会、汕头市国土房产局编《汕头市地名志》，新华出版社1996年版。

潮州及附郭海阳县，宋元村落除现在的湘桥、枫溪二区较为密集外，主要分布在潮安南部地区的庵埠、彩塘、金石、沙溪、东凤、龙湖、浮洋、江东、官塘和磷溪等乡镇。潮州以北地区则很少有宋元所创村落。宋元海阳所属之今饶平辖区，宋元所创村落仅有南部滨海的黄冈、海山、柘林、钱东、大埕及中南部、黄冈河东岸的浮洋等乡镇。总体来看，在20世纪90年代饶平县所属400个村落中，创村于宋元的约60个，所占比例极低。①

20世纪90年代揭阳市榕城区：新兴街道办事处属下的东郊，榕华街道办事处属下的港墘、巷畔、埔上、西头等行政村都是北宋创村。榕东街道办事处属下的梅兜、厚宅、凤港、彭林、南厝、旧寨、西陈、祠堂等行政村都在宋元始建村。仙桥镇属下的篮兜、下六、磋桥，梅云镇属下的大围、梅畔、云光、潮东、夏桥也都在宋元时期建村。

东山区：东兴街道办事处属下的玉浦、卢前、沟尾，东阳街道办事处属下的玉城，磐东镇属下的潭角、肇沟、乔南、南河、北河以及揭阳经济开发试验区溪南街道办事处属下的西寨、东寨，凤美街道办事处属下的塘埔、广美、全美、广南，京冈街道办事处属下的京北，渔湖镇所属港口、仁和、长美、福田、仙阳、渔江、阳美、渔湖桥等村落均为宋元所始创。

普宁市流沙南街道办事处所属里宅，流沙北街道办事处所属南园、西陇等都为宋元时期，或宋元前创村。20世纪90年代普宁市所属22个乡镇下共计460多个行政村落中创建于宋元时期，或宋代以前的很少，不到30个。这近30个村落主要分布在普宁东部及东北部的南溪、洪阳、赤岗、大坝等乡镇。而在其中西部和南部的广大地区，则很少有宋元所创村落。

揭东县共15个镇约240个居民片区、自然村、行政村，其中创村于宋元时期的约为52个，基本分布于今揭东县的中南部地区，其中以曲溪、地都、登岗、玉滘、锡场、桂岭等乡镇为多。

揭西县20个乡镇所属316个村落中，属宋元所创仅有11个，所占比例极低，主要分布在棉湖、钱坑等少数东南部乡镇。

惠来县16个乡镇，下辖267个村落，约80个为宋元时期所创村落。

---

① 以上据潮州市地名委员会、潮州市国土局编《潮州市地名志》，广东地图出版社2000年版。

主要分布在中南部和东部地区，其中以隆江、东陇、神泉、周田、前詹等乡镇为多。相形之下，在其西部和西北部地区则很少见到宋元所创村落。①

综上所具乡都设置，大概可以窥见宋代本地人口（亦大概相当于乡村聚落）分布情况，中东部乡都密集，西部较疏。州城周围、潮阳、澄海一带，尤为乡都密集地区。其中州城于官府公庙所在之子城外，人们"带郭而家"，西、南、北三面民居连绵均达五里，东边因有江水限阻，也有二里地②。

以此时期碑刻所在，估测乡村聚落的分布，不失为一途径。据黄挺、马明达《潮汕金石文征》（宋元卷）所辑录两宋160余方碑刻情况看，在州城各处和海阳附郭地带占去128方，其余30多方主要分布在潮阳的东山、灵山、海门等处，而河浦、东湖、磊口、埔田、黄岐山、甘露寺、南澳等地有少量分布；从碑文内容看，绝大部分是景点记游及学校、寺院建设石刻。这种情况也大体上可以印证上述文献资料对宋代本地人口分布的记载和描述：韩江流域是本地人口密集之区，州城及所在海阳县尤为如此，其文化含量也最富。

第二节　宗教信仰

与全国各地一样，宋元时期的潮州也有着丰富多彩的宗教形态及民间信仰形式。

一　兴盛的佛教

佛教是此时期本地首屈一指的宗教形态。如前所述，佛教在唐代的潮州就有一定的传播和相关佛事活动，并出现释宝通（大颠）那样的高僧大德以及所谓"儒佛交辉"的格局，但此后较长一段时间，佛教在本地的发展似不见再有大的进展，直到入宋以后，才又逐渐兴盛起来。

（一）佛教兴盛的社会文化背景

佛教文化在潮州大规模兴起始于宋代。这主要得益于潮州的全面开

---

① 以上据揭阳市地名委员会、林奠明主编《揭阳市地名志》，人民日报出版社2002年版。
② 《永乐大典》（潮字号），第27页。

发，特别是经济的开发：毕竟佛教设施的兴修需要一定的经济基础。至于其兴盛的社会政治背景则与宋最高当局对佛教的认识及政策密切相关。真宗御制《崇释论》称："奉乃十力，辅兹五常。上法之以爱民，下遵之而迁善。诚可以庇黎庶而登仁寿也。又曰：释氏戒律之书与周孔荀孟迹异而道同，大指劝人之善，禁人之恶：不杀则仁矣，不盗则廉矣，不惑则信矣，不妄则正矣，不醉则庄矣。"① 又认识到"佛经所至甚广，虽荒服诸国，皆知信奉"②。真宗对佛教的看法，很能代表宋最高当局对佛教的一般认识。正是基于这些认识，也缘于其他一些更为实际的经济利益的考虑③，有宋一代除佞道的徽宗外，最高统治者对佛教基本上抱持保护和扶持态度。这种政策倾向，促进了全国，当然也包括潮州佛教的发展。入元以后，因蒙古统治者总体上信仰佛教，故而有关政策更为优惠宽松，这也促使佛教在全国持续发展，当然也包括潮州。

福建佛教的极度兴盛在一定程度上影响了潮州。宋元是福建佛教高度繁荣的时期。其寺院之多，僧人之众，均为全国之冠。潮州与闽相邻，不能不受影响。前述宋代进入潮州的移民中，主要是来自闽地。他们中当有不少佛教徒：如宁宗开禧元年（1205）一次向开元寺施田达6848亩的林绍坚，即是此前落籍潮州凤栖的福州人④；此时期在潮州有所建树的僧人中，如景祐元年（1034）主持重修灵山开善禅院的僧觉然、南北宋之交筹措创建和平桥的释大峰等，或为闽籍或来自闽地。又，宋代仕潮官师中，以闽籍最多，受闽地浓厚佛风的熏染，他们在潮任职期间，对本地佛教的发展发挥了推波助澜的作用，如在政和四年（1114）静乐禅院所铸铜钟铭文中，有都劝首潮州通判张齐，其人元丰二年（1079）进士，南剑州剑浦人⑤。又，咸淳五年（1269），主持重修潮州开元寺法堂的通判林式之，字子敬，福州福清人。南宋本区许多由僧人主持管理的福利、交通设施的创建者名单中，有不少是闽籍官员，如陈宏规、林嵊、廖德明、

---

① 志磐：《佛祖统纪》卷44，第402页，《大正新修大藏经》第48册《史传第一》，台湾新文丰出版公司影印本。

② 同上。

③ 如宋政府自建国之后，一直处在内忧外患，特别是来自北方的辽、西夏、金等少数民族政权的长期困扰之中，其财政收入的一部分直接来自出卖僧尼度牒。

④ 周硕勋纂修：《潮州府志》卷33《侨寓》。

⑤ （弘治）《八闽通志》卷52《选举》，下册第290页。

曾噩、孙叔谨、方淙、陈圭等。

　　佛教自身的变化也是其在宋元潮州兴盛的一个重要原因。这种变化概括地说即是佛教教义和修身践履更加世俗化、社会化，更加贴近中国的社会生活。其具体表现是国家通过向地方寺院颁赠佛经或诏赐匾额、令改寺院名称等方式对之加强控制①，地方寺院则以铸钟祝寿、向官府提供虹节祝圣地点等形式使佛教寺院官方化、政治化②。而佛教广种福田、善恶报应等思想更加深入下层民众观念中。因官府的倡导和利用，佛教设施、僧人更多地参与到地方的经济文化建设中。而上述变化，又使得佛教更加赢得上自最高统治者，下至一般官员、平民百姓的普遍欢迎。所谓"群生归向，如流湿就燥，不可御者"③。

　　总之，此时期佛教在潮州的兴盛，是多种原因综合促成的。

（二）佛教兴盛状况

　　自现存《永乐大典》卷5344目录来看，《潮州府二》于"人物"部有"仙释"一目，"宫室"部有庙、寺、院、庵、堂等目。它们原本应是最直接载述有关情形的文字，惜该部分内容早已阙佚，这就给有关研究带来很多困难。不过，依据现存金石碑刻资料及其他相关记载，仍可以对本地佛教的一些重要问题，作最基本的考究。

　　首先，此时期佛教在本地的发展状况。为更清晰地突出其阶段性，下面分宋、元两个时段来考察，先看宋朝。

　　寺院数量及分布。寺院数量是反映一地区佛教发展状况最重要的参数，而进一步考究其在时段和地域上的分布特点，则有助于了解和说明佛教在一地的发展演变脉络及与所在地经济、文化发展的关系。正因为这种研究如此重要，则其受到学人的注意是理所当然的。对此时期潮州寺院的数量及分布问题，郑群辉已作过较仔细的研究。我们认真核实过他的成果，除个别枝节上略有疏漏外，其得出的结论是可信的：两宋时期，本地新创寺院38座，加上原有的11座和南宋绍熙二年（1191）以后，为配合驿道管理所特建的一批铺驿庵，两宋300余年，本地至少有60座以上的

---

　　① 许申：《敕赐灵山开善禅院记》，《潮汕金石文征》（宋元卷），第18—21页。

　　② 具体情形可参阅《潮州开元寺藏铜钟铭文》《潮州资福禅院铜钟铭文》及林希逸《潮州开元寺法堂记》，分别载于《潮汕金石文征》（宋元卷），第73—74、84、204—205页。

　　③ 余靖：《开元寺重修大殿记》，黄志辉校笺《武溪集校笺》卷8，第238页。

寺院在运作。而新建寺院在时段上的特点是大部分创于北宋中后期及南宋。60余座寺院绝大部分地处海、潮二县，主要分布于人口密集的城市、集市、村落及本区主要交通线上①。

寺院规模。州城的开元寺和潮阳的灵山寺（或称灵山禅院）是本地两座最大的寺院，它们都肇始于唐。由于高僧大颠和文学家韩愈的关系，相形之下，后者声名赫赫，前者却默默无闻。不过，开元寺的创建既得自唐封建国家的统一政令，随后（开元二十七年）又是千秋节指定的祝寿之寺②，其在唐代规模一定非小。入宋后，开元寺经扩建、重修，成为本地首屈一指的大寺院。庆历三年（1043）余靖《开元寺重修大殿记》记载说，经历修缮"凡寺之制，完者饰之，缺者补之，隳者革之，凡五百楹，为一郡之表"③。南宋末年有追述云："寺始甚雄，中有子院三十六。绍兴毁于虔寇，后虽更造，仅有佛殿、罗汉堂、三门两庑而已，余皆豪民大姓据为列肆矣。"④ 引文中所谓的"虔寇"，是指绍兴三年（1133）的黎盛之乱。从现存开元寺的规制看，黎盛之乱后所复建，基本上与今之大小相仿佛，而绍兴前有"五百楹"或"三十六院"的开元寺，其规模之大，可想而知。其实，除文献记载，一些残存的实物资料如石柱等可以更直接地了解其当初的规模。现矗立于潮州开元寺观音阁前的育王型石塔及天王殿，从上所刻文字基本上可认定是宋代本寺的原构件。它们雄宏非凡，即使今天看来也仍是岭南伟观。

与唐代蜚声全国的情形不同，由于众多寺院从人口密集的州城、市镇上的崛起，远离都市、地处崇山峻岭的灵山寺，入宋以后似乎不再如从前那么引人注目。但即使如此，它仍是两宋，特别是北宋本地的大寺院。唯其如此，大中祥符五年（1012）朝廷才会有新译经之赐；天圣七年（1029）又有诏改名称的殊遇⑤。景祐元年（1034）曾对此佛教名刹进行较大规模的修整："拆去支梧之宇，而俨之于精庐；革其黝晦之像，而饰

---

① 参见郑群辉《潮汕宋代佛寺考略》，《汕头》1999年第4期。后他在《宋代潮州的佛教》（《潮学研究》第8期）一文中，又再次确认了统计结果。
② 志磐：《佛祖统纪》卷40《法运通塞志》，《大正新修大藏经》第48册《史传第一》，台湾新文丰出版公司影印本。
③ 余靖：《开元寺重修大殿记》，黄志辉校笺《武溪集校笺》卷8，第238页。
④ 林希逸：《潮州开元寺法堂记》。
⑤ 许申：《敕赐灵山开善禅院记》，《潮汕金石文征》（宋元卷），第18—21页。

第五章 宋元潮州的居民、信仰和风俗　　227

图 5-2　潮州开元寺大雄宝殿

之于金光。"同时，因"昔奉颠师塔庙，卑陋不称，即徙之法善之北，坎其中而覆其外，石工其妙，筑宇既崇，盖其所自本也"。复修后，其规模是"缭垣四百丈，周室百余间"①，规模也很可观，但比之开元寺，似要略逊一畴。

此时期还有一批中等规模的寺院，如地处潮州的广法寺、光孝寺、静乐禅院、海阳资福禅院、潮阳治平寺及揭阳双峰寺等。它们虽规模小于开元、灵山等大寺院，但却大于本地其他寺院。

广法寺，原或名"南山寺"，据载，始建于唐初，在时间上早于开元寺和叩齿庵，是现知本地所建最早的寺院②。入宋后相当长一段时间，虽不见重修和扩建的记载，但其沿袭原来的规模一定非小：政和末宣和初，徽宗因受永嘉道士林灵素的挑拨、鼓动，有较大规模的排佛动作。宣和元年，诏天下建神霄宫，"州郡惮费，多以巨刹易其额"③，潮中即就广法寺改之。此事正好说明广法寺的出类拔萃。南宋建炎初罢宫，方略即宫为学，四年复建为寺院。④ 后于景定间（1260—1264），在丹山禅师的主持

---

① 许申：《敕赐灵山开善禅院记》。
② 释大䜣：《南山寺记》称"寺建于唐初，始未有产业。开元二十二年，有揭阳冯氏女……持田券归于寺"。《潮汕金石文征》（宋元卷），第292—293页。
③ 《佛祖统纪》卷46、第421页。又，念常《佛祖历代统载》卷18、载此事于政和六年二月。以巨刹易额事，如据《永乐大典》卷7892《汀州府·寺庙》转引《临汀志》载，汀州即以州东的开元寺改名。
④ 《永乐大典》（潮字号），第73页。

下，有过一次重修①。光孝寺可能建于绍兴九年（1139）。是年，"敕天下州郡立报恩光孝禅寺，为徽宗专建追严之所"②。当然，还有另外一种可能，即由旧寺院改名③。无论是专建还是改作，因事关国家礼制，规模自不会小。绍兴三年（1133）开元寺毁于黎盛之乱。后虽复建，但原作为本地虹节祝尧之地的开元寺法堂未能复造。光孝寺建成后，虹节之礼就移于光孝寺举行，一直到嘉泰四年（1204）知州赵师岊复建开元寺法堂为止。虹节为宋封建国家盛典，每逢礼日，合郡之士民僧道，均聚于此，行香祝圣。若非光孝寺具备一定的规模，那是不可想象的。至于静乐和资福禅院的规模，则可分别于政和四年（1114）和绍兴四年（1134）所铸两铜钟及铭文见之。两钟铸造上为帝王祝寿，下为僧众邀福。值得注意者有两点，一是静乐禅院铜钟铭文所录该寺僧名号近40人，可知规模确实不小。资福禅院铜钟铭文虽不录寺僧名单，但从所募铸铜钟大于静乐禅院这一点观之，其规模定不小于静乐④。至于双峰、治平两寺，从其有数量较大的田产（下文将述及）来看，也可划入本地中型寺院。郑群辉《佛教与宋代潮州社会》一文认为宋代潮州中型寺院还有潮阳的龙潭寺、千佛塔堂，揭阳的宁福院，但它们的规模既没有文献记载，也无实物印证，故郑氏之说，今暂不取。

僧人数量。显然，这也是反映一时期佛教发展状况的重要指标，惜有关文献罕见记载。从静乐禅院《钟铭》所录僧人数量观之，潮地僧数一定不是一个小数字。

寺院经济实力。此时期本地寺院的经济来源主要是两个：一是信众的施田，一是施钱。就前一种情况看，如南宋开禧元年（1205）林绍坚一次向开元寺施田6848亩⑤，这是我们看到有关记载中，信众向本地寺院舍入的最大一批田产。除此而外，还有潮阳人吴颜向宝光寺施田460亩，刘世荣为治平寺施田900余亩，陈双桂、蔡丰湖施田给澄海的龙潭寺若干

---

① 《南山寺记》载："宋景定中，丹山禅师作佛殿，藏殿，砻石为柱。"
② 《佛祖统纪》卷48。
③ 如汀州即以"感应天王院"改名："报恩光孝禅寺……旧名'感应天王院'，绍兴间崇奉徽宗皇帝，更名报恩光孝……十一年改今名"（《〈永乐大典〉方志辑佚》，第1285页）。
④ 据测定静乐禅院铜钟高1.7米、直径1.10米；资福禅院所铸钟高2.19米、直径1.32米。《潮汕金石文征》（宋元卷），第74、85页。
⑤ 林杭学纂修：（康熙）《潮州府志》卷9《人物》，潮州市地方志办公室，1997年。

亩。而揭阳双峰寺宋时有官僧田 24 顷 77 亩，绝大部分也来自信众的捐赠。又，林绍坚孙、曾任建州学正的林洪毅建少林寺，施田 460 余亩等①。总的来看，有关文献对本地寺院田产的记载晚近且零碎，以同时期全国寺院一般都有数量不等的田产例之，潮地寺院的田产情况不应当只限于上述举出的数条。

自信众施钱入寺的情形说，有关记载颇为丰富，但绝大多数都是寺院有所营建兴造时，信众施钱助工的，寺观也借此大力募捐。如景祐间灵山寺、庆历间开元寺的重修，政和间静乐禅院、绍兴间资福禅院的铸钟以及不明年月潮州开元寺天王殿石柱的营造等工程都有信众大笔捐钱入寺②，成为有关工程经费的重要来源。

另外，此时期本地的一些寺院广有房舍，一部分廊房有出租现象③。

田产、房产构成了此时期本地寺院经济的主要部分，而从宋代本地信众虔信佛教的情形观之，寺院法事的收入恐也不薄，因无具体记载，无从讨论。

著名潮籍僧人。宋代潮籍著名高僧有两位。分别是仁宗康定后出任东京左街华严禅院的道隆和神宗、哲宗年间在江浙一带弘法、最终在湖州报恩寺主持任上圆寂的惠元二位禅师。由于他们自参学悟道到成为高僧大德以及最终圆寂，均在外地，所以本地志书或不载，或直到晚近方有十分简略的记载，致使其人其事反而不被乡邦所知。20 世纪 90 年代中期，郑群辉先生遍览禅林史籍，钩稽梳理二人资料，掘幽发隐，撰成专文，④他们的事迹才为人所知。因郑文论述阐发二人事迹颇细，有兴趣的读者自可阅览，这里恕不再赘论。但关于道隆，因郑先生偶尔失检一篇至关重要的文章，致使他对其人的一些推论出现偏差。下面稍费一些笔墨，略作剖白。

这篇文章就是余靖《东京左街永兴华严禅院记》。此《记》作于嘉祐四年（1059），全文述及华严禅院创建到逐步完善之全过程，而主体篇幅

---

① （乾隆）《潮州府志》卷 15《寺观》；卷 33《列传》。

② 上述情形可参见《潮汕金石文征》（宋元卷）第 18—21、29—30、73—74、84、225 页所载有关碑记。

③ 如《三阳志·学廪》载"开元寺等处房廊地租钱"一项，《祠庙》引《三阳志》"删定林公祠"条下载"董山院园租（钱）"一项。此二处分别见载《永乐大典》（潮字号），第 78、86 页。

④ 郑群辉：《北宋潮州二高僧——华严道隆和报本慧元》，《韩山师专学报》1995 年第 1 期。

则用以讲述该座寺院第四任也即现任主持道隆约 20 年（自康定元年至嘉祐四年）的经历和事迹：涉及其人崇高的佛学修养、仁宗皇帝异乎寻常的恩遇以及道隆经营完善华严禅院等事。由此，全篇文字即使视为道隆的传记，也不为过。时其人健在，所以余靖的《记》可能才是今传世最早或较早的一篇有关道隆的文字，其对道隆研究价值毋庸置疑。今不辞冗长，迳自《武溪集》录出，特附于下：

东京左街永兴华严禅院记

上都华严禅院者，故崇仪使、文州刺史岑君所创也。岑君讳守忠，早侍两宫，屡使于外。欣慕禅学，遂发洪愿。天圣五年，布金易地，于国城之东始建精舍，以待什方缁旅。明年，上赐钱俾之构堂，以安清众，而后架具焉。章献皇太后崇其闲阒，而钟梵全焉。章惠皇太后益其庋阁，而厨库备焉。

越明年，赐额为"永兴华严禅院"，隶于左街。岁度僧二人，仍令长老住持。年逾一纪，三易其人。而瓶盂弗驻，栋宇弗完。

康定元年，乃请今明悟禅师主其禅席。师名道隆，潮州海阳人，俗姓黄氏。得心印于汝州琏禅师，众推通悟。乃膺金请辇毂之下，领袖攸瞩。道眼既具，众心悦从，来者如归，户外之屦满矣。购募檀信，日加营缉。演法有堂，安像有殿，绀宇宏壮，寺制恢焉。接物利人，开益既广，蔼然德誉，升闻帝聪。

庆历二年，上始赐《重阳颂》，师即笺注进呈。上览之大悦，特赐紫方袍以宠之。繇是御书偈颂，提纲语句，动盈卷轴，师悉笺而酬之，圣眷益厚。后三年，复赐《大乘颂》，师亦笺释和进，上愈嘉之，赐号"圆明大师"。

初，岑君于钱塘雕造庐舍，那佛、文殊、普贤等像布而漆之。工未半而不禄，匠氏沦废者六年。师乃亲诣馀杭，用钱三百万，命工毕其装绘，舟挽而归。师既还阙，上抚问锡赉，颇复优厚，累赐御颂、御书、金帛、香药等。频诏入化城殿，升座说法，咫尺天颜，激扬宗要。并赐笔砚，令进禅颂。仍赐御膳、衣物、飞帛书等。就大相国寺西庑赐廨院一区，以为朝宿之地。寻以圣藻宸翰溢于居室，因构阁以藏焉，示不敢亵近也。因赐琉璃瓦覆之，并赐御飞帛书额曰"龙奎之阁"。岁别度僧一名，恩礼加异，缁素荣之。

第五章 宋元潮州的居民、信仰和风俗

> 凡募缘成者，由两序而钟台、经阁峙焉。方丈之室，谨宴申也；看经之堂，励勤修也。异其库司，慎拣请也；俨其温浴，尚涓洁也。僧坊供具，罔不辑焉。其外则厩车院，列僦舍，资之给众，咸有规画。
>
> 至和元年，内出水陆画像五百余轴赐之，乃即西北隅创造堂为供设之所。再蒙御飞帛书赐名"洪济之殿"，宣中使押左右街僧道威仪、教坊钩容班乐、輂卒、卫兵奉迎至院。嘉祐二年，特敕加赐"明悟禅师"之号，恩无出其右者。
>
> 师以为：信之所起，必始于庄严，故不惮于有为也；理之所通，必去其攀缘，当遗照而无著也。乃具表辞免，不入城阙，于今一纪矣。丛林之众，至者不下数百。所度弟子百馀人，赐命服总禅众者三十馀人。
>
> 于戏！非岑君之崇尚佛事，无以创其基；非禅师之恢宏宗旨，无以广其制。自国朝已来，以田衣见上者，趋皇闱瞻黼扆则有之矣。至若对万乘升高坐，谈性相之实，指佛祖之心，无如禅师之比者。其笺解圣作，酬继宸章，阐发言机，直趋觉路，宜乎眷赉之频繁也。而又高谢纷华，超出名相，冥心息迹，归于无事，直佛法之总持，禅门之体用也。可记也哉！
>
> 嘉祐四年十二月　日记①

相形之下，慧洪《禅林僧宝传》对道隆事迹的记述，明显存在问题。这应出于作者撰《传》时，不曾看到余靖的《记》，其他可以利用的资源似也十分有限。所谓"予少时客华严，及见其檀越岑（即岑守忠）之子孙家藏隆偈稿并被遇之迹甚详。今追绎十才得其一二……"由此，才写出许多与史实大相径庭的情节来。郑先生主要据慧洪《传》文，因而在道隆进京、出主华严禅院、受帝宠遇等的时间、原因的推论上出现差误；还有所谓道隆"圆寂后不久即在禅林中默默无闻"是由于"法道不隆""未见有法嗣"等说，现在看来，若据更为可靠的余靖的《记》文，则上述问题或立时就有明确答案，或尚存在进一步探讨的余地。

余靖，广东韶州人，官至工部尚书，仁宗时期名臣，《宋史》卷320

---

① 余靖撰，黄志辉校笺：《武溪集校笺》，第260—262页。

为之立《传》。其人与潮州关系颇深,是潮州名士海阳人林从周之婿。余氏有较高的佛学修养,与僧界交往密切。其集中所收《寺记》达3卷计31篇之多,是研究北宋佛教史的珍贵史料。

其次,来看元代佛教在本地的发展情况。

宋元之交的战火,使本区的寺院遭到不同程度的破坏。如揭阳双峰寺变成一片废墟[①],而州城的净乐禅院仅存故基[②]。不过,由于两宋较好的发展基础及蒙古统治者更为优惠的扶持政策,入元以后,特别是14世纪的前40年,本区佛教非但得以复兴,且有一定的发展。

首先,原有的寺院得到较好的维持和经营,同时一批新的寺院又产生出来。前者如灵山、双峰、净慧、南山等寺院。

灵山禅院在元代,不见有扩建和复修的记载。但从泰定三年(1326)募缘铸造大钟一事说明,其寺仍旧拥有较为雄厚的经济实力、组织能力和影响力。据光绪《海阳县志》卷31《金石略二》所载钟款和跋文,这次募缘铸造,海阳、潮阳二县及潮州路一些重要官员多有参与,其中有潮州路潮阳县主簿兼尉蔡镐、潮州路潮阳县尹兼劝农事黄唐英、潮州路潮阳县达鲁花赤兼劝农事也先海牙、潮州路总管府知事赵弘道、承事郎潮州路总管府经历王廓、潮州路总管府推官刘克敬、总管府判官买住、朝散大夫同知潮州路总管府事宋用[③]。而所铸钟"大约三围,高丈许",规制大大超过北宋政和年间静乐禅院及绍兴四年资福禅院所铸。

双峰寺毁于南宋景炎元年[④],元武宗至大三年(1310)夏季揭阳令彭振在各方面呼吁下,委托僧人石山必琼主持修复,工程经一年多,始告完成。新修双峰寺,"山门品列,廊槛鱼贯,僧寮师室,香积宝庋,种种完美",可见,已非同一般。而三年后,"梅倅蒙君果沿檄适至,暨归,哀锱五十万圆满之"[⑤]。

净慧寺在宋景祐元年许申所撰《灵山开善禅院记》中已提到,说明

---

① 程准:《揭阳双峰院记》,《潮汕金石文征》(宋元卷),第261页。
② 念常:《佛祖历代通载》卷22。
③ 释元有:《潮州府署镇海楼钟款》,《潮汕金石文征》(宋元卷),第272—273页。
④ 即1276年。原因据程准《记》是元军入潮造成的:"皇元仁洽万方,垂情慈教,天马饮海,龙象如如,而揭阳双峰独罹劫灰,自丙子至戊寅三十三载。"丙子即至元十三年,也即景炎元年。然元军入潮还在此后的一两年间,故双峰寺之毁,很可能出于别的原因。
⑤ 程准:《双峰院记》,《潮汕金石文征》(宋元卷),第261页。

此寺最迟建于此年以前。但在宋代比较沉寂，不曾留下重修、扩建记载。入元后当有一定的发展，后至元六年（1340）该寺住持释敬堂所撰《湖山净慧禅寺田产记》，载本寺接受录事司在城施主萧叔坚、黄氏夫妇拨舍的坐落于海阳县上莆保横陇、砂陇、南洋等初田记35段，岁收租谷150余石①。可见，具备较强经济实力。

南山寺在宋代称广法，宋元之交的战火中，"寺得不毁，惟日为豪所夺"②，后因几代住持"皆善葺理，又增田以裕众食"，加之，有信徒舍田入寺③，到后至元礼翁善恭任住持时的进一步经营，"其殿堂皇，门庑、像设，极于完好"，表现出较好的运作态势。

元代新出现的寺院主要是分于州城及海阳、潮阳属区。有圆通寺、华严寺、法藏寺、宝积寺、东林寺、法光寺、莲花寺、花果院、福田院、莆田院、荆山院、皇庆院等。这些寺院加上本区原有的数十座寺院，使本区的寺院群体变得更为庞大，空间上的分布也变得更为密集。由于当时佛教僧人享有豁免二税等经济特权，本区的民人出家为僧人的数量估计也有一定的增长。

其次，元代本地的某些寺院在庙宇构成上有了新的变化。自元忽必烈即位起，出于治藏政治需要和此前已形成的蒙古统治者尊奉喇嘛教的传统，推行帝师制度。以藏传佛教萨迦派高僧出任帝师，主持全国释教事务，并担任西藏地区最高军政长官。第一代帝师八思巴以追随忽必烈，扶持治道，创制蒙古新文字等勋业伟绩，圆寂后受到特别纪念。英宗元年，诏各路立帝师殿④。泰定元年，又以绘像颁行各省，为之塑像⑤。上述大的背景，也影响到偏处东南一隅的潮州寺院建构格局。如潮州的开元寺即是如此。潮州路帝师殿初建于至治末泰定初年，时人记载说："……立殿于开元佛宇之后，规模未备，屋圮地偏，无以安其廊庑。"⑥ 由此，泰定五年（1328）路府判买住、同知宋用、推官刘克敬等人又组织重修："卜

---

① 《潮汕金石文征》（宋元卷），第295页。
② 释大䜣：《南山寺记》，《潮汕金石文征》（宋元卷），第293页。
③ 同上载："延祐戊午，里陈媪亦以田若干亩来施。"
④ 此据念常《佛祖历代通载》卷22，《元史》卷202《八思巴传》笼称"至治间"，第4518页。
⑤ 《元史》卷202《八思巴传》，第4518页。
⑥ 林淳：《创建帝师殿碑》，《潮汕金石文征》（宋元卷），第275页。

地于寺之南隅，易旧殿而新之。……不两月而殿成。前峙三门，左右两庑……"在大殿帝师像南面，还塑造了胆巴、搠思刺二尊塑像，作为配祀①。于开元寺建造供奉八思巴的殿廷，打破了此前该寺单纯汉地佛教寺院的规制，为汉藏佛教的交流和融汇创造了条件，同时，在这次重建中，原被本地势豪侵占的部分地盘，也得以清理追回。林淳《记》称"其地（开元寺之南隅）近为势豪所居□□□入于寺，乃谕而迁之，以广其基址"②。这在客观上也有利于开元寺的发展。由于开元寺保持了较好的发展态势，从而又吸引了更多的在俗信徒，如泰定二年（1325）奉政大夫、连州知州兼劝农事徐震就舍香炉一座，入于开元寺③。这类事件又进一步扩大了其寺的声誉和影响。

最后，藏传佛教寺院的建立，丰富更新了本地佛教的内容。除供奉藏传佛教大师八思巴的"帝师殿"外，元代本地还专门建起了一座藏传佛教寺院宝积寺。它是至元二十六年（1289）因不容于时相桑哥，而被贬到潮州的西藏萨迦派高僧胆巴（死后被追认为帝师）提议，由时任广东宣抚使枢密副使月的迷失主持建立的。胆巴的生平事迹及其在潮建寺经过，在《元史》卷202本传、元释念常《佛祖历代通载》卷22等典籍中，有较详的记载。下摘《通载》以明其概：

己丑（至元二十六年）……四月赴省听旨，令往潮州。师忻然引侍者昔监藏，孑身乘驿，即日南向。……八月抵潮阳，馆于开元寺。有枢使月的迷失奉旨南行，初不知佛，其妻得奇疾，医祷无验，闻师之道，礼请至再。师临其家，尽取其巫觋绘象焚之，以所持数珠加患者身，惊泣乃苏，且曰："梦见一黑形恶人，释我而去。"使军中得报喜心，遂能胜敌。由是倾心佛化。师谓门人曰："潮乃大颠、韩子论道之处，宜建刹利生。"因得城南净乐寺故基，将求材，未知其计，寺先有河，断流既久。庚寅（至元二十七年）五月，大雨倾注，河流暴溢。适有良材泛集充斥，见者惊诧，咸谓鬼输神运焉。枢使董工兴创，殿宇既完，师手塑梵像，斋万僧以庆之。尝谓昔监藏

---

① 林淳：《创建帝师殿碑》，《潮汕金石文征》（宋元卷），第275页。
② 同上。
③ 《开元寺石香炉铭文》，《潮汕金石文征》（宋元卷），第266页。

曰："吾不久有他往，宜速成此寺。"后师还都，奉田二十顷，赐额"宝积"焉。未几召还，相哥已伏诛矣。

胆巴来潮是至元二十六年八月，据《元史·桑哥传》，桑哥伏诛在至元二十八年七月。胆巴当在这前后离潮，如此他在潮州生活两年左右。胆巴居潮虽然短暂，但他的潮州之行在本地宗教史上意义重大：其提议修建的宝积寺，应是潮州最早的藏传佛教寺院。

入元以后，本区寺院经济似得到进一步的增强。其中，以开元寺的发展势头最旺。据周硕勋《潮州府志》卷29《人物·义行》记载，余英一次就向开元寺施田一千多亩：

> 余英，字节翁，饶平人，至元进士，历任至封川节度判官。时元政酷虐，民多逋赋。守臣请剿，英捐赀代纳，全活数千家。以清远田一区赡乡人之贫者，小榕田一千五百亩施开元寺僧。子孙建祠于寺后巷，祭祀不绝[①]。

拥有田产数量的多少，是衡量寺院实力，特别是经济实力的一个最重要的尺度。据郭春震《志》卷8，明代嘉靖年间前，开元寺拥有的寺产达"八十三顷一十五亩一分四"，无疑是当时潮州地区最大的地主。而这一强大经济实力的取得，宋、元两代的积累至关重要。

（三）佛教对本地开发的贡献和影响

此时期佛教势力参与本地的开发，主要是四个方面。

首先，对经济活动及交通、公共建设的参与。前者如实施对寺院田产的经营、开发。寺院既然有大批土地、田产的存在，则这方面的活动就不可或缺。但由于具体情形缺乏记载，现已无从探究。后者如筹集、组织民间资金，开展修路、架桥、掘井等活动。应该认为这些是此时期佛教力量参与本地开发最常见的一些形式。在现存反映宋元佛教信徒所为公益事业的碑刻文字中，有许多是这方面的。这里据《潮汕金石文征》（宋元卷）

[①] 施田的数量除一千五百亩外，还有"一千三百二十亩"之说，参见康熙三十五年（1696）《奉宪立碑》，载释惠原编纂《潮州市佛教志 潮州开元寺志》，第621页，潮州开元寺1992年印。

所收碑刻①，将有关材料列成表 5-2。

表 5-2　　　　宋元时期本地佛教徒开展公益事业一览

序号	碑刻名称	年代	内容	页码
1	买石座题记	天圣元年（1023）	林廷翰等招众买石座事	15
2	舍钱人题名残刻	天圣间	录舍钱人名及钱数，不明用途。因与1、3号为同一组石刻，故应属同类	16
3	建桥题记残刻	天圣七年（1029）	记信众舍钱建桥祈福事	17
4	磷溪二村石井圈铭文	至和三年（1056）	捐钱掘井事	41
5	熙宁修井题记	熙宁八年（1075）	舍井祈福事	44
6	大潭舍井题记二则	政和三年、五年	信众舍井祈福事	71
7	金石塔下乡石井圈铭文	政和六年（1116）	信徒许七娘舍钱砌井祈福事	76
8	揭阳东山区沟尾石桥题刻	绍兴二十三年（1153）	舍石修桥祈福事	91
9	灵山寺石槽题刻	绍兴二十七年（1157）	舍钱修造祈福事	91
10	林姜寺石槽题刻	淳熙四年（1177）	□二娘舍钱凿石槽事	118
11	嘉定修路碑记	嘉定七年（1214）	集资修路以结善缘	157
12	"竺岗上界路"题字	咸淳八年（1272）	潘氏、王舍钱砌路事	213
13	嘉定石井栏刻字	嘉定十一年（1218）	已佚，所刻内容不详	226
14	陈璋砌路记	年代不详	舍钱砌路祈福事	222
15	报德堂记	至正十一年（1351）	大峰禅师募捐修建潮阳和平桥事	311

上述碑刻文字中，有"恩""神咎""翼□□咸赍福利""奉……同

---

① 《潮汕金石文征》（宋元卷）共载此时期佛教碑刻文字近60通，其中以结善缘为目的的集资修路、建桥、掘井等事务约占1/4。

资生界""乞平安"等字眼，从中可以强烈地感受到信众虔诚的感恩、消灾、祈福、超度等宗教诉求。与佛教在当时全国发展的情形一样，宋代以后潮州地区的佛教也基本为禅、净合流：按照禅宗的教义和主张，一般不以信徒在现实生活中所做善事为功，而强调"他力往生"的净土宗则同时追求世俗功德。潮州的佛教信众既然如此看重于世俗社会的积德行善，则此时期潮州佛教的净土化趋向是毋庸置疑的。其实，即使这一点，潮州与当时全国其他基层社会的信众也同样如出一辙。

佛教对宋元潮州地方经济开发的贡献，还有僧人协助政府实施驿道驿站的经营管理一项，对之，已在交通建设一节述及，此处不赘。

其次，对文化景观建设的贡献。此时期州城主要有金山、西湖、韩山及开元寺等人文景区。其中，开元寺和西湖两处与佛教关系极大。前者不必说了，西湖是此时期本地佛教景观较集中的一个区。如在相关诗文中，会读到与佛教景观有关的句子：

> 疏烟鱼艇远，斜日寺楼闲[1]。
> 湖山，与韩山对。山之麓，寺观错立[2]。
> 数步之内，祠宫梵宇，云蔓鳞差[3]。
> 浮图双峙小金山[4]。
> 落日钟声鸣远树，半空塔影倒寒汀[5]。
> 湖山峙立于郡城之右，鳄渚绕其前，浮图矗其巅[6]。
> 自北而南，湖光一色，周环绵亘，不知几里。舟行盘桓，亭庵堂宇，先后参峙，金碧汇飞，恍然夺目[7]。

可是，分布于此地的佛教建筑此后大部分都淹埋于历史的风尘中：从现

---

[1] 陈尧佐：《游西湖》，《永乐大典》（潮字号），第182页。
[2] 《舆地纪胜》卷100《景物上·湖山》，第3108页。
[3] 许蓍：《重辟西湖记》，《永乐大典》（潮字号），第159页。
[4] 赵善涟：《西湖山诗》，《潮汕金石文征》（宋元卷），第158页。黄挺先生说"浮图双峙"殆指西湖山巅之雁塔以及湖山南岩元祐石塔。二塔北宋建，嘉定间仍耸立湖山之上。此说可从。
[5] 林巙：《题西湖山石诗二首并序》，《永乐大典》（潮字号），第186—187页。
[6] 黄景祥：《湖山记》，《永乐大典》（潮字号），第124页。
[7] 《〈永乐大典〉方志辑佚》，第2603页。

掌握的资料来看，仅知寿安、净慧等很少几座寺址在此地。另据王象之《舆地记胜》卷一百《潮州·景物下》，西湖有"辟牛岩""狮子岩""绿阴岩"等。按此时期本地某某岩一般同某某寺例之，或也是几座寺院？

州城外，潮阳的东山，是宋时期本地的一旅游点①，这里除有水帘亭、方广洞、起轩等名胜，还有一重要景点即辟牛岩（又称白牛岩），因传为释大颠驻锡处，韩愈贬潮时也曾造访，故入宋后香火仍盛，成为东山的一主要人文景观。仕潮官员或过路士人每每光临②。这一著名佛寺，在绍兴二十一年（1151）因善信蔡尧道捐资，而得以重修③。

除上述景区较多集中了有关佛教的景观外，在本区的其他地域还有一些零散的佛教景观。如：

> 西岩，在广东潮州府西七里。中有兰若曰灵境，依山为宇，景态万状。绍圣间，元城先生刘安世登览赋诗，岩之胜状，品题殆尽。《图经》云：冈阜演迤，西畔有罗汉岩、观音岩、蛇山岩④。
>
> 石门岩，在潮州府甘露寺，去州六十里，古号弓箭坑，后曰石门岩。岩在孤峰顶，自石门入余数十步乃至岩，岩下可容万人，故为鬼穴。赵师立有诗：胜境传天下，曾封第七山。一岩悬石际，万木插云间。鸟过暮天碧，牛眠冬日闲。歌声初隐隐，疑自武陵还⑤。
>
> 甘露岩，在广东潮州府海阳狮子山上有甘露岩⑥。
>
> 东岩，在广东潮州府梅州城东五里，有山有谷，有水，有石扣之则答响。州民四时游玩之所，亦名东安岩⑦。

---

① 两宋时期，留下近十方记游石刻。可参阅《潮汕金石文征》（宋元卷）第51、54、70、85、89、214页所载刻文。

② 如宣和四年（1122）权州陈康平就率领一帮官人文士，"同诣辟牛岩谒颠师缅想昔日韩公曾造其庐，徘徊孤寂而还"（《陈康平题名》,《潮汕金石文征》（宋元卷），第78页）。绍兴二十三年（1153）章元振守潮秩满，亦到此一游，且留下墨迹（《章元振题名》,《潮汕金石文征》（宋元卷），第89页）。

③ 《重修白牛岩题记》,《潮汕金石文征》（宋元卷），第89页。

④ 《〈永乐大典〉方志辑佚》，第2664页。

⑤ 同上。

⑥ 同上。

⑦ 同上。

佛教势力对此时期本地人文景观的营造，上所举不过荦荦大端者，试想60多座寺院棋布于当时的州城、县镇、驿道两边，或坐落于崇山峻岭之中，的确为本地增添一道亮丽的人文风景线。而佛教景致受游客青睐，除了其自身所具有的丰富文化蕴含外，还在于营建者十分重视寺院周边环境的整治，如景祐间灵山禅院重修工程竣工后，复有"远徙惠阳之松数百本，植于山门，远于广路"[1] 的举措。

第三，佛教对本地文化教育事业的支持。主要体现在捐助经费和教育场所的提供上。前者如《永乐大典》卷5343《潮州府一·学校》引《三阳志·学廪》："开元寺等处房廊地租钱一百四十四贯八百一十六文足"；又如《永乐大典》卷5343《潮州府一·祠庙》引《三阳志》"删定林公祠"条载：

> 宝祐戊午，公（林霆）之孙光世来为守，遂卜地改创，且捐俸市田隶于学，及董山院所拨园租岁入五百七十贯足……俾掌计者司其出入，以其余充习乐生徒二季廪食。

寺院亦提供文化教育场地。如建炎间，知州方略曾就光法寺办学，直到僧人出资助建新州学后，寺院才得以恢复[2]。又如南宋初年，潮州贡院毁于兵火，后每逢科考之年，都借用寺院为考场，这样一直经历了七八次，直到绍兴二十年知州谢寻重修贡院止[3]。

值得注意的是，就提供场所来说，其实此时期的潮州寺院不止为教育机构做这样的事情，还为本地的其他政治文化活动做同样的事情。时潮州各项公共建设初步展开，限于财力，政府只能先要后次，循序渐进，如此在一些设施上就不能不借窝下蛋，或因陋就简了。这种境况下，佛教设施就常被挤占、挪为他用。如宋代虹节祝圣，潮州就将其安排在开元寺法堂，绍兴间开元寺遭寇焚毁后，又长期在光孝寺举行[4]。若说这种活动于

---

[1] 许申：《敕赐灵山开善禅院记》，《潮汕金石文征》（宋元卷），第18页。
[2] 《永乐大典》（潮字号），第73页。
[3] 同上书，第83页。
[4] 林希逸：《潮州开元寺法堂记》，《潮汕金石文征》（宋元卷），第204页。

佛寺举行尚属合情合理的话，则其他一些事务安排在寺院举行，就确有某些强行的味道了，对寺院而言当非意愿。如在淳祐五年（1245）知州李遇、林寿公整治前，潮州的社稷、风雷雨师的祭祀活动，就常在寺院举行：

> 郡之社稷坛实处城南厢三阳门外之西，而风雷雨师坛旧各在郡一方。坛惟凸土，门坛阙然。当其祀时，霢霂泥淖，则寓于浮图氏之舍。①

甚至会有下面这样的事情：

> 海阳县尉厅芜废不治，几二十年，仅存故址，更数政僦屋浮寓。②

此时期佛教力量对本区开发的第四个方面的贡献，是对社会福利、慈善事业的参与。从掌握的资料来看，这种参与大体上经历了从最初的提供场所到最后的主持、管理。且看下面几段材料：

> 养济院，开元寺后之废庵也。庆元丁巳，陈公宏规修辟之，以处道途之病患及废疾无告者。官为置历，给其钱米，并疗治之费。后林公㟽每遇有死者给钱一千，市棺以殡。公后与通判廖公德明营度小江之平峰寺侧，鼎创庵舍，分为左右。（右）以处单寡，左以待有妻孥者。既拨公田，又益钱七百缗，增置以赡之。区处纤悉，登载于簿。
>
> 安养院，旧名养济。自陈侯宏规修辟之后，岁久邦人侵占，移其院于新溪外城之侧。淳祐丙午陈侯圭因其颓圮，更创而崇广之。门宇轩豁，廊舍周环，易以今名。而民之鳏寡孤独废疾者有养也。
>
> 安乐庐，在小江平峰寺之侧。即庆元间林公㟽与廖公德明之所营创者。后廖公持节本路，复增广其规。岁久颓圮，故址仅存。绍定己

---

① 《〈永乐大典〉方志辑佚》，第2680页。
② 同上，第2690页。

第五章 宋元潮州的居民、信仰和风俗

丑,孙侯叔谨为之更创,以复其旧,益之以公田。嗣是修治不加,此庐复废。淳祐丙午陈侯圭鼎创,根括租输,拨钱四百贯省,买园岁收租钱四十贯,置历支给往来病者粥食汤药、裹粮之费,董以缁流。由是道途有疾病者,得此栖止而蒙赒救惠焉。[1]

下面,可对上列记载作一些综合分析:第一,作为宋代本地"以处道途之病患及废疾无告者"的福利机构,一开始设置大概就借助于佛教寺院。所以有关记载直把二者等同起来,所谓"养济院,开元寺后之废庵也"。而从此说还可推知,此设施的开办不始于庆元,陈宏规实为重修。第二,上述设施在庆元间,特别是林嶧知任上有较大发展。优厚的待遇招来了更多的难民,大概是原舍不能容,遂有小江平峰寺侧"庵舍"的营创,是为安乐庐。而选于寺侧,"鼎创庵舍",虽不能断言此时僧人实质上已是这种设施的主持人和管理者[2],但可以肯定,佛教力量必定有某种方式的介入。安乐庐后在嘉定四、五年(1211—1212)和绍定二年(1229)得到时任广东路宪帅的廖德明和知州孙叔谨的增修。第三,淳祐间知州陈圭任上,对地处州城和小江的两处设施,都大加整治,增加稳定给养,特别是完善了管理措施。明确说"董以缁流",是佛教势力已全面介入、管理这方面的事务了。

宋代佛教对本地的社会文化有重要影响,最显著者莫过于善恶报应、轮回转世观念的深入人心。在现残存宋代本地金石碑刻文字中,绝大部分都直接或间接地涉及这方面的内容。前述本地佛教力量筹集、组织社会资金所进行的修路、架桥、铸钟、寺院营建修缮以及上文未及的凿井、塑造佛像等活动,对于教徒来说,无不是抱着积德行善,祈安求福这一总目的。且看下面文字:

> 弟子泰泽舍钱十贯文,乞保家眷平安;白瓷窑住弟子刘兢、王满、王长慎、德邝一娘各舍钱五贯文,各祈平安;弟子朱祖舍钱五贯文,资荐亡妣杨四娘、外姑陈四娘二魂祈超生界者。……

---

[1] 以上三段资料均出于《永乐大典》(潮字号),第67—68页。
[2] 极有可能因同时期本地驿道上已经实行这一制度,且富有成效。见前"交通"一节。

此段文字刻在政和四年（1114）静乐禅院所募铸的铜钟上。舍钱者为佛门俗弟子，他们布施的目的不外乎为自己或家人祈求平安，或为死去的亲人超度亡魂。这基本上包括了此时期本地在佛教感召下，从事有为功德的一切信徒的目的。那么，积极从事这种"善行"的信众，他们的社会构成又是如何呢？上所引施钱者，应是社会下层从事农业或手工业的一般民众。作这样判断的理由是他们所施钱数较小。除铸钟外，这类信徒还从事了砌井、修路、架桥、塑造供奉佛像等事。他们中有手工业者："白瓷窑住弟子"，可能即是。学者一致认为，"白瓷窑"是笔架山宋瓷窑址，故此施人当是瓷业生产者。除此而外，20 世纪在本地出土的六尊宋代白瓷佛像，其铭文所载"潮州水东中窑甲弟子"刘用、刘扶、刘育祖孙三代，也应是瓷器手工业者。而前述向开元寺施入大批田产的林绍坚及其孙林洪毅等是士大夫、官宦；向其他寺院施田的吴颜、刘世荣、陈双桂、蔡丰湖及绍兴四年（1134）一次向资福禅院舍钱百万的潮阳人范妙悟，应属富家大户。由此可以认为，两宋时期的潮州，佛教渗透到社会各阶层，为善福报的观念已为人们所普遍接受。

二 其他信仰

除佛教外，宋元时期本区还有其他宗教信仰的并存，初步呈现多元化的发展态势。大概说来可分为三个类型：一是正统道教，其流播既然早已遍及神州，本区自不能例外；二是较多反映区域特征的某些民间信仰，如陈元光、三山国王和妈祖信仰等；三是本地官师主导的信仰，主要是对韩愈、陈尧佐、"贤守""双忠公"和"八贤"等的祠祀。

（一）道教

宋代一汀州文献有这样的说法："僧庐十百，道宫才一二，寓内所同也。"[①] 的确如此，与宋元时期佛教在潮州的极度昌盛相比，道教相对要平静许多。这可借助两个基本事实予以说明：现流传下来宋元时期的 200 余方金石碑刻文字，居然没有与道教相关的；有关文献对本地道观的记载也很少。据后一种记载，可将宋元时期正在运作或创建的该地道观情况列为表 5-3。

[①] 胡太初修，赵与沐纂：(开庆)《临汀志·寺观》，《〈永乐大典〉方志辑佚》，第 1284 页。

表5-3　　　　　　　　宋元潮州道观修建情况一览

观名	建设年代	创建者	分布地区	资料来源
东岳庙	唐咸亨二年	陈假庵	潮阳东山之麓	4
超真观	唐咸亨间	陈假庵	潮阳东山玄帝庙西	1、4
天庆观	宋建，或载政和元年建	不载	州城东街	1、2
神霄宫	北宋建	不载	州城	3
宝福观	宋绍兴中	不载	州城南20里	1
威灵观	宋建	不载	仙罗寨	1
慈济观	宋熙宁十年	陈玄道	潮阳仙陂	4
崇道观	宋咸淳四年间	高道惟	贵屿	1、4
玄元观	宋绍兴中	不载	揭阳县西一里	1
招仙观	宋嘉定中	不载	揭阳县西明山	1
真君观	元大德五年	不载	潮阳县前大街西	4
赤山道院	元至正五年	毛冲玄	潮阳县南新市	4

资料来源：

1. 李贤等纂修：《大明一统志》卷80《潮州府·寺观》。
2. 阮元修，陈昌齐等纂：《广东通志》卷229《古迹略·寺观》。
3. 《永乐大典》卷5343《潮州府·学舍》。
4. 黄一龙纂修：《潮阳县志》卷10《坛庙志》。
5. 饶宗颐总纂：《潮州志补编》第2册《古迹志》卷7，第642页。

毫无疑问，上表所列，一定不是此时期本地道观（庙）的全部，如有载说：

> （治平四年）九月二十七日，广南经略安抚司言，潮州地大震，拆（地）裂泉涌，压覆两县寺观、居民合屋并本州楼阁营房等，士民军兵、僧道死者甚众。①

这条记载应是出于当时广南方面向中央政府报告地震灾情的文书，其于压覆建筑中首及"寺观"，死亡民人中，又"僧道"并提，说明道观、道士

---

① 《宋会要辑稿》"瑞异"3之34。

在当时的潮州应该拥有一个不可忽视的数量。又，嘉定间通判赵善涟《西湖山诗》中有"乱石傍罗群玉府"句，黄挺先生认为，"群玉府"盖指山上多道教宫观，① 此说可从。而《舆地纪胜》卷100《潮州·景物上》"湖山，与韩山对。山之麓，寺观错立"。许骞《重辟西湖记》也说"数步之内，祠宫梵宇，云蔓鳞差"②。这些记载都可说明在西湖景区，当时一定有不少道教建筑。

不过，从整体上来说，有关文献对宋元时期潮州道教的记载是比较少的，这正说明道教的发展势头不佳。这种状况在全国具有一定的普遍性。在收拾人心、争取民众、赢得统治者鼎力支持方面，土生土长的道教远较域外传入的佛教为逊色，这种情形又不限于宋元。

另值得注意的是，文献对潮州一些道观创建年代的记载，似还有探讨的余地。这里就以表中所列"天庆观"为例，稍作分析：本地文献对天庆观的记载，最早见于《三阳志》，绍兴九年（1139）知州徐渥为实现"欲接溪流带湖山"③ 的计划，曾有"去天庆观数百步为之基"的举措，这说明此观在南宋初年以前就已存在。有载称其创建于政和八年（1118），而从一些相关材料推断，其更可能建于百年前的大中祥符间：《永乐大典》卷7892《汀州府·祠庙》引《临汀志》载，有"大中祥符元年（1008）天书降，诏天下置天庆观"事，汀州遵旨，就原"至道宫"改之④；又，阮元《广东通志》卷229《古迹略·寺观》载大中祥符间南海县开元观，改名"天庆"。从这些情形度之，潮州的天庆观，或当建于或改建于祥符间，政和间很可能为修复。

(二) 富有本地特色的民间信仰

主要有陈元光信仰、三山国王信仰、妈祖信仰等。

大约自北宋中叶起，陈元光已从一位历史人物，被改造成一尊民间尊神。徽宗政和三年（1113）朝廷为漳州陈元光祖庙赐"威惠"庙额⑤。潮、漳境接，这种信仰大概很快就传到潮州。潮州西湖山至今还保留一方

---

① 《潮汕金石文征》（宋元卷），第159页。
② 许骞：《重辟西湖记》，《潮汕金石文征》（宋元卷），第132页。
③ 《永乐大典》（潮州号），第27页。
④ 《〈大典方志〉辑佚》，第1285页。
⑤ 《宋会要辑稿》卷1237"礼"二十之一四二"陈元光祠"条。又《潮汕金石文征》（宋元卷），第155页。

南宋嘉定五年（壬申，1212）摩崖石刻重修威惠庙《题记》：

> 威惠庙日就圮坏，邦人无有身其责者。玉牒希蓬毕力就事，以嘉定壬申三月兴役，逾年春告成。①

说明此前这种信仰早就传入潮州。不过，从当地方志很少有载，碑刻文字也仅见上列西湖摩崖石刻一种，且属民间修废性质，由此观之，此时期本地的陈元光信仰，当属民间信仰层次。

三山国王，最早称三山神。三山是指潮州揭阳县霖田都河婆墟（今揭阳县河婆镇）西面的三座高山，名曰明山、巾山和独山。三山国王神庙位于巾山山麓，额"明贶庙"。目前确知最早有关潮州三山神庙的记载为《宋会要辑稿》卷一二三六"三神山神祠"条："三山神祠在潮州，徽宗宣和七年八月赐庙额明贶。"最早使用"三山国王"一词，并将其传说系统化的，是元代翰林国史院编修、江西庐陵人刘希孟。至顺三年（1332）路总管王元恭大力振兴文教，欲对三山国王这种极具地方特色并较有传统的神灵予以表彰，遂邀刘希孟撰《潮州路明贶三山国王庙记》。据此，时粤东地区三山国王庙已有广泛存在：

> 潮之三邑，梅、惠二州，在在有祠，远近人士，岁岁走集。莫敢遑宁。……潮人之事神也，社而稷之，一饭必祝。

其实，王元恭对"三山国王"的表彰，其主要用意是促使这种信仰的正统化，从而达到诱导信众为国家效力的目的。为此，刘希孟心领神会，他首先巧妙地将韩愈的《祭界石文》呈献于三山国王座前，称韩文公当年所祭界石神，正是三山国王。这一绝妙的联系，顿使三山国王的正统性有了文献根据。接着刘希孟恰当地利用当时丰富的民间传说，称三山国王在宋初有助太祖平刘𫄨、辅太宗征太原等赫赫战功，并因此受封、赐庙额。如此一来，三山国王的正统性遂得以在刘希孟的如花妙笔下建立起来。不过，值得注意的是，《庙记》全然不提宋徽宗赐庙额事，是历二百余年之后，王元恭、刘希孟等人实已不知三山国王曾经拥有过这等殊荣。

---

① 《赵希蓬题记》，《潮汕金石文征》（宋元卷），第155页。

妈祖原是福建莆田湄州林氏女，在世时就"不平凡"，能预言吉凶，死后被誉为神女。宣和间（1119—1125）宋派往高丽的路允迪使团海上遇难，女神显灵救助因而受封①。进入南宋，依赖闽粤舟师保家卫国的朝廷及妈祖信仰群体都对这尊神灵寄托新的厚望，结果妈祖不断在官军捕捉盗贼或击退金兵中"显灵"，且日益兴盛的海外贸易，也需要女神助顺安澜，而在"每有灵验"后，朝廷就不断地增封或改封，这种情形又进一步刺激了信仰者群体的激增和信仰地域的扩大。

潮境比邻闽地，妈祖信仰随闽地移民，或往来商贩，可能在闽地兴起后不久就传入潮州。不过，目前这还只是推论，尚没有直接证据。文献记载表明，最迟在南宋庆元或嘉熙间（1237—1240），妈祖信仰就已在潮州流行。（咸淳）《临安志》卷73载庆元四年（1198）加封妈祖的《顺济圣妃庙记》中说："灵惠妃宅于白湖，福此闽粤；雨旸稍愆，靡所不应。"②"福此闽粤"，分明是说妈祖信仰已波及后一地区，而"粤"者当以潮为最先；又《临汀志》载嘉熙间（1237—1240）于福建长汀县创建了一座"三圣妃宫"，该宫奉祀包括妈祖在内的三位女神，同一条记载还说，此宫在潮州有"祖庙"。其信仰群体主要是船运者，所谓"州县吏运盐纲必祷焉"③。陈天资《东里志·疆域》"祠庙·天后庙"条载："天后宫……一在深澳，宋时番舶建。"④而（隆庆）《潮阳县志》：

> 一在海口山上，正临海门；一在和平村之六联江畔，俗号下宫者是也。所祀天妃圣母之神。其创造年月无考，大都始自宋元，凡乡人有祷辄应，航海者奉之尤谨。……按旧志：又有一庙在龙津者，元延祐时所建。……又娘官巷，亦有一庙，灵甚，故巷因以为名。⑤

可见，起源于闽地的妈祖信仰在宋元时期的潮州颇为盛行。

除上述几种外，后来乃至于今天一些在本地有着重要影响的民间信仰，可以追溯到宋元时期。如大峰崇拜就是如此。大峰原形及其对潮州的

---

① 《宋会要辑稿》"礼"20之61。
② 《宋元方志丛刊》，中华书局1990年版。
③ 《〈永乐大典〉方志辑佚》，第1278页。
④ 汕头方志委员会、饶平方志委员会办公室1990年印行，第48页。
⑤ （隆庆）《潮阳县志》：卷10《坛庙志》"天妃庙"条，第11页。

贡献，前面在论述宋元本区交通建设时已经讲到。其人约在南北宋之交筹集资金，组织兴建了潮阳和平桥。由是"道无苦病，公私便之。乡人感恩建堂崇祀，名曰报德"①。200多年后的元至正十一年（1351）惠州路总管府从官徐来应乡人之请，撰写了《报德堂记》。从现有资料来看，大峰崇拜在宋元，乃至于明代都不太受重视。其实，此种信仰是清代伴随着本地善堂文化兴起的。

图5-3 潮阳和平镇报德堂

---

① 徐来：《报德堂记》，《潮汕金石文征》（宋元卷），第311页。

（三） 本地官师主导的信仰

《永乐大典》卷5343《潮州府·祠庙》，自《图经志》《三阳志》《三阳图志》等文献辑录宋元时期潮州地方的祠庙资料。若按照奉祀对象来划分，可分为三个类型：第一类是仕潮的官员祠庙：如"陈文惠公祠"（祀咸平间通判陈尧佐）、"删定林公祠"（祀绍兴间州学教授林霆）、"二公祠堂"（祀乾道间郡守宋敦书、通判袁嘉猷）、"三侯祠"（祀乾道、淳熙嘉定间知州曾汪、丁允元和孙叔谨）、"贤守祠"（下详）、"水村先生祠"（祠宝祐间知州林光世）、"游侯生祠"（祀景定间知州游义肃）、"心斋先生祠"（祀咸淳间知州牟𣵠）、"马侯祠"（祀宋代最后一位郡守马发）等。第二类是寓贤，如"二相祠"（祀唐李德裕和宋赵鼎）等。第三类为本地才俊，这类仅有"八贤祠"（后增姚宏中为九贤祠）①。除上载祠庙外，事实上此时期本地的祠庙还有普及面更广、影响更大的夫子庙、韩文公庙（祠）和"双忠公庙"（祀唐安史之乱间于睢阳为国捐躯的张巡、许远）等。夫子庙即孔庙，汉代以后就成为国家祀典，一般是庙、学并立，或庙学合一。就宋元时期潮州言，与全国各地并无二致，这里毋庸赘言。至于韩文公庙（祠）理应归入第一类，而双忠公则明显有别于上述三种类型，而可以划为此时期潮州地方政府祠祀的第四种类型：就奉祀的对象言，他们与潮地无任何关系。

之所以说上述祠祀为本地官师所主导，是出于以下两个方面的理由：一是他们中不少从立庙奉祀，到有关设施的屡建迭修，多是政府行为而为官师负责推动。其中最突出的莫过对韩文公庙的崇拜和奉祀，对之，第四章有关章节已有较多涉及。此外，有记载表明陈文惠公祠、三侯祠、八贤祠、双忠公祠、马侯祠等的建立，也都与官府的倡导、运作关系极大。二是上述人物的被奉祀，是由于他们在任期间较好地履行了自己的职责，从而实现了为官一任造福一方的国家理念。就此时期的潮州来看，被奉祀的，主要是或为民除害（鳄鱼、水患等），或于倡学兴教有突出建树的人物。他们中的一些人士同时兼有这两方面的贡献。自然，这里强调官方色彩，并不是说这些祠祀没有民间和民意的基础。恰恰相反，有记载同样表明，上述祠庙的建立和运作也出自民心。其中，潮民对韩文公的热切拥戴和崇拜就不必说了，其他如乾道间郡守宋敦书、通判袁嘉猷的被奉祀是因

---

① 《永乐大典》（潮字号），第85页。

"以江流而西汹涌，堤决而西，民居飘荡，协力筑捍，增广旧基，延袤八十余里。民忘其患，遂肖像而祠焉"①。又牟溁的被奉祀是因为"咸淳丙寅，殿讲牟卿溁来守，修学养士，除贼戢奸，邦人德之，学校诸生相与立祠焉"②。总之，奉祀上述人物，体现了国家观念在本地的贯彻执行，同时也反映了宋元时期，特别是两宋时期本地官民之间存在着良好的互动关系。

鉴于上列祠祀各色人物颇多，再考虑到其中一些如韩愈、陈尧佐等在本书的有关部分已有相当涉及，下面仅选第一类中的"贤守"、第二类"二相"、第三类"八贤"及第四类中的"双忠公"予以评介。

贤守是指北宋元符间到南宋淳祐间的十位知州，他们是曹登、黄定、丁允元、陈宏规、林嶷、沈杞、黄自求、曾噩、孙叔谨和陈圭。他们之得以奉祀的原因，文献说是"皆有功于学者"③。自然，这体现创建贤守祠时有关方面的入选条件和标准。而事实上他们在职任上的建树，绝对不限于倡学兴教（包括对学田的拨付）；本书的有关部分就曾提及他们的名字，评价其事迹。这份名单最后一位陈圭于淳祐五年至七年（1245—1247）知潮，由此贤守名单的提出及祠祀当在淳祐七年之后。作为本地官师主导的一种祭祀，"贤守"的被立祠奉祀，其用意正如《三阳志》所说：

> 州之有祠堂，自昌黎韩公始也。公刺潮凡八月，就有袁州之除，德泽在人，久而不磨，于是邦人祠之，亦畏垒之民俎豆尸祝庚桑楚之意。……继世邦人或因守倅之美政足以感人心，寓公之高行足以激流俗，皆焉立祠，以为后劝云。④

即除表达本地民众感恩报德的心愿外，还有"以为后劝"之殷切期待。若全面顾及"劝"的范围，除后来之"守倅"和"寓公"外，还应包括下述所立"八贤祠"对本地士子的劝导以及祠"双忠"对民众应忠于现

---

① 《永乐大典》（潮字号），第87页。
② 同上书，第85页。
③ 同上。
④ 同上书，第87页。

当政者的呼吁。

南宋宁宗庆六年（1200）潮州知州沈杞"搜访是邦，昔之有贤哲八人，立堂而祠"①。本地文献认为八贤所具有的共同品质是："皆邦人以德行节义著名者。"②所谓"八贤"，即指唐代的赵德，宋代的许申、林巽、卢侗、吴复古、刘允、张夔和王大宝。对于之所以是以上八位，时任通判廖德明解释说是因"其余特未易概举"。至于沈杞此举的目的，廖德明有明确的解读：即此"事有当于人心而关于风俗教化之本"，认为此八贤"道义文章，青史中罕见。其建祠立像，冠湖山之巅，以鼓舞邦人"③。也就是想通过挖掘、表彰先贤，为本地人民树立模仿学习的榜样，以淳化风俗，激励后进。

不能不指出，吴复古是"八贤"中极具特色的人物，与其他七贤比较起来，有明显的不同。他"有禄逊凡"，也不与科举；"遍交公卿，靡所求希。急人缓己，忘其渴饥。道路是家，惟义是归"④。在苏轼等名士和潮人的眼中，是位超度流俗，气概非凡的"有道之士"。苏轼甚至预言其人"必将俯仰百世，奄忽万里"⑤。总之，沈杞等官师将此人确立为州人中的文化精英和学习楷模，充分显示了宋代潮州人文精神的丰富内涵和多元追求。

关于八贤名单的提出及祭祀的展开，对宋代以后潮州名望提升的影响等问题，明代本地学人有如下的评论：

> 有潮郡即有明邦，其传亦已久矣。然有宋兴国之际，诸贤相接踵，则潮之郡国，遂名为邹鲁者，亦岂无谓哉？盖以潮诸贤之生于宋也，有古今希阔之慕。故托此名以昭一代之盛，殆犹天下唐虞美谈耳。否则，诸贤未出之时，不过如儋国象郡耳，邹鲁名邦，胡为乎来哉⑥。

---

① 黄挺、马明达：《潮汕金石文征》（宋元卷），第148页。
② 《永乐大典》（潮字号），第85页.
③ 《八贤赞后序》，《永乐大典》（潮字号），第114页。
④ 苏轼：《祭远游先生吴子野文》，《永乐大典》（潮字号），第110页。
⑤ 《远游庵铭》，《潮汕金石文征》（宋元卷），第47页。
⑥ 林大钦：《体国经野》，黄挺校注《林大钦集校注》，第37页。

黄挺教授在一文中有这样的话："对于潮汕人来说，宋代是一个让人追慕的时代。在这个时代，国家文化对潮汕产生了真正意义上的影响。为了让国家理念和意识形态渗透这块蛮荒之地，让'海滨'成为'邹鲁'，当时仕潮官师努力于文教。七贤的出现，是这种努力的结果。于是，七贤也被官师们树立为榜样。七贤和他们生活的那个时代，一直让潮汕人倾慕。"①

"二相"即李德裕和赵鼎。这里之所以郑重予以评介，那是因为对他们的奉祀，代表了宋元以后本地官方祭祀的一个类型，即所谓"寓公之高行足以激流俗"者。如《三阳志》所载宋元时期，就有赵丰公鼎祠堂（即赵鼎祠堂）、二相祠堂（祀李德裕、赵鼎）和"得全堂"（祀赵鼎）等设施。但若稍加鉴别就不难发现，赵鼎绍兴间罢相后被安置在潮州，大体符合"寓公"的范畴，而"二相祠堂"所祀之李德裕，唐宣宗大中元年（847）贬为潮州司马，似与"寓公"并不相类，因其身份实际上是本地的官员。不过，李氏之所以成为"二相祠堂"祠祀的对象之一，原与赵鼎一样，是因"人慕其勋名德望"而非于潮州司马职任上有什么特别的建树。此后，这依然成为本地官方立祠祭祀的一种类型，一些唐宋时期中央政府的高官，在其出任大员前后曾被贬到潮州任职，或被安置于潮州，或仅因公干到过潮州地面便被祠祀。如明代万历间巡道任可容在潮州府城有"十相祠"之建，祀常衮、李宗闵、杨嗣复、李德裕、陈尧佐、赵鼎、吴潜、文天祥、陆秀夫、张世杰。

双忠公是指唐安史之乱时睢阳（今河南商丘）守臣张巡、许远。对张、许的奉祀，唐代即列为官方祀典，其祖庙在睢阳。潮州对双忠的奉祀始于宋代，其庙的来历，据称与睢阳祖庙有直接关系。此种说法首见皇庆元年（1312）吉州路龙州书院山长、潮阳人刘应雄所撰《潮阳县东山张许庙记》：

  宋熙宁间，郡遣军校钟英部领方物贡于朝。道经归德，谒庙丐灵，夜梦神语："以神像十二，铜辊一，闭后殿匮中赐汝保汝，俾奉归以祀而邑之东山。"明发趋京，事讫允济，回具修脯胖答神贶毕，记梦中语，取所与者，星驰而返，置诸岳祠，钟旋踵而立化。邑人骇

---

① 周修东：《宋代潮州七贤年谱丛刊·序》，香港天马出版有限公司2011年版。

异，时见玄旌树于岳麓。邻寺僧徒夜见光怪，白有司，请移寺以宅神。由是公私有祷，其应如响。事闻于上，赐庙额曰"灵威"。二神册尊王爵，钟亦封嘉应侯。①

刘应雄之说具有浓烈的民间传说色彩，应无多少可信度。甚至"双忠"信仰在宋代的潮州究竟是否存在和形成，都是可以存疑的②。所谓"移寺以宅神"的实质应当是双忠神像寄放于佛寺中。由此看来，即使这种信仰在宋代已传入本地，也没能在当时广泛传播开来。

双忠庙的正式建立，是在元皇庆元年（1312）。前引刘应雄《庙记》正是为该庙的建成而撰写的。另，林大春《潮阳县志》卷2《县事记》、卷10《坛庙记》、卷12《乡贤列传》"赵嗣助"条等，都详略不同地载述了庙之规制及修建过程。综合上述记载，有一点值得注意：入元后守节不仕的邑人赵嗣助于此项建设特别卖力，不仅"倡议捐资"修庙，"置田以供祀事"，且在前后5年的具体工程建设中，因其"为潮著姓，率众易从"，而深为时任县尹袁天汉的倚重，在这项建设中事实上发挥了关键作用。而袁天汉积极促成此事，用意也至为明显。正如学者所指出的那样：从至元十六年（1279）设潮州路总管府至修庙时30余年，潮州几无一日不乱，故袁氏借此潮阳固有的神祀，宣扬君臣之义，以加强国家权力对地方的控制③。双忠庙设施的完善，在明代以后仍在进行，如李龄《增塑南雷二将记》就载有明代景泰间增塑南、雷二将事④。

双忠庙的建立，为这种官方祀典向民众的移植和推广奠定了基础，但这种信仰最终在潮州扎根和地方化，且成为本地民众喜闻乐见的主要神灵，则得益于刘应雄和王翰二人于不同时期两个极富创造力的说法。《永乐大典》的编者已敏锐地看到了这一点，力将刘氏文从众多的同类文献

---

① 《永乐大典》（潮字号），第135页。
② 清人蓝鼎元《文光双忠祠祀田记》称：棉阳之双忠，自宋熙宁间始也（见《蓝鼎元论潮文集》，第179页）。黄挺先生《赵汝柿诗刻》跋语（《潮汕金石文征》（宋元卷），第215页）称赵诗中的"灵庙至今苾火供"是针对双忠庙而言的，指出潮阳双忠祠立庙于北宋熙宁年间，称赵汝柿谒庙时，"庙宇已建二百年"。黄氏所据为隆庆《潮阳县志·坛庙志》。
③ 黄挺：《民间宗教信仰中的国家意识和乡土观念——以潮汕双忠公崇拜为例》，《韩山师范学院学报》2002年第4期。
④ 《潮州耆旧集》，第5—6页。

图5-4 潮阳双忠行祠

中表而出之,加按语道:"诸庙碑记皆略之,惟张、许二公功德在天下,迨今赫赫若前日,而刘之文复能备述以示荒裔,且谓与韩公或有默合之说,尤焉超见,故不敢略而录之。"① 对此,陈春声先生在一长文中,已

---

① 《永乐大典》(潮字号),第135页。

有深刻的揭示和分析①。刘应雄于上所述《庙记》中,将双忠托梦钟英,愿祀潮阳之事与韩愈做了出色的联系。韩氏在元和间曾为张、许二人的生前是非,妥当地表过态,刘氏巧妙地利用这一线索,声称二忠是有感于韩愈之"知己",而自愿到文公过化之乡保佑地方的。而元代最后一任潮州路总管王翰则将文天祥"至元间留燕山作"的一首有关张巡、许远庙宇的《沁园春》,改名为《谒张许庙词》,移花接木地把文天祥与潮阳东山灵威庙联系起来。这两个出色的联系的建立,为双忠庙的潮州地方化,完成了理论创制。

第三节 社会风俗

宋元潮州究竟有着怎样的社风民俗?对于这样一个问题,文献涉及不多。唯《永乐大典》卷5343《潮州府》有《风俗形胜》一篇,抄辑有关资料,对当时本地居民言语、学行、服饰及所处环境等情形有所记载。除此而外,其他相关资料只言片语,较为零散。此前学界对这方面的问题已有所关注,且初步形成一些成果②,但总的说来,研究工作因资料严重不足,进展不大。下面,笔者将利用现有资料,在此前学者有关成果的基础上,尝试着从大处着眼,主要就此时期潮州社会风俗的一些方面做些归纳和评介。

一 "潮人虽小民,亦知礼仪"

这一说法来自陈尧佐,载于苏轼答吴复古的信函中:

> 《文公庙碑》,近已寄去。潮州自文公未到,则已有文行之士如

---

① 陈春声:《"正统"神明地方化与地域社会的建构——潮州地区双忠公崇拜的研究》,《韩山师范学院学报》2003年第2期。
② 如顾吉辰先生有《宋代潮州社会风俗述略》(《汕头大学学报》1990年第3期)一文,此后有庄义青先生针对顾文的讨论、商榷文章(《也谈宋代潮州民俗——与顾吉辰同志商榷》,《汕头大学学报》1990年第3期,同时也见载于作者《宋代的潮州》,第48—71页)。另外,曾楚楠先生有《潮州菜的源流与特点》《潮州工夫茶刍探》《苏东坡食芋及其它》《杨万里笔下的潮州饮食》等文(见载氏《拙庵论潮丛稿》,中华诗词出版社2008年版),吴榕青先生《闽南粤东妇女服饰"文公兜(帕)"考辨》(《闽南文化研究》,海峡文艺出版社2004年版)一文,对有关方面的问题也有不同程度的讨论。

赵德者，盖风俗之美，久矣。先伯父（苏涣）与陈文惠公（陈尧佐）相知，公在政府，未尝一日忘潮也。云"潮人虽小民，亦知礼义"，信如子野言也，碑中已具论矣。①

陈尧佐有这种看法，转述者苏轼也是认可的，所谓"信如子野言也"。又"碑中已具论矣"是指苏撰《韩文公庙碑》所说"潮之人士皆笃于文行，延及齐民，至于今号称易治"。其实，对于宋元时期潮州民风的纯朴和尊礼守法、社会风气的积极正面，不仅陈、苏有上述体认，其他论及潮州社会的人士也多有与他们一致的看法。如北宋诗人梅尧臣《送胡都官知潮州》就说"潮虽处南粤，礼义无暇陬"；② 南宋名臣龚茂良《代潮州林守谢宰执》一文中，这样写道，"惟潮阳之偏垒，实广右之奥区。千里秀民久已习韩昌黎之教，七朝古老犹能言陈文惠之贤。……惟时岭表莫盛潮阳，儒雅相承，乃韩昌黎之旧治，风流未泯，有陈文惠之清规"③。入元以后，潮州的社情民风似并无改变。如元至元间广南东道儒学副提举熊炎就说："潮俗号为易治，建学且数百年。繇昌黎延赵德为师，而人亦敦于学行。后来士风，方之邹鲁。"④ 一直到元代后期的至正六年（1346），以广东道肃政廉访司事的身份行部入潮的周伯琦仍然有"遗老衣冠犹近古，穷边学校久同文"⑤ 的诗句。

值得注意的是，宋元潮州民风的淳朴和遵礼守法，不仅在当时有口皆碑，也成为明代以降，特别是明中叶以后有关人士用以批评现实的不二素材。如林大钦在说到潮州风俗时对唐宋时代赞不绝口，而对其生活的正德、嘉靖间则有深切的批评⑥。又，明时所成《潮州府志》在追述韩愈以诗书礼乐为教，终至成为"海滨邹鲁"后，笔锋一转，指出"由今观之，士矜功名，商竞刀锥，工趋淫巧，农安惰业。其在细民者，火葬饭佛，轻生健讼。邹鲁之风稍替焉"⑦。而在时人林大春看来，"伊昔世风靡不由醇

---

① 苏轼：《答吴子野》（七），《苏轼文集》卷57，中华书局1986年版。
② 梅尧臣：《宛陵先生集》卷13。
③ 王象之：《舆地纪胜》卷100《潮州》，第3121页。
④ 《潮汕金石文征》（宋元卷），第244页。
⑤ 郝玉麟纂修：(雍正)《广东通志》卷51《风俗·潮州》。
⑥ 林大钦：《潮州风俗》，黄挺校注《林大钦集校注》，第39—41页。
⑦ (嘉靖)《潮州府志》卷8《杂志·附风俗考》。

趋漓",潮州自然也是如此,"方其盛时,弦歌达于四境,揖让兴于畔路,盖其俗已近古如此",而遗憾的是"抵今则不能不变其初者"①。

那么,宋元时期潮州醇厚的民风是如何形成的?关于这一点,在上引有关资料的作者看来自然不成问题,因答案就已明明白白地写在他们的话语中了,那就是唐韩愈刺潮以来,自然也包括宋代以后任职此地的官师们的大力兴学倡教。不可否认,这一方面的因素是重要的。除此而外,还应该有其他原因,谢重光先生在《明清时期潮汕民风恶化问题试析》一文中,曾对这一问题有所涉及,他认为唐宋时期本地居民的成分尚比较单纯,土著民多处于比较原始的社会发展阶段,他们大部分居住在山区,怕官畏法,只要不加以太大的压迫,适当加以引导,都会安分守己;汉人尚未形成族群的分别,也就没有后来那么多的纷争。唐宋时期潮州的社会经济基本上是一个农业社会,农民只要有土地,就会安居乐业。除此以外,读书仕进又可以成为此时期人们的一种选择。如此以农为本,以读书做官谋取富贵的模式就成为当时人们的价值观。正是由于这样一些原因,造成也同时维系了当时潮州社会之纯朴的民风②。可以认为,谢先生的见解,除在一些细节上还可以做进一步讨论外,基本说法是成立的。

二 "家贫子读书"

《永乐大典》卷5343《潮州府一·风俗形胜》引《余崇龟文集》载:孝宗尝问大宝潮风俗如何,大宝对曰:"地瘦栽松柏,家贫子读书。习尚至今然。"的确,从各种迹象来看,宋特别是南宋以后,本地以读书求进,已不限于仕宦或富裕阶层。"家贫子读书",正说明普通百姓子弟也有不少选择了读书之路。读书人数量迅猛增加的原因,是比较复杂的。要者如宋代政府右文政策的推行,科举名额的空前增加,为不少读书人创造了以此求进的前提和可能。具体到潮州言,似乎还有以下一些原因:一是自北方大量南下的移民中,有很多仕宦之家,他们是隋唐以来科举考试的实际受益者,他们进入潮境后,仍不放弃这方面的尝试和努力;二是在本区空前人口压力下,求生出路渐趋多元化:与选择务农、从工、经商诸行

---

① (隆庆)《潮阳县志》卷8《风俗志》。
② 载《第三届潮学国际研讨会论文集》,花城出版社2000年版,第298—308页。

业一样，有不少人选择了读书行业。三是自唐代起，中原贬官入潮，传播儒家文化，本地民众文化素质有显著提高，社会风气进一步开化，特别是宋代以来，官师兴办教育，大力倡学，使本地子弟客观上拥有了在全国性的人才竞争中，一争高下，出人头地的实力。而上述情由，又反过来极大地影响和促进了本地教育的发展，造就了喜好读书的风气。

顺便可以提到的是，由于重视读书仕进，此时期的潮州还形成一种与之相关的民俗，即以潮州东山韩木开花之繁稀，预卜州中科举取人之盛衰。此见王大宝《韩木赞》：

> 潮东山上有亭，唐韩文公游览所也。亭隅有木，虬干鳞文，叶长而傍棱，耆老相传，公所植也。人无识其名，故曰韩木。旧株既老，类更滋蕃，遇春则华，或红或白，簇簇附枝，如桃状而小。每值士试春官，邦人以卜登第之祥，其来旧矣。

饶有兴味的是这样的预卜准不准呢？王大宝接着说：

> 绍圣四年丁丑开盛，倾城赏之。未几，捷报三人，盖比前数多也。继是榜不乏人，繁稀如之。最盛者，崇宁五年、宣和六年也。今不花十有五载，人才未遇，或时运适然，未可知尔。

王氏言之凿凿，自然会撩拨严谨的学者去刨根问底。黄挺先生就有个考证，他说：

> 今考嘉靖《潮州府志·选举表》，绍圣四年（1097）登进士第者三人，前所未有。是年韩木花盛，可谓瑞征。崇宁五年（1106）、宣和六年（1124），韩木花最盛，又各举进士三人，亦可谓瑞征。自此而后，至王大宝作此《赞》，韩木虽有十五年不花之时，而潮士未有十五年不第之事。其间建炎二年（1128）登第者七人，绍兴二年（1132）及十七年（1147）登第者四人，皆夥于前。是缘潮士能自奋发，故韩木不花，而科第之盛依然。[1]

---

[1] 《潮汕金石文征》（宋元卷），第103页。

仔细审视相关材料，黄先生所说不虚。

三　原住民之流风余韵

宋元时期的潮州，尚有数量可观的非汉人族群，他们或是闽越族的孑遗，或是在唐代之后才形成的畲、疍。既然他们同样是此时期本地的居民，他们的生活方式、风俗习惯，乃至精神风貌，就不能不在相关文献中留下痕迹。今人也就可以借助有关记载，挖掘展示其族群之流风余韵，而这又正好可以反映此时期粤东风俗丰富、多元的一面，也是其具有特色的一面。

《大典》卷5343《风俗形胜》引《三阳志》载：

> 州之旧俗，妇女往来城市者，皆好高髻，与中州异，或以为椎结之遗风。嘉定间，曾侯噩下令谕之，旧俗为之一变，今无复有蛮妆者矣。故曾侯元夕尝有诗云：居民不啐灯前语，游女新成月下妆。盖记实也。

又引《三阳图志》说：

> 其弊俗未淳，与中州稍异者，妇女敝衣青盖，多游街陌，父子多或另居，男女多混淆宴集，婚姻或不待媒妁。是盖教化未洽也。为政者，可不思所以救之哉！

这两条记载，涉及上述人群的装束、行止、生活场景及婚姻等多方面的情形。由此，可以看到与汉人族群的显著不同。这样一些独特的风情，在饱读诗书、谙熟礼仪的士大夫看来，自然大煞风景，是"教化未洽"的表现，因而会"思所以救之"，乃至谕令革除，但效果不可能有如《三阳志》所说"旧俗为之一变"那样雷厉风行，被彻底抹去，相反因缘际会，拥有顽强的生命力和某些意想不到的影响。如据吴榕青先生的研究，清代泉、漳、潮州一带妇女流行的所谓"文公帕"或"文公兜（斗）"服饰，其实与韩愈或朱熹并无关系，而均可追溯到宋、元潮州的"妇女敞衣青盖"①。这项研究在某些细节的论证上，或还存在进一步推敲或补充的余地，但观点和结论总体上是可以成立的。

此时期原住民之流风余韵，还表现在某些独特的祭祀上。如祀蛇，且看下引资料：

> 沈造，字次仲，缙云人，政和中进士。及判潮时，有韩山神，岁须男女以祭。造至，即焚其庙，毁像，得巨蛇杀之，凶祀遂绝。议者以方韩昌黎之驱鳄云②。
>
> 宋胡颖为广东经略安抚使。潮州僧寺有大蛇，前后仕潮者皆信奉之。前守去，州人以为未诣也。已而旱，咸咎守不敬蛇所致，后守不得已而诣焉，蛇蜿蜒出，守大惊，暴卒。颖至广州闻其事，檄潮州令僧舁蛇至。至则大如柱而黑色，载以栏槛。颖令之曰："当三日见变怪，过三日则尔无神矣。"及期，蠢然犹众蛇。遂杀之，并罪僧③。

这两条资料，所展示为同一个事实：宋代的潮州祀蛇。而据学者专门研究，其原本应是畲蜑民的习尚，后来在民族交融中，却被汉人接受下来④。而值得注意的还有，它也并未如上述资料所说那样，在杀蛇罪僧后，"凶祀遂绝"，事实上，众多文献记载表明，直到清代，甚至民国时期，这种祭祀在潮汕仍广为存在。如胡朴安就记载说：

> 潮州土俗，以蛇之青色者为青龙，奉之如神。每岁二月望前，结彩为舆，管弦钲鼓，舆之以行，名曰迎青龙⑤。

---

① 吴榕青：《闽南粤东妇女服饰"文公兜（帕）"考辨》，《闽南文化研究》，海峡文艺出版社2004年版。

② 嵇曾筠纂修：(乾隆)《浙江通志》卷170《人物》引《两浙名贤录》。又，沈造，饶宗颐《潮州志·职官志》列为绍兴间任潮州通判，称其为楚州人。缙云郡，治属今浙江丽水县。

③ （顺治）《潮州府志》。胡颖，《宋史》卷416为之立《传》。《传》称其"性不喜邪佞，所至毁淫祠数千区，以正风俗"，人称"胡打鬼"。对于胡氏在广东任上杀蛇罪僧事，郭棐《粤大记》第222页已有记载：称其人"咸淳初，经略广东，有僧寺，佛像中常出巨蛇，享人祭祀，僧倚以为利。颖至，毁佛而杀妖蛇，杖僧以警愚俗。其怪遂息，其风遂变。其刚正可法也"。

④ 黄挺：《祀蛇与古代潮汕地区的民族融合》，《韩山师专学报》1989年第1期。

⑤ 胡朴安：《中华全国风俗志》，上海科学技术文献出版社2011年版，第634页。

由此，亦可见一斑。

四 近闽

如果要问，宋元时期潮州风俗总体特点是什么：笔者以为可有两个字的概括：近闽。对于这一点，无须多说，且看下列记载。

余崇龟《贺潮州黄守》曰：

> 初入五岭，首称一潮。土俗熙熙，有广南福建之语，人文郁郁，自韩公赵德而来①。

祝穆《方舆胜览·潮州》称：

> 虽境土有闽广之异，而风俗无潮漳之分。

《永乐大典》引潮州《图经志》说：

> 潮之分域隶于广，实古闽越地。其言语嗜欲，与闽之下四州颇类。广、惠、梅、循操土音以与语，则大半不能译。唯惠之海丰于潮为近，语言不殊。

王士性《广志绎》注意到地理环境对潮州文化的影响，他说：

> 潮州为闽越地，自秦始皇属南海郡遂隶广至今，以形胜风俗则隶闽者为是……潮在南支之外，又水自入海，不流广，且既在广界山之外，而与汀、漳平壤相接，又无山川之限，其俗之繁华既与漳同，而其语言又与漳、泉二郡通，盖惠作广音而潮作闽音，故曰潮隶闽为是。②

---

① 王象之：《舆地纪胜》卷100《潮州》，第3120页。
② 王士性：《广志绎》卷4《江南诸省》，第101—102页。

其风气近闽,习尚随之。不独言语相类矣①。

事实上,近闽,不仅是风俗也可以说是在其他方方面面上,也不只是宋元时期,而可以说是自古及今,都是潮汕区域文化之最为显著的总体特征。

---

① 阮元:《广东通志》卷93《舆地略十一·潮州府》。

第六章

宋元潮州的历史地位和影响

宋元时期的潮州与同时期的广东近邻区域相比究竟拥有什么样的地位？其对本地此后的发展又产生过怎样的影响？对上述两个问题的追问和探究，即本书序言所说"左顾右盼"以及"瞻前顾后"中的"顾后"部分。的确，对于这样的问题的探讨存在相当难度，困境主要源于有关记载的不足。虽说如此，笔者仍不想放弃尝试。尽力搜集和梳理有关资料，对上述问题作出论述，应该是有意义的。

第一节 在同时期广南东路州郡中的地位

潮州地域的西部及西北部虽有巨大莲花山系的存在，但这种地理态势从来就不曾隔断本区与粤中西部的联系：自古及今，潮州在行政区域上绝大多数时段就隶属粤而不属闽。正是考虑到其行政隶属上基本属粤以及地理上也与广东有关州郡毗邻，所以，本节笔者尝试着把潮州放在此时期整个广南东路诸州郡中进行比较、观察，意在通过这样的视角，来考察潮州所处的地位。

一 宋元时期的广东州郡

据《宋史》卷90《地理志六》的记载，两宋时期广南州郡从名称到区划都有过一些变化，但总的说来变化不是很大。北宋的绝大部分时段为15个州郡：广州、韶州、连州、南雄州、英州、贺州、潮州、梅州、循州、惠州、南恩州、封州、新州、端州、康州。大观二年（1108），贺州划归西路，此后一直到南宋末，广南东路就一直为14个州级政区。还需要注意的是，徽宗、高宗、宁宗统治时期，分别将端州升为肇庆府，英州升为英德府，康州升为德庆府。由州变府最基本的原因是上举三位帝王在即位前名义上受封三州：赵佶曾被封端王，即位后改端州为兴庆军，重和元年（1118）又御笔亲赐"肇庆府"；康州是康王赵构的封邑，绍兴元年（1131）升为德庆府；赵扩即位前曾封为英国公，继位后于庆元元年（1195）改英州为英德府。除上述府、州外，今属广东辖区的雷州、化州、高州，宋代隶属广南西路。为便于与现代的广东辖区相比勘，这里把它们也拉进来，以与上述14个府州一并加以考察。

进入元代，今之广东辖区分属于江西行省的广东道和湖广行省的海北海南道。广东道所属广州、韶州、惠州、南雄、潮州、德庆、肇庆七路和英德州、梅州、南恩州、封州、新州、桂阳州、连州和循州八州。如此，与宋代广南东路所辖比较起来，多了"桂阳州"。桂阳在宋为连州属县，元至元十三年（1276）升为散州，割连州阳山县来属，为蒙古某君王封地[①]。隶属海北海南道的三路是雷州、化州和高州。

二 各州郡的人口变化和密度

与中原地区一样，宋元时期的广南仍然是一个标准的农业社会。而主要依赖人的体力和畜力的农业经济时代，人口是关乎一个区域发展程度的最为关键的因素。由此，这里仍将人口的变化作为考察、比较的首要项目。根据有关记载，可以将此时期潮州与广东其他州郡户数，编制为表6-1。

表6-1　　　　宋元时期潮州与广东其他州郡户数比较

州（或府、路名）	宋太平兴国间户数		元丰三年户数		元至元二十七年户数	
	户数	排序	户数	排序	户数	排序
潮州	5831	7	74682	2	63650	2
梅州	1577	10	12370	11	2478	12
惠州	4767	9	61121	3	19803	4
循州	8339	5	47192	5	1658	14
南雄州	8363	4	20339	9	10792	9
广州	18225	1	143261	1	170216	1

---

① 《元史》卷62《地理志五》，第1518页。

续表

州（或府、路名）	宋太平兴国间户数		元丰三年户数		元至元二十七年户数	
韶州	10154	3	57438	4	19584	5
连州	13260	2	36942	7	4154（桂阳州：6356户）	10
英州	4979	8	3019	13	3000	11
康州	1049	12	8979	12	13705	7
新州	6208	6	13647	10	11316	8
封州	1132	11	2739	14	2077	13
肇庆	825	13	25103	8	33338	3
南恩州	780	14	37214	6	19373	6
高州	3068		11766		14675	
化州	644		9273		19749	
雷州	108		13784		89535	

说明：

1. 表中户口数据太平兴国间取自《太平寰宇记》卷157—162；元丰数据取自《元丰九域志》卷9；至元间数据取自《元史》卷62—63《地理志》。而上述三份户数的年份依据或取有关文献的大致成书时间，或根据有关记载①。

2. 表中广州、惠州和高州户数，《太平寰宇记》原载或仅有主户数，或主客皆缺，表中所列均据吴松弟有关推算补出，见吴氏《中国人口史》第3卷第137页注[49][51][55]。

3. 《九域志》所载连州、封州、新州、南恩州、化州等州郡元丰间户口数据与《宋史》卷90《地理志六》不同，后者分别为36943、2779、13641、27214户和9373户。英州元丰户数，吴松弟《中国人口史》（第3卷，辽宋金元时期）第133页作8019户，不知何据。

4. 康州元丰户数，《元丰九域志》原作"户主八千九百七十九，客无"，而《宋史》径载"元丰户八千九百七十九"，不知何者为是。但为便于操作，表中数据暂依《宋史》列出。

5. 关于《元史·地理志》所载至元二十七年（1290）户口数据存在不少问题，但大体可以反映当时的户口状况，所以本表仍据之列出。对所存问题，吴松弟先生有考证和论述，见吴氏《中国人口史》第三卷，第327—334页。

6. 表中各年份州郡户口数排序，仅及宋元时期广南东路所辖，目的在于彰显在相同隶属政区中潮州所占有的位置。

---

① 取自文献成书时间如《太平寰宇记》约完成于太平兴国年间（976—983）；《元丰九域志》成书于元丰三年（1080）；根据记载如《元史》卷58《地理志》称："（世祖至元）十三年平宋，全有版图。二十七年又籍之。"又，潮州《三阳志》有"至元二十七年，朝廷籍江南户口"的记载。

下面，结合表6-1对宋元时期广东的人口分布略作评介和分析：

首先，太平兴国间人口分布。排名占前六位的州郡依次是广州、连州、韶州、南雄州、循州和新州。从地理位置上看，除珠江三角洲的广州和新州外，其他州郡全分布于粤北山区，而粤东的潮州排在第7位[①]。排名第8位—10位的州郡是英州、惠州和梅州。如此户口前十名州郡处在三个地理区域：珠江三角洲或珠江流域、粤北山区、韩江流域。在前两个区域中粤北占5个，珠江三角洲或流域占4个。

接下来，再来看百年之后元丰年间人口分布格局所发生的变化。户口排序处前六名的州郡依次是：广州、潮州、惠州、韶州、循州和南恩州。与百年前相比，这样一份名单中最大的变化应该是潮州户口数的激增及排名的大幅度提升。除此，在地域布局上最值得注意的应该是沿海州郡人口的增加：前六州郡中南恩州、广州、惠州和潮州都处沿海；若把今属广东、而宋元时期隶属广西的高州、化州和雷州考虑在内，则此时期沿海州郡人口大幅度跃升的特点就更加突出。还有，进入北宋中后期，粤北州郡户口虽仍保持着增长的趋势，但增长速度明显不及广、潮等沿海地区，所以名次下降。韶、循虽还在前六名之内，但位置已经靠后。至于连州和南雄州已从前第2、4名，滑落为第7、9名。

按照时间序列来观察，不难发现上列表格的一个重大缺陷：即没有南宋人口数据。这是研究本时段本地域历史的学者不能不面对的一个困境。在长达150年，若再加上元丰间到北宋亡国的近50年，也就是在近200年的时间里，大部分州郡缺少可以用来进行比较的户口数据。其实，除了上述困境外，还有一个困惑：文献所载有关广南东路全路户数在整个南宋时期呈现不可思议之增长过缓或明显下降趋势。如《宋史·地理志六》所载广南绍兴三十二年（1162）、《宋会要辑稿·食货》69之71至77所载隆兴元年、二年，乾道元年至乾道九年（1165—1173）、马端临《文献通考》卷11所载嘉定十六年（1223）户数。现将上列数据资料摘要列表，并列出元丰间全路户数编制成表6-2，以便比较。

[①] 值得注意的是，《永乐大典》卷5343《潮州府·户口》引《三阳志》有"宋朝开宝初，有户三万余"的说法，如此，《太平寰宇记》所载就难以置信。但若依《三阳志》所载，则宋初潮州户口不仅超过粤北诸州，同时也大大超过广州，这与相关文献所载宋初粤东地区地广人稀的情形更难相符。其实，这是一个令人十分迷惑的问题。先悬疑于此，而为与同时期的其他州郡统一口径，这里暂依《太平寰宇记》。

表 6-2　　　　　　元丰间与南宋广南东路全路户数对照

年份	户数	资料出处
元丰三年（1080）	544046	《元丰九域志》
绍兴三十二年（1162）	513711	《宋史·地理志六》
乾道九年（1173）	526913	《宋会要辑稿·食货》
嘉定十六年（1223）	445906	《文献通考》卷一一

从北宋元丰到绍兴末年之间的80余年，广东户数由54万减到51万，又过60余年，至嘉定十六年再减至44万。在没有发生大的战乱、自然灾害和疾病瘟疫的情况下，这种减退确实有悖事理而让人难以置信。由此只有一种可能，即统计或记载错误。

值得注意的是，此时期广东路的一些州郡也有户口数据。不过，它们全不支持南宋广南东路户口下行的记载：如《永乐大典》卷5343引《三阳志》所载潮州淳祐间（1241—1252）户数116743户（如加上疍户，为135998户），与元丰间相比，几近翻了1倍。又如《大德南海志》卷6所载淳熙年间（1174—1189）广州主户82090户、客户103623户，两项之和达到185713户。这个数字比北宋元丰间的广州户数多出了4万多户；还有，南雄州、韶州、肇庆等州郡或属县也有人口增加的相关记载。正是鉴于上述情形，并利用包括上述有数据州郡的资料，吴松弟先生估测南宋广南东路户年平均增长率至少在3‰以上[①]。据此，可以元丰间各州郡户数为基数，推算出南宋各年份的户口数；再根据各州郡地理面积，推算出人口密度。当然，这样的评估和推算不能期望很高的准确度，但却足以反映此时期广东人口变化的大概趋势和基本分布格局。

表格所显示的最后一组户口数据是至元二十七年（1290）的，据之，排名前六名的路、州是广州、潮州、肇庆、惠州、韶州和南恩州。这一排名表明，虽遭受宋元之间战争的破坏要大大多于粤北，但潮州的户数仍稳居当时江西行省广东道的第2位。如再将此时隶属湖广行省海北海南道的高州、化州和雷州考虑在内，就会发现元朝初年地处粤西沿海的雷州户数比200多年前的元丰间净增了7万多户，化、高二州也有所增加，而北宋人口较为密集的粤北诸州除韶州还能保持在前六名（第5名）之内外，

[①] 吴松弟：《南宋人口史》，第3卷《辽金元时期》，复旦大学出版社2000年版，第284页。

连州、南雄、循州等已全面滑落，分别排在第 10、9 名和第 14 名。时广东人口分布向沿海地区集中趋势明显，而主要是以广州为中心的珠江三角洲、韩江流域的潮州和雷州三地。

通过上述三个年份三组户口数据动态的比较和分析，大体上可以得出这样一个结论：尽管经历唐五代以来数百年的发展，直到北宋初的太平兴国年间，潮州仍是广南一个人口较为稀少的州郡，其拥有的户数在后来广南东路的 14 个州郡中排名第七；而到了百年之后的元丰间，潮州所拥有的户数已上升到第 2 名。从此之后一直到元朝初年，潮州人口位居广东诸州郡之前几名的格局就不再发生变动。

对宋元时期潮州和广东其他州郡人口分布态势进行比较和观察，还可以将人口密度因素加入。对之，笔者参考吴松弟先生有关研究成果[①]并进行排序，编制为表 6-3。

表 6-3　　　　　表 3　宋元时期广东的人口密度　　　单位：户/平方公里

政区	太平兴国间 密度	太平兴国间 排序	元丰元年 密度	元丰元年 排序	至元二十七年 密度	至元二十七年 排序
潮州	0.4	9	5.0	4	4.2	4
韶州	1.0	4	5.4	1	1.9	6
广州	0.6	7	5.1	3	6.0	1
连州	1.9	2	5.2	2	1.5	7
新州	2.3	1	5.2	2	4.3	3
南雄州	1.8	3	4.4	5	2.4	5
循州	0.7	6	3.8	6	0.1	10
肇庆府	0.1	12	3.7	7	5.0	2
南恩州	0.1	12	3.4	8	2.4	5
惠州	0.2	11	2.9	9	0.9	8
梅州	0.3	10	2.7	10	0.5	9
英州	0.9	5	1.4	11	缺	
封州	0.5	8	1.2	12	0.9	8

---

① 吴松弟：《中国人口史》第 3 卷《辽金元时期》，复旦大学出版社 2000 年版，第 555 页，《两广人口密度》表格。

续表

政区	太平兴国间		元丰元年		至元二十七年	
康州	0.1	12	1.0	13	1.5	7
高州	0.4		1.7		2.1	
化州	0.1		1.8		3.7	
雷州	0		2.0		12.7	

这里仅以潮州和密度表格中排序前六名的州郡为例略作分析。加入密度因素后，前面按照诸州郡拥有户数的排序就有了一些变化：首先，北宋初的太平兴国年间，地处粤北的连州、南雄州、韶州和循州人口比南越以来一直是岭南政治、经济和文化中心的广州更为密集。而属于西江流域、被新江灌注的新州人口密度高于粤北，地邻粤北的英州也超过广州。潮州的户口密度在当时仅为每平方公里0.4户，尚不及粤西的封州，在当时广南东路名列第九。这说明北宋初年，潮州地广人稀，确实存在大量吸纳外来人口的巨大空间。

元丰间，排在前六位的州郡共有七个：即韶州、连州和新州（并列第二）、广州、潮州、南雄州和循州。潮州虽名列第四，实际上已处韶、连、新、广四个州郡之后。此时潮州的人口密度虽是元丰间的10余倍，但每平方公里也仅有5户而已。这个数据明确无误的表明，一直到北宋中后期，潮州仍然拥有进一步接受大量人口的空间。果然到了南宋后期的淳熙年间，疆域并没有任何扩张的潮州，户口将近增加1倍。惜不久后元军南下，本区成为宋元政权在广东进行最后殊死较量的少数几个最惨烈的战场之一，人口伤亡很大，但到元初，本区仍可维持200多年前的元丰年间人口密度广东第4名的位置。

综上所述，仅从拥有的人口数量来看，宋代的潮州在广南诸州郡中是名列前茅的，特别是北宋中叶以后，地位稳定，名位仅次于广州而处其他州郡之前。庞大的人口数量，提供了充足的劳动力。

三 经济开发

（一）水利建设

一定数量的人口，可以满足开发所必须具备的劳动力条件。而接下来，要保证能在一个地域安居乐业，实施真正意义上的经济开发，就还必须解决水资源利用的问题。在岭南这样一个区域，年降雨量充沛，但受季风影响，雨量于各季节的分配又极不均匀。由此属于山区的北部州郡需要修陂塘、水坝等设施以蓄水抗旱；地处平原或濒海的南部州郡则需要于江河大海之畔筑堤以防涝和海水倒灌。无论南北，修建水利设施都是实施开发必须解决的首要课题。

从现有的记载来看，进入宋代以后，随着人口的增加，广南各州郡因地制宜，先后进行过一系列水利设施的修建。对于这方面的史实，一些本地宋元志书的辑本及明清以来省州府县志书相关栏目多有记载，据之，唐森先生于20世纪80年代，钩稽有关资料，撰成《论宋元时期广东水利建设的勃兴》[①] 一文。2006年郎国华博士《从蛮夷到神州——宋代广东经济发展研究》出版，该书中有"水利设施的兴建"一节，对之有更为仔细的资料梳理和论述。特别是他还编制、附上一份《宋代广东各地水利工程表》[②]。如此，两宋时期广东各州郡在水利建设方面的成就便清楚呈现，这里已无从再置一喙。只是笔者来涉及这方面问题的本意原在于回答：潮州于水利方面的建设，在同时期的广南东路究竟占有一个什么样的位置？正好郎国华博士在编制的上述表格后，有个简要的总结，可以回答我们的问题。他说：

> 从表十可以看出，宋代所兴修的水利工程主要集中于沿海地区的潮州、珠江三角洲（包括西江三角洲）和雷州半岛，而在粤北北江流域的连州和南雄州也有一些零星分布。其中规模较大者，要数潮州的南北堤、新溪涵、三利溪，东莞的东江堤、咸潮堤，雷州的万顷洋田灌溉工程和南雄州的连陂、凌陂[③]。

据此，两宋时期潮州的水利建设情形，在广南各州郡中还是具有领先地位的。元代广东水利建设的重点区域是珠江三角洲的西江两岸，潮州则基本上处在对宋代相关设施的维持和维修水平上，没有新的进展。

（二）农业生产

水利设施的修建，为土地的开垦和以粮食为主的农业生产准备了必要的

---

① 《暨南学报》1985年第2期。
② 郎国华：《从蛮夷到神州——宋代广东经济发展研究》，第84—89页。
③ 同上书，第89页。

条件。宋元时期的潮州农业，前面的有关部分已做了最基本的论述，那么，同时期广东的其他州郡又是如何呢？困难的是有关记载不仅少而且零碎，不过，有一点还是很明确的：那就是宋代，特别是南宋以后广东的一些州郡，粮食生产不仅可以满足境内众多的人口消费，且有相当的盈余。而在这类州郡中，潮州是较突出的。下面引述资料来说明这一问题。《梦粱录》说：

> 杭州人烟稠密，城内外不下数十万户百十万口。每日街市食米，除府第、官舍、宅舍、富室及诸司有该俸人外，细民所食，每日城内外不下三千余石，皆需之铺家。然本州所赖苏、湖、常、秀、淮、广等处客米到来①。

《宝庆四明志》卷4《叙产》讲到：四明遍播各类稻谷，本来岁入足以供给本地，无奈"大家多闭粜"，在这种情况下，"小民率仰米浙西，浙西歉则上下皇皇，劝分之令不行，州郡至取米于广，以救荒市"②。又如，汪大猷任泉州知府时，常为州中缺米发愁："闽地狭田少，岁积广米，每患客舟不时至。"汪氏的对策是"入籍上户航海者，出钱数万缗贷之，使籴于五羊。比归，损价以粜，官收其本，子与其人"③。

一般说来，粮食的贩卖只有当本地的供给有了一定的盈余才会发生，而上引三段史料，都表明此时期广南如广州等一些州郡存在较大规模的稻米生产，且将盈余贩运到杭州和福建。而浙闽的一些州郡对广米已存在较高的依赖度。关于最后一点，有关人士屡屡谈到。其中，尤以出任福建地方的军政要员涉及这方面的话题最多。如福州知州张守就有类似的说法："福建路山田瘠薄，自来全仰两浙、广东客米接济食用，虽大丰稔而两路客米不至，亦是阙食。"④ 福建与广东的贸易以粮食为主，而且主要是广东的粮食输入福建。"闽中地狭民稠，岁俭则籴于广。"⑤ 泉州的官员也说："泉田少人稠，民赖广米积济，客舟至，则就籴。"⑥ 又如兴化军，

---

① 吴自牧：《梦粱录》卷16《米铺》。
② 罗濬：(宝庆)《四明志》卷4。
③ 周必大：《汪公大猷神道碑》，《文忠集》卷67，影印文渊阁《四库全书》本。
④ 张守：《乞放两浙米觓札子》，《历代名臣奏议》卷246，影印文渊阁《四库全书》本。
⑤ 《宋史》卷401《辛弃疾传》，第12164页。
⑥ 刘克庄：《宝学颜尚书传》，《后村先生大全集》卷143《神道碑》。

第六章 宋元潮州的历史地位和影响

"虽丰年无半岁粮,全仰广舟"①。又,真德秀也说:"福、兴、漳、泉四郡,全靠广米以给民食。"② 而朱熹任职福州时,曾亲自部署籴粮事。其《与建宁诸司论赈济札子》一文列举有关事项共计 12 条,第 2—4 条说:

> 一、广南最系米多去处,常岁商贾转贩,舶交海中。今欲招邀,合从两司多印文榜发下,福州沿海诸县,优立价直,委官收籴,自然辐辏。……
> 一、般运广米,须得十余万石方可济用。合从使府两司及早拨定本钱,选差官员使臣或募土豪给与在路钱粮,令及冬前速到地头,趁熟收籴(双行小注曰:潮、惠州与本路界相近),往回别无疏虞。……
> 一、上件福广米既到,府城即城下居人,自无阙食之理。③

上引文字,留给我们较多的信息:如认为"广南最系米多去处",说明此时期的广东,可能还包括广西的一些州郡,稻米的生产确有大量盈余,货源充足;南宋闽人对广籴米量大,地方政府高度重视,且置身其间,积极予以谋划筹办;另外,生产稻米且有大量盈余的广南州郡中,至少还有潮、惠二州,因是近邻而被朱熹特别强调,认为到这二州籴米,"往回别无疏虞"。

种种迹象表明,宋代潮州的稻米生产在广南东路诸州郡中具有领先地位,稻米生产是潮州农业的主体,也是当时潮州经济开发的基石。黄挺先生曾专门研究过这方面的问题,他说:"宋元时期,由于人口的增加,水利的兴修,韩江的整治,使三角洲低地得到更好的开发利用。本地区粮食生产水平,逐渐接近农业发达地区。这一时期,年产量较高者已超过 600 斤/亩,可以肯定这些田地一年已经耕种两造。而元代,本地粮食平均亩产的估计数字为 377 斤,已接近吴慧估测的宋元水稻一般亩产 381 斤的水平。"④

粮食生产外,宋元时期广东农业已出现一定程度上的多样化经营倾

---

① 方大琮:《与项乡守书》,《铁庵集》卷 21,影印文渊阁《四库全书》本。
② 真德秀:《申尚书省乞措置收捕海盗》,《西山先生真文忠公文集》卷 15《对越乙稿》。
③ 朱熹:《晦庵先生朱文公文集》卷 25《书》。
④ 黄挺、杜经国:《潮汕地区元明清时期粮食产量探估》,《潮学研究》第 3 集。

向。如棉花的种植和果树的栽培等。在这些方面，潮州也是有一定的领先性，特别是果树的栽培。《三阳志·土产》载云：

> 若夫果实之生，不能以数计。其可品者，若杨梅，若枇杷，以春熟；若荔枝，若莲房，以夏熟。秋则龙目，冬则黄甘。杂于春夏间者，曰梅，曰李；于秋冬间者，曰梨，曰柿；历四时而常有者，曰蕉，曰甘蔗；间见时有而不可以常者，曰波罗密；昔无而今有者，曰蒲萄，曰木瓜。①

（三）手工业和商业

宋元时期，广东各州郡的手工业也有一定的起色，主要是矿冶、纺织、煮盐、陶瓷及造船等行业。但由于当时各州郡手工业在总体上存在着某些单项突出而各地发展不平衡的问题，加之即使同一行业也缺乏量化资料，所以很难进行横向比较。大体说来，矿冶方面，以韶州为首的粤北诸州郡较为优先，特别是韶州岑水场铜矿的开采和提炼及永通监铜钱铸造不仅领先广南，在全国也是首屈一指的；海盐生产以广州、潮州、惠州为最，产品除满足本地消费外，还供应周边地区；造船业则以广州最为悠久，技术也最为雄厚，潮州于此行业也有一定地位；陶瓷业则以广州和潮州最具代表性。其产量很大，但品质一般，产品主要销售海外。综合来看，潮州的手工业发展总体水平，于此时期广南诸州郡中尚能名列前茅。

此时期广东的商业贸易已比较发达。众所周知，一地的商贸是否兴旺，取决于它的经济结构、手工业生产水平以及该地所处地理位置和交通条件等。关于宋元时期广南东路诸州郡的经济结构，基本上还是传统的以农业为主体的经济体系；手工业如上所述，行业并不算多而各地自成特色。对于这两个方面，上面已概要述及。下面，拟对前面还未涉及的后两点稍作展开。

地理位置对于一个区域社会的重要性，古今皆然，无须多说。就古代岭南而言，大体上北宋末年以前，五岭南坡的诸州郡因处在中原文明与岭南蛮荒接触和交流的咽喉孔道上，地理位置较为重要，而当秦汉以来中央政府或地方官宦屡次组织人力、物力开凿关隘、整修道路之后，中原和岭

---

① 《永乐大典》（潮字号），第52页。

南的交流就愈来愈密切。处于这种交流前沿地带的粤北诸州郡，因得以更早更多地接触中原文化和接受中原移民。由此粤北成为历史上中原王朝经营岭南最早进入的地区之一，同时也在与中原物产交流中，商业贸易也得以兴起，由此在各个方面成为广南率先发展起来的州郡。如韶州、连州、南雄以及与之毗邻的一些州郡循州、英州等，而广南西部地处西江流域的梧州及珠江三角洲的广州，因是中央政府所设岭南行政中枢所在地，由此得以成为政治中心和文化中心。广州更因其独特的海陆位置及秦汉以来日益兴盛的海外贸易，唐代在此设市舶使，宋、元置市舶司，主管对外贸易，由此成为当时华南最大的商品集散地和贸易中心。地处粤东的潮州，由于毗邻唐五代时期率先发展起来的福建，得其流风余韵，在文化面貌和农业开发等方面，于北宋末年以前已有起色。而在商业贸易方面，如稻米、海盐的贩运、潮瓷的外销等都处于同时期广南州郡的前沿位置。为使问题的论述更具说服力，这里需要列举一些数字资料：《宋会要辑稿·食货》一七之1—10载有熙宁十年（1077）各州商税定额。这个定额是有关方面对当时各州县城及所属镇、场、墟等所征的商税。汪廷奎先生据之，统计出广南东路各州郡的商税定额，制作成表6-4[①]。

表6-4　　　　　　　　广南东路诸州郡商税定额　　　　　　　单位：贯

州别	商税数	州别	商税数
广州	68703	连州	7715
英州	43305	南恩州	7259
潮州	27361	化州	6857
韶州	25304	封州	5591
端州	19770	康州	5113
惠州	15971	梅州	2922
南雄州	13328	新州	1088
雷州	9877	循州	51
高州	6980		

① 汪廷奎：《两宋广东区域经济及其变化》，《广东社会科学》1996年第3期。

由这份表格不难看到，早在北宋中后期，潮州的商业贸易已有一定的规模。仅从有关方面为其规定的商税定额来看，已经跻身广南东路诸州郡的前列。

由于南北宋之交，粤北地区较长时期遭受兵祸战乱的打击，诸州郡矿冶业遭受重创，人口开始向沿海州郡迁徙；还由于宋政治中心向东南转移，原粤北经武、真水、越岭进入郴州的交通线不再重要，由行在南下，入闽、潮，经惠州到达广州之道，在绍兴后期广南东路参政林安宅等人的主持下大力整修，畅通无阻等因，以及大量接收外来人口，南宋以后，粤北诸州郡的经济文化、商贸逐渐衰落，广州为主的沿海地区经济文化大幅度崛起，潮州在这种转变中势头很旺，综合实力仅次广州，成为名副其实的岭南大州。

四　学校建设和科举人才

经济开发并取得相当进展是文化教育发展的基础和前提。宋元，特别是两宋时期是广东经济全面开发并取得初步成就，从而在一定程度上缩小了其与中原、江浙等先进地区差距的时期。从广东文化教育事业的发展史来看也是如此。在这一时期，国家对岭南的政治控制明显加强，国家通过学校教育、科举考试等手段，将儒学和统治理念等，有效地传播和推行到岭南。广东各州郡也就在这一空前规模的儒化过程中，推进了教育设施的建设，初步形成学校教育网络。培养的人才也通过科举之路，陆续加入各级官僚队伍中，且开始对国家的政治运作发挥作用。

宋元时期的潮州教育在本地教育史上，具有划时代的意义。对之，前面有关章节已作了较为充分的论述。这里，要考察和论述的是，其与同时期的广南东路诸州比较起来，情况又会怎样？尽管能体现和反映一州郡文化教育发展水平的指标，不仅仅在于建立多少所学校、考中多少名进士那么简单，可是，限于文献记载，我们所能抓住的似乎主要也只能是这样一些指标。下面，笔者就试图通过这样一些指标的陈述和分析，来揭示此时期广南东路诸州郡的教育发展情况。

根据文献的相关记载，可以将宋元时期广东各州学校（包括书院）的兴建、沿革情形，编制为表6-5。

表 6-5　　　　　宋元时期潮州与广南其他州儒学、书院比较

州（或路）及辖县名	州（路）及辖区儒学	州（或路）及辖区书院
潮州 辖县三： 海阳、潮阳、揭阳	州（路）学：宋初就有学。咸平之后，直至元末，屡经迁建、增修，不曾中辍。海阳县学：始设年代不详，北宋附郡学右，无独立校址。绍兴中始迁建另修。景炎三年毁。元不复建，附生徒于路学。潮阳县学：绍定三年（1230）始建，景炎中毁。元代复修。揭阳县学：宋绍兴十年（1140）建，景炎三年（1278）毁。元重建	韩山书院：淳祐三年（1243）知州郑良臣于州城西南原韩文公庙旧址建斋舍，课诸生，书院初建。后经历届官员持续增置、修废，成为宋元潮州最重要的一座书院。元公书院：淳祐九年（1249）知州周梅叟创建。元代续办。京山书舍：咸淳五年（1269）潮士胡申甫创办。但是否建成和运作，文献失载。得全书院：元至正二年（1342）潮州路推官赵继清创办
广州 辖县八： 南海、番禺、东莞、增城、新会、清远、怀集、香山	州（路）学：庆历中（1041—1048）就西城番市夫子庙兴学。此后数迁，绍圣三年（1096）徙于州城东南隅番山下，后不再迁徙。设施屡经增置、修废。宋元之际，毁于兵火。元续建迭修，元季复废。南海县学：旧寓郡庠东庑，始设年月不详。后屡迁建，但不废运作。番禺县学：初附州学西庑，淳祐元年始另创建，南宋后期废。元至元三十年（1293）附南海县学续办。东莞县学：始建年月不详，淳熙十三年（1186）之后始有迁建、增置和修废记载。运行似较正常。增城县学：始建年代不详，开禧（1205—1207）之后有兴建记载。新会县学：宋庆历中始建，元因之，后毁。清远县学：淳祐四年（1244）建，元季毁。香山县学：宋绍兴二十六年（1156）建。此后屡有迁建、增修事。元末毁于兵	濂溪书院：祀宋广东提刑周敦颐，在州治春凤桥北。元季毁。番山书院：淳祐四年（1244）经略使方大琮于州学中，改建飞阁壕像，旁列文行忠信四斋为番山书院。元至元十六年毁于兵，唯大成殿存。鼎斋书院：在番禺县，宋参军麦雷奋建。羊额书院：在番禺县羊额堡，宋淳熙间邑人卢沧建。菊坡书院：在增城县凤凰山下，为宋丞相崔与之建

续表

州（或路）及辖县名	州（路）及辖区儒学	州（或路）及辖区书院
韶州 辖5县1监：曲江、乐昌、翁源、仁化、乳源、永通（监）	州（路）学：宋景德三年（1006）始建先圣庙，至和二年（1055）即庙建学。后屡经增置、扩建。元初学舍颓废，之后，有重修、增置学田事。曲江县学：宋绍兴初建。后有增置、修废事。乐昌县学：宋淳熙十五年（1188）建，元末兵毁。翁源县学：始建年代不详。元延祐六年（1319）县并入曲江，学废。乳源县学：宋乾道三年（1167）始建，后历废兴，元至正十二年（1352）又毁。仁化县学：宋嘉定三年（1210）始建，后时废时兴。元季兵毁	相江书院：在州学东，宋乾道六年（1170）知州周舜先建，祀濂溪先生周敦颐，淳熙十年（1183）教授廖德明增修。淳祐中提刑杨大异改建于帽子峰南麓，滨于相江（此时才具书院性质）。宝祐二年（1254）提刑吴燧请于朝，赐额曰相江书院。咸淳末毁于兵。元至元十八年（1281）复建。后至元二年（1336）盗起遂为兵墟
连州 辖县三：桂阳、阳山、连山	州学：始建于咸平六年（1003）。后屡有迁建、修废事。阳山县学：崇宁间始建，元季毁。连山县学：淳熙八年（1181）始建，咸淳二年（1266）毁。元至治三年知县何再兴仍故址再建	
肇庆 辖县二：高要、四会	府（路）学：初建年代不详，崇宁初年之后迁建、增置，元至元间重修后毁于兵。高要县学：政和四年（1114）于郡学旧址上创建。四会县学：创建年代无考。咸淳初年后有迁建记载	星岩书院：在府城北五里，宋郡守包拯建
南雄 下辖县二：保昌、始兴	州学：宋庆历间（1041—1048）始建。后有修葺、增置事。元季遭兵燹，文庙独存。保昌县学：元至正十五年（1355）创建。元季遭兵燹，文庙独存。始兴县学：始建年代不详，屡有迁建、废兴	孔林书院：在府城东一百里，唐宪宗时曲阜孔戣为岭南节度使，因家焉。后孙振玉始建书院

续表

州（或路）及辖县名	州（路）及辖区儒学	州（或路）及辖区书院
循州 辖县三： 龙川、兴宁、长乐	州学：在龙川。始建、废弃年代不详，徽宗崇宁前已有。之后屡经修葺，元至元二十年（1283）毁于兵。厥后，就城东李守旧宅权为庙学。延祐二年（1315）复建，至正间毁于兵。兴宁县学：宋嘉定（1208—1224）中始建，元末兵毁。长乐县学：宋绍定（1228—1234）中始建。元季兵毁	
英德府 辖县二： 真阳、浛光	州（府）学：宋庆历间太守王仲达建，元末兵毁	涵晖谷书院：在英德涵晖谷。宋景德初郡守王仲达创建，天禧、庆历间相继修之
惠州 下辖县四： 归善、博罗、海丰、河源	州学：宋淳熙二年（1175）始建。淳祐二年（1242）毁于火。元代重修、增置。归善县学：元泰定元年始建。后经迁建，元季兵毁。博罗县学：宋端平间知州刘焕始建学。后历经重修、增置，元末废。海丰县学：始建年代不详，仁宗康定（1041）间经迁建，淳祐间增修。元末兵毁。河源县学：始设年代不详。乾道四年（1168）后有迁建、兴修事。元季毁	丰湖书院：在郡城西南银冈之麓。在归善县南宋淳祐中建．宝祐二年（1254）州守刘克刚改为丰湖书院，景定三年（1262）州守林畔建亭于其前，曰"如沂"。元大德三年（1299）山长黄赵孙重建。罗浮书院：在博罗县西八十里，宋建。钓鳌书院：在博罗仙福都，宋豫章罗先生创建。《明一统志》卷80称元建。海丰书院：元建
梅州 辖县：程乡	州学：初建年代不详。乾道九年后屡经迁建、增修。明洪武二年（1369）州废，三年改为县学	
新州 辖县：新兴	州学：宋天禧间（1017—1021）创建。之后屡有修葺。元季废	
南恩州 辖县二： 阳江、阳春	州学：宋庆历四年（1044）创建，后经迁建及多次增修，元末毁于兵。洪武初省州学为阳江县学。阳春县学：宋庆历四年（1044）创建	

续表

州（或路）及辖县名	州（路）及辖区儒学	州（或路）及辖区书院
封州 辖县二： 封川、开建	封川县学：宋康定间（1040）创建，皇佑间毁于寇，遂迁于城东今地。开建县学：创建年代不详，元末毁于兵	
德庆 辖县二： 端溪、泷水	府学：始建年代不详。元丰四年（1081）后有迁建及多次增置记载	
化州 辖县三： 石龙、吴川、石城	州学：始建年代不详，宋嘉定二年（1209）之后有迁建记录。吴川县学：元至正九年（1349）修建。石城县学：创建年代不详。元皇庆后屡有迁建记录。元季兵燹	松明书院：在石城县西一百二十里，宋苏轼建。翔龙书院：在吴川县南一百三十里，宋景炎中宰相陈宜中建
高州 辖县三： 电白、茂名、信宜	州学：始建年代不详，元大德八年（1304）迁州治于茂名县，学亦随迁。电白县学：始建年代不详，元季兵废。信宜县学：元至正十四年（1354）建立	
雷州 辖县三： 海康、遂溪、徐闻	州学：始建于庆历间，后屡经迁建、增修，运作不辍。海康县学：初附州学，设置年代不详。元大德六年（1302）始迁另建。遂溪县学：始建年代不详。乾道四年（1168）后有迁建、重修事。徐闻县学：宋建。元大德元年（1297）后有迁建、重修事	平湖书院：在府城外西湖之东，宋寇准、苏轼、苏辙相继谪此。苏轼尝有"西湖平，状元生"之语，郡守陈大震，因取其语作书院而名之。元郭思诚重修，吕思诚记。文明书院：至顺二年彭从龙重修，在遂溪。李国钧书第1036页文明书院：在乐民千户所城内。宋苏轼谪儋州，徙廉州，道经于此。谓人曰斯地景胜，当有文明之祥。后人遂即其地建书院，扁曰文明。元彭从龙重修，凌光谦作记

参考文献：

1. 本表所据州县以南宋端平元年（1234）划分为准。

2. （明）李贤等纂修：《明一统志》卷79—81《广东布政司》；（明）戴璟修，张岳纂：(嘉靖)《广东通志初稿》卷16《学校》；黄佐纂修：《广东通志》卷36《礼乐志一·学校上》；阮元修，陈昌齐等纂：(道光)《广东通志》卷137—141《建置略·学校》；陈大震：《元大德南海志》残本卷9《学校》。李国钧主编：《中国书院史》附录三《历代书院名录》。

综观表 6-5 所列，此时期广南东路各州郡的学校设置情形大概具有如下一些特点：一是州（或府、路）学基本上都有设置（封州似无），且建立比较早，重修、增建的频率也比较高。若回到文献中仔细阅读有关材料，还可以看到这类学校设施也比较齐全，办学经费（学廪田产）也较为充足。但县学设置情况就差许多：有相当一批县级政区，宋元时期没有建学记录；建有学校的，有不少没有始建时间，这实际上也说明此类学校不被时人重视；有记载始建年月的，一般都比较靠后：有北宋中后期和南宋建的，甚至元代才建。自校舍及基本设施来看，不少县学附于州（府、路）学办学，长期没有自己独立校舍；此后即使有搬迁、重建，也有不少是因陋就简。

与州、县儒学比较起来，集祭祀、藏书和教学三大功能于一体的书院，在广南东路各州县的设置情形更是难如人意：有近一半州郡没有这样的设施；有这类设施的，始置时间靠后，且时常受到经费、战火，或自然灾害因素困扰，有部分书院废时多而运作少。

总之，此时期广南东路各州学校教育的建立和运作，除州（府、路）学基本正常外，县学和书院等教育机构还不健全，存在着较大的发展空间。由此，就学校教育的整体发展态势而言，此时期广南各州与中原、与江浙闽等发达之区存在着不小的距离。而潮州与广南其他州比较起来，情况似略好与连州、肇庆、南雄、循州，与韶州、惠州、雷州相仿佛，而次于广州，在诸州中尚可名列前茅。

文化教育的发展程度，可通过学校建设情况得到一定程度的了解；学校教育成果则主要体现在人才数量上。在古代则主要从科举人才的数量上体现出来。两宋时期，广东的科举人才呈显著增长之势，根据文献所载名单，本书第四章第二节编制有表 4-2《两宋广南东路各州正奏进士人数表》。通过表格，可以清晰地看到，两宋时期潮州在广南东路诸州中获得正奏进士资格的人数北宋第一，南宋第二，南北宋获取进士的总人数仅次于广州。如果再联系到唐五代潮州无一人考取之历史实际以及广州秦汉以来一直就是岭南的政治文化中心等事实，则不能不认为宋代潮州士子在科举考试中，的确取得了骄人的成绩。

科举史上，元代是众所周知的低谷，广东自不能例外。据黄佐（嘉靖）《广东通志》卷 11《选举表》的记载，是时仅有潮州黄点（延祐间)、化州张仲明（至大间）、肇庆林珏（泰定间）和广州南海县籍色目人蒲里罕（后至元间）4名进士。

综合来看，宋元时期，潮州人口大幅度增加，经济繁荣，文化教育也取得重大进展。其在广南东路诸州中，整体实力处于明显上升态势，位居各州发展的前沿位置。

第二节　与福建近邻漳、汀的比较

宋元，特别是两宋时期的福建是当时中国经济、文化最发达的地区之一。潮州虽与之相邻，但同福建大部分州相比，实存在很大的差距。这里，我们选取此时期福建较后进的，也是与潮州水陆相连的漳、汀二个州作为比较对象，旨在考察潮州在与其隶属有异但地域相邻的州中的发展水平。

一　漳、汀二州概况

漳州，垂拱二年（686）析泉州龙溪南界置，因漳水为名。初州治在漳浦县西八十里，后历二迁移址于今龙溪县①。汀州，唐开元二十一年（733）置。是年，福州长史唐循忠于潮州北、广（应为"虔"之误）州东、福州西光龙洞，检责得诸州避役百姓共三千余户，奏置州，因长汀溪以为名②。州治始在新罗（即龙岩），后经三迁，定于白石，即今长汀县城。由此，仅自始建时间来看，漳、汀二州比潮州均晚了百余年。

进入宋代，漳州置县四：龙溪、漳浦、龙岩、长泰；汀州北宋置县五：长汀、宁化、上杭、武平和清流，南宋增置莲城③。元代，漳、汀隶属江浙行省福建道，名称也由州改为路。与宋代相比较，漳州增置南靖一县，汀州六县不变。

潮州虽与漳、汀二州山连水接，但地形地貌存在明显差异：漳州为"闽岭奥区"④，比潮州山区面积更多一些；汀州则"崇岗复岭，深溪窈

---

① 李吉甫：《元和郡县图志》卷30《江南道五》。
② 同上。
③ 《宋史》卷89《地理五》。
④ 王象之：《舆地纪胜》卷131，第3780页。

谷"①，不仅整个辖区基本是山区，且无潮、漳濒海的地理条件。

漳、汀二州虽隶属自唐五代时已全面进入开发期的福建，但由于地处偏远的"省尾国脚"上，在接受北方移民和中原文化方面远逊于福建的其他州属，由此其经济、文化发展进程明显滞后，甚至在北宋中期以前，仍无根本改观。如王安石《送李宣石倅漳州》一诗对漳州就有如下的描述："闽山到漳穷，地与南粤错。山川郁雾氛，瘴疠秋冬作。荒茅篁竹间，蔽亏有城郭。居人特鲜少，市井宜萧条。"②漳州如此，地处其北部山区的汀州，境况或者更差？正是鉴于这样的历史实际，所以北宋时期的漳、汀二州，仍被学者视为福建的"待开发区"③。但即使单从置县数量上来看，仍可以断定北宋初期，漳、汀二州的开发程度要高于潮州，它们并不在同一条起跑线上。

二 人口与经济开发

(一) 人口

根据文献记载和有关研究，可以将宋元时期潮州和漳、汀二州户数、密度列为表6-6。

表6-6　　　　　　　　　宋元时期潮、漳、汀户数、密度

密度单位：户/平方公里

州名	太平兴国间		元丰间		南宋		至元二十七年
	户数	密度	户数	密度	户数	密度	
潮州	5831	0.4	74682	5.0	116743（1266）	7.8	63650
漳州	24007	1.4	100469	5.8	112014（1247）	6.4	21695
汀州	24007	1.4	81454	4.7	223433（1258）	12.8	41423

参考文献：

1. 表中太平兴国间数据取自《太平寰宇记》；元丰间取自《元丰九域志》；南宋时期，潮州取自《三阳志》，漳州取自光绪《漳州府志》卷14，汀州取自《汀州志》；元代数据取自《元史》卷62《地理五》。

2. 吴松弟：《宋代福建人口研究》，《中国史研究》1995年第2期。

---

① 《临汀志·山川》，《〈永乐大典〉方志辑佚》，第1241页。
② 黄惠等：（乾隆）《龙溪县志》卷21《艺文》，引王安石诗，第8页。
③ 徐晓望：《福建通史》第3卷，第185页。

现据表格略作分析。

从所列数据来看，太平兴国间，漳、汀二州的户口及分布密度高于潮州许多倍。但漳、汀二州的户数居然完全一样，不能不令人生疑。吴松弟先生就认为二者"应有一误"①，可是，在别无可以替代数据的情况下，目前只能沿用。其实，《寰宇记》所载太平兴国间潮州户数也有问题：《永乐大典》卷5343《潮州府·户口》引《三阳志》说："宋朝开宝初，有户三万余。"如联系唐元和十四年韩愈《潮州请置乡校牒》所说"此州户有万余"及《元丰九域志》所载元丰间潮州户数，则《三阳志》所载北宋初年户数至为合理。两个数据的巨大差异，也许只能用本地全部户数和宋政权实际控制编户户数来解释。无论如何，若以《三阳志》所载户数为准，则北宋初潮州的户数和分布密度反而要明显高于漳、汀。

由于太平兴国间户数存在问题，因而无法据以准确推算元丰前三州户口增长的比例，但其均有较大幅度增长则为不争之事实。南宋以后三州户口继续增长，但以汀州增长幅度最大，其户口几乎是潮漳二州之和，分布密度是漳州的2倍，比潮州也高出许多。汀州是南宋时期福建人口增长最快，同时也是人口最多的州之一。这可能与其毗邻江西人口大州赣、吉等州有关，与潮、漳比较起来，汀州除从闽北接受北方移民外，还从江西接受移民。宋元之交，上述三州同是宋残余势力与元军反复交战之区，人口损耗严重。仅从数据观之，漳、汀二州之损耗程度远远超过潮州。

（二）经济开发

宋代漳、汀经济开发也从农业开始。粮食生产照例是其经济主体，而要进行生产，对于二州来说，最大的困境就是"山多田少"，耕地不足。为尽可能利用土地，开发出农田，兴修水利同样是首要大事。

漳州地处闽东南沿海，境内有面积较为开阔的漳州平原。州治附近有东湖，湖水辽阔，"周回千余亩，宋绍兴间，郡守刘才邵、林安宅、赵汝谠、庄夏相继修治"②。刘才邵职任上"即城东开渠十有四，为闸与斗门

---

① 吴松弟：《宋代福建人口研究》，《中国史研究》1995年第2期。
② 沈定均等：(光绪)《漳州府志》卷6《水利》。

以潞汇决，溉田数千亩，民甚德之"①。于九龙江下游的柳营江，进士丁知几修建了官港，"上通柳营江，下通石美，长三十里，灌田二百顷"。在龙溪南岸，知州傅伯成主持修建广济陂，"垒石为堰，长一百三十丈。自洪礁倒港，历八都、六七都，及漳浦县二十八都，溉田千有余顷"②。上述水利工程是当时较著名的。又据《永乐大典》所引残卷《陂塘》载，宋元时期龙溪县内修建有杨陂、仙溪陂等33处陂塘；漳浦县内修有金豆陂、方陂等67处陂塘③。长泰县有洋溪陂水利工程，"宋嘉定元年，里民陈耆公捐田二百四十余亩，创开水道凡三百条，在彰信、人和二里，灌田一万顷"④。

汀州水利设施主要集中于北部长汀、宁化等县。长汀县有何田大陂，"障刘源溪水，又曰中陂，障黄坑涧水。抱山数曲。三水合流，出何田市心，疏为数十畎，分溉民田，皆成膏沃，不减白渠之利"⑤。白渠是汉武帝时于关中所修可以灌溉数千公顷良田的著名水利工程，志书将何田陂与之相提并论，说明何田陂规模应相当可观。除此，长汀还有郑家陂、西田陂、南拔桥陂、官陂、中陂、张家陂等名目的陂塘。宁化县北五十里有引水工程"万斛泉"，"石洞中垒涌而出，流为小涧，下溉田数千顷"；县东百二十里有"大陂"："先是，田亩燥瘠，旱即荒莱，居民协力障溪以成，至今为利。"其他属县也有不少水利设施，如上杭县有梁陂，"有田数百亩顷，荒旱相仍，乡民梁姓者募众为石陂，方广数十丈，为经久利"，有高陂，"在上杭县南太平乡。其长寻余，其高倍蓰，浸灌甚广"。武平县有"黄田陂"。莲城县有"南团陂三、北团陂六、席湖围陂三、姑田团陂五、河源下里陂七"等。

翻阅有关志书，还可以看到，宋代漳、汀二州，井、泉之类的水利设施颇富，它们中有不少主要凿、掘于城市或乡村居落中，当以解决人畜饮用为目的；但有不少确实分布于田间地头，可视为农业水利之一部分：志书中明确记载此类可溉农田若干。

---

① 《宋史》卷422《刘才邵传》，第12607页。
② 刘天授：(嘉靖)《龙溪县志》卷1《地理志》，上海古籍书店1963年影印天一阁藏本。
③ 《〈永乐大典〉方志辑佚》，第1152—1153页。
④ (光绪)《漳州府志》卷6《水利》。
⑤ 《临汀志·山川》，《〈永乐大典〉方志辑佚》，第1251页。

两宋时期漳、汀的水利建设情形大概如上。从比较的眼光来看，二州于此方面的建设无论是人力投入，还是设施的规模似都大大超过潮州。

宋元漳、汀的粮食生产以稻米种植为主，而兼种小麦、大豆、粟、麻、菽等品种。兼种的这些品种原本为北方作物，而此时却已引进到南方。从有关记载来看，二州出产的粮食可以自给。如说："汀在闽而南，山樵谷汲，稻食布衣，故民之丰约不大相远；粜不出境，故谷价常贱。比屋而绩，故其布多品。"① 又如说漳州"其民务本，不事末作，而资用饶给"②。前面我们已经涉及这样的话题，自宋代起，福建就已陷入"地狭民稠"、时常缺粮的窘境中，漳、汀二州居然可以做到"粜不出境，故谷价常贱""资用饶给"，结合上述二州较大的人口数量，这应该说是一项不小的成就。粮食作物种植之外，为能使有限的土地资源，产出最大的经济效能，从文献记载来看，漳、汀二州还经营多种农副产品。如甘蔗、蓝、木棉和各种果树等。

二州的手工业也颇发达，它们共有的如制茶、酿酒、制糖、纺织、造纸业、矿冶等，而虽为二州共有，但却在一州中特别突出，或主要为其州特色者，如矿冶业在汀州，造船、制瓷、煮盐在漳州即是。一些学者认为，矿冶业是北宋时期汀州的支柱性产业③。汀州的矿产有金、银、铜、铁、铅等种类，矿产开采设有安丰场、钟寮场、龙门场等28场。

经济作物的种植和手工业的发展，导致农副产品和手工业产品的极大丰富，从而促成大批交换市场的出现和商业的繁荣。据《临汀志》记载来看，南宋开庆间汀州的集市遍布境内，其中长汀10处，宁化6处，清流7处，莲城、上杭、武平三县计8处，总共达到31处。据此可以推断，邻区漳州的集市，数量也一定不小。集市贸易所交换的商品主要有米、麦、蔬菜、柴薪、鱼、盐、酒、醋、鸡、鸭，猪肉、水果等消费品及竹木、农具、铁器等生产用品。

---

① 《临汀志·土产》。
② 《方舆胜览》卷13。
③ 靳阳春：《两宋汀州矿冶业比较研究》，《三明学院学报》2012年第1期。

宋元时期，漳、汀二州商业的繁荣，还表现在其与境外经济联系的加强和贸易网络的形成。这一方面又得益于二州地理位置的重要和入宋以后交通建设的巨大发展。就地理位置的重要性而言，汀州地连闽、粤、赣，处三者交通要道上；漳州地处中原、江浙与广南来往陆路及东南海路交通线上，由此，商贸一向兴旺。南宋以后，随着宋王朝政治中心的南移以及福建地方政府对道路的治理和桥梁的修造，大大改善了交通条件，从而促进了境内外商品贸易的开展。

其实，可以反映宋元时期漳、汀开发程度的还有州、县中心城市建设。翻阅福建地方志书，会对此时期这方面建设的巨大进展留下深刻的印象。所谓"中心城市"，即指其州治和县治所在地；它们由若干"坊"构成，人口密集，商贸繁荣。如汀州州治在长汀，《临汀志》是这样来描述它的繁华的："郡枕山临溪为城，周袤才五里，市廛居民多在关外，营垒亦有在关外者。故城内坊才三，而城外余二十。阛阓繁阜，不减江浙中州。"[①] 州城东济川门外有著名的济川桥，实集交通、商贸两大功能："架二楼其上，列肆两旁"，郡守陈轩题诗云"十万人家溪两岸，绿杨烟锁济川桥"[②]。由此可以想见南宋后期长汀的规模和繁华。

综上所述，宋元时期漳、汀二州经济开发的程度还是比较高的，相形之下，同时期的潮州虽也有相当的进展，但除了地理条件优越、粮食生产有可观的盈余能够贩运到他州外，别的方面似与漳、汀特别是汀州还有不小的差距。

三 学校建设与科举人才

依据有关记载，宋元时期漳、汀二州学校建设情况，可编制成表6－7。

[①]《临汀志·坊里墟市》，《〈永乐大典〉方志辑佚》，第1211页。
[②]《临汀志·桥梁》，《〈永乐大典〉方志辑佚》，第1220页。

表 6-7　　　　　　宋元时期漳、汀二州学校建设情况

州（路）	辖区儒学	辖区书院
漳州	州学：始建于庆历二年。后屡经扩建、增置，规模可观。南宋末毁于兵。元延祐三年（1316）及天历二年（1329）有重建、增修事。龙溪县学：宋嘉祐间（1056—1063）县令许仪建。元祐七年（1092）后屡有修葺、增置事。元大德间，毁于兵。县尹赵塔纳重建，寻复坏。漳浦县学：始建年月不详，天圣三年（1025）后屡经迁建、重修，元因之。龙岩县学：宋皇祐间（1049—1053）始建。后屡经迁建。至元十六年（1279）毁于兵，后历经重建、增置，颇有规模。长泰县学：宋绍兴三年（1133）始建，绍定六年（1233）重修，颇见规制。南靖县学：在县治东。元至治间始立县，学也同建。后至元及至正间，学随县治二迁	龙江书院：在府治西北登高山，旧为临漳台。朱熹守漳时（绍熙元年，1190），欲筑室讲学未果，后守危稹创为书院。宋季毁于兵。元泰定间，郡儒黄元渊别建书院于城外东北隅，仍用"龙江书院"名。丹诏书院：在县南都，宋绍定间南诏场西，尉周申建。豫章书院 松明书院①
汀州	州学：咸平二年（999）始创文宣庙。天圣中即庙建学，后经多次迁建、增置。设施齐备，规模可观。长汀县学：南宋绍兴间据郡学旧址始建，后屡有扩建、修废事。元至正间毁于兵。宁化县学：南宋建炎二年（1128）始建，后屡有修葺、增置事。元末毁于兵。清流县学：北宋元符元年（1098）创建，后历二次迁建及多次废兴、扩建，元至正六年（1346）毁于寇。莲城县学：宋绍兴四年（1134）创建，后历经迁建、废兴，但运作基本正常。上杭县学：始建年代不详，嘉定后有迁建、增置事。武平县学：初建年代不详，光宗绍熙间（1190—1194）后有扩建、增置事	洞天书院：在长汀县云骖阁下。嘉定间，知州赵崇模辟基，随后继任者林岊始创为书院。开庆间已废。卧龙书院：在郡治西。南宋绍定六年（1233），郡守李华创建。龙山书院：为宋知州王廷抡建，院址长汀县

本表依据：
1. 胡太初修：《临汀志》"学校""山川""廨舍"等篇。
2. 黄仲昭修纂：《八闽通志》卷 45《学校》。
3. 李国钧主编：《中国书院史》附录三《历代书院名录·宋代》。

---

① 这里列出豫章、松明二书院，是据李国钧主编《中国书院史》附录三《历代书院名录·宋代》，称院址在今漳平市。但自现能看到的宋代以来的资料中，似没有记载可以印证，今据李书录出待考。

从表6-7来看，漳州（路）及属县学校除长泰为绍兴初建、南靖与县同时设置外，其他均完成于北宋时期。相形之下，汀州州（路）学及各县县学建立时间均要靠后一些，特别是县学，大部分建于南宋时期。若回到所依据文献中仔细阅读有关记载，还可以看到漳、汀二州儒学一旦建立，地方政府一般均有持续的关注：迁建、修废，增置设施，拨置廪田，不遗余力；民间有识之士，也时有捐金助学之举。宋元时期二州所建书院在五、六所以上，但大多数建于南宋后期，且能正常运作的似乎不多。有关记载，语焉不详，就可以证明这一点。

潮州与二州比较起来，笔者以为，在儒学建设方面，潮州明显不及二州；但书院建设及运作方面，潮州似要好于二州，建于南宋后期的韩山书院运作一直很好，元代新置的元公书院和得全书院一经建立，弦歌之声也持续不绝。但综合来看，地域面积比潮州大不了许多的漳、汀，学校数量比潮州多出1倍以上，特别是漳州，其人口数量与潮州大体相当，由此其教学场所之优于潮州更为不争之事实。

宋代的福建，"地狭民稠"，很多人已把读书视为一种职业，所谓"闽人务本亦知书，若不耕樵必业儒"[①]，这种背景下，"业儒"的途径自然是科举，由此，宋代福建"出秀才"，在当时是众所公认的事情。相形之下，漳、汀二州因是宋代福建之待开发区、欠发达区，所以，其考取进士的人数也是最少的。根据有关记载，将二州进士人数编制为表格6-8；为便于比较，也将潮州的数据列入。

表6-8　　　　　　　两宋潮漳汀三州进士人数

州（路）别	北宋		南宋		总计	
	正奏	特奏	正奏	特奏	正奏	特奏
漳州	87	30	186	139	273	169
汀州	24	1	35	96	59	97
潮州	36	21	59	24	95	45

参考文献：

1. 胡太初修：《临汀志》进士题名。
2. 黄仲昭纂修：《八闽通志》卷51《选举》。

---

① 刘克庄：《泉州南郭》（二首之一），《后村先生大全集》卷12《诗》。

无须赘言，表6-8中的数据已很清晰地表明，与福建教育最落后、科举人数最少的两个州漳、汀相比，两宋时期在广南东路科举考试中一直名列前茅的潮州，好于汀州而远远落后于漳州。漳州的正奏进士数量将近潮州的3倍，特奏也差不多是潮州的4倍。

在科举史上，元代漳、汀也同样掉至低谷，各有林唐臣和詹子微二人中第，潮州与之相仿佛耳。

行笔至此，现在可以来为上述两节作个小结。

宋元时期的潮州，在同时期的广东各州和福建毗邻州中，究竟占有什么样的位置？在上面进行粗线条扫描之后，似已可以给这个问题作出一个较为明确的回答：就总体开发程度及综合实力来看，在广南东路的诸州中，潮州大体尚能名列前茅，但明显不及广州；而与近邻福建最落后的两个州相比，若说与汀州互有短长的话，而与漳州则存在明显差距，尤其是在学校教育和科举考试方面。由此，时人对此时期潮州的一些评论如"海滨邹鲁""风物冠南方""初入五岭，首称一潮"等，似有一定的写实性，但同时也存在某种程度上的渲染和拔高。尤其如"海滨邹鲁"，笔者十分赞同蔡鸿生先生的说法，是"象征性的比喻"、是鼓励，而非"实质性地概括"[①]。

起点低，发展迅速，后来居上，实际上才是宋元，特别是两宋时期潮州之所以引人注目的一个基本原因。潮州通过这数百年的追赶，的确由广南东路的一个落后之区，一跃而为先进州，但其所达到的总体水平实不宜过高估计：肯定其开发成就，是相对于本地唐南汉之前，是放在广南东路这样一个区域。如果没有这样的时空参照和视野，则有关的评论就会失去理据而难以成立。

第三节 宋元潮州在本地历史上的地位和影响

宋元时期的潮州是本地由广南落后地区变为先进地区的转折期，同时也是这种变化的完成期。正是由于这数百年经历这一变化并最终完成这一变化，从而使这个时期的潮州在本地古代历史上拥有不可替代的地位和无与伦比的影响。

---

① 蔡鸿生：《关于"海滨邹鲁"的反思》，《潮学研究》第1集。

一　宋元潮州在本地历史上的地位

诚如上言，此时期潮州在本地历史上的地位是通过一系列的变化得以确立的。这些变化从历史节点上是相对于隋唐、南汉以前的潮州而言的，从内容上则包括人口、居民构成、经济文化等各个方面的变化。鉴于前面各章节已分门别类地探讨和陈述过上述变化，而为集中说明本节的问题，这里拟对有关变化再做归纳和总结。

古代岭南最先进的地区早期在西江流域，此后为广州及处于五岭南、北交通咽喉地带的连州、韶州、南雄和循州等地，而偏处粤东的潮州地域很长时期实接近蛮荒状态。甚至即使进入唐、南汉时期，因人口稀少，林莽丘壑未辟，水利未修，潮州依然是岭南瘴气弥漫、经济不发达、交通不便、文化落后之区。而经历宋元时期，上述情形方得以根本改观。

首先，随着移民不间断的、大量的迁入及其繁衍，本区人口数量有了大幅度的提升。北宋初开宝四年（971）本区人口约 15 万，元丰初年（1080）就增长到 38 万—39 万，淳祐年间（1246）更达到 70 余万。此后经宋元之交战乱之大折损，进入元朝以后又逐渐回升。在元丰以后的大部分时间里，潮州户口在广东仅排在广州之后；人口密度元丰以后到元朝结束，基本上保持广东各州第四名的水平。上述情形已从根本上扭转唐五代以前本地人口稀少之状况。由于人口增长的基本因素是移民迁入，移民又主要是经由福建而来的中原人。由此，宋元时期本地居民的主体已为汉民。

其次，在人口大幅度增长之背景下，此时期潮州的开发得以全面、迅速推进。

水利、交通等基础建设成就引人注目。因境内江河密布，又濒临大海，江防海堤、关涵水闸等水利设施的修建是进行其他开发、建设的前提。正是重视这样一些基本的前提，可以看到宋元时期潮州的官与民，紧密配合，相互支持，经历长期奋战，建立起较为完备的水利体系，并走在同时期广东各州的前列。相形之下，本地交通建设稍显迟缓，直到南宋绍兴中后期始有相应之举。不过，一旦启动建设，有关工作就接续不断：修路架桥，置驿建馆，兴废造新，不遗余力。若顾及此前，或同时境内建立的一条条堤防也具交通功能，则此时期潮州的交通条件确实已大为改善。

农业生产是此时期潮州经济开发的基础。随着山区丘陵及平原地带的全面开垦，耕地面积空前增加，水稻生产品种丰富，有不少引自占城；耕作技术先进，大概已掌握双季稻的栽培方法，实现一年两熟。稻米产量不小，除满足本区消费外，还以"金城米"之名大量贩卖于闽、浙等沿海州郡。生产稻米外，此时期还自北方引进大小麦和菽、豆等作物。农业已呈现多种经营态势，果品、桑蚕等生产已占有不小份额。

此时期潮州的手工业已经成为支柱性的产业，其中以海盐、陶瓷以及船舶等生产较为重要。海盐除少部分供本地消费外，绝大部分由国家经营或私人非法贩卖，陶瓷主要销售海外。因稻谷盈余及盐瓷等的大量产出，极大地刺激了商贸的繁荣。有种种迹象表明，宋元时期的潮州存在着发达的海上贸易。

文化教育迅速起步并取得显著成就，是此时期潮州变化中最引人注目的方面。由于仕潮官师的大力倡导和切实推进，此时期本地学校教育健全，居民文化素质整体提高，儒家文化已成为主流文化，读书仕进成为时尚，科举人才不断涌现，潮籍仕宦得以亮相政坛，由此带来系列轰动效应。为使"天荒"蛮区变成"海滨邹鲁"，宋元时期的潮州官师和居民，付出了持续不懈的努力。

正是缘于上述一系列重大变化，一个全新的潮州遂得以在这一时期造就出来。对之，时人不仅觉察，且也喜不自胜。绍熙元年（1190）以提举广东常平的刘坦之使事至潮，写到州城一带，有"无边禾黍藏和气，两岸云林蘸碧流"诗句，时任知州丁允元也有"山水经行浑改观，冕旒达听足宽忧""古瀛景物过中州"的咏唱①。而相形之下，比刘、丁早10年，淳熙七年（1180）以路提举常平使者身份赴潮公干的诗人杨万里之咏潮诗《揭阳道中》之二就更为著名："地平如掌树成行，野有邮亭浦有梁。旧时潮州底处所，如今风物冠南方。"笔者认为，上述诗句可以纪实视之。

历史地来看，宋元潮州之所以能跨上历史发展的快车道，使这数百年的经济和文化迸发出勃勃生机，造就出辉煌的业绩，其最基本的原因是自西晋末年以来中国经济、文化中心南移至宋代的全面完成，以及南宋时期中国政治中心也滞留南方这样的大格局、大背景，切实给本地腾飞带来空

---

① 《借刘平之游西湖山次韵》，据《潮汕金石文征》（宋元卷），第127—128，《刘坦之诗刻》跋文。

前的历史机遇；本地官师也有力地抓住了这一历史机遇，有效地动员、组织各种社会力量，成功地实施了相关的开发。仔细审视宋元时期潮州的这种变迁经历，似乎蕴含着这样的历史启示：国家应当尽可能地为地方社会创造和提供发展的机遇和条件，而地方社会也须适时奋起，积极有为。

二 宋元潮州在本地历史上的影响

宋元潮州的历史性大跨越，使其在本地历史上留下浓墨重彩的一笔，从而对后来潮州的发展具有重要影响。这种影响是全方位的，涉及此后潮州社会的方方面面。不过，对于这样的问题，此前，似很少有学者论及[1]。这里，笔者也不打算面面俱到，仅选择以下两点来做一些观察和论述。

1. 从明代以后潮州的进一步开发来看，宋元时期为之打下较为坚实的基础。这一点显而易见：无论是明清潮州，还是近现代的潮汕，其与宋元潮州本来就处于大体相同的地理空间。由此，后来特别是明代本地的水利设施、交通建设，城市发展以及农业、手工业、商业贸易等，自然不会是抛开宋元人的工作而另起炉灶，而必须是在宋元有关经营基础上的展开。正如前面有关章节所陈述，由于宋元有较好的铺垫，已建立起较为坚实的基础，这就为明代以后本地的进一步开发、为其在明清乃至近代广东各州府继续保持前沿发展位置造就了较为优越的条件。

2. 自潮州地方社会与国家的关系来说，宋元时期本区的国家化进程取得重大进展，但也留有余地，这两种情形均对明代之后本区的发展有深

---

[1] 笔者寡陋，仅见黄挺先生有所涉及。先生在讨论潮州王门学派的学术史背景时，指出入明以后，郑南升、郭淑云学术传统的流风余韵，仍然深深浸润着潮州社会。"潮州学者多遵循郑、郭的学术传统，谨志行而尊《礼》教。"而作为朱熹的弟子，郑、郭二人"深厚的闽学传统，实际上已经规定了潮州王门学派的学术取向"（《薛侃与潮州王门学派》，《岭南文史》1998年第4期）。另，先生在讨论16世纪以后潮州宗族活动问题时指出："将始祖追溯至宋代，在这一时期宗族建构的潮流中，是一种十分常见的现象。"（《潮汕史》，第541页）"对宋朝的追慕在民间影响之广，以至我们可以阅读到的这一时期的潮汕族谱，几乎都把自己宗族的起源追溯到宋代，极少例外。"（《潮汕史》，第538页）在给周修东《宋代潮州七贤年谱丛刊》所写《序》中也有这样的话：对于潮汕人来说，宋代是一个让人追慕的时代。在这个时代，国家文化对潮汕产生了真正意义上的影响。为了让国家理念和意识形态渗透这块蛮荒之地，让"海滨"成为"邹鲁"，当时仕潮官师努力于文教。七贤的出现，是这种努力的结果。于是，七贤也被官师们树立为榜样。七贤和他们生活的那个时代，一直让潮汕人倾慕（香港天马出版有限公司，2011年）。

远影响。

　　先来审视国家化取得进展及其影响问题。中国古代国家化的过程，是中原王朝将儒家文化和国家意志向周边地区渐次推行并迫使后者接收的过程。就宋元王朝的国家化而言，是指宋元中央政府对包括潮州这样的边僻落后之区，通过实施制度化行政管理、军事管控以及推行国家意识和理念等措施，从而实现对这些地区之切实统治。可以认为，对于潮州来说，宋元中央政府基本上实现了这样的目标。这样说的理由是鉴于如下事实：尽管这一时期境内时有山贼海寇扰攘及改朝换代期间军事对抗等战乱存在，但总体来看，在这近400年的时间里，再未发生犹如唐南汉以前地方势力无视国家权威而轮番割据潮州地方以及土著民族与外来移民公然进行军事对抗那样的情事。潮州地方与中央政府的关系基本上平稳和谐，潮州社会的秩序也大体安定。也就是说，潮州地方对宋元国家在本区所推行的国家化措施，并未产生较大反弹。而这种情形就正好说明本区的国家化取得重大进展。而历史地来看这种进展，它不仅保证了宋元时期潮州开发必须具备的和平稳定的社会环境，而且国家化的基本完成，同时也就意味着潮州终于补上这十分重要的一课：潮州不再是化外或半化外之区，也不再如汉朝以来事实上一直游离于国家控制和半控制之间，它已经与当时中国的其他先进州级政区站在同一个平台上，实现了一体化。这种情形，对明代以后潮州的进一步开发和社会的全面进步，意义重大。

　　不仅如此，当我们去审视此时期本地国家化过程中所采取的一系列措施，发现其中的一些举措不仅切实可行，效果显著，且对明代以后潮州的政风民俗士气等有重要影响。笔者这里说的是宋元时期官师在本地极力推行的尊韩重教政策。

　　韩愈刺潮虽在唐宪宗元和间，但与其前后贬潮的其他官员一样，在当时和后来的相当长一段时间，并未激起什么浪花，也不曾引起多大关注，更不存在建祠祭祀的问题。由此，完全可以这样讲，韩愈被潮人视为文明开化之导师，成为潮人敬奉的一尊神灵，始于宋朝，是宋元仕潮官师、特别是宋朝官师着力设计、打造的结果。在前面有关章节，笔者已大致勾勒过此时期官师（事实上后来还有不少本地士人加入其中）前赴后继、热衷于从事这一活动的全过程。在这一过程中，后来又依次加入双忠（张巡、许远）公和大忠公（文天祥）等崇拜的内容。在尊韩重教这面大旗之下，宋元国家对潮州地方文而化之的过程不仅顺利，结果也基本圆满。

而笔者在这里要着重强调的是，尊韩重教，作为宋元本地官师始终坚持的一种文化政策、措施，后实际上演化为一种施政模式，在明清时期的潮州照例得以继续奉行。对于这一点，笔者无意展开讨论，这里仅将明朝本地官师续建重修韩祠韩庙情形编为表6-9，以见一斑。由于继续奉行这种施政模式，从而与宋元时期情形相仿，在明清潮州依旧产生出积极的政治、社会效果。

表6-9　　　　　　　　　明朝官师续修韩祠一览

设施名称	所在位置	修建年代	修建人	修建性质	资料出处
韩公祠	韩山	永乐年间	知府雷春	续修	1，3
韩祠	韩山	正统六年（1461）	知府王源	增修	1，3，4
韩文公庙	韩山	天顺五年（1504）	广东布政使司右参政刘炜	重修	1，3
韩文公祠	韩山	弘治十七年（1504）	知府叶元玉	重修	1，3
韩文公祠	韩山	嘉靖二十五年（1546）	知府郭春震	修葺	1，3
韩祠	潮阳东山	隆庆六年（1572）	知县黄一龙	创建	2，3
韩文公庙	韩山	万历三年（1575）	金公	重修	4，
韩祠	韩山	万历三十七年（1609）	副使、金浙知府金时舒	重修	3，4
韩文公庙	韩山	崇祯六年（1633）	知府黄日昌	重修	4

数据说明：

1. 郭春震纂修：（嘉靖）《潮州府志》卷4《祠祀志》"韩公祠"条。
2. 黄一龙：（隆庆）《潮阳县志》卷10《坛庙志》，卷15《文辞志》。
3. （顺治）《潮州府志》卷3《祀典部》，卷12，古今文章文部下秩《新建韩祠记》。
4. 潮州韩山文公祠碑记。

接下来，考察国家化留有余地及带来后果的问题。

所谓国家化留有余地，亦即国家化的推行不彻底。这主要是就以下情形来说的。

一是存在数量可观的未编户人群。对于这一情形，本书第五章有关部分已经论及，这里也不再做新的征引和展开。显然，这种情形的存在，是宋元时期遗留下来的一个较为重要的历史问题，对之，明代政府似乎同样没能解决，由此，其造成的后果显然也一如宋元时期，其始终是潮州社会的一个乱源，一个不稳定因素。

二是宋元潮州存在严重违规海外贸易问题。对之，本书第三章有关部分也已有较多涉及。由于长时期存在较大规模的违规经营,海外走私贸易俨然成为一种历史传统,地方政府习以为常,入境巡视的上级官员也不以为怪。由此形成一难以撼动的、牢固的利益集团。而一旦国家权力强行介入、令行禁止之时,就不能不生发尖锐的对立,走私集团甚至不惜走上武装反抗之路,这就是明代嘉靖以后东南沿海武装海商集团公然与国家叫板的由来。潮州社会也由此发生深刻的转型。

附录一

参考文献

魏征等：《隋书》，中华书局1973年版。
刘昫等：《旧唐书》，中华书局1975年版。
欧阳修等：《新唐书》，中华书局1975年版。
欧阳修：《新五代史》，中华书局1974年版。
脱脱等：《宋史》，中华书局1985年版。
宋濂等：《元史》，中华书局1976年版。
王溥：《唐会要》，中华书局1955年版。
杜佑：《通典》，中华书局1984年版。
马端临：《文献通考》，中华书局2011年版。
李焘：《续资治通鉴长编》，中华书局2004年版。
李心传：《建炎以来系年要录》，中华书局1988年版。
陆心源：《宋史翼》，《宋史资料萃编》第1辑，台湾文海出版社1980年版。
李埴：《皇宋十朝纲要》，《宋史资料萃编》第1辑，台湾文海出版社1980年版。
徐松：《宋会要辑要稿》，中华书局1957年版。
李吉甫：《元和郡县志》，中华书局1985年版。
刘恂：《岭表录异》，鲁迅、杨伟群点校《岭南文库·历代岭南笔记八种》，广东人民出版社2011年版。
乐史：《太平寰宇记》，中华书局1985年版。
王存等：《元丰九域志》，中华书局1984年版。
祝穆：《方舆胜览》，《北京图书馆古籍珍本丛刊》22，书目文献出版社1996年版。

王象之：《舆地纪胜》，中华书局1992年版。

梁克家等：（淳祐）《三山志》，《宋元方志丛刊》本，中华书局1990年版。

罗浚纂：（宝庆）《四明志》，《宋元方志丛刊》本，中华书局1990年版。

陈大震等纂辑：《元大德南海志》（残本），广东人民出版社1991年版。

龚延明：《宋史职官志补正》（增订本），中华书局2009年版。

解缙等：《永乐大典》，中华书局1986年版。

马蓉、陈抗、钟文、乐贵明、张忱石点校：《〈永乐大典〉方志辑佚》，中华书局2004年版。

札马剌丁、虞应龙等编撰，赵万里汇辑：《元一统志》，中华书局1966年版。

《永乐大典》（卷05343，05345潮字），潮州市地方志办公室、韩山师范学院图书馆2000编印。

李贤等：《明一统志》，影印文渊阁《四库全书》本，第472—473册，台湾商务印书馆1986年版。

凌迪知：《万姓统谱》，影印文渊阁《四库全书》本，第956—957册，台湾商务印书馆1986年版。

黄仲昭修纂：《八闽通志》（修订本），福建人民出版社2006年版。

郝玉麟等监修：（乾隆）《福建通志》，影印文渊阁《四库全书》本，第527—530册，台湾商务印书馆1986年版。

嵇曾筠等监修：（乾隆）《浙江通志》，影印文渊阁《四库全书》本，第519—526册，台湾商务印书馆1986年版。

戴璟修，张岳纂：（嘉靖）《广东通志初稿》，《四库全书存目丛书》本，齐鲁书社1997年版。

黄佐纂修：（嘉靖）《广东通志》，香港大东图书公司1979年版。

郭棐撰，黄国声、邓贵忠点校：（万历）《粤大记》，中山大学出版社1998年版。

郝玉麟等监修：（雍正）《广东通志》，影印文渊阁《四库全书》本，第562—564册，台湾商务印书馆1986年版。

阮元纂修：（道光）《广东通志》，上海古籍出版社1990年版。

郭春震纂修：（嘉靖）《潮州府志》，《稀见中国地方志汇刊》本，中国书店1992年版。

郭子章：《潮中杂纪》，潮州市地方志办公室2003编印。
吴颖纂修：（顺治）《潮州府志》，《古瀛志乘丛编》，潮州地方志办公室2003年编印。
林杭学纂修：（康熙）《潮州府志》，潮州市地方志办公室1997编印。
周硕勋纂修：（乾隆）《潮州府志》，潮州市地方志办公室、潮州市档案馆2001年编印．
黄一龙纂修：（隆庆）《潮阳县志》，《天一阁明代地方志选刊》本，上海古籍书店1963年版。
陈树芝纂修：（雍正）《揭阳县志》，潮州市地方志办公室2003年编印。
卢蔚猷纂修：（光绪）《海阳县志》，潮州市地方志办公室、潮州市档案馆2001年编印。
饶宗颐总纂：《潮州志》，潮州市地方志办公室，2004年编印。
郑昌时著，吴二持校注：《韩江闻见录》，上海古籍出版社1995年版。
方志钦、蒋祖缘主编：《广东通史》（古代上册），广东省高等教育出版社1996年版。
饶锷、饶宗颐：《潮州艺文志》，上海古籍出版社1994年版。
黄挺、马明达：《潮汕金石文征》（宋元卷），广东人民出版社1999年版。
王伯大编：《别本韩文考异》，影印文渊阁《四库全书》本，第1073册，台湾商务印书馆1986年版。
韩愈撰，刘真伦、岳珍校注：《韩愈文集汇校笺注》，中华书局2010年版。
方崧卿：《韩集举正叙录》，影印文渊阁《四库全书》本，第1073册，台湾商务印书馆1986年版。
皇甫湜：《皇甫持正集》，《四部丛刊初编》本，上海书店1985年版。
刘禹锡：《刘宾客文集》，中华书局年1985版。
彭定求等编：《全唐诗》，中华书局1960年版。
余靖撰，黄志辉校笺：《武溪集校笺》，天津古籍出版社2000年版。
欧阳修：《欧阳文忠公文集》，《四部丛刊初编》本，上海书店1985年版。
张方平：《乐全集》，影印文渊阁《四库全书》本，第1104册，台湾商务印书馆1986年版。
王安石：《临川先生文集》，《四部丛刊初编》本，上海书店1985年版。
苏轼著，傅成、穆俦标点：《苏轼全集》，上海古籍出版社2000年版。

梅尧臣:《宛陵先生集》,《四部丛刊初编》本,上海书店1985年版。

陈师道著,李国伟点校:《后山谈丛》,上海古籍出版社1989年版。

蔡襄:《端明集》,影印文渊阁《四库全书》本,台湾商务印书馆1986年版。

释契嵩:《镡津集》,影印文渊阁《四库全书》本,第1091册,台湾商务印书馆1986年版。

李纲:《梁溪集》,影印文渊阁《四库全书》本,第1125—1126册,台湾商务印书馆1986年版。

曹勋:《松隐集》,影印文渊阁《四库全书》本,第1129册,台湾商务印书馆1986年版。

王十朋:《梅溪王先生文集》,《四部丛刊初编》本,上海书店1985年版。

刘才邵:《㯃溪居士集》,影印文渊阁《四库全书》本,第1130册,台湾商务印书馆1986年版。

胡寅:《斐然集》,影印文渊阁《四库全书》本,第1137册,台湾商务印书馆1986年版。

蔡戡:《定斋集》,影印文渊阁《四库全书》本,第1157册,台湾商务印书馆1986年版。

杨万里著,辛更儒笺校:《杨万里集笺校》,中华书局2007年版。

楼钥:《攻媿集》,《四部丛刊初编》本,上海书店1985年版。

廖刚:《高峰文集》,影印文渊阁《四库全书》本,第1142册,台湾商务印书馆1986年版。

岳珂编著,王曾瑜校注:《鄂国金佗粹编》,中华书局1989年版。

周必大:《文忠集》,影印文渊阁《四库全书》本,第1147—1149册,台湾商务印书馆1986年版。

朱熹:《晦庵先生朱文公文集》,《四部丛刊初编》本,上海书店1985年版。

陈淳:《北溪大全集》,影印文渊阁《四库全书》本,第1168册,台湾商务印书馆1986年版。

许应龙:《东涧集》,影印文渊阁《四库全书》本,第1176册,台湾商务印书馆1986年版。

刘克庄:《后村先生大全集》,《四部丛刊初编》本,上海书店1985年版。

真德秀:《西山先生真文忠公文集》,《四部丛刊初编》本,上海书店

1985年版。

方大琮：《铁庵集》，影印文渊阁《四库全书》本，第1178册，台湾商务印书馆1986年版。

赵汝腾：《庸斋集》，影印文渊阁《四库全书》本，第1181册，台湾商务印书馆1986年版。

李幼武：《宋名臣言行录》，影印文渊阁《四库全书》本，第449册，台湾商务印书馆1986年版。

叶适：《叶适集》，《四部丛刊初编》本，上海书店，1985年版。

文天祥：《文山先生文集》，《四部丛刊初编》本，上海书店。1985年版。

陈思编、陈世隆补：《两宋名贤小集》，影印文渊阁《四库全书》本，第1362—1364册，台湾商务印书馆1986年版。

揭傒斯：《揭傒斯文集》卷5，上海古籍出版社1985年版。

顾嗣立：《元诗选》，中华书局1987年版。

吴海：《闻过斋集》，《丛书集成初编》本，商务印书馆1936年版。

林大钦撰，黄挺校注：《林大钦集》，广东人民出版社1995年版。

冯奉初：《潮州耆旧集》，香港潮州会馆1979年印行

温廷敬：《潮州文萃》，手稿本，汕头市图书馆收藏。

温廷敬编，吴二持、蔡起贤点校：《潮州诗萃》，汕头大学出版社2001年版。

黄淮、杨士奇编：《历代名臣奏议》，上海古籍出版社1989年版。

不著编人：《绍兴十八年同年小录》，影印文渊阁《四库全书》本，第345册，台湾商务印书馆1986年版。

不著编人：《宝祐四年登科录》，影印文渊阁《四库全书》本，第451册，台湾商务印书馆1986年版。

晁公武撰，孙猛校正：《郡斋读书志校证》，上海古籍出版社1990年版。

陈振孙著，徐小蛮、顾美华点校：《直斋书录解题》，上海古籍出版社1987年版。

永瑢等：《四库全书总目》，中华书局1965年版。

朱彝尊撰，林庆彰主编：《经义考新校》，中华书局2010年版。

魏泰：《东轩笔录》，中华书局1983年版。

庄绰撰，萧鲁阳点校：《鸡肋编》，中华书局1983年版。

吴自牧：《梦粱录》卷16《米铺》，影印文渊阁《四库全书》本，第590

册，台湾商务印书馆 1986 年版。

富大用：《古今事文类聚新集》，影印文渊阁《四库全书》本，第 928 册，台湾商务印书馆 1986 年版。

王士性：《广志绎》，中华书局 1981 年版。

志磐：《佛祖统纪》，《大正新修大藏经》第 49 册，佛陀教育基金会。

释念常：《佛祖历代统载》，《大正新修大藏经》第 49 册，佛陀教育基金会。

广东省博物馆编：《潮州笔架山宋代窑址发掘报告》，文物出版社 1981 年版。

释慧源编纂：《潮州开元寺志》，潮州开元寺 1992 年印。

饶宗颐、张树人：《广济桥资料汇编》，新城文化服务有限公司 1993 年版。

黄挺主编：《饶宗颐潮汕地方史论集》，汕头大学出版社 1996 年版。

陈历明主编：《潮汕文物志》，汕头市文物管理委员会办公室 1985 年编印。

李炳炎：《宋代笔架山潮州窑》，汕头大学出版社 2004 年版。

曾楚楠：《韩愈在潮州》，文物出版社 1993 年版。

黄挺：《潮汕文化源流》，广东高等教育出版社 1997 年版。

庄义青：《宋代的潮州》，中山大学出版社 1997 年版。

吴榕青：《潮州的书院》，艺苑出版社 2001 年版。

郑群辉：《佛教在潮汕》，潮汕历史文化研究中心 2000 年版。

曾楚楠：《拙庵论潮丛稿》，中华诗词出版社 2008 年版。

周修东：《宋潮州七贤年谱丛刊》，天马出版有限公司 2011 年版。

谢重光：《陈元光与漳州早期开发史研究》，台北文史哲出版社 1994 年版。

陈欣：《南汉国史》，广东出版集团，广东人民出版社 2010 年版。

吴松弟：《南宋人口史》，上海古籍出版社 2008 年版。

梁方仲：《中国历代户口、田地、田赋统计》，上海人民出版社 1980 年版。

葛剑雄：《中国人口发展史》，福建人民出版社 1991 年版。

葛剑雄主编，吴松弟著：《中国人口史》（第三卷，辽宋金元时期），复旦大学出版社 2000 年版。

傅璇琮主编，龚延明、祖慧编撰：《宋登科记考》，江苏教育出版社2009年版。

李国钧、王炳照总编，乔卫著：《中国教育制度通史》（第三卷，宋辽金元），山东教育出版社2000年版。

何忠礼：《南宋科举制度史》，人民出版社2009年版。

雷雨田、马建钊、何方耀、陈永祥、张朝发、胡巧利等：《广东宗教简史》，上海文艺出版总社、百家出版社2007年版。

徐晓望主编：《福建通史》第3卷宋元，福建人民出版社2006年版。

钟起煌主编，许怀林著：《江西通史》（北宋卷、南宋卷），江西人民出版社2008年、2009年版。

王文径编：《漳浦历代碑刻》，漳浦县博物馆1994年印。

郎国华：《从蛮夷到神州——宋代广东经济发展研究》，广东人民出版社2006年版。

广东省潮阳市地名志编纂委员会：《广东省潮阳市地名志》，广东科技出版社1996年版。

汕头市地名志委员会、汕头市国土房产局编：《汕头市地名志》，新华出版社1996年版。

潮州市地名委员会、潮州市国土局编：《潮州市地名志》，广东省地图出版社2000年版。

揭阳市地名委员会、林奠明主编：《揭阳市地名志》，人民日报出版社2002年版。

附录二

相关论文目录

庄义青：《宋代潮州尊韩及其深远影响》，《韩山师专学报》1991年第1期。

林英仪：《海滨邹鲁是潮阳——唐宋至清代潮州教育发展梗概》，《韩山师专学报》1989年第1期。

蔡鸿生：《关于"海滨邹鲁"的反思》，《潮学研究》第1集，汕头大学出版社1994年版。

马楚坚：《宋代潮州官学文教的探索》，《汕头史志》1996年第3期。

吴榕清：《宋代潮州的书院》，《岭南文史》1998年第4期。

翁奕波：《论宋明潮州前后七贤出现的思想文化氛围》，《汕头大学学报》1998年第2期。

郭伟川：《朱熹的逃禅归儒与潮州之旅》，《潮学研究》第1集，汕头大学出版社1994年版。

庄义青：《苏轼与潮州高士吴子野》，《韩山师范学院学报》1999年第3期。

谢重光：《宋代闽南文化在潮汕地区的移植与传播》，《韩山师范学院学报》2003年第4期。

谢重光：《宋代主要从福建接受外来文化说》，《潮学研究》第6集，汕头大学出版社1997年版。

林英仪：《"庙学结合"与治潮良吏兴学刍议》，《韩山师范学院学报》1999年第3期。

庄义青：《海滨邹鲁是潮阳——潮州古代教育史述要》，《韩山师专学报》1987年第2期。

庄义青：《论两宋时期潮州社会的发展》，《潮学研究》第6集，汕头大学出版社 1997 年版。

李裕民、黄挺：《北宋潮州知州考》，《潮学研究》第 4 集，汕头大学出版社 1995 年版。

马明达：《元朝初期的潮州路》，《潮学研究》第 1 集，汕头大学出版社 1994 年版。

马明达：《元末潮州路总管那木翰事迹考述》，《潮汕文化论丛初集》，广东高等教育出版社 1992 年版

马明达：《元代潮州路总管王元恭事略》，《潮学研究》第 2 集，汕头大学出版社 1994 年版。

黄挺、杜经国：《潮汕地区人口发展》（唐—元），《韩山师范学院学报》1995 第 1 期。

黄挺、杜经国：《潮州古代商贸港口研究》，《潮学研究》第 1 集，汕头大学出版社 1994 年版。

杜经国、黄挺：《潮汕地区古代海上贸易》，《潮学研究》第 2 集，汕头大学出版社 1994 年版。

黄挺、杜经国：《潮汕地区古代水利建设》，《潮学研究》第 2 集，汕头大学出版社 1994 年版。

黄挺、杜经国：《潮汕地区元明清时期粮食产量探估》，《潮学研究》第 3 集，汕头大学出版社 1995 年版。

黄桂：《潮州金城稻考》，《农业考古》1999 年第 1 期。

黄桂：《韩愈与潮州若干史实辨析》，《汕头大学学报》1999 年第 3 期。

汪廷奎：《潮州晒盐始于元初》，《汕头文物》第 16 辑 1991 年印刷。

吴榕青：《宋代潮州的盐业》，《韩山师范学院学报》1997 年第 3 期。

饶宗颐：《潮州宋瓷小记》，黄挺主编《饶宗颐潮汕地方史论集》，汕头大学出版社 1996 年版。

庄义青：《宋代潮州陶瓷生产及外销综述》，《韩山师范学院学报》1995 年第 1 期。

庄义青：《唐宋时期潮州的陶瓷生产及外销》，《文史知识》（潮汕文化专号），中华书局 1997 年版。

杨光远：《被忽略千年的潮州青瓷——兼谈"潮州窑"在中国陶瓷史的"地位"论》，《中国陶瓷》2010 年第 5 期。

佘楚玲：《潮州笔架山宋代窑址出土陶瓷艺术考释》，汕头大学硕士论文，2007年。

陈耿之：《潮州陶瓷的历史底蕴与文化内涵》，《潮州文化研究》2005年第1期。

黄桂：《试论唐至清初潮州的海外贸易与海上走私》，《南洋问题研究》2001年第4期。

马明达：《元代潮州史事零拾》，《潮学研究》第3集，汕大学出版社1995年版。

张其凡：《宋代潮州名宦王大宝》，《潮学研究》第5集，汕大学出版社1995年版。

陈占山：《宋代潮州与闽粤赣边的寇乱》，《河北师范大学学报》2005年第5期。

谢重光：《畲族在宋代的形成及其分布区域》，《韩山师范学院学报》2001年第1期。

谢重光：《客家民系在畲汉人民联合抗元斗争中发展壮大》，《嘉应大学学报》2001年第2期。

谢重光：《两宋之际客家先民与畲族先民关系的新格局》，《福建论坛》2002年第4期。

杨颖琳：《绣花农业——宋代潮州农业耕作方式的形成及特点》，《天津农业科学学》2002年第2期。

黄挺：《潮客关系简论——以潮汕地区为例》，《韩山师范学院学报》2005年第1期。

庄义青：《宋代潮州古城的城市建设》，《韩山师专学报》1989年第1期。

黄挺：《宋元明清间潮州城的城市形态演化》，《韩山师范学院学报》2008年第5期。

渺之：《宋代潮州城规模考析》，《潮州》1991年第4期。

黄挺：《曾汪与广济桥筑建》，陈泽、吴奎信主编《潮汕文化百期选》，潮汕历史文化研究中心、《汕头特区晚报》1997年印。

颜广元：《元代隆兴至潮州新驿道的开辟及对赣闽粤三省界开发的影响》，《中国边疆史地研究》1998第2期。

杜经国、黄挺：《宋至清闽粤赣边的交通及其经济联系》，《汕头大学学报》1995 第 2 期。

金秋鹏：《潮州湘子桥》，《中国科技史料》1999 第 2 期。

陈占山：《宋元时期潮州的交通建设》，《第三届潮学国际研讨会论文集》，花城出版社 2000 年版。

陈泽芳：《南宋蒙元时期潮州驿道建设的政治功能》，《韩山师范学院学报》2009 年第 1 期。

黄挺：《唐临与佛教思想在潮州的传播》，《韩山师范学院学报》1994 年第 1 期。

隗芾：《潮汕诸神信仰析》，《文史知识》（潮汕专辑），中华书局 1997 年版。

陈春声：《正统性、地方化与文化创制——潮汕民间神信仰的象征与历史意义》，《史学月刊》2001 年第 1 期。

黄挺：《祀蛇与古代潮汕地区的民族融合》，《韩山师专学报》1989 年第 1 期。

黄国汉：《三山神是山岳神与社会神的混合体》，《汕头大学学报》1992 年第 4 期。

黄挺：《唐临与佛教思想在潮州的传播》，《韩山师范学院学报》1994 年第 1 期。

蔡起贤：《从三山神的历史说起》，蔡起贤：《缶庵论潮文集》，广东人民出版社 1995 年版。

谢重光：《三山国王信仰考略》，《世界宗教研究》1996 年第 2 期。

陈春声：《三山国王信仰与清代粤人迁台——以地缘认同的研究为中心》，《台湾史研究论集》，华艺出版社 1994 年版。

陈春声：《村落历史与天后传说的演变——以樟林的四个天后宫为例》，《建筑、神像与仪式：华南天后信仰研究》，香港中文大学人类学系，1999 年。

陈春声：《乡村神庙系统与社区历史的演变——以樟林神庙系统的研究为中心》，《中国社会史论》第 4 卷，湖北教育出版社 2000 年版。

陈春声：《乡村神庙系统与社区历史的演变——以樟林为例》，《中国传统社会经济与现代化》，广东人民出版社 2001 年版。

陈春声：《社神崇拜与社区地域关系——樟林三山国王的研究》，《中山大学史学集刊》1994 年版。

陈春声：《信仰空间与社会历史演变——以樟林的神庙系统为例》，《清史研究》1999 年第 2 期。

陈春声：《宋明时期潮州地区的双忠公崇拜》，郑振满、陈春声主编：《民间信仰与社会空间》，福建人民出版社 2001 年版。

陈春声：《"正统"神明地方化与地域社会建构——潮州地区双忠公崇拜的研究》，《韩山师范学院学报》，2003 年第 2 期。

黄挺：《民间宗教信仰中的国家意识和乡土观念——以潮汕双忠公崇拜为例》，《韩山师范学院学报》2002 年第 4 期。

陈景熙：《孙雨仙信仰研究》，《潮学研究》第 5 集，汕头大学出版社 1996 年版。

陈景熙：《潮汕风雨圣者的由来及其实质》，《韩山师范学院学报》1994 年第 1 期。

郑群辉：《北宋潮州二高僧——华严道盛和报本慧元》，《韩山师专学报》1995 年第 1 期。

郑群辉：《宋代潮州的佛教》，《潮学研究》第 8 集，花城出版社 2000 年版。

陈泽芳：《宋代潮州佛教的社会功能》，《汕头大学学报》2007 年第 4 期。

林悟殊：《宋大峰祖师崇拜流行泰国史略》，饶宗颐《华学》，中山大学出版社 1996 年版。

谢重光：《妈祖信仰与儒释道三教的交流》，《韩山师范学院学报》1995 年第 1 期。

顾吉辰：《宋代潮州社会风俗述略》，《汕头大学学报》1990 年第 3 期。

庄义青：《也谈宋代潮州民俗——与顾吉辰同志商榷》，《汕头大学学报》1991 年第 3 期。

庄义青：《苏轼与潮州的古迹和民俗》，《第三届国际潮学研讨会论文集》，花城出版社 2000 年版。

曾楚楠：《北宋潮州士风述论》，《潮学研究》第 6 集，汕头大学出版社 1997 年版。

曾楚楠：《杨万里与潮州》，《韩山师范学院学报》2002 年第 4 期。

唐玲玲：《宋代人文精神倡导者的相互回应》，《潮学研究》第 6 集，汕头大学出版社1997年版。

饶宗颐：《三阳志小考》，黄挺主编《饶宗颐潮汕地方史论集》，汕头大学出版社1996年版。

金圆：《〈潮州府志〉（〈永乐大典〉残本）考述》，《潮汕文化论丛初集》，广东教育出版社1992年版。

陈香白：《潮州志考评》，《潮汕文化论丛初集》，广东教育出版社1992年版。

张长民：《宋代潮州刘昉〈幼幼新书〉在医史文献学上的贡献》，《韩山师专学报》1989年第1期。

马明达：《元修三阳志和三阳图志》，《文史知识》（潮汕文化专号），中华书局1997年版。

吴榕青：《三阳志/三阳图志考辨》，《韩山师范学院学报》1995年第1期。

吴榕青：《三阳志辑补》，《汕头史志》1995年第4期。

陈香白等：《〈永乐大典〉所辑"潮州城图"考略》，《自然科学史研究》1989年第3期。

马明达：《元代潮州路金石文字辑目》，《潮学研究》第4集，汕头大学出版社1995年版。

陈香白：《唐宋元明潮州刻书》，《岭南文史》1985年第2期。

成一农：《〈永乐大典·潮州城图〉成图时间考》，《中国地方志》2008年第4期。

陈占山：《〈建炎以来系年要录〉涉潮史事析论》，《第七届潮学国际研讨会论文集》，花城出版社2009年版。

后　　记

　　获悉这部已结题近 2 年的书稿即将完成出版，我意识到，现在是该写"后记"的时候了。而既然是"后记"，似只能蹈常袭故，先说缘起，然后鸣谢。

　　1997 年 7 月结束博士阶段的学习后，我来到汕头大学，进入当时隶属校科学院的潮汕文化研究中心工作。不久后，在杜经国、黄挺等教授的争取下，中心拿到了一个课题：《潮汕史》的研究和撰写（系国家"九五"社科规划项目）。由于自己早有研究领域，时又兼负文学院和学校较重的文史教学工作，上述项目完成后，就再没有去继续潮汕的研究。2007 – 08 年间，学校重建研究中心，任命我做中心负责人，在文学院冯尚院长积极争取下，中心申报的数项重建项目和科研计划，意外地被学校同时批准，但经费无多，也未能如期补充新的工作人员，而我自己又根本不能全力以赴。在此种境况下，我听取冯院长的建议：自批准的计划中，选择能够开展的一项，将其完成。由于种种原因，时隔多年之后，现在才得以面世的，正是当年所锁定工作的成果。

　　书稿完成后，曾呈报给韩山师范学院潮学研究院黄挺院长、美国纽约佩斯大学李榭熙（Joseph Tse-Hei Lee）教授审阅，也曾转发给同窗好友漳州师范学院闽台文化研究所安拴虎教授纠谬，他们都给予了宝贵的意见和建议，对于减少误谬和书稿的进一步完善贡献非小。而汕头大学文学院李韧之教授在百忙之中应允承担了本书目录的英译工作，韩山师范学院吴榕青教授抱病坚持为本书选择插图并提供了部分图片。对于各位教授的恩德和辛劳，藉此致以最真诚的感谢！

　　中国社会科学出版社是以编辑出版哲学社会科学专业书籍为主的国家级著名出版机构，一直秉持着严格的选稿标准和出版标准，多年来推出一大批精品图书，在海内外学人中享有盛誉。这部小书能被这样的出版社接纳和出版，我深感荣幸！感谢郭沂纹副总编辑和她的团队，感谢责编宋燕鹏编审的认真负责和辛劳付出！

任何一项科学研究，都必须建立在扎实广博的资料基础上，这本小书自然不能例外。为完成本课题和进行潮汕历史文化领域的其他研究，这些年来，我有不少时间都在做相关文献资料的查阅和研读。为此，时常出入汕头大学图书馆潮汕文献特藏部、汕头市图书馆古籍文献部以及汕头市档案馆等单位，感谢这些机构工作人员的热情接待。特别是汕大图书馆潮汕文献特藏部，这里的老师对我的借阅给予了最大的优待和方便，我不能忘怀！

这部小书能得以完成和出版面世，汕头大学"潮汕研究专项"的支持和科研处的资助厥功甚伟，应该铭记。

我的学术小伙伴、汕大文学院中文系研究生谢杨平和陈佳娜二君，或帮摄制图片，或助校稿，谢谢他们的辛勤付出！

最后，应该提到我的妻子刘辉，她是一位医务人员，在我们一起所经历20多年的岁月里，她的付出和辛劳，恐只有我最清楚。做好单位工作本属不易，而家中事无巨细，也多由她一人操持、照料。不仅如此，我跌跌撞撞的学术之路，特别是早年，其实是在她的耐心陪伴下走过来的：80年代后期到90年代中期，我主要从事古籍文献的研究和整理，妻子时常代我誊写文稿、校对资料；一直到90年代后期，她还在替我输入电脑。所谓"贤内助"者，此之谓也！这里，我也郑重向她说声谢谢。

2015年金凤花开时节书于桑浦山下汕大花园